"Laura Hillenbrand es una de nuestras mejores escritoras de historia narrativa. No tienes que ser un fanático de los deportes ni un entusiasta de la historia de las guerras para devorar este libro; basta que sepas apreciar una excelente narración."
—Rebecca Skloot, autora de *The Inmortal Life of Henrietta Lacks*

★ ★ ★

"Magnífica... increíble... [Hillenbrand] ha elaborado otra magistral combinación de deportes, historia y de superación de probabilidades terribles; biografía llevada a la enésima potencia, la crónica de una vida notable vivida en tiempos extraordinarios."
—*The Dallas Morning News*

★ ★ ★

"*Inquebrantable* es un libro que supera las expectativas del lector: un viaje emocionante, una historia en las virtuosas manos de una escritora que sabe contarla."
Christopher McDougall, autor de *Nacidos para correr*

★ ★ ★

"Ninguna autora de no ficción narrativa elige sus temas con tanto cuidado ni los arma con más disciplina y compromiso. Si la narración fuera un deporte olímpico, con seguridad [Hillenbrand] ganaría una medalla."
—*Salon*

★ ★ ★

"Increíble... La vida de Zamperini es de coraje, de heroísmo, de humildad y de resistencia inagotable."
—*St. Louis Post-Dispatch*

★ ★ ★

"Extraordinariamente conmovedora... una épica de supervivencia tejida magistralmente."
—*The Wall Street Journal*

Laura Hillenbrand

UNBROKEN
[INQUEBRANTABLE]
★ ★ ★

Una historia de supervivencia, fortaleza y redención
durante la Segunda Guerra Mundial

Título original: *Unbroken*
Traducción: Vicente Herrasti
Arte de cubierta: © 2014 Universal Studios
Foto de la autora: Washington Post / Getty Images

Inquebrantable
Primera edición: noviembre de 2014

D. R. © 2011, Laura Hillenbrand
Publicado por acuerdo con Random House

D. R. © 2014, derechos de la presente edición en lengua castellana:
    Penguin Random House Grupo Editorial USA, LLC., una empresa
    de Penguin Random House Grupo Editorial, S.A. de C.V.
    2023 N.W. 84th Avenue
    Doral, FL, 33122

Comentarios sobre la edición y el contenido de este libro a:
megustaleer@penguinrandomhouse.com

ISBN: 978-1-941999-01-1

Impreso en el mes de octubre en los talleres de HCI Printing

Para los heridos y los extraviados

¿Qué permanece contigo más tiempo y más hondo?
De los pánicos curiosos, de los compromisos difíciles o
los tremendos asedios, ¿qué permanece más hondo?
Walt Whitman, "El sanador de heridas"

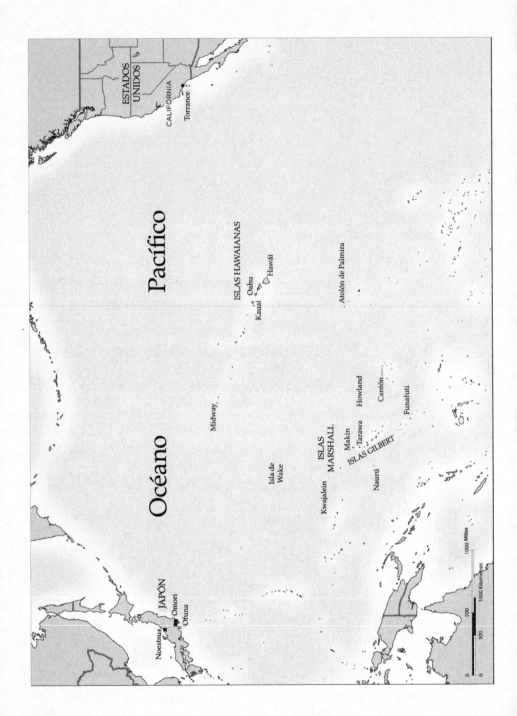

ÍNDICE

Cuarta parte

Quinta parte

PREFACIO

★ ★ ★

Mirara a donde mirara, él sólo podía ver agua. Corrían los últimos días de junio de 1943. En algún punto de la infinita expansión del Océano Pacífico, el bombardero de la fuerza aérea y corredor olímpico, Louie Zamperini, se hallaba tendido sobre una pequeña balsa que flotaba hacia el oeste. Tirado junto a él estaba un sargento, uno de los artilleros de su avión. En otra balsa, atada a la primera, yacía otro miembro de la tripulación con una herida abierta que le atravesaba la frente. Sus cuerpos, quemados por el sol y teñidos de amarillo por el colorante de la balsa, se habían consumido hasta parecer esqueletos. Los tiburones, a la espera, merodeaban restregando sus cuerpos contra las balsas.

Los hombres habían estado al garete durante 27 días. Transportados por una corriente ecuatorial, habían flotado por lo menos mil millas adentrándose en aguas japonesas. Las balsas comenzaban a deteriorarse, convirtiéndose en gelatina y expedían un olor acre y penetrante. Los cuerpos de los hombres estaban llagados por la sal, y sus labios estaban tan hinchados que presionaban contra las narices y las barbillas. Pasaban los días con la mirada fija en el cielo cantando "Blanca Navidad" o hablando de comida en murmullos. Ni siquiera los buscaban ya. Estaban solos en 64 y cuatro millones de millas cuadradas de océano.

Un mes antes, Zamperini, a sus veintiséis años, había sido uno de los grandes corredores del mundo y muchos esperaban que fuera el primero en romper el récord de los cuatro minutos al recorrer la milla, una de las marcas más importantes en el mundo deportivo. Ahora su cuerpo olímpico se había reducido hasta pesar menos de 45 kilos y sus famosas piernas ni siquiera podían sostener su peso. A no ser por su familia, casi todos lo daban por muerto.

En esa mañana del día 27, los hombres escucharon un sonido metálico a la distancia. Cualquier especialista en aviación reconocería ese sonido: pistones. Sus ojos captaron un destello en el cielo: un avión que volaba alto. Zamperini disparó dos bengalas y arrojó colorante en polvo al agua, con lo que las balsas quedaron rodeadas por una brillante mancha anaranjada. El avión siguió su curso y desapareció lentamente. Los hombres quedaron hundidos en su desesperación. Pero el sonido volvió y pronto apareció de nuevo el avión. La tripulación los había visto.

Con los brazos reducidos a poco más que huesos y piel amarillenta, los náufragos agitaban los brazos y gritaban con las voces debilitadas por la sed. El avión descendió y pasó a un lado de las balsas. Zamperini pudo distinguir el perfil de los tripulantes, un perfil oscuro en contraste con el azul brillante.

Se produjo un estrépito aterrador. El agua y las balsas mismas parecían hervir. Se trataba de una ametralladora. No estaban ante un avión norteamericano de rescate. Era un bombardero japonés.

Los hombres se arrojaron al agua y trataron de permanecer juntos bajo las balsas, aferrándose a éstas conforme las balas horadaban el hule de la embarcación para después trazar líneas efervescentes en el agua, muy cerca de sus rostros. El fuego siguió hasta agotarse una vez pasado el avión. Los hombres lograron subirse de nuevo a una balsa que aún estaba inflada en su mayor parte. El bombardero dio la vuelta y se enfiló de nuevo hacia ellos. Cuando las alas volvieron a la horizontal, Zamperini pudo ver los cañones de las ametralladoras apuntando directamente a ellos.

Zamperini miró a sus compañeros. Estaban demasiado débiles para arrojarse de nuevo al agua. Se zambulló solo mientras los demás quedaban recostados en la balsa, cubriéndose la cabeza con las manos.

En algún sitio bajo sus pies, los tiburones daban por terminada la espera. Nadaban apresuradamente para dar alcance al hombre que estaba bajo la balsa.

PRIMERA
PARTE

Cortesía de Louis Zamperini.
Tomada de una imagen original de John Brodkin.

UNO

★ ★ ★

La insurgencia de un solo niño

Poco antes del amanecer del 26 de agosto de 1929, en la recámara trasera de una pequeña casa en Torrance, California, un niño de DOCE años estaba sentado en su cama y escuchaba. Había un sonido proveniente del exterior y se hacía más fuerte cada vez. Se trataba de un pesado sonido que sugería inmensidad, una gran escisión en el aire. Provenía directamente de encima de la casa. El niño se bajó de la cama, corrió escaleras abajo, abrió de golpe la puerta trasera y se quedó de pie en el pasto. El patio parecía de otro mundo, sofocado por una oscuridad innatural y vibrante por el sonido. El niño permaneció de pie sobre el pasto junto a su hermano mayor, echando la cabeza para atrás, hechizado.

El cielo había desaparecido. Un objeto del que solamente podía distinguir la silueta y que abarcaba un gran espacio formando un arco estaba suspendido a baja altura sobre la casa. Era más largo que dos y medio campos de futbol y parecía tan alto como los edificios de una gran ciudad. Tapaba las estrellas.

Lo que el niño miraba era el dirigible alemán llamado *Graf Zeppelin*. Con sus 244 metros de largo y 33 de alto, era la maquina voladora más grande jamás fabricada. Mucho más lujoso que el mejor avión, capaz de deslizarse sin problemas durante largos trayectos, construido a una escala que cortaba el aliento a los espectadores, era, en el verano de 1929, la gran maravilla del mundo.

La nave estaba a tres días de completar una proeza extraordinaria en el ámbito de la aeronáutica: circunnavegar el globo. El viaje había comenzado el 7 de agosto, cuando el zepelín soltó sus amarras en Lakehurst, Nueva Jersey, elevándose como un suspiro para iniciar la marcha en dirección a Manhattan. Ese verano, en la Quinta Avenida, comenzaba la demolición del hotel Waldorf-Astoria, con el fin de dejar el espacio libre para un nuevo rascacielos de proporciones sin precedentes: el Empire Estate. En el Yankee Stadium, en el Bronx, los jugadores estrenaban uniformes con números para mejor identificación: Lou Gehrig usó el número 4; Babe Ruth, cerca de batear su quingentésimo cuadrangular, usó el número 3. En Wall Street, los precios de las acciones registraban un récord máximo.

Tras deslizarse lentamente alrededor de la Estatua de la Libertad, el zepelín se dirigió al norte y luego dio vuelta hacia el Atlántico. En su momento, la tierra volvió a aparecer bajo el aparato: Francia, Suiza, Alemania. La nave pasó sobre Núremberg, lugar en que el político del flequillo, Adolfo Hitler, acababa de pronunciar un discurso en favor del infanticidio selectivo, su Partido Nazi había arrollado en las elecciones de 1928. Luego voló al este de Fráncfort, donde una mujer judía de nombre Edith Frank cuidaba de su recién nacida, llamada Ann. En su viaje hacia el noreste, el zepelín cruzó encima de Rusia. Los aldeanos de Siberia, tan aislados que ni siquiera habían visto un tren, cayeron de rodillas ante semejante espectáculo.

El 19 de agosto, el zepelín rodeó Tokio mientras cuatro millones de japoneses gritaban "¡Banzai!" y poco después aterrizó en un claro. Cuatro días más tarde, cuando los himnos alemán y japonés resonaban en el lugar, la nave se elevó para integrarse a una corriente de aire que soplaba a gran velocidad sobre el Pacífico, en dirección a América. Los pasajeros que se asomaban por las ventanas sólo pudieron ver la sombra de la nave que los seguía reflejada en las nubes, "como si fuera un enorme tiburón que nadaba a su ritmo". Cuando las nubes desaparecieron, los pasajeros vieron esa sombra reflejada en las aguas, como si se tratara de un monstruo gigante.

El 25 de agosto, el zepelín llegó a San Francisco. Tras ser vitoreado a lo largo de la costa californiana, se deslizó en el atardecer, adentrándose en la oscuridad y el silencio para cruzar la medianoche. Pasó lentamente sobre Torrance, en donde sólo pudieron verlo algunas almas adormiladas, entre las que se contaba el niño en pijama que observaba desde el jardín trasero de su casa, ubicada en la Avenida Gramercy.

Bajo la aeronave y sintiendo el pasto en sus pies descalzos, el niño quedó estupefacto. Fue, según dijo, "atemorizantemente bello". Podía sentir el rumor de las máquinas de la nave surcando el aire, pero no distinguía el recubrimiento plateado, las majestuosas costillas ni la cola que semejaba una aleta. Sólo distinguía la negrura del espacio que la nave ocupaba. Más que una gran presencia, era una gran ausencia, un océano geométrico de oscuridad que parecía tragarse al cielo mismo.

El nombre del niño era Louis Silvie Zamperini. Hijo de inmigrantes italianos, había llegado al mundo en Olean, Nueva York, el 26 de enero de 1917, pesando 5.2 kilos y ostentando un cabello negro áspero como alambre de púas. Su padre, Anthony, había vivido solo desde los catorce años, siendo en principio minero de carbón y boxeador para dedicarse después al trabajo de la construcción. Su madre, Louise, era una mujer pequeña y alegre que se había casado a los dieciséis años y tenía dieciocho cuando nació Louis. En su apartamento —en el que, por cierto, sólo se hablaba italiano— Louise y Anthony se referían a su hijo diciéndole Toots.

Desde el momento en que logró caminar, Louie no soportó quedar encerrado en el corral. Sus hermanos lo recordaban deambulando o saltando animales, plantas o muebles. En cuanto Louise lo ponía en una silla pidiéndole que se estuviera quieto, el niño se esfumaba. Si no sostenía a su hijo con sus propias manos, la criatura escapaba sin que ella supiera en donde estaba.

En 1919, cuando el pequeño Louie de dos años estaba en cama por una neumonía, logró escapar por la ventana de la habitación, descendió un piso y echó a correr calle abajo perseguido por un policía que trataba de atraparlo mientras la gente miraba asombrada. Luego, siguiendo el consejo de su pediatra, Louise y Anthony decidieron mudarse con los niños al cálido clima de California. Poco después de que su tren salió de la estación Grand Central, Louie corrió a lo largo de todo el tren, llegó al furgón de cola y saltó. De pie junto a la frenética madre que miraba cómo el tren se alejaba, Pete, el hermano mayor de Louie, vio que éste corría por las vías para alcanzar el tren con perfecta serenidad. Cuando volvió a estar en brazos de la madre, Louie sonrió. "Sabía que regresarías", dijo el niño en italiano.

En California, Anthony consiguió empleo como electricista de trenes y compró cerca de dos mil metros de terreno en las afueras de Torrance, un poblado con 1800 habitantes. Él y Louise se construyeron una casucha de una sola habitación en la que no había agua corriente, con un techo que goteaba tanto que debían poner cubetas sobre las camas. El retrete estaba afuera, en la parte trasera. Dado que en lugar de cerraduras tenían sólo ganchos, Louise optaba por sentarse en una caja de manzanas cerca de la entrada, sosteniendo un rodillo para enfrentar a cualquier merodeador que amenazara a sus hijos.

En ese sitio y en la casa de la Avenida Gramercy a la que se cambiaron un año más tarde, Louise mantuvo a raya a los merodeadores, pero no logró controlar a Louie. Apenas se libró de ser atropellado al emprender una carrera para atravesar una calle muy transitada. A los cinco años, empezó a fumar las colillas que encontraba en su viaje diario al jardín de niños. Comenzó a beber una noche, cuando contaba con ocho años de edad: tomó las copas llenas de vino que estaban en la mesa del comedor, se escondió bajo la mesa y las vació. Luego salió de casa trastabillando hasta caer en un rosal.

Un día, Louise descubrió que Louie se había clavado una vara de bambú en la pierna; otro día, tuvo que pedir a un vecino que cosiera el dedo del pie casi cercenado de su niño. En otra ocasión, Louie se presentó cubierto de petróleo, pues había escalado un pozo petrolero para luego tirarse un clavado a un estanque aledaño. Estuvo a punto de ahogarse. Requirieron cuatro litros de aguarrás y mucha paciencia para restregarlo hasta poder reconocerlo de nuevo.

Le emocionaba poner a prueba los límites, por lo que Louie era prácticamente indomable. Conforme creció, desarrollando una mente especialmente aguda, las proezas de arrojo ya no resultaron satisfactorias. Se podía afirmar que en Torrance había nacido la insurgencia de un solo niño.

Si era comestible, Louie lo robaba. Se ocultaba en los callejones con un rollo de alambre en el bolsillo para abrir cerraduras. Las amas de casa que se apartaban de sus cocinas, regresaban a ellas para descubrir que sus cenas habían desaparecido. Los residentes que atisbaban por la ventana de sus puertas traseras podían ver a un niño de largas piernas alejándose por el callejón con un pastel en las manos. Cuando una familia de la localidad omitió invitar a Louie a una cena, él se apareció en la casa, sobornó al gran danés de la familia con un hueso, y les vació la nevera. En otra fiesta, se dio a la fuga con un barrilete de cerveza. Al descubrir que las mesas para enfriar los pasteles de la pastelería Meinzer estaban a su alcance desde la puerta trasera, Louie empezó a abrir la cerradura para robar pays; comía hasta reventar y guardaba los sobrantes para usarlos como munición en emboscadas. Cuando lo imitaron algunos ladrones rivales, dejó de robar hasta que los ladronzuelos fueron atrapados, por lo que los dueños de la pastelería bajaron la guardia. Entonces dio la orden a sus amigos de que robaran de nuevo la Meinzer.

Prácticamente todas las historias de infancia de Louie terminaban con un "y entonces me eché a correr como loco". Solía ser perseguido por las personas a quienes robaba, y por lo menos dos de sus víctimas amenazaron con dispararle. Para minimizar el impacto de la evidencia que se tenía en su contra cuando la policía le echaba el guante, ocultaba su botín en varios escondites situados por todo el pueblo, entre los que se contaba una cueva con cupo para tres personas que él mismo había cavado en un bosque de las inmediaciones. Bajo el graderío de la escuela secundaria de Torrance, Pete encontró una vez una garrafa de vino que Louie había ocultado allí. Estaba repleta de hormigas embriagadas.

En el vestíbulo del teatro Torrance, Louie bloqueó con papel sanitario las ranuras para las monedas de los teléfonos públicos. Él regresaba con regularidad al teatro para meter un alambre tras las monedas atoradas en el mecanismo, logrando así llenarse las manos con cambio. Un comerciante en metales jamás imaginó que el sonriente muchacho italiano que le vendía retazo de cobre era el mismo que le había robado la noche anterior. Cuando se enfrascó en un pleito en el circo, descubrió que los adultos regalaban monedas a los rijosos con tal de que se calmaran; desde entonces, Louie declaró una tregua a sus enemigos para mejor fingir peleas ante extraños.

Para vengarse de un conductor de tranvía que no paró cuando él hizo una seña, Louie engrasó los rieles. Cuando un maestro lo castigó en un rincón por escupir, Louie desinfló los neumáticos de su auto con palillos de dientes. Después de establecer un récord legítimo con los Boy Scouts, siendo el *scout* que más rápido encendía los fuegos, Louie rompió su propio récord al empapar la madera en gasolina, mezclándola con cabezas de cerillos y causando una pequeña explosión. En otra ocasión robó el tubo de la cafetera de su vecino, subió a un árbol armado con moras y desde allí las escupió a través del tubo, haciendo que las niñas del vecindario salieran corriendo.

Su obra magna se convirtió en leyenda. Una noche, Louie subió al campanario de un templo bautista, ató la campana con alambre de piano y fijó el otro extremo del alambre a un árbol. Luego llamó a la policía, a los bomberos y a medio Torrance para que fueran testigos de cómo repicaba la campana espontáneamente. Los más crédulos del pueblo dijeron que estaban ante una señal de Dios.

Sólo una cosa lo asustó. Cuando transcurría su infancia tardía, un piloto aterrizó su aeronave cerca de Torrance y propuso a Louie subir para darle una vuelta. Uno esperaría que ese niño tan intrépido estuviera feliz, pero la velocidad y la altura lo espantaron. Desde entonces, decidió que no quería tener nada que ver con los aviones.

En su muy accidentada infancia, Louie hizo más que meras travesuras, pues definió al tipo de hombre que sería de adulto. Confiado en su ingenio, pleno de recursos y atrevido para escapar de cualquier predicamento, era casi imposible desalentarlo. Cuando la historia lo llevó a la guerra, este optimismo a toda prueba lo definiría.

Louie era veinte meses menor que su hermano, quien era justo lo contrario. Peter Zamperini era guapo, popular, esmerado en su arreglo personal, educado con sus mayores, bondadoso con los de su edad y delicado con las chicas. Además, había sido dotado con tan buen juicio que, incluso siendo niño, hacía que sus padres lo consultaran cuando se trataba de decisiones difíciles. En la cena retiraba la silla para que su madre se sentara, llegaba a las siete de la tarde a casa y metía el despertador en su almohada para que Louie no se despertara con el ruido, pues compartían la cama. Se levantaba a las dos y media de la mañana para comenzar a repartir periódicos en una ruta que le tomaba cerca de tres horas. Guardaba todas sus ganancias en el banco, las que perdió en su totalidad cuando llegó la Gran Depresión. Tenía una voz extraordinaria, y el galante hábito de llevar imperdibles en el dobladillo de sus pantalones, por si acaso fallaba un tirante de alguna de sus compañeras de baile. En una ocasión salvó a una chica de perecer ahogada. Pete irradiaba una autoridad amable pero impactante que ejercía su influjo en quienes se encontraban con él, incluso tratándose de adultos. Su opinión contaba. Inclusive Louie, quien parecía haber hecho de la desobediencia su religión, hacía lo que Pete decía.

Louie idolatraba a Pete, quien lo cuidaba con celo paternal, al igual que a sus hermanas Sylvia y Virginia. Pero Louie era eclipsado por su hermano y escuchaba siempre el mismo cuento. Cuánto deseaban sus hermanas que Louie se pareciera más a Pete. Lo que sobre todo molestaba a Louie era que la reputación de Pete era, en parte, un mito. Aunque las calificaciones de Pete resultaran un poco más altas que las reprobatorias de Louie, el director de la escuela trataba a Pete como si fuera un alumno de calificaciones perfectas. La noche del milagro del campanario de Torrance, una linterna bien dirigida habría revelado las piernas de Pete colgando del árbol junto a las de Louie. Y Louie no era el único chico Zamperini al que se podía ver corriendo a toda velocidad por el callejón, con comida que había pertenecido a sus vecinos. Pero a nadie se le ocurrió jamás sospechar de Pete. "Nunca atrapaban a Pete", dijo Sylvia. "A Louie siempre lo atrapaban".

Louie no parecía tener nada en común con los otros muchachos. Era un niño enfermizo y, durante sus primeros años en Torrance, sus pulmones estaban tan afectados por la neumonía que, cuando se organizaban días de campo, las niñas podían dejarlo atrás en el trayecto. Sus características físicas, aunque después llegarían a integrarse en un todo agradable, por el momento daban la impresión de ir cada cual por su lado, haciendo que su rostro resultara curioso, como diseñado por un comité. Sus orejas estaban situadas a los lados de la cabeza semejando pistolas enfundadas, y encima de las orejas había una pelambrera negra y calamitosa que lo mortificaba. Trataba de aplacarla con la plancha caliente de su tía Margie, se colocaba una media de seda en la cabeza por las noches o se echaba tanto aceite de oliva que las moscas lo seguían hasta la escuela. Nada funcionó.

Y aún debemos tomar en cuenta el factor étnico. En el Torrance de 1920, se mostraba tal desdén por los italianos que, cuando los Zamperini llegaron, los vecinos pidieron al consejo de la ciudad que no los dejaran radicar ahí. Louie, quien conocía únicamente los rudimentos del inglés hasta que cursó la escuela elemental, no podía ocultar su origen. Sobrevivió al jardín de niños encontrando protección en las faldas de su madre, pero llegado el primer año, cuando gritó "bruto bastardo" a otro chico, los profesores se la cobraron. Complementaron su desventaja haciéndole repetir el año.

Era un niño marcado. Los abusivos, atraídos por su origen distinto y esperando obligarlo a pronunciar maldiciones en italiano, le arrojaban piedras, se burlaban, lo golpeaban y lo pateaban. Trató de comprar compasión con su almuerzo, pero seguían golpeándolo, dejándolo ensangrentado. Pudo haber escapado de las golpizas huyendo a toda velocidad o llorando pero se rehusó a hacerlo. "Podías golpearlo hasta morir", dijo Sylvia, "y ni siquiera se quejaba o lloraba". Se limitaba a proteger su rostro con las manos y resistir.

Conforme Louie se acercaba a la adolescencia, cambió radicalmente. Huraño, se dedicaba a deambular por las afueras de Torrance haciendo amistad con chicos rudos que seguían sus órdenes. Desarrolló una fobia a los gérmenes que le llevó a impedir que la gente se acercara siquiera a su comida. Aunque podía ser un niño muy dulce, por lo regular era explosivo y desafiante. Fingía ser rudo, pero en secreto se sentía atormentado. Los muchachos que iban en grupo a alguna fiesta lo veían deambulando cerca de la entrada sin animarse a entrar.

Frustrado por su incapacidad para defenderse, decidió convertir esa debilidad en objeto de estudio. Su padre lo enseñó a entrenar con el saco de boxeo y le construyó una mancuerna pegando dos latas llenas de café a un tubo. La siguiente ocasión en que un compañero trató de abusar de Louie, él se agachó a la izquierda y le propinó un derechazo en la boca al oponente. El abusador gritó al ver que le habían roto los dientes y huyó. Jamás olvidaría la orgullosa ligereza que lo embargó en el camino a casa.

Con el paso del tiempo, el temperamento de Louie se volvió impredecible, su melena fue haciéndose más corta y sus habilidades se fueron aguzando. Golpeó a una chica. Empujó a un maestro. Atacó a un policía con tomates podridos. Los muchachos que lo molestaban terminaban con los labios hinchados y los abusadores aprendieron a dejarlo en paz. En una ocasión halló a Pete peleándose con otro muchacho frente a su casa. Ambos chicos tenían la guardia alta y esperaban a que el otro atacara. "Louie no podía soportarlo", recuerda Pete. "Estaba ahí parado diciendo: '¡pégale Pete, pégale!' Yo sigo ahí esperando y, de repente, Louie se vuelve y golpea a este tipo en el estómago. ¡Y después se echa a correr!"

Anthony Zamperini estaba harto de la situación. Parecía que la policía estaba siempre en la puerta principal de la casa tratando de ajustarle las cuentas a Louie. No faltaban vecinos con quienes disculparse y daños que compensar con dinero que no le sobraba. Adorando a su hijo pero exasperado por su conducta, Anthony daba fuertes nalgadas a Louie frecuentemente. Una vez en que lo sorprendió metiéndose por la ventana a medianoche, le dio una patada fortísima en el trasero, tanto que lo levantó del suelo. Louie aceptó el castigo sin llanto y en silencio, para luego darse a cometer las mismas faltas, como si tratara de demostrar que podía hacerlo y nada más.

Su madre, Louise, optó por obrar de manera distinta. Louie era una copia suya hasta en el tono azul de los ojos. Si la empujaban, empujaba. Si el carnicero le vendía un mal corte de carne, iba a la carnicería con el sartén en la mano a reclamar. Amante de las bromas, untó betún en una caja de cartón y la presentó al vecino cual si se tratara de un pastel de cumpleaños. Cuando Pete le dijo que tomaría aceite de ricino si ella le daba una caja de dulces, ella estuvo de acuerdo. Lo miró beber el aceite y luego le dio una caja de dulces vacía. "Sólo me pediste la caja, mi amor", dijo con una sonrisa. "Y eso es todo lo que tengo". Y comprendía más que bien la beligerancia de Louie. En una celebración de Halloween, ella se disfrazó como si fuera niño y corrió por todo el barrio pidiendo dulces con Louie y Pete. Una pandilla, pensando que se trataba de uno de los rudos del barrio, la tiró y trató de robarle los pantalones. La pequeña Louise Zamperini, madre de cuatro, estaba metidísima en el lío cuando los guardias se la llevaron por pelear en las calles.

Sabedora de que al castigar a Louie solamente provocaría su desafío, la madre adoptó una solución poco ortodoxa para tratar de reformarlo. En busca de un informante, trabajó a los compañeros de clase de Louie con pasteles caseros hasta que dio con un chico tranquilo llamado Hugh que tenía una inclinación obvia por los pasteles. Con su ayuda, Louise pronto estuvo al tanto de todo lo que hacía su hijo. Los niños se preguntaban de dónde habría ella sacado los poderes sobrenaturales. Seguro de que Sylvia estaba espiando para su madre, Louie se rehusó a sentarse con ella a la mesa, condenándose a comer solo en la cocina, frente a la puerta abierta del horno. Una vez se enojó tanto con ella que la persiguió alrededor de la cuadra. Logrando correr más rápido que Louie por primera vez en su vida, Sylvia tomó el atajo del callejón para meterse en el taller de trabajo de su padre. Louie la sacó de ese sitio al amenazarla con dejarle cerca su serpiente-mascota de casi un metro de largo. Luego Sylvia decidió encerrarse en el auto de la familia y no salió de ahí toda una tarde. "Era un asunto de vida o muerte", dijo ella unos 75 años más tarde.

A cambio de todo su esfuerzo, Louise no logró cambiar a Louie. Éste se escapó de la casa y rondó por San Diego durante días, durmiendo bajo un puente de la carretera. Trató de montar un novillo en el campo, y terminó estrellándose contra el borde filoso de un árbol recién caído; tuvo que cojear con la rodilla herida envuelta en un pañuelo hasta llegar a casa. Las 27 puntadas tampoco lograron domarlo. Golpeó tan fuerte a un chico que le rompió la nariz. Inmovilizó a otro y le metió toallas de papel en la boca. Los padres prohibían a sus hijos acercarse a él. Un granjero que estaba furioso por los robos de Louie, cargó su escopeta con sal de grano y le disparó en el trasero. Louie golpeó tanto a un muchacho que lo dejó inconsciente en una zanja, temeroso de haberlo matado. Al ver Louise sangre en los puños de Louie, rompió en llanto.

Cuando Louie se preparaba para comenzar a estudiar en la preparatoria de Torrance, parecía más un joven peligroso que un muchacho travieso. La preparatoria constituiría el final de su educación académica. No había dinero para mandarlo a la universidad; el sueldo de Anthony solía acabarse unos días antes de que llegara el siguiente cheque, obligando a que Louise improvisara comidas con berenjena, leche, pan duro, hongos silvestres y conejos que Pete y Louie cazaban en el campo. Con calificaciones reprobatorias y pocas capacidades, Louie no tenía oportunidades de obtener una beca. Tampoco era muy probable que consiguiera empleo. La Gran Depresión había llegado, y la tasa de desempleo rondaba 25 por ciento. Louie no tenía ambiciones. Si se le preguntaba qué deseaba ser de grande, respondía cosas como "vaquero".

En la década iniciada en 1930, Estados Unidos estaba obsesionado con la pseudociencia de la eugenesia y su promesa de mejorar la raza humana al quitar a los "no aptos" de la masa genética. Junto con los "débiles mentales", los locos y los criminales, se incluía también a las mujeres que habían tenido sexo fuera del matrimonio (lo que se consideraba una enfermedad mental), a los huérfanos, los incapacitados, los pobres, los que no tenían hogar, los epilépticos, los que se masturbaban, los ciegos y los sordos, los alcohólicos y las muchachas cuyos genitales excedían ciertas medidas. Algunos defensores de estas teorías eugenésicas recomendaban la eutanasia y en algunos hospitales psiquiátricos esto se llevó a cabo en varias personas por medio de la "negligencia letal" o, dicho de otro modo, por medio del homicidio liso y llano. En un hospital psiquiátrico de Illinois, los pacientes nuevos eran alimentados con leche de vacas infectadas con tuberculosis, con la creencia de que sólo morirían los indeseables. Cerca de cuatro de cada diez pacientes de este tipo morían. Una herramienta más popular para esta eugenesia estaba representada por la esterilización forzosa, que fue empleada en numerosos desdichados que, ya fuera por mal comportamiento o mala suerte, cayeron en manos de los gobiernos estatales. Para 1930, cuando Louie comenzaba sus años de adolescencia, California cayó bajo el influjo de estas teorías eugenésicas, y llegaría al extremo de esterilizar a unas veinte mil personas.

Cuando Louie estaba en la adolescencia temprana, un acontecimiento en Torrance mostró la cruda realidad en casa. Un muchacho del vecindario de Louie era tenido por débil mental; fue internado y apenas se salvó de la esterilización por medio de un frenético esfuerzo legal de sus padres, financiados por los vecinos de Torrance. Con la tutoría de las hermanas de Louise, el niño logró obtener calificaciones perfectas. Louie siempre estuvo cerca del centro de detención para menores infractores o de la cárcel, y siendo un chico problemático crónico, un estudiante fracasado y un italiano sospechoso, era el típico caso que llamaba la atención de los eugenecistas. De pronto comprendió el riesgo que estaba corriendo y se sintió fuertemente estremecido.

La persona en la que Louie se había convertido no era, lo sabía, su auténtico yo. Hizo esfuerzos vacilantes por relacionarse con otros. Fregó el piso de la cocina para sorprender a su madre, pero ella dio por hecho que Pete había realizado el trabajo. Cuando su padre estaba fuera de la ciudad, Louie revisó el motor del auto familiar, un sedán Marmon Roosevelt de ocho cilindros. Horneó galletas y las regaló; cuando la mamá, harta del desorden en la cocina, lo sacó de ésta, él siguió cocinando en la casa del vecino. Regaló todo lo que había robado. "Tenía un gran corazón", dijo Pete. "Louie regalaba cualquier cosa, sin importar que fuera suyo o no".

Cada intento por regenerarse acababa mal. Terminó solo, leyendo novelas de Zane Grey y deseando ser parte de ellas como el hombre con su caballo que se acerca a tierras inhóspitas, escindido del mundo. Iba al cine para mirar películas de vaqueros, pero perdía el hilo de las tramas al ver las escenografías. Algunas noches, arrastraba su cama hasta el patio para dormir solo. Otras veces, se mantenía despierto en cama bajo los afiches de la estrella de las películas de vaqueros, Tom Mix y su caballo maravilla, Tony, sintiéndose atado a algo de lo que no podía librarse.

En la parte trasera de la recámara oía el paso de los trenes. Recostado junto a su hermano dormido, escuchaba el estentóreo y grave sonido de los vagones que iban y venían. Ese sonido le erizaba la piel. Perdido en la fantasía, Louie se imaginó en un tren, penetrando en territorios desconocidos, empequeñeciendo a cada momento hasta desaparecer en lontananza.

DOS

★ ★ ★

Corre como loco

La rehabilitación de Louie Zamperini comenzó en 1931, con la ayuda de una llave. A sus catorce años, estaba en una cerrajería cuando escucho a alguien decir que al meter cualquier llave en cualquier cerrojo, se tiene una posibilidad en cincuenta de que la llave abra el cerrojo. Inspirado por esto, Louie comenzó a coleccionar llaves y a probar su suerte con diversos cerrojos. No tuvo suerte hasta que probó la llave de su casa en la chapa de la puerta trasera del gimnasio de la preparatoria de Torrance. Al comenzar la temporada de basquetbol, existía una discrepancia inexplicable entre el número de boletos de diez centavos vendidos y la cantidad mucho mayor de muchachos que estaba en el graderío. A fines de 1931, alguien se percató de lo que sucedía y Louie terminó en la oficina del director por centésima ocasión. En California, los estudiantes nacidos en el invierno entraban a los nuevos grados en enero, de manera que Louie estaba a punto de comenzar el noveno grado. El director lo castigó impidiendo que fuera elegido para las actividades atléticas y sociales que estaban por comenzar. Louie, quien jamás se había unido a nada, se sintió indiferente al castigo.

Cuando Pete se enteró de lo sucedido, fue directamente a la oficina del director. Aunque su madre aún no hablaba mucho inglés, él la arrastró también al encuentro para dar más peso a sus argumentos. Dijo al director que Louie se moría por atraer la atención, pero que jamás lo había logrado bajo la forma de alabanzas, de modo que se procuraba esta atención por medio del castigo. Si a Louie se le reconociera hacer algo bien, argumentó Pete, su vida cambiaría. Pidió al director permitir que Louie se inscribiera en algún deporte. Cuando el director se negó, Pete le preguntó si podía vivir en paz permitiendo que Louie fracasara. Era un tanto atrevido que un muchacho de dieciséis años dijera esto a su director, pero era el único muchacho de Torrance que podía salirse con la suya tras hacer un comentario semejante de manera pesuasiva. Así, Louie fue considerado como elegible para formar parte de las actividades atléticas de 1932.

Pete tenía grandes planes para Louie. Él se graduaría en 1932 y lo haría con diez cartas de recomendación, incluyendo tres en basquetbol y tres en beisbol. Pero resultó que la pista de atletismo le valió cuatro cartas de recomendación, pues había empatado el récord de la escuela en la media milla y había impuesto una nueva marca, dejándola en cinco minutos con seis segundos. Ése era su verdadero fuerte. Pensando ya en Louie, y tomando en cuenta que él solía salvarse al huir a toda velocidad de sus tropelías, Pete reconoció en su hermano un talento incipiente para la pista de atletismo.

Y resultó que no fue Pete el que llevó a Louie por vez primera a la pista. Fue la debilidad de Louie por las muchachas. En febrero, las alumnas de noveno grado comenzaban a formar un equipo para un encuentro de pista interescolar y, en un grupo en que sólo había cuatro varones, resultaba que únicamente Louie tenía la pinta de corredor. Las muchachas pusieron en marcha sus encantos y Louie se encontró parado en la pista, descalzo y dispuesto a emprender una carrera de poco más de 600 metros. Cuando todos echaron a correr, él lo hizo también, agitando los brazos y retrasándose bastante a fin de cuentas. Dado que había llegado a la meta en último lugar, escuchó risitas burlonas. Sin aliento y humillado, salió de prisa de la pista y se escondió bajo las gradas. El entrenador murmuró algo respecto a que ese chico servía para muchas cosas, pero no para las carreras. "Es mi hermano", respondió Pete.

Desde ese día, Pete estuvo siempre al pendiente de Louie, forzándolo a entrenar, luego arrastrándolo a la pista para correr en un segundo encuentro interescolar. Alentado por algunos compañeros desde las gradas, Louie apenas pudo vencer a un niño y terminó en tercer lugar. Odiaba correr, pero el aplauso le resultaba fascinante, y la perspectiva de obtener un poco más de este aplauso lo hizo mantenerse en la práctica de este deporte, aunque a regañadientes. Pete lo pastoreaba en los entrenamientos cotidianos y montado en su bicicleta lo seguía, atizándolo con un palo cuando la situación lo merecía. Louie solía arrastrar los pies, le daba dolor de caballo y se daba por vencido al primer signo de fatiga. Pete lo obligaba a ponerse de pie y seguir adelante. Y Louie comenzó a ganar. Al final de la temporada, se convirtió en el primer muchacho de Torrance que logró calificar para las finales del estado. Terminó en quinto lugar.

Pete había tenido razón respecto del talento de Louie, pero para Louie el entrenamiento no era más que otra restricción. Por las noches escuchaba los silbatos de los trenes que pasaban y, un día del verano de 1932, no pudo soportarlo más.

Todo comenzó por una labor que su padre le había encargado. Louie se resistió, sobrevino una disputa y después metió algo de ropa en una bolsa antes de salir azotando la puerta del frente. Sus padres le ordenaron quedarse, pero nada pudo convencer a Louie. Se fue de casa. Cuando lo hacía, su madre se apresuró en la cocina y salió con un emparedado envuelto en papel encerado. Louie lo metió en su bolsa y se fue. Había recorrido parte de la fachada de la casa cuando escuchó su nombre. Al volverse, vio a su padre con cara de pocos amigos que le ofrecía dos dólares con el brazo extendido. Eso era mucho dinero para un hombre que no lograba llegar a la siguiente semana con dinero de su pago anterior. Louie los tomó y se alejó caminando.

Convenció a un amigo de que lo acompañara y juntos se fueron de aventón a Los Ángeles. Se introdujeron en un coche y durmieron en sus asientos. Al día siguiente lograron abordar un tren, treparon al techo y viajaron así hacia el norte.

El viaje fue una pesadilla. Los niños quedaron atrapados en un vagón tan caliente que pronto tuvieron que arreglárselas para escapar. Louie encontró una tira de metal de desecho, trepó a los hombros de su amigo, abrió una ventila por la que logró escurrirse y luego ayudó a salir a su amigo, quien sufrió una herida de consideración al hacerlo. Luego fueron descubiertos por el detective del tren, quien los obligó a saltar del vagón en movimiento a punta de pistola. Después de varios días de caminar, de ser expulsados de huertos y tiendas en los que habían tratado de robar comida, terminaron sentados en el piso de una terminal ferroviaria, sucios, lastimados, quemados por el sol y mojados. Compartían una lata de frijoles robada. Pasó un tren. Louie levantó la vista. "Vi... vi hermosos manteles blancos y cristalería en las mesas, y comida, gente riendo, disfrutando y comiendo", dijo después. "Y yo estaba ahí sentado y aterido, comiendo de una miserable lata de frijoles". Recordó el dinero en la mano de su padre y el temor en la mirada de su madre cuando le ofreció el emparedado. Se puso de pie e inició el regreso.

Cuando Louie entró en casa, su madre lo abrazó, lo inspeccionó en busca de heridas, lo llevó a la cocina y le dio una galleta. Anthony llegó, lo vio y se dejó caer en una silla con el rostro aliviado. Después de la cena, Louie fue escaleras arriba, se echó en la cama y aceptó su derrota murmurando ante Pete.

En el verano de 1932, Louie no hizo casi nada salvo correr. Por invitación de un amigo, fue a una reservación india de los cahuilla para alojarse en una cabaña, al sur del desierto californiano. Cada mañana se levantaba al salir el sol, tomaba su rifle y corría entre los arbustos. Subía y bajaba las colinas, iba y venía por el desierto atravesando barrancas. Persiguió manadas de caballos, atreviéndose a meterse entre ellas y tratando en vano de hacerse con un mechón de la cola o la crin. Nadó en un arroyo sulfuroso mientras lo veían las mujeres cahuilla que lavaban ropa en las rocas, para luego tenderse a secar al sol. Cada tarde, de regreso a la cabaña, mataba un conejo para la cena. Cada noche trepaba al techo de la cabaña y se ponía a leer novelas de Zane Grey. Cuando el sol se hundía en el horizonte y las palabras desaparecían, miraba el paisaje conmovido por su belleza, y atestiguaba el cambio del gris al morado en el cielo antes de que la oscuridad fundiera la tierra y el cielo. Por la mañana se levantaba y corría de nuevo. No por escapar de algo ni en pos de nada; corría porque era lo que su cuerpo quería hacer. La inquietud, el egoísmo y la necesidad de oponerse desaparecieron. Él sólo sentía paz.

Regresó a casa con una obsesión por correr. Todo el esfuerzo que antes puso en robar estaba ahora dedicado a la pista de atletismo. Con el consejo de Pete, corrió su ruta de entrega de periódicos completa para el *Torrance Herald*, corrió al ir a la escuela y de regreso, y lo mismo al ir y venir de la playa. Rara vez usaba la acera, pues se adentraba en los jardines frontales de los vecinos para saltar arbustos como si fueran obstáculos en una carrera. Dejó de beber y de fumar. Para aumentar su capacidad pulmonar, decidió ir a la alberca pública de Redondo Beach, en la que solía hundirse hasta el fondo para coger el tapón de drenado y luego flotar ahí, tratando de contener el aire un poco más cada vez. Eventualmente, llegó a permanecer bajo el agua tres minutos 45 segundos. La gente no dejaba de arrojarse al agua para salvarlo.

Louie también encontró un modelo a seguir. En la década de 1930, la pista de atletismo era muy popular, y los nombres de los mejores corredores eran famosos en la comunidad. Entre ellos se contaba un corredor de la Universidad de Kansas especializado en la milla, Glenn Cunningham, de pequeño, había estado presente en una explosión en la escuela que dejó muerto a su hermano; él sufrió quemaduras severas en piernas y torso. Tuvo que pasar mes y medio antes de que lograra sentarse, y más aún antes de ponerse de pie. Incapaz de estirar las piernas, aprendió a moverse apoyándose en una silla y ayudándose con las piernas. Continuó su recuperación hasta que logró treparse a la grupa de la mula de la familia y, eventualmente, comenzó a correr cogido de la cola de un caballo de nombre Paint, lo cual, al principio, le provocaba un dolor casi insoportable. En pocos años se hizo corredor, impuso nuevos récords en la milla y venció a sus oponentes por gran distancia. Para 1932, el modesto y bienhumorado Cunningham, cuyas piernas y espalda estaban cubiertas de cicatrices, se convertía en una sensación nacional que pronto sería considerado como el mejor corredor de la milla en la historia estadounidense. Tal era el héroe de Louie.

En el otoño de 1932, Pete comenzó sus estudios en Compton, colegio de enseñanza preuniversitaria gratuito en el que pronto se hizo corredor estrella. Casi cada tarde, iba a casa para entrenar a Louie corriendo junto a él, enseñándolo a controlar los movimientos de los codos y dándole consejos estratégicos Louie tenía una extraña ventaja biomecánica: caderas que parecían diseñadas para correr; cuando una pierna era impulsada hacia adelante, la cadera correspondiente se adelantaba con la pierna, dando a Louie una zancada excepcional, superior a los dos metros. Después de verlo desde la barda de la preparatoria de Torrance, la porrista Toots Bowersox describió su desempeño con una sola palabra: "Suaaaaaaave".

Pete pensó que los *sprints* en que Louie había estado invirtiendo su tiempo eran muy cortos. Su hermano sería un corredor de milla, al igual que Glenn Cunningham.

En enero de 1933, Louie comenzó el décimo grado. Como ya había dejado atrás sus cuestionables modales, fue aceptado por los compañeros más populares. Lo invitaban a comer panecillos con salchicha frente al puesto de Kellow, en donde Louie se unía a los cánticos al son del ukulele; luego jugaba futbol americano de toque con una toalla anudada en lugar de balón; estos juegos inevitablemente terminaban con alguna porrista que se estrellaba accidentalmente con un basurero o cosas parecidas. Para capitalizar su repentina popularidad, Louie se postuló como presidente de su clase y ganó, para posteriormente utilizar el discurso que Pete había pronunciado al ganar la presidencia de su clase en Compton. Y lo mejor de todo: las muchachas empezaron a considerarlo atractivo. Mientras caminaba a solas en su decimosexto cumpleaños, Louie fue emboscado por una banda de porristas risueñas. Una chica se sentó sobre él para inmovilizarlo mientras el resto le daba dieciséis varazos en el trasero, más uno extra para que siguiera creciendo.

En febrero, cuando la temporada escolar de deportes de pista comenzó, Louie se propuso constatar qué tanto le había servido el entrenamiento. Su transformación fue impresionante. Usando unos pantaloncillos de seda negra que su madre le confeccionó con parte de la tela de una falda, ganó una carrera de ochocientos metros, rompiendo el récord de la escuela por más de dos segundos (la marca superada era de Pete). Una semana más tarde, dejó atrás a un grupo de especialistas en la carrera de la milla, con una marca de 5:03, tres segundos más rápido que el récord de Pete. En otro encuentro, corrió la milla en 4:58. Tres semanas después, impuso una marca estatal de 4:50.6. A comienzos de abril, la había bajado a 4:46; a fines de ese mismo mes, la marca era de 4:42. "¡Vaya, vaya,

vaya!", se leía en un periódico local. "¿Puede volar este hombre? ¡Y claro que nos referimos a Zamperini!"

Casi cada semana, Louie corría la milla, avanzando en la temporada invicto y sin oposición. Cuando se le acabaron los preparatorianos a vencer, compitió con Pete y con otros trece corredores universitarios en una carrera de dos millas, en Compton. A pesar de tener solamente diesiéis años y de que nunca había entrenado para esa distancia, ganó por 50 yardas. Luego compitió en la carrera de dos millas a campo traviesa, organizada por UCLA. Corría con tal facilidad que ni siquiera sentía sus pies tocando el suelo; se puso a la cabeza del grupo y siguió jalando al resto. A la mitad, llevaba ya una ventaja de doscientos metros y los observadores especulaban sobre cuándo se colapsaría el muchacho de los *shorts* negros. Louie no colapsó. Tras cruzar la línea de meta prácticamente volando, imponiendo un nuevo récord de pista, miró la recta que lo había llevado a la meta. No pudo ver a ninguno de los otros corredores. Había ganado con más de cuatrocientos metros de ventaja.

Louie sentía que se iba a desmayar, pero no a causa del esfuerzo físico, sino por el hecho de darse cuenta de quién era en realidad.

Louie gana por más de cuatrocientos metros la carrera de dos millas a campo traviesa, organizada por UCLA. Pete se acerca a él desde atrás para felicitarlo.

TRES

★ ★ ★

El tornado de Torrance

Sucedía cada sábado. Louie iba a la pista, aflojaba los músculos, se acostaba boca abajo sobre el pasto para visualizar la siguiente carrera, caminaba a la línea, esperaba el disparo de salida y corría a toda velocidad. Pete iba y venía en las inmediaciones, cronómetro en mano, gritando frases de aliento e instrucciones. Cuando Pete daba la señal, Louie estiraba sus largas piernas y los oponentes quedaban atrás "tristemente descorazonados y desilusionados", según escribió un reportero. Louie llegaba a la línea de meta, Pete estaba ahí para recibirlo y los chicos en el graderío festejaban. Luego venían oleadas de chicas que buscaban su autógrafo, el viaje de regreso a casa, besos de su madre y, por último, las fotografías en el jardín frontal de la casa con el trofeo en la mano. Louie ganó muchísimos relojes de pulsera, el premio tradicional para los competidores de pista, tantos que comenzó a regalarlos por doquier. Periódicamente, un nuevo retador llegaba con la esperanza de derrotarlo, pero sucedía lo contrario. Según escribió un reportero, una de las víctimas había sido llamado: ". . . el chico que no sabe lo rápido que puede correr. Sin embargo, lo descubrió el sábado".

En 1934, llegó el momento supremo de Louie en la preparatoria al inaugurarse el Campeonato de Pista y Campo del Sur de California. Los competidores eran considerados los mejores

corredores de la milla en la historia, y Louie los dejó atrás recorriendo esa distancia en 4:21.3, con lo que la marca nacional de
escuelas preparatorias, impuesta durante la Primera Guerra Mundial, quedó hecha pedazos por más de dos segundos.[1]

Louie y Pete. *Bettman/Corbis.*

[1] La marca de Louie fue llamada récord "mundial interescolar", pero se trataba
de un error. No existían marcas mundiales oficiales de las escuelas. Fuentes posteriores precisaron esta marca en 4:21.2, pero todas las fuentes de 1934 la fijaron
en 4:21.3. Dado que las distintas organizaciones tenían diversos procedimientos
para la verificación de marcas, es difícil establecer cuál fue el récord que Louie
rompió, pero de acuerdo con los periódicos de la época, el récord previo pertenecía a Ed Shields, quien corrió la milla en 4:23.6, en 1916. En 1925, Chesley
Unruh cronometró 4:20.5, pero esta marca no fue verificada oficialmente. También acreditaron el récord a Cunningham, pero su tiempo 4:24.7 de 1930 era
muy inferior a los de Unruh y Shields. La marca de Louie estuvo vigente hasta
que Bob Seaman la rompió en 1953.

Su principal rival quedó tan exhausto tras perseguir a Louie, que lo sacaron cargando de la pista. Cuando Louie trotó a los brazos de Pete, sintió un acceso de culpa. Se sentía demasiado fresco. De haber corrido la segunda vuelta más rápido, dijo, habría cronometrado 4:18. Un reportero predijo que el récord de Louie estaría vigente por veinte años. Lo estuvo durante diecinueve.

Louie, quien antes había sido considerado el archivillano del pueblo, era ahora una superestrella, y Torrance le perdonó todo. Cuando entrenaba, la gente miraba desde la reja de la pista diciendo cosas como: "¡Vamos, hombre de hierro!" Las páginas deportivas del *Los Angeles Times* y del *Examiner* abundaron en historias sobre el prodigio, a quien el *Times* llamó "La Tempestad de Torrance", mientras que prácticamente todos los demás se referían a Louie como "El Tornado de Torrance". De acuerdo con un reporte, las historias de Louie eran tan redituables para el *Torrance Herald* que el periódico aseguró sus piernas en cincuenta mil dólares. Los habitantes de Torrance abarrotaban las competencias en que intervendría Louie. Avergonzado por tanto alboroto, Louie pidió a sus padres que no fueran a verlo competir. De cualquier manera, Louise se las arregló para espiar desde atrás de la barda; las carreras la ponían tan nerviosa que debía taparse los ojos y mirar entre los dedos.

No mucho tiempo atrás, las aspiraciones de Louie terminaban en la cocina de la cual robaba. Ahora tenía entre manos una meta por demás audaz: las olimpiadas de 1936, en Berlín. En los juegos olímpicos no existía la carrera de la milla, por lo que los especialistas en esta distancia competían en la justa de 1500 metros, 109 metros menos que la milla. Se trataba de una carrera para hombres experimentados; los mejores competidores de la época tenían sus más elevados registros a la mitad de sus años veinte o más tarde aún. Refiriéndonos a 1934 en concreto, el favorito para competir en la prueba olímpica de 1500 metros era Glenn Cunningham, quien había establecido el récord mundial para la milla en 4:06.8, semanas antes de que Louie impusiera la marca nacional de escuelas preparatorias. Cunningham había competido desde que cursaba el cuarto grado de primaria, y para los juegos olímpicos de 1936 estaría a punto de cumplir veintisiete años. No correría su milla más rápida hasta los veintiocho años. En 1936, Louie tendría solamente cienco años de experiencia y contaría diecinueve años de edad.

Pero Louie era ya el corredor preparatoriano de la milla más rápido en la historia de Estados Unidos, y mejoraba a tal velocidad que había rebajado su marca de 42 segundos en sólo dos años. Su récord de la milla, impuesto cuando tenía diecisiete años, era tres y medio segundos más rápido que el récord que Cunningham había impuesto en la preparatoria a los veinte años.[2] Incluso los expertos más conservadores en atletismo de pista comenzaban a pensar que Louie era quien sentaría un precedente, y después de ganar todas las carreras de la temporada, esta confianza creció. Louie creía que podía hacerlo, y también lo creía Pete. Louie quería competir en Berlín, y lo deseaba con más intensidad que cualquier otra cosa en su vida.

En diciembre de 1935, Louie se graduó de la preparatoria; unas cuantas semanas más tarde, llegó 1936 y todos sus pensamientos estaban puestos en Berlín. Las eliminatorias finales de los deportes de pista tendrían lugar en Nueva York, en julio, y el comité olímpico basaría su selección de competidores en una serie de carreras de calificación. Louie disponía de siete meses para meterse al equipo. Entretanto, también tenía que decidir qué haría con las muchas becas académicas que le ofrecían. Pete había ganado una por la Universidad del Sur de California, donde se había convertido

---

[2] Se cree que Cunningham comenzó a estudiar la preparatoria hasta los dieciocho años, esto a consecuencia de las quemaduras ya mencionadas.

en uno de los 10 mejores corredores de la milla de la nación. Él insistía a Louie que aceptara la oferta de esta universidad, pero retrasando su ingreso hasta el otoño, de modo que pudiera entrenar de tiempo completo. Así que Louie se mudó a la casa de la fraternidad a que Pete pertenecía y entrenó obsesivamente bajo la dirección de su hermano. Todo el día, todos los días, vivía y respiraba la carrera de 1500 metros a celebrarse en Berlín.

En primavera, comenzó a darse cuenta de que no lo lograría. Aunque aumentaba su velocidad día a día, no podía forzar a que su cuerpo mejorara lo suficientemente rápido como para estar a la altura de sus rivales mayores en el verano. Simple y sencillamente era demasiado joven. Se le rompió el corazón.

En mayo, Louie hojeaba un periódico y encontró una historia sobre el Compton Open, un prestigioso encuentro atlético que tendría lugar en el Coliseo de Los Ángeles el 22 de mayo. El hombre a vencer era Norman Bright, maestro de escuela de veintiséis años: había impuesto el récord norteamericano para las dos millas en 1935 y era el segundo corredor de cinco mil metros más rápido de Estados Unidos, detrás solamente del legendario Don Lash, una máquina rompe-récords que estudiaba en la Universidad de Indiana y tenía veintitrés años de edad. Estados Unidos enviaría tres corredores de cinco mil metros a Berlín, y Lash y Bright se tenían por selecciones seguras. Pete insistió en que Louie entrara al Abierto de Compton y pusiera a prueba sus piernas en una distancia mayor. "Si le aguantas el paso a Norman Bright, dijo a Louie, estarás en el equipo olímpico".

La idea exigía el máximo esfuerzo. La milla consistía en cuatro vueltas a la pista; los cinco mil metros equivalían a más de doce vueltas, lo que Louie describiría "como quince minutos en la cámara de tortura", bastante más de tres veces la distancia en que era experto. Sólo dos ocasiones había corrido más allá de la milla, y los cinco mil metros, al igual que la milla, eran dominados por hombres considerablemente mayores. Tenía sólo dos semanas para entrenarse con vistas al Abierto de Compton y, siendo en julio las pruebas eliminatorias de la justa olímpica, tenía dos meses para convertirse en el corredor de élite de cinco mil metros más joven de Estados Unidos. Sin embargo, no tenía nada que perder. Entrenó tan duro que una vez dejó ensangrentada una calceta por haberse desollado un dedo del pie.

La carrera, a realizarse ante diez mil aficionados, era un acontecimiento muy importante. Louie y Bright salieron parejos dejando muy atrás a los demás. Cada vez que uno de los dos tomaba el liderato, el otro lo rebasaba y la multitud rugía. Se enfilaron juntos a la recta final por última vez, Bright por la parte interior de la pista y Louie por la parte externa. Delante de ellos, un corredor de nombre John Casey iba tan rezagado que estaba a punto de ser alcanzado por los dos punteros. Los oficiales hicieron señas a Casey, quien trató de hacerse a un lado, pero Bright y Louie lo alcanzaron antes de que lograra quitarse del paso. Bright se escurrió por la parte interior, pero Louie tuvo que hacerse a la derecha para evitar a Casey. Confundido, Casey se hizo aún más a la derecha sacando a Louie, quien aceleró para rodearlo, pero Casey lo hizo también acercando a Louie a las tribunas. Finalmente, Louie dio medio paso para cortar hacia dentro de la pista, perdió el equilibrio y tuvo que apoyar una mano en el piso para no caer de bruces. Bright tenía ahora una ventaja que, a ojos de Pete, parecía de varios metros. Louie aceleró en pos de Bright y acortó la distancia. Con la multitud en grito, alcanzó a Bright en la línea de meta. Lo hizo una fracción de segundo más tarde que su rival: Bright ganó por un pelo. Él y Louie habían corrido los más rápidos cinco mil metros de 1936 en Estados Unidos. El sueño olímpico de Louie seguía vivo.

El 13 de junio, Louie dio cuenta de otra ronda eliminatoria para los cinco mil metros olímpicos, pero el dedo herido durante el entrenamiento volvió a abrirse. La cojera le impidió entrenar para la última carrera eliminatoria, y tuvo que pagar el precio. Bright venció a Louie por cuatro metros, pero Louie no había caído en desgracia: impuso la tercera mejor marca para los cinco mil metros, en Estados Unidos, desde 1931. Fue invitado a participar en las eliminatorias finales para los juegos olímpicos.

La noche del 3 de julio de 1936, los residentes de Torrance se reunieron para ver la partida de Louie hacia Nueva York. Le habían regalado una cartera llena de dinero para el viaje, un boleto de tren, ropa nueva, equipo para rasurarse y una maleta adornada con las palabras "El Tornado de Torrance". Temiendo que la maleta lo hiciera parecer insolente, Louie procuró ocultarla y cubrió el apodo con cinta adhesiva antes de abordar el tren. Según su diario, pasó el viaje presentándose con todas las muchachas bonitas que vio, incluyendo un total de cinco entre Chicago y Ohio.

Cuando las puertas del tren se abrieron en Nueva York, Louie sintió que estaba llegando al infierno mismo. Se vivía el verano más caliente en la historia de Estados Unidos, y Nueva York era una de las ciudades más afectadas. En 1936, el aire acondicionado era una rareza instalada únicamente en algunos teatros y tiendas departamentales, de manera que era casi imposible escapar del calor. Esa semana, que incluyó los tres días más calurosos en la historia de la nación norteamericana, el calor mataría a cerca de tres mil estadounidenses. En Manhattan, la temperatura alcanzó 41 grados, matando a 40 personas.

Louie y Norman Bright compartieron el costo de una habitación en el Hotel Lincoln. Igual que los demás atletas, debían entrenar a pesar del calor. Al sudar profusamente día y noche, entrenando al rayo del sol, incapaces de dormir bien en el calor de los hoteles o en la YMCA, sin apetito, virtualmente todos los atletas perdieron una buena cantidad de peso. Se estima que no hubo atleta que bajara menos de 5.2 kilos. Uno de ellos se sintió tan atormentado por las altas temperaturas que se procuró refugio en un cine comprando boletos para cada función y dormitando en el transcurso de ellas. Louie se sentía tan miserablemente como todos los demás. Víctima de deshidratación crónica, tomaba tanta agua como podía; después de correr 880 metros a 41 grados centígrados, se tomaba ocho naranjadas y un litro de cerveza. Cada noche, aprovechando el descenso de la temperatura, caminaba seis millas. Bajó de peso drásticamente.

La cobertura noticiosa de los diarios lo hizo enfurecer. Don Lash se consideraba invencible por haberse llevado el título de los cinco mil metros de la NCAA por tercera vez, luego de imponer un récord mundial para las dos millas, un récord norteamericano en los diez mil metros y por vencer a Bright, por más de 150 metros en una ocasión. Se daba por hecho que Bright sería segundo, y se mencionaba a una serie de atletas que eran candidatos para el tercero, cuarto y quinto lugar. Louie ni siquiera era mencionado. Al igual que el resto, estaba bajo la sombra de Lash, pero los primeros tres puestos viajarían a Berlín y él creía poder ocupar uno de ellos. "Si el calor me deja aunque sea algo de fuerza", escribió a Pete, "venceré a Bright y le daré a Lash el susto de su vida".

La noche anterior a la carrera, Louie se la pasó metido en la sofocante habitación sin poder dormir. Pensaba en todas las personas que estarían desilusionadas si él fallaba.

A la mañana siguiente, Louie y Bright se fueron juntos del hotel. Las eliminatorias se realizarían en un estadio nuevo, localizado en la Isla de Randall, en la confluencia de los ríos East y Harlem. Estaban a casi 32 grados en la ciudad, pero al bajar del transbordador se encontraron con que la temperatura en el estadio era mayor, probablemente cercana a los 40 grados. Por toda la pista se veían atletas siendo atendidos o llevados a hospitales. Louie se sentó a esperar su carrera, cocinándose bajo ese sol candente que, según dijo, "me convertía en un desastre".

Por fin recibieron la orden de tomar posiciones. La pistola fue accionada y los hombres arrancaron. Comenzaba la carrera. Lash se colocó en la punta, seguido muy de cerca por Bright. Louie se retrasó un poco y el ritmo del grupo se estabilizó.

En el otro lado del continente, una multitud de habitantes de Torrance se apretujaban alrededor del radio de la familia Zamperini. Estaban con los nervios de punta. La hora en que la carrera de Louie empezaría había pasado, pero el anunciador radial de la NBC se ocupaba de las pruebas de natación. Pete estaba tan frustrado que llegó a considerar dar una patada al aparato. Al fin, el locutor comentó cómo estaban las posiciones en la competencia de los cinco mil metros, pero no mencionó a Louie. Incapaz de soportar la tensión, Louise se metió en la cocina para no escuchar.

Los corredores dieron cuenta de las vueltas siete, ocho y nueve. Lash y Bright lideraban la carrera. Louie seguía metido en el pelotón, esperando el momento indicado para hacer su movimiento. El calor era sofocante. Un corredor se desplomó, y los demás se vieron obligados a evitarlo. Luego cayó otro competidor y el pelotón lo brincó también. Louie sentía que se le cocinaban los pies; los tachones de sus zapatos tomaban el calor de la pista y lo transmitían a sus pies. El ardor en los pies de Norman Bright era particularmente intenso. En su agonía, dio un paso en falso fuera de la pista, se torció el tobillo y logró continuar la carrera volviendo a la pista. El mal paso pareció acabar con él. Perdió contacto con Lash. Cuando Louie y el resto del pelotón lo alcanzaron, ya no podía soportar. Pero aún así siguió corriendo.

Cuando los corredores llegaron a la última vuelta, Lash se dio un respiro corriendo justo detrás de su compañero de equipo de Indiana, Tom Deckard. Bastante detrás de ellos, Louie estaba listo para emprenderla con todo. Aceleró por el carril interno. La espalda de Lash se acercaba; ahí estaba, a uno o dos metros de distancia. Al ver el rápido balanceo de la cabeza del todopoderoso Don Lash, Louie se sintió intimidado. Dudó por varios pasos. Luego vio la última curva y la visión de ésta pareció despertarlo con una bofetada. Aceleró todo lo posible.

En la curva, Louie se ubicó junto a Lash justo en el momento en que éste se hacía a la derecha para rebasar a Deckard. Louie tuvo que abrirse perdiendo valioso terreno. Dejaron atrás a Deckard. Louie y Lash corrieron hombro a hombro en dirección a la recta final. Faltaban cien metros para llegar a la meta y ninguno de los dos hombres tenía más velocidad que dar.

Con las cabezas echadas atrás y con las piernas cerca de perder la coordinación, Louie y Lash fueron por la meta. Faltando algunos metros, Lash alcanzó a Louie centímetro a centímetro. Sintiendo que sus piernas eran de goma debido al esfuerzo, ambos corredores pasaron frente a los jueces en un final tan cerrado que, según dijo Louie después, "no cabía un pelo entre los dos".

La voz del locutor resonó en la estancia de Torrance. Zamperini había ganado, dijo.

Louise escuchó desde la cocina que el grupo de la sala gritaba repentinamente. Afuera, sonaron las bocinas de los autos. La puerta principal se abrió y los vecinos entraron a la casa. Una multitud de habitantes de Torrance celebraban a su alrededor mientras Louise lloraba de alegría. Anthony descorchó una botella de vino y empezó a llenar las copas entonando un brindis tras otro al tiempo que sonreía, según dijo un juerguista, "como burro que come cactos".

Un momento después, se escuchó la voz de Louie que, por medio de las ondas de radio, enviaba un saludo a Torrance.

Louie y Lash en la línea de meta de las eliminatorias para la olimpiada de 1936. *Cortesía de Louis Zamperini.*

Pero el locutor estaba equivocado. Los jueces deliberaron y decidieron que el ganador había sido Lash y no Zamperini. Deckard había logrado terminar en tercer sitio. La celebración de Torrance seguía su curso sin importar la corrección. El chico del pueblo había ganado su lugar en el equipo olímpico.

Unos minutos después de la carrera, Louie estaba dándose un baño frío. Sentía el dolor de las quemaduras en los pies coincidiendo con la posición de los tachones del calzado. Tras secarse, se pesó. Había sudado un kilo y medio. Se miró en el espejo y encontró una imagen fantasmal que lo miraba de vuelta.

Al otro lado de la habitación, Norman Bright estaba sentado en una banca con un tobillo apoyado sobre la otra rodilla. Miraba su pie. Al igual que el otro pie, se había quemado tanto que se le había desprendido la piel de la planta. Había terminado en quinto lugar, a dos lugares del equipo olímpico.[3]

Al final del día, Louie había recibido 125 telegramas. "Torrance se ha vuelto loco", decía uno. "Al pueblo se le ha zafado un tornillo", se leía en otro. Incluso había un telegrama enviado por el Departamento de Policía de Torrance, institución que seguramente estaba aliviada de saber que otros perseguían a Louie.

Esa noche, Louie revisó la edición vespertina de los periódicos, que mostraban fotografías del final de su carrera. En algunas, parecía estar empatado con Lash; en otras, parecía haber llegado antes. En la pista, había estado seguro de ganar. Los primeros tres sitios irían a los juegos olímpicos, pero Louie se sentía engañado de todos modos.

Mientras Louie leía los diarios, los jueces estaban revisando fotografías y una filmación de los cinco mil metros. Luego, Louie envió a casa un telegrama con la siguiente noticia: "Los jueces dijeron que había sido un empate. El miércoles salgo para Berlín. Correré aún más rápido en Berlín".

Cuando Sylvia regresó del trabajo al día siguiente, la casa estaba llena de reporteros y de personas que querían expresar sus buenos deseos. Virginia, la hermana de Louie de doce años, tomó uno de sus trofeos y dijo a los reporteros que ella sería la siguiente

---

[3] Bright no tendría otra oportunidad para ir a las olimpiadas, pero seguiría corriendo el resto de su vida, imponiendo marcas para mayores teniendo una edad avanzada. Eventualmente, quedó ciego, pero siguió corriendo: sostenía el extremo de una cuerda mientras un guía llevaba el otro. "El único problema era que la mayoría de los guías no lograba correr tan rápido como mi hermano, incluso cuando había pasado los setenta y cinco años de edad", escribió su hermana Georgie Bright Kunkel. "A sus ochenta años, sus sobrinos nietos caminaban en su compañía alrededor del asilo, mientras él cronometraba su caminata".

gran corredora de la familia Zamperini. Anthony se dirigió al club Kiwanis, en donde se dedicó a brindar con el maestro Boy Scout de Louie hasta las cuatro de la mañana. Pete caminó por el pueblo recibiendo espaldarazos y felicitaciones. "Soy feliz", escribió a Louie. "Voy por ahí con la camisa abierta para que quepa en ella mi pecho de tanto orgullo".

Louie Zamperini estaba ya de camino a Alemania para competir en las olimpiadas en una prueba en la que sólo había participado cuatro veces. Era el corredor de fondo más joven de la historia en formar parte del equipo.

CUATRO

★ ★ ★

Alemania saqueada

El *Manhattan*, vapor de lujo que transportaba al equipo olímpico de los Estados Unidos a la justa de 1936, pasaba apenas la estatua de la libertad cuando Louie ya estaba robando cosas. En su defensa, podemos decir que no había sido él quien había comenzado. Consciente de ser un novato adolescente en compañía de leyendas de la pista como Jesse Owens y Glenn Cunningham, Louie refrenó sus impulsos salvajes y se dejó crecer el bigote. Pero pronto se dio cuenta de que prácticamente todos a bordo parecían coleccionar recuerdos, embolsándose toallas, ceniceros y cualquier otra cosa que podían sustraer sin dificultad. "No tenían nada en contra mía", dijo él más tarde. "Era un mero aprendiz en tomar cosas". A fin de cuentas se quitó el bigote. Conforme el viaje avanzó, Louie y los otros "uñas largas" despojaron calladamente al *Manhattan*.

Todos luchaban por obtener espacio para entrenar. Los gimnastas instalaron sus aparatos, pero el vaivén del barco no dejaba de sacudirlos. Los basquetbolistas se lanzaban pases en la cubierta, pero el viento no dejaba de hacer volar sus pelotas al Océano Atlántico. Los practicantes de esgrima daban tumbos por todo el barco. Los atletas de deportes acuáticos descubrieron que el agua de la pequeña alberca de agua salada del barco iba y venía vehementemente, por lo que en un momento tenía 60 centímetros de hondo y más de dos metros al siguiente, creando olas tan grandes que un jugador de polo acuático trató incluso de surfear. Cada ola grande llevaba gran cantidad de agua y de personas a la cubierta, así que los entrenadores tuvieron que amarrar a los nadadores a la pared. La situación no era mejor en el caso de los corredores. Louie descubrió que la única manera de entrenar era correr en círculos en la cubierta de primera clase, corriendo entre asoleaderos, sillas, estrellas de cine que se relajaban, y otros atletas. En alta mar, los corredores se agolpaban entre sí, corriendo en una dirección y luego en otra. Louie tenía que moverse tan lento que no podía alejarse del marchista de grandes distancias que avanzaba a su lado.

Cortesía de Louis Zamperini.

Para un adolescente de la era de la Gran Depresión, acostumbrado a desayunar pan y leche, y que había comido en un restaurante sólo dos veces en su vida,[4] el *Manhattan* era todo un paraíso. Al

---

[4] Más tarde, Louie recordaría haber comido en un restaurante sólo una vez, cuando un amigo de la familia le compró un sándwich en el mostrador de un restaurante, pero según su diario olímpico, después de ganar la eliminatoria para la olimpiada, un fanático lo invitó a cenar en un rascacielos de Manhattan. La cena costó siete dólares, una suma altísima para los estándares de Louie, quien había estado pagando entre 65 centavos y un dólar 35 centavos por sus cenas (registró los precios cuidadosamente en su diario).

levantarse, los atletas tomaban chocolate y se servían pedazos de pastel. A las nueve, había carne y huevos en el comedor. Luego venían un descanso para tomar café, el *lunch*, la hora del té y la cena. Entre comidas, con una propina se obtenía cualquier cosa que el corazón pudiera desear. Tarde por la noche, los atletas asaltaban la cocina. Deambulando por la cubierta de primera clase, Louie encontró una pequeña ventana en la que no dejaban de aparecer pintas de cerveza como por arte de magia. En consecuencia, las hacía desaparecer mágicamente. Cuando el vértigo hacía descender el número de comensales, sacaban postres extra y Louie, a quien el vértigo no afectaba, no permitía que nada se desperdiciara. Su consumo de alimentos se hizo legendario. Al recordar que el barco tuvo que hacer una parada imprevista para reabastecimiento de las despensas, el corredor James Lu Valle bromeó diciendo: "Por supuesto, todo esto fue por culpa de Lou Zamperini". Louie acostumbraba sentarse junto al enorme lanzador de bala Jack Torrance, quien inexplicablemente tenía un apetito por demás discreto. Cuando Torrance no podía acabarse su entrada, Louie caía sobre el plato como un buitre.

La noche del 17 de julio, Louie regresaba de la cena tan impresionado por su forma de comer que optó por inmortalizar su ingesta en la parte trasera de un sobre:

½ litro de jugo de piña

2 tazones de jugo de carne

2 ensaladas de sardinas

5 piezas de pan

2 vasos grandes de leche

4 pepinillos dulces

2 platos de pollo

2 raciones de camotes dulces

4 piezas de mantequilla

3 raciones de helado con galletas

3 pedazos de pastel de zanahoria con cubierta blanca

¼ de kilo de cerezas

1 manzana

1 naranja

1 vaso de agua con hielo

"La mayor cantidad de comida que he ingerido en mi vida", escribió, "y me cuesta trabajo creerlo, pero estuve allí... No sé dónde fue a dar todo eso".

Pronto lo sabría. Poco antes de que los atletas desembarcaran en Hamburgo, un médico notó que muchos de ellos habían aumentado de peso. Un competidor de jabalina subió cuatro kilos en cinco días. Varios luchadores, boxeadores y levantadores de pesas, habían comido hasta pasar el límite superior del peso permitido en sus categorías y muchos de ellos no podían competir. Don Lash había subido cinco kilos. Louie superó a todos, recuperando el peso que había perdido en Nueva York y más. Cuando desembarcó del *Manhattan*, pesaba seis kilos más que al embarcar nueve días antes.

El 24 de julio, los atletas pasaron del barco al tren, hicieron una pausa en Fráncfort para asistir a una cena de bienvenida, y volvieron a abordar el tren armados con algunas de las finas y muy caras copas de sus anfitriones. Los alemanes persiguieron el tren, revisaron el equipaje, repatriaron la cristalería y mandaron a los norteamericanos a Berlín. Ahí, el tren fue invadido por adolescentes que sostenían tijeras en las manos y que cantaban en alemán: "¿Quién es Jesse? ¿Quién es Jesse?" Cuando Owens se presentó, la muchedumbre se le fue encima y comenzó a cortar pedazos de sus ropas. Owens saltó de vuelta al tren.

Los atletas fueron conducidos a la Villa Olímpica, una obra maestra de diseño a cargo de Wolfgang Fürstner, un capitán de las fuerzas armadas de Alemania. Situada en un paraje boscoso con hayas, lagos y claros, había 140 cabañas, un centro comercial, una barbería, una oficina postal, un dentista, un sauna, un hospital, facilidades para entrenar y comedores. En la oficina de la villa, se exhibía una innovación tecnológica llamada televisión. Había senderos arbolados en los que abundaban animales de importación. Los atletas japoneses eran especialmente afectos a los venados y comenzaron a alimentarlos en tales cantidades que los alemanes, con toda discreción, optaron por llevarse a los venados a otra parte. Un bromista inglés se preguntó en voz alta dónde estaban las cigüeñas. Al día siguiente, aparecieron 200.

Louie fue alojado en una cabaña junto con muchos otros atletas, incluyendo a Owens. El gran velocista cuidaba paternalmente de Louie; Louie devolvía el favor quitando el letrero de "no molestar", por lo que el pobre Owens era asaltado por los coleccionistas de autógrafos. Louie nadó en los lagos, comió sendas cantidades de comida y socializó. El gran éxito de la villa era el contingente japonés, que tenía la tradición de llevar excelentes regalos para los demás atletas, con lo que quedaban convertidos en el Santa Claus colectivo de los juegos.

El 1 de agosto, Louie y los demás atletas olímpicos fueron llevados a dar un paseo por Berlín como parte del trayecto a la inauguración. Todo en derredor sugería poder. Los pendones con símbolos nazis estaban por doquier. Cerca de una tercera parte de la población masculina vestía de uniforme, y lo mismo sucedía con una buena cantidad de niños. Las unidades militares realizaban ejercicios abiertamente y, aunque el Tratado de Versalles prohibía el uso de aeronaves motorizadas, el poder de la Fuerza Aérea alemana estaba en sospechosa exhibición en un campo aéreo en donde los deslizadores planeaban sobre los turistas impresionados y las juventudes hitlerianas. Los autobuses tenían torretas en la parte superior y las ruedas tenían un sistema que permitía cambiarlas por tracción de oruga. La ciudad estaba prístina. Ni siquiera los caballos que tiraban carretas habían dejado huella, pues sus desechos era barridos instantáneamente por barrenderos uniformados. Los gitanos y los estudiantes judíos de Berlín habían desaparecido —los gitanos habían sido llevados a campos de concentración y los judíos confinados al campus de la Universidad de Berlín—, con lo cual sólo quedaban arios sonrientes. La única señal de desorden eran los vidrios rotos de los negocios cuyos propietarios eran judíos.

Los camiones llegaron al estadio olímpico. Entraron a la pista en un desfile de naciones para luego quedar todos de pie atentos al espectáculo de las cerca de veinte mil palomas liberadas. Conforme las aves daban vueltas en círculo presas de la confusión y los cañones disparaban solemnes, las palomas comenzaron a hacer sus necesidades sobre los atletas. Con cada cañonazo, las aves repartían su carga. Louie permaneció atento y se reía con todas sus fuerzas.

Louie había progresado en la prueba de los cinco mil metros, al menos lo suficiente para vencer a Lash, pero sabía que no tenía oportunidad alguna de ganar una medalla olímpica. No se trataba sólo de que estuviera fuera de forma debido al viaje en barco o a los excesos de la villa. Pocas naciones habían dominado una competencia olímpica como lo hacía Finlandia en los cinco mil metros, habiendo ganado el oro en 1912, 1924, 1928 y 1932. Lauri Lehtinen, quien había ganado el oro en 1932, estaba de regreso para intentarlo de nuevo, junto con sus brillantes compañeros de equipo Gunnar Höckert e Ilmari Salminen. Cuando Louie los vio entrenar, un reportero anotó que sus ojos parecían abiertos como platos: sabía que era demasiado joven y estaba muy verde para derrotar a los finlandeses. Su verdadera oportunidad llegaría, creyó, en la prueba de los 1500 metros a celebrarse cuatro años después.

Los días anteriores a sus pruebas de clasificación, Louie fue al estadio para ver la victoria indiscutible de Owens en los cien metros planos, y para ser testigo de cómo Cunningham rompía el récord mundial en los 1500 metros, aunque eso no bastó para ganarle al neozelandés Jack Lovecock. La atmósfera era irreal. Cada vez que Hitler entraba, la multitud se ponía en pie de un salto y hacía el saludo nazi. Cuando ganaba un atleta extranjero, se tocaba una versión abreviada de su himno nacional. Cuando ganaba un atleta alemán, el estadio resonaba con cada línea del himno alemán, "Deutschland über Alles", y los espectadores gritaban "¡Sieg heil!" sin parar, con el brazo extendido. De acuerdo con la nadadora Iris Cummings, el nacionalismo eslavo era una broma para los estadounidenses, pero no para los alemanes. La Gestapo vigilaba a los fanáticos en el estadio. Una mujer alemana que estaba sentada junto a Cummings se rehusó a saludar. Ella se ocultó entre Iris y su madre murmurando: "¡No dejen que me vean! ¡No dejen que me vean!"

El 4 de agosto, se corrieron tres eliminatorias de los cinco mil metros planos. A Louie le tocó el tercer *heat* eliminatorio, el más difícil, compitiendo contra Lehtinen. Los cinco primeros de cada eliminatoria llegarían a la final. En la primera carrera, Lash llegó en tercero. En la segunda, Tom Deckard, el otro estadounidense, no logró calificar. Louie sudó la gota gorda en el tercer *heat* eliminatorio, sintiéndose gordo y con las piernas pesadas. Apenas logró llegar en quinto lugar justo en la línea. Se sintió, de acuerdo con lo escrito en su diario, "muy cansado". Le quedaban tres días de preparación para la final.

Entretanto, llegó un sobre de parte de Pete. Dentro, encontró dos cartas de una baraja, un as y un comodín o jocker. En el jocker, Pete había escrito: "¿Cuál vas a ser, el bufón o el as? Uno es el equivalente al culo de un caballo y el otro, el as, equivale a lo mejor, lo más alto, lo más valioso en la baraja. ¡Te toca elegir!" En el as, Pete escribió: "Veamos cómo te esfuerzas hasta demostrar que eres el mejor de la baraja. Si el bufón no te viene bien, arrójalo lejos y guarda esta carta para tener buena suerte. Pete".

El 7 de agosto, Louie estaba acostado boca abajo en el campo interior del estadio olímpico; se alistaba para competir en la final de 1500 metros. Cien mil espectadores rodeaban la pista. Louie estaba aterrado. Presionó el rostro contra el pasto e inhaló profundamente con la intención de calmar sus nervios. Llegado el momento se levantó, caminó a la línea de salida, hizo una reverencia y esperó. Su número, el 751, revoloteaba prendido a su pecho.

Al sonar el disparo de salida, el cuerpo de Louie, electrizado por tanta energía nerviosa, quería correr echando chispas, pero hizo un esfuerzo consciente por relajarse sabiendo que quedaba mucho camino por recorrer. Cuando los corredores se lanzaron adelante, el mantuvo el paso corto dejando que los encargados de imponer el ritmo se despegaran del resto. Lash salió como puntero, seguido muy de cerca por el grupo de los finlandeses. Louie se hizo hacia la izquierda y se asentó en el segundo grupo de competidores.

Las vueltas pasaban. Lash seguía liderando y los finlandeses continuaban pisándole los talones. Louie trató de avanzar en el segundo grupo. Comenzó a percibir un olor muy desagradable. Al buscar su origen, se percató de que el olor venía de la pomada que el corredor delante de él se había puesto en el cabello. Asqueado, Louie se abrió un poco y el hedor se disipó. Lash y los finlandeses se alejaban ya mucho del resto; Louie quería ir con ellos, pero sentía su cuerpo pesado. Cuando el pelotón se adelgazó hasta convertirse en una fila de competidores, Louie quedó en el lugar doce. Sólo tres rezagados corrían detrás de él.

Adelante, los finlandeses se apretaron hasta hacer contacto con Lash, maltratándolo. Lash resistió, pero en la octava vuelta Salminen le clavó el codo en el pecho a Lash, que se dobló abruptamente, presa de un dolor evidente. Los finlandeses lo rebasaron. Entraron a la undécima vuelta en un grupo muy compacto que esperaba llevarse las medallas. Luego, por un instante, corrieron demasiado cerca. La pierna de Salminen se atoró con la de Höckert. Mientras Höckert trastabillaba, Salminen cayó pesadamente a la pista. Se levantó, se sacudió el aturdimiento y continuó corriendo. Su carrera, al igual que la de Lash, estaba perdida.

Nada de esto vio Louie. Rebasó al desinflado Lash, pero no le dio demasiada importancia. Estaba cansado. Los finlandeses se hacían cada vez más pequeños, más distantes, demasiado distantes como para tratar de alcanzarlos. Se descubrió pensando en Pete; recordaba algo que le había dicho sentado al pie de su cama varios años antes: "Una vida de gloria bien vale un momento doloroso". Louie pensó: *Vamos.*

Acercándose a la línea final por penúltima vez, Louie fijó la mirada en la brillante cabeza del competidor apestoso, quien estaba ubicado varios lugares delante de él. Comenzó a acelerar dramáticamente. Durante la vuelta y enfilando ya en la recta, dio su mayor esfuerzo; los tachones de sus zapatos se clavaban en la pista y su velocidad aumentó sorprendentemente. Uno a uno, los corredores se le acercaban para ser rebasados y quedar atrás. "Di todo lo que podía dar", diría después Louie.

Cuando volaba en la última curva, Höckert ya había ganado, seguido de Lehtinen en segundo lugar. Louie no los observaba. Él perseguía a la cabeza brillante que se mostraba ante él, muy adelante todavía. De pronto escuchó el rugido de la multitud y se percató de que los espectadores habían notado su esfuerzo y lo animaban. Hasta Hitler, quien parecía contorsionarse tanto como los atletas, estaba observándolo. Louie corrió con las palabras de su hermano reverberándole en la cabeza y sintiendo un dolor quemante en todo el cuerpo. La cabellera brillante estaba lejos, luego más cerca. Después estaba tan cerca que Louie volvió a percibir el olor de la pomada. Con el resto de su fuerza, Louie fue en pos de la línea de meta. Había remontado cerca de 50 metros en la última vuelta, mejorando su tiempo personal por más de ocho segundos. Su tiempo final de 14:46.8 fue, por mucho, el mejor tiempo de cualquier estadounidense en los cinco mil metros planos durante ese año, casi doce segundos más veloz que el mejor tiempo de Lash en 1936. Llegó en séptimo sitio.

Louie recuperaba el aliento de pie sobre sus muy cansadas piernas y se maravillaba del arrancón que había logrado extraer de su cuerpo. Se había sentido muy, pero muy rápido. Dos entrenadores se acercaron corriendo y sosteniendo los cronómetros que habían usado para tomar el tiempo de la última vuelta de Louie. Ambos cronómetros mostraban justo el mismo tiempo.

En las carreras de fondo de la década de los treinta, era excepcionalmente raro que alguien hiciera la última vuelta en un minuto. Esta regla era también aplicable en el caso de la carrera de la milla, aun siendo esta prueba mucho más corta: en las tres carreras de la milla más rápidas jamás corridas, la última vuelta del ganador había tenido una marca de 61.2, 58.9 y 59.1 segundos, respectivamente. Ninguna vuelta de esas carreras históricas se había corrido por abajo de los 58.9 segundos. En el caso de los cinco mil metros, siendo bastante más de tres millas, una vuelta final en menos de 70 segundos era una empresa monumental. En su carrera de cinco mil metros, cuando rompió el récord mundial en las olimpiadas de 1932, Lehtinen había corrido la vuelta final en 69.2 segundos.

Louie había corrido su última vuelta en 56 segundos.

Después de bañarse, subió a las gradas. Cerca, Adolph Hitler estaba sentado en su palco rodeado de su séquito. Alguien señaló a un hombre cadavérico cercano a Hitler y comentó que se trataba de Joseph Goebbels, el ministro de propaganda de Hitler. Louie no había escuchado hablar de él, de manera que sacó su cámara, la llevó hasta donde estaba Goebbels y le pidió que sacara una fotografía del *Führer*. Goebbels le preguntó su nombre y la prueba en que participaba, tomó la cámara, se movió, sacó la foto, habló con Hitler, regresó y dijo a Louie que el *Führer* quería verlo.

Louie fue conducido a la sección del *Führer*. Hitler sonrió y le tendió la mano. Louie, estando de pie en una fila más baja que la del *Führer*, tuvo que estirarse para asirle la mano. Sus dedos apenas se tocaron. Hitler dijo algo en alemán. Un intérprete tradujo: "Así que eres el chico con el final rápido".

Contento con su desempeño, Louie estaba más que dispuesto a celebrar. Esperaba hacerlo con Glenn Cunningham, pero su héroe probó ser demasiado maduro para él. En lugar de Glenn, Louie encontró un compañero convenientemente irresponsable, se pusieron los uniformes olímpicos y fueron a festejar a Berlín. Ambos merodearon por los bares, silbaron a las mujeres bellas y dijeron "¡Heil, Hitler!" a todo el que tuviera puesto un uniforme. También hurtaron algunas cosillas alemanas a las que pudieron echar mano. Encontraron una máquina dispensadora de cerveza y así descubrieron la cerveza alemana. La medida a servir era de un litro, por lo que a Louie le tomó bastante tiempo acabársela. Ya alegres por la bebida, fueron a caminar y luego volvieron por otro litro, que le resultó más fácil de terminar en comparación con el primero.

Al deambular por Berlín, se detuvieron frente a la cancillería del Reich. Un auto se acercó y de éste salió Hitler, quien caminó al interior del edificio. Al analizarlo, Louie advirtió una pequeña bandera nazi cerca de las puertas. Sería un muy buen *souvenir* y parecía bastante fácil conseguirla. El símbolo no tenía aún mucho significado para él ni para muchos otros estadounidenses en el verano de 1936. El hecho era que a Louie se le había antojado robar algo, ayudado por dos litros de cerveza que llevaba entre pecho y espalda.

Dos guardias caminaban frente al lábaro, ante la cancillería. Al verlos caminar, Louie notó que, al pasar, había un momento en que ambos daban la espalda a la bandera. Cuando los soldados se volvieron, Louie corrió hasta la bandera y pronto se percató de que estaba en un sitio mucho más alto de lo que había pensado. Comenzó a saltar tratando de aferrar un extremo de la bandera. Se obsesionó tanto con la empresa que olvidó a los guardias, quienes corrieron hacia él gritando. Trató por última vez de coger la bandera y lo logró, pero al hacerlo resbaló por el borde y cayó en el pavimento rasgando la bandera en su caída. Se puso de pie y corrió como loco.

Escuchó un ruido y pronto se dio cuenta de que uno de los guardias corría tras él, con el rifle apuntando al cielo y gritando: "¡Halten Sie!" Louie comprendió. Se detuvo. El guardia lo tomó del hombro y, al revisarlo, vio que Louie usaba uniforme olímpico y dudó. Le preguntó su nombre. Lo único que Louie sabía de los nazis es que eran antisemitas, de manera que al dar su nombre exageró la pronunciación italiana, tomándose "cerca de dos minutos" al pronunciar las erres.

Los guardias dialogaron, entraron al edificio y salieron acompañados por alguien que parecía más importante que ellos. El nuevo personaje le preguntó por qué había robado la bandera. Louie tuvo el descaro de decir casi la verdad y respondió que quería un recuerdo de los gratos momentos que había vivido en la bella Alemania. Los alemanes le dieron la bandera y lo dejaron ir.

Cuando la aventura de Louie llegó a la prensa, los reporteros se tomaron libertades creativas. Louie había "tomado por asalto" el palacio de Hitler para robar la bandera entre tiros que rozaban su cabeza. Después de saltar desde "una altura de seis metros", se dio a la fuga perseguido por "dos columnas" de guardias armados que lo tiraron y golpearon. Justo cuando la culata de uno de los rifles estaba a punto de aplastar la cabeza de Louie, el comandante en jefe del ejército alemán había impedido el ataque; luego, Louie había convencido al general de que le perdonara la vida. En otra de las versiones, era el mismo Hitler quien le había permitido quedarse con la bandera. Otra más rezaba que Louie había escondido tan bien la bandera que los alemanes jamás la habían descubierto. Louie había hecho todo esto, según la historia, para ganarse el corazón de una muchacha.

El 11 de agosto, Louie empacó sus cosas, la bandera y un conjunto de objetos teutones robados y dejó su habitación de la Villa Olímpica. Los juegos se terminaban y los atletas de pista se iban antes para participar en encuentros a celebrarse en Inglaterra y Escocia. Unos días más tarde, los fuegos artificiales dieron por clausurados los juegos. El espectáculo de Hitler había tenido lugar sin ningún contratiempo. El mundo no paraba de alabarlo.

El jugador norteamericano de basquetbol, Frank Lubin, permaneció en Berlín por algunos días. Sus anfitriones alemanes lo habían invitado a cenar fuera, de manera que caminaban por las calles en busca de un restaurante. Un bonito lugar llamó la atención de Lubin, pero al sugerir una visita a éste, sus anfitriones se negaron: una estrella de David colgaba en la ventana. "Ser visto ahí, dijeron, podría resultar peligroso". El grupo encontró un restaurante adecuado y luego prosiguieron con una visita a la alberca pública. Al entrar, Lubin vio un letrero que decía: "Prohibido el paso a los judíos". El letrero no había estado allí durante los juegos. En todo Berlín reaparecían dichos letreros, y lo mismo sucedía con el virulento diario antisemita, *Der Stürmer*, que había desaparecido y ahora estaba de regreso en los puestos de periódicos. Lubin había ganado una medalla de oro en Berlín, pero al irse de Alemania sólo pudo sentir alivio. Algo terrible estaba por ocurrir.

La Villa Olímpica no quedó vacía por mucho tiempo. Las cabañas se convirtieron en barracas militares. Habiendo terminado los juegos olímpicos y dejando de ser útil como propaganda, el diseñador de la villa, el capitán Fürstner, supo que iba a ser expulsado de las fuerzas armadas por ser judío. Se suicidó. A poco más de 30 kilómetros, en el pueblo de Oranienburg, los primeros prisioneros eran llevados al campo de concentración de Sachsenhausen.

En la noche del 2 de septiembre, cuando Louie llegó a Torrance, lo sentaron en un trono colocado en la caja de una camioneta y lo llevaron a desfilar ante cuatro mil personas que lo ovacionaban entre sirenas, silbatos y música. Louie estrechó manos y sonrió para las fotografías. "No es que empezara demasiado lento la carrera, explicó, la corrí toda muy lentamente".

Al llegar a casa, Louie pensó en el porvenir. Correr los cinco mil metros planos en los juegos olímpicos de 1936, a los diecinueve años, con una experiencia previa de cuatro carreras, había sido un golpe de suerte. Las cosas serían muy distintas al correr los 1500 metros planos, a los veintitrés años, con un buen entrenamiento previo. La misma idea circulaba en la mente de Pete. Louie podía ganar el oro en 1940, y ambos hermanos lo sabían.

Unas cuantas semanas antes, los oficiales habían anunciado qué ciudad sería anfitriona de los juegos de 1940. Los sueños de Louie se centraron en Tokio, Japón.

CINCO
★ ★ ★

En guerra

En la Universidad del Sur de California, Louie se encontró en un campus infestado por atletas de rango mundial. Pasaba las mañanas en clases y por las tardes entrenaba con su mejor amigo, Payton Jordan. Siendo él mismo un corredor sensacionalmente rápido en las distancias cortas, Jordan se la había pasado mirándole las espaldas a Jesse Owens en las pruebas de clasificación para las olimpiadas del 1936. Al igual que Louie, tenía la mira puesta en el oro de Tokio. Por las noches, Louie, Jordan y otros miembros del equipo se metían en el Ford modelo 1931 de Louie, e iban hasta Torrance para gozar del espagueti de Louise Zamperini. Los muchachos se consideraban tan cercanos a la familia que Sylvia encontró una vez a un saltador de altura dormido en su cama. En su tiempo libre, Louie se colaba a bodas de la alta sociedad, trabajó como extra en una película, y molestó a sus compañeros con bromas prácticas; así, le daba por reemplazar el jamón endiablado con comida para gato y la leche de vaca con leche de magnesia. Perseguía a sus compañeras de clase valiéndose de cualquier artimaña. En una ocasión, se tiró junto al auto de la chica con la que tenía una cita y pretendió que había sido atropellado.

Entre una clase y otra, Louie, Jordan y sus amigos se reunían cerca del edificio de administración, sentados al pie de la estatua dedicada a Tony Trojan, el símbolo de la Universidad del Sur de California. Algunos días, se les unía un inmigrante japonés bien vestido que solía tratar de unirse al grupo. Su nombre era Kunichi James Sasaki. Conocido como Jimmie, había llegado a Estados Unidos cerca de cumplir veinte años y se asentó con su familia en Palo Alto, donde sufrió la humillación de atender a clases de primaria siendo adulto. Entre los amigos de Louie, ninguno recuerda qué estudiaba Sasaki en la USC, pero todos recuerdan su tranquila y anodina presencia; sin decir prácticamente nada, sonreía sin interrupción.

Sasaki era un fanático ardiente del atletismo de pista, y por eso buscaba relacionarse con Louie. Por su parte, Louie estaba especialmente impresionado con el desempeño académico de Sasaki; antes de entrar a la USC, dijo Jimmie, había obtenido grados en Harvard, Princeton y Yale. Unidos por su interés común en el deporte y la música, los dos muchachos se convirtieron en buenos amigos.

Entrenando para los juegos olímpicos, en 1940. *Bettmann/Corbis.*

Louie y Jimmie tenían algo más en común. En el curso de la relación, Louie se enteró de que su amigo viajaba diariamente a Torrance. Preguntó a Jimmie si vivía allí, y respondió negativamente. Explicó que le preocupaba la pobreza de sus connacionales japoneses, e iba a Torrance para dar conferencias a personas que tenían ancestros japoneses, alentándolos a que enviaran dinero y papel de estaño proveniente de las cajetillas de cigarros y de las envolturas de chicles a Japón, para ayudar a los pobres. Pero, aunque Louie admiraba a su amigo por realizar estos esfuerzos, le parecía extraño que viajara a Torrance todos los días, siendo que muy pocos japoneses vivían allí.

Jimmie Sasaki no era lo que parecía. Nunca había asistido a Harvard, Yale o Princeton. Sus amigos creían que tenía cerca de treinta años, pero de hecho rondaba los cuarenta Era casado y con dos hijos, pero ni Louie ni sus amigos sabían de su existencia. A pesar de que pasaba mucho tiempo en el campus y de que hacía creer a todos que era estudiante, no lo era. Se había graduado de la USC diez años antes, con un grado en ciencia política. Ni Louie ni nadie más sabía que los intentos de Jimmie por pasar como estudiante eran parte de un engaño bastante elaborado.

En el equipo de pista de la USC, Louie era un gigante. Concentrado en ganar su prueba de Tokio en 1940, batió marca tras marca en varias distancias y, rutinariamente, vencía a la competencia por un gran margen, en una ocasión ganó cierta carrera por más de 100 metros. Para la primavera de 1938, bajó su tiempo de la milla a 4:13.7, a unos siete segundos del récord mundial, que en ese momento estaba en 4:06.4 minutos. El entrenador pronosticaba que Louie bajaría ese récord. El único corredor que podía ganarle, según el entrenador, era Seabiscuit.

Una tarde de 1938, Glenn Cunningham estaba en los vestidores del Coliseo de Los Ángeles y hablaba con los reporteros después de ganar una carrera. "Ahí tienen al siguiente campeón de la milla", dijo mirando hacia el otro lado del cuarto. "Cuando se concentre en esta distancia, será imbatible". Los reporteros se volvieron para saber a quién miraba Cunningham. Era Louie, sonrojado hasta la raíz de su cabello por lo dicho.

En la década de 1930, los expertos en deportes de pista comenzaban a coquetear con la idea de una carrera de milla realizada en cuatro minutos. La mayoría de los observadores, incluyendo Cunningham, insistían en que no podía lograrse. En 1935, cuando Cunningham reinaba con su marca de 4:06.7, la ciencia entró al juego. Estudiando datos compilados por matemáticos finlandeses en relación con los límites estructurales de los seres humanos, el afamado entrenador de atletismo, Brutus Hamilton, escribió un artículo para la revista *Amateur Athlete* indicando que correr la milla en cuatro minutos o menos era imposible. Ningún humano podría correrla en menos de 4:01.6.

Pete no estaba de acuerdo. Desde las olimpiadas, estaba seguro de que Louie tenía dentro de sí una milla de cuatro minutos o menos. Louie consideraba esto como un absurdo, pero en la primavera de 1938, reconsideró el asunto. Su entrenador le había prohibido correr a campo traviesa en las colinas, con la falsa creencia (muy popular entonces) de que ese tipo de entrenamiento dañaría su corazón. A Louie no le importaron las advertencias. Cada noche de ese mes de mayo, subía hasta la barda del coliseo, bajaba al estadio y corría en las escaleras hasta que las piernas se le entumían. Para junio, su cuerpo estaba a punto; era capaz de lograr una velocidad y de mantener una resistencia con la que nunca había soñado. Empezó a pensar que Pete tenía razón, y no era el único. Las máximas autoridades en atletismo, incluyendo al velocista campeón olímpico Charlie Paddock, publicaron artículos afirmando que Louie podía ser el primer hombre de los cuatro minutos. Cunningham también había cambiado de opinión. Pensaba que los cuatro minutos estaban al alcance de Louie. Zamperini, había dicho Cunningham a los reporteros, tenía más posibilidades de romper el récord de los cuatro minutos que él mismo.

En junio de 1938, Louie llegó al Campeonato de la NCAA, en Minneapolis, con los cuatro minutos en la mira. Tan emocionado estaba que comentó a otros atletas sobre su nuevo régimen de entrenamiento, su estrategia para la carrera y sobre lo rápido que pensaba correr. Por todas partes se decía que Louie tendría un desempeño fuera de serie. La noche anterior a la carrera, un entrenador de la Universidad de Notre Dame llamó a la puerta de la habitación de Louie con una expresión de gravedad en el rostro. Le dijo a Louie que algunos de los entrenadores de sus rivales estaban ordenando a sus pupilos afilar los tachones de sus zapatos para cortar a Louie en la carrera. Él desoyó la advertencia pensando que nadie en su sano juicio sería capaz de hacer algo así deliberadamente.

Estaba equivocado. A mitad de la carrera, justo cuando Louie se disponía a acelerar para tomar la delantera, varios corredores lo rodearon y empezaron a golpearlo. Louie trató repetidamente de romper el círculo, pero no logró liberarse de todos los competidores. De pronto, el hombre que estaba a un costado se desvió para darle un pisotón que atravesó con uno de los tachones el dedo de Louie. Un momento después, el hombre que corría adelante comenzó a tirar patadas hacia atrás, cortando ambas espinillas de Louie. Un tercer competidor dio un codazo tan fuerte en el pecho de Louie que le rompió una costilla. La multitud contuvo el aliento.

Sangrando y presa del dolor, Louie fue atrapado. Durante una vuelta y media, corrió entre todos los hombres que lo rodeaban sin poder librarse; tenía que desacelerar para no estrellarse con el corredor de enfrente. Al final, cuando se aproximaba la última vuelta, vio un muy estrecho espacio a su disposición. Pasó por ahí, dejó atrás al líder de la carrera y ganó fácilmente a pesar de correr con el zapato roto, las espinillas sangrantes y el pecho adolorido.

Al detenerse se sintió amargado y frustrado. Cuando su entrenador le preguntó qué tan rápido había corrido, Louie respondió que no podía haber corrido en menos de 4:20.

El tiempo oficial se dio a conocer en la pizarra. Desde el graderío surgió una expresión de asombro. Louie había corrido la milla en 4:08.3. Era la más veloz de la NCAA, y la quinta milla corrida en exteriores más rápida de la historia. Louie había estado a 1.9 segundos del récord mundial. Su tiempo permaneció durante quince años como récord de la NCAA.

Semanas después, Japón retiró su postura como anfitrión de los juegos olímpicos de 1940, que se trasladaron a Finlandia. Louie ajustó sus aspiraciones de Tokio a Helsinki y siguió adelante. Ganó todas las carreras en que participó durante la temporada escolar de 1939. En los primeros meses de 1940, en una serie de competencias en que la milla se corrió en interiores entre los mejores corredores de Estados Unidos, Louie estuvo magnífico al llevarse dos segundos y dos cuartos lugares muy cerrados, venciendo dos veces a Cunningham y corriendo más rápido cada vez. En febrero, en el Boston Garden, impuso un tiempo de 4:08.2, seis décimas de segundo por encima de la marca más rápida corrida en interiores en la historia.[5] Dos semanas más tarde, en el Madison Square Garden, impuso una marca de 4:07.9, siendo alcanzado en la línea por el gran Chuck Fenske, quien impuso un tiempo que igualaba el récord mundial bajo techo. Siendo que los juegos olím-

---

[5] Dado que las pistas bajo techo son más cortas que las de exteriores, se obliga a los corredores a dar más vueltas para cubrir la misma distancia; por ello, las marcas de interiores suelen ser más lentas. En 1940, el récord mundial de la milla en exteriores era un segundo más rápido que el registrado bajo techo.

picos se celebrarían en pocos meses, Louie alcanzaba su máximo rendimiento en el momento ideal.

Con una costilla rota y heridas de consideración en ambas piernas y en un pie, Louie celebra su victoria. En esa ocasión impuso el récord de los campeonatos de la NCAA. *Cortesía de Louis Zamperini.*

Mientras Louie corría en la universidad, la historia se desenvolvía lejos. En Europa, Hitler hacía planes para conquistar el continente. En Asia, los líderes japoneses tenían designios semejantes. Con pocos recursos naturales y una red comercial afectada por altas tarifas y baja demanda, Japón luchaba para mantener una población creciente. Con la mira puesta en los muchos recursos de sus vecinos, los líderes japoneses vieron cercana la posibilidad de su independencia económica y algo más. Para la identidad japonesa, era central la idea de que Japón tenía un derecho divino de gobernar a los demás asiáticos, a quienes consideraba en esencia inferiores. "En el mundo existen razas superiores e inferiores", dijo el político japonés Nakajima Chikuhei en 1940, "y es obligación sagrada de la raza superior liderar e iluminar a las inferiores". Los japoneses, continuó, son "la única raza superior del mundo". Movidos por necesidad y por destino, los líderes de Japón planeaban "plantar la sangre de la raza Yamato [japonesa]" en el suelo de las naciones vecinas. Ellos subyugarían a todo el Lejano Oriente.

El gobierno de Japón, dominado por militares, se había preparado desde tiempo atrás para esta empresa. Por décadas, creó un ejército y una armada fuertes y tecnológicamente sofisticadas. Por medio de un sistema escolar manejado por militares, imbuían inescrupulosa y violentamente en los niños la noción del destino imperial de la nación, preparando así a su gente para la guerra. Finalmente, por medio de un intenso adoctrinamiento, golpizas y desensibilización, su ejército cultivó y celebró la extrema brutalidad en sus soldados. "Al dar a la violencia una significación divina", escribió la historiadora Iris Chang, "el ejército imperial japonés convirtió la violencia en un imperativo cultural tan poderoso como el que animó a los europeos durante las cruzadas y la inquisición española". Chang cita el discurso de un general japonés, pronunciado en 1933: "Todas y cada una de las balas deben ser cargadas con el Estilo Imperial, y la punta de cada bayoneta debe tener fundida en ella la Virtud Nacional". En 1931, Japón sondeó el terreno invadiendo la provincia china de Manchuria y estableciendo un gobierno títere ferozmente opresivo. Y esto era sólo el principio.

A fines de la década de los treinta, tanto Alemania como Japón estaban listos para entrar en acción. Fue Japón el que golpeó primero, en 1937, mandando a sus ejércitos contra el resto de China. Dos años después, Hitler invadió Polonia. Estados Unidos, con su tendencia aislacionista de tiempo atrás, se descubrió inmersa en los dos conflictos: en Europa, sus aliados estaban en el camino de Hitler; en el Pacífico, China, su gran aliado durante mucho tiempo, estaba siendo devastada por los japoneses, y sus territorios de Hawái, Wake, Guam y Midway, así como su confederación de las Filipinas, eran amenazados. El mundo estaba entrando en la catástrofe.

En un oscuro día de abril de 1940, Louie regresó a su bungalow para encontrar una actividad casi frenética en el campus de la USC. Hitler había lanzado su ataque centella a Europa, seguido por sus aliados soviéticos; en suma, en el continente había estallado la guerra total. Finlandia, que se suponía sería la sede de los juegos olímpicos de verano, se tambaleaba. El estadio olímpico de Helsinki estaba parcialmente derrumbado por las embestidas de las bombas soviéticas. Gunnar Höckert, quien había vencido a Louie y había ganado la medalla de oro para Finlandia en los cinco mil metros de Berlín, fue muerto en defensa de su patria.[6] Los juegos olímpicos habían sido cancelados.

Louie estaba inconsolable. Primero padeció una infección estomacal y luego pleuritis. La velocidad lo abandonó y perdió carrera tras carrera. Cuando terminó el semestre de primavera de la USC, recogió su anillo de graduación y se fue del campus. Estaba a unos cuantos créditos de obtener el grado, pero tenía todo 1941 para volver a ello. Tomó un trabajo como soldador en la Lockheed Air Corporation, y lamentó la pérdida de sus olímpicos.

Transcurría el verano de 1940 cuando los Estados Unidos de América se acercaron a la guerra. En Europa, Hitler había llevado al mar a los británicos y a sus aliados en Dunkirk. En el Pacífico, Japón arrasaba con China y se movía hacia Indochina. En un esfuerzo por detener a Japón, el presidente Franklin Roosevelt impuso crecientes embargos en materiales como residuos metálicos y gasolina para aviación. En los meses siguientes, decretaría

---

[6] El compañero de equipo de Höckert, Lauri Lehtinen, el campeón olímpico de los cinco mil metros en 1932, dio su medalla de oro a otro soldado finlandés en honor a Höckert.

también un embargo petrolero, congelaría las cuentas de los japoneses en Estados Unidos y, finalmente, declararía un embargo comercial total. Japón siguió presionando.

Lockheed estaba en pie de guerra, fabricando naves para los Army Air Corps y la Real Fuerza Aérea. Desde el hangar en que trabajaba, Louie podía ver los aviones de guerra P-38 cruzando sobre su cabeza. Desde aquel viaje aéreo siendo niño, se había sentido inseguro en los aviones, pero viendo los P-38 sintió un llamado. Seguía sintiéndolo en septiembre cuando el congreso emitió un proyecto de ley. Quienes se enlistaran antes de ser llamados podrían elegir el área en que servirían. A principios de 1941, Louie se unió a los Army Air Corps.[7]

Louie fue enviado a la Escuela Hancock en Aeronáutica, situada en Santa María, California. Allí aprendió que volar un avión en nada se parecía a verlos pasar desde el suelo. Era nervioso y el mareo lo afectaba continuamente. Se salió de los Air Corps, firmó papeles que ni siquiera se molestó en leer y obtuvo un empleo como extra de cine. Trabajaba en el set de *They Died With Their Boots On*, película estelarizada por Errol Flynn y Olivia de Havilland, cuando llegó una carta. Lo habían reclutado.

---

[7] Muchos otros grandes corredores se enlistaron. Cuando Norman Bright trató de hacerlo, fue rechazado por su pulso alarmantemente bajo, consecuencia de su condición física extraordinaria. Resolvió el problema corriendo tres millas, hasta llegar a otra oficina de reclutamiento. Cunningham trató de unirse a la Marina, pero los reclutadores, viendo sus piernas llenas de cicatrices grotescas, asumieron que estaba demasiado incapacitado para servir. Cuando alguien entró y mencionó su nombre, se dieron cuenta de quién se trataba y lo aceptaron.

Louie en entrenamiento. *Cortesía de Louis Zamperini.*

La fecha de incorporación era antes de que terminaran de filmar la película, y Louie estaba cerca de ganar un bono si permanecía trabajando durante toda la filmación. Justo antes de su examen físico para el ejército, se comió un puño de barras de caramelo; debido al consecuente aumento de azúcar en su sangre, fue reprobado en el examen físico. Se le ordenó regresar pocos días después para hacer la prueba de nuevo, con lo que pudo ir al set y ganarse su bono. Luego, el 29 de septiembre, se unió al ejército.

Cuando terminó el entrenamiento básico, sobrevino una sorpresa desagradable. Puesto que no había leído los papeles firmados al dejar a los Air Corps, no tenía idea de que había aceptado unirse de nuevo a ellos para un servicio futuro. En noviembre de 1941, llegó a Ellington Field, en Houston, Texas. Los militares lo convertirían en un bombardero.

Ese otoño, mientras Louie estaba en vías de convertirse en aviador, llegó una carta urgente al escritorio de J. Edgar Hoover, director del FBI. Había sido enviada por un general de brigada del Departamento de Guerra, perteneciente a la División de Inteligencia Militar. La carta decía que un informante digno de crédito había advertido a los oficiales militares de que un hombre en California, quien se creía que trabajaba para una organización japonesa inocua, era en realidad empleado de la marina japonesa, con la consigna de recolectar dinero para el esfuerzo bélico japonés. Los superiores de la marina japonesa habían transferido recientemente al hombre a Washington, D. C., dijo el informante, para seguir actuando bajo sus órdenes. De acuerdo con el informante, el hombre era conocido como el "señor Sasaki". Se trataba de Jimmie, el amigo de Louie.

A pesar de que el reporte del informante no contiene detalles de las supuestas actividades de Sasaki, de acuerdo con las notas tomadas después por un capitán de la policía de Torrance, Sasaki había estado visitando un campo adyacente a un estación eléctrica, muy cerca del Boulevard Torrance. Ahí, había erigido un poderoso transmisor de radio que utilizaba para enviar información al gobierno japonés. Si estas acusaciones eran ciertas, se explicarían así los misteriosos viajes de Sasaki a Torrance. El buen amigo de Louie bien podía haber sido espía.

Efectivamente, Sasaki se había mudado a Washington, D. C., empleado por la marina japonesa. Trabajaba en la embajada de ese país y vivía en un conjunto habitacional muy popular entre los congresistas. Se dio a conocer dentro de la élite de Washington mezclándose con legisladores en fiestas de coctel, jugando golf en el Country Club de la Armada, socializando con jefes de la policía y oficiales del Departamento de Estado, y ofreciéndose como chofer voluntario después de las fiestas. No queda claro de qué lado estaba; en una de esas fiestas, le dio a un congresista información importante relacionada con la manufactura de aviones japoneses.

La carta al FBI disparó la alarma. Hoover, suficientemente preocupado como para informar al secretario de estado, ordenó una investigación inmediata a Sasaki.

Poco después del amanecer de un domingo de diciembre, un piloto volaba un avión pequeño sobre el Pacífico. Debajo, el oscuro mar mostraba una estela de color blanco: eran las olas que se estrellaban contra el extremo más septentrional de la isla de Oahu. El avión volaba en una brillante mañana hawaiana.

Oahu comenzaba a despertar. En la base aérea de Hickam, los soldados lavaban un auto. En la calle Hula, una familia se preparaba para asistir a misa. En el Club de Oficiales de la base Wheeler, los hombres daban por terminada una partida de póker. En la Estación de Ewa Mooring, un sargento técnico miraba a través de los lentes de una cámara a su hijo de tres años. Pocos habían empezado sus actividades cotidianas. La mayoría dormía aún en sus camarotes de los barcos de guerra, meciéndose suavemente en el puerto. A bordo del USS *Arizona*, un oficial se preparaba para intervenir en un juego de beisbol del Campeonato de la Flota de Estados Unidos. En la cubierta, los hombres se disponían a izar las banderas mientras una banda tocaba el himno nacional, como es tradición hacerlo los domingos por la mañana.

Muy por encima de ellos, el piloto contó ocho buques de guerra, todo el complemento de la flota del Pacífico. Había un ligero banco de niebla muy cerca del suelo.

El nombre del piloto era Mitsuo Fuchida. Retiró el pabellón de su avión y disparó una bengala verde que cruzó el cielo; luego tomó el radio y dijo al operador que diera la orden de ataque. Detrás de Fuchida, volaban 180 aviones japoneses que ahora descendían hacia Oahu.[8] En la cubierta del *Arizona*, los hombres miraron al cielo.

En las barracas, uno de los hombres que participaba en una pelea a almohadazos cayó repentinamente al suelo. Estaba muerto;

---

[8] Despegaron 183 aviones en las primeras dos oleadas, pero dos se perdieron en el despegue.

tenía una herida de más de siete centímetros en el cuello. Sus amigos corrieron a la ventana y vieron que un edificio se derrumbaba. Un bombardero había chocado directamente con la construcción. Había círculos rojos en las alas del avión.

Pete Zamperini estaba en casa de un amigo esa mañana. Jugaba algunas manos de cartas antes de salir a practicar golf. A su espalda, el sonido del tocino al fuego competía con el de la radio. Una voz irrumpió para dar un boletín urgente. Los jugadores dejaron sus cartas sobre la mesa.

En Texas, Louie estaba en una sala cinematográfica aprovechando su pase de fin de semana. La sala estaba llena de militares en servicio que se tomaron un descanso de las actividades de entrenamiento, lo que ocupaba la mayor parte de su vida en tiempos de paz. A media película, la pantalla quedó en blanco, la luz inundó la sala de proyección y un hombre trepó presuroso al escenario. "¿Había fuego?", se preguntó Louie.

"Todos los conscriptos deben regresar a sus bases inmediatamente", dijo el hombre. Japón ha atacado Pearl Harbor.

Louie recordaría por mucho tiempo cómo permaneció sentado con los ojos redondos como platos y la mente en desconcierto. Estados Unidos estaba en guerra. Tomó su sombrero y salió corriendo del edificio.

B-24 LIBERTADOR

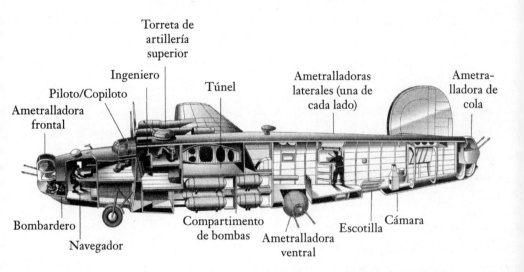

Torreta de
artillería
superior

Ingeniero

Piloto/Copiloto

Túnel

Ametralladora
frontal

Ametralladoras
laterales (una de
cada lado)

Ametra-
lladora de
cola

Bombardero

Navegador

Compartimento
de bombas

Ametralladora
ventral

Escotilla

Cámara

SEGUNDA
PARTE

SEIS

★ ★ ★

El ataúd volador

Mientras los aviones japoneses se lanzaban sobre Oahu, a más de dos mil millas de distancia en dirección Oeste, unos cuantos marinos desayunaban sentados bajo una carpa militar en el atolón de Wake. Siendo muy pequeño y carente de agua, el atolón de Wake hubiera resultado inútil a no ser por un enorme atributo: estaba muy lejos, en el Pacífico, y era un sitio estratégicamente ideal para establecer una base aérea. Así, resultaba un hogar para todo fugitivo y lo fue de aproximadamente 500 soldados norteamericanos aburridos, la mayoría marinos. Aparte de los aviones de Panamerican World Airways que ocasionalmente recargaban combustible, nada interesante sucedió jamás ahí. Hasta esa mañana de diciembre, cuando los marinos comenzaban a degustar sus *hot cakes*, y una alarma de ataque aéreo comenzó a sonar. Al mediodía, el cielo era surcado por bombarderos japoneses, los edificios explotaban, y unos cuantos hombres asustados que vivían en esas tres millas cuadradas de coral, descubrieron de pronto que se encontraban en el frente de la Segunda Guerra Mundial.

Esa mañana, en todo el Pacífico se contaba la misma historia. En menos de dos horas de ataque aéreo a Pearl Harbor, los japoneses habían afectado severamente a la marina norteamericana, matando a más de 2400 personas. Casi simultáneamente, Japón atacó Tailandia, Shanghái, Malasia, las Filipinas, Guam, Midway y Wake. En un día de violencia sobrecogedora, una nueva embestida japonesa había comenzado.

En América, se esperaba la invasión en cualquier momento. Menos de una hora después de que los japoneses bombardearan Hawái, se colocaban minas en la bahía de San Francisco. En Washington, el ministro de Defensa Civil, Fiorello La Guardia, daba vueltas por la ciudad en un coche de la policía, con las sirenas encendidas y gritando: "¡Calma!", en un megáfono. En la Casa Blanca, Eleanor Roosevelt escribió de prisa una carta a su hija Anna para instarla a que se fuera con los niños de la costa oeste. Un mayordomo escuchó al presidente especulando sobre qué haría en caso de que las fuerzas japonesas avanzaran hasta Chicago. Entretanto, en la Avenida Massachusetts, una columna de humo se levantaba del terreno ocupado por la embajada japonesa, en donde trabajaba Jimmie Sasaki. Los empleados de la embajada estaban quemando documentos en el patio. La gente observaba en silencio desde la acera.

La noche del 7 al 8 de diciembre, hubo cuatro alertas de ataque aéreo en San Francisco. En la escuela de los Air Corps de Shepperd Field, en Texas, oficiales aterrados corrieron por las barracas a las cuatro de la madrugada gritando que ya venían los aviones japoneses, y ordenaron a los cadetes que corrieran afuera y se tiraran al piso. Los días siguientes se cavaron trincheras a lo largo de la costa de California, y las escuelas de Oakland cerraron. Se ordenó vigilar todas las reservas, puentes, túneles, fábricas y puertos desde nueva Jersey hasta Alaska. En Kearney, Nebraska, se instruyó a los ciudadanos sobre cómo desactivar bombas incendiarias con mangueras de jardín. Se instalaron cortinas a prueba de luz en todo el país, desde las granjas aisladas hasta la Casa Blanca. Circulaban rumores estremecedores: Kansas City estaba a punto de ser atacada; San Francisco estaba siendo bombardeada; los japoneses habían tomado el Canal de Panamá.

Japón se apoderaba del mundo. El 10 de diciembre, invadió las Filipinas y tomó Guam. Al día siguiente, invadió Burma; unos cuantos días después, Borneo Británica. Hong Kong cayó en Navidad; Borneo del Norte, Rabaul, Manila y la base norteamericana de Filipinas cayeron en enero. En 70 días, los británicos fueron echados de Malasia y se rindieron en Singapur.

Había una pequeña dificultad: Wake, sitio que se esperaban conquistar sin ningún problema, no se rendía. Por tres días, los japoneses bombardearon y ametrallaron el atolón. El 11 de diciembre, una vasta fuerza que incluía once destructores y cruceros ligeros, intentó invadir. El pequeño grupo de defensores rechazó su intento hundiendo dos destructores, dañando nueve barcos más, haciendo caer dos bombarderos y forzando el aborto de la misión japonesa. Esa fue su primera derrota de la guerra. No fue sino hasta el 23 de diciembre que los japoneses finalmente tomaron Wake y capturaron a los hombres que estaban ahí. Cincuenta y dos estadounidenses y un estimado de 1153 japoneses murieron.

Por muchos días, mantuvieron a los cautivos en la pista aérea temblando por la noche y sudando durante el día; cantaban villancicos para alegrarse. Inicialmente se programó su ejecución, pero después de la intervención de un oficial japonés, la mayoría fueron metidos en las bodegas de carga de los barcos para ser enviados a Japón y a la China ocupada; fueron los primeros estadounidenses que se convirtieron en prisioneros de guerra de los japoneses. Sin que los norteamericanos lo supieran, aún mantenían a 98 cautivos en Wake. Los japoneses los esclavizarían.

Aunque Louie había sido obligado a unirse de nuevo a los Air Corps, las cosas no estaban del todo mal. Al entrenar en el Campo Ellington, que entonces era la Midland Army Flying School, obtuvo calificaciones excelentes en sus pruebas. El vuelo solía ser en línea recta y sin grandes cambios de altura, de modo que la náusea no era un problema. Lo mejor de todo era que las mujeres hallaban irresistible el uniforme de piloto. Louie caminaba una tarde cuando un convertible lleno de rubias se detuvo y lo subió para llevárselo a una fiesta a toda velocidad. Cuando sucedió por segunda ocasión, experimentó una sensación agradable.

Louie fue entrenado en el uso de dos visores de bombardeo. En esa época, los militares experimentaban diversas tácticas de liberación de bombas para los bombarderos pesados. Para el entrenamiento en el lanzamiento de bombas, él disponía de un visor de mano de un dólar, consistente en una placa de aluminio con un peso que colgaba de una clavija. Para los bombardeos, tenía el visor Norden, una computadora analógica extremadamente sofisticada que costaba cerca de ocho mil dólares, más de dos veces el costo de una casa promedio en Estados Unidos, en aquella época. En un bombardeo con el visor Norden, Louie localizaba visualmente el objetivo, hacía los cálculos y alimentaba con información a la máquina relativa a la velocidad y dirección del viento, altitud, y otros factores. El artefacto tomaba el control de la aeronave, seguía una ruta precisa hacia el objetivo, calculaba el ángulo de lanzamiento y liberaba las bombas en el momento oportuno. Cuando las bombas ya habían sido arrojadas, Louie gritaba "¡Fuera bombas!", y el piloto volvía a tomar el control de la aeronave. Los visores de bombardeo Norden eran tan secretos que se guardaban en lugares vigilados y se trasladaban sólo con escolta armada. Estaba prohibido fotografiarlos o escribir de ellos. Si su avión era derribado, Louie tenía órdenes de disparar su Colt calibre 45 al artefacto para evitar que cayera en manos del enemigo; una vez hecho esto, podía buscar la manera de salvarse.

En agosto de 1942, Louie, graduado de Midland, fue comisionado como subteniente. Saltó al Cadillac de un amigo y manejó hasta California para despedirse de la familia antes de irse a la última ronda de entrenamiento. Después iría a la guerra. Pete, quien ahora era suboficial de la marina, estacionado en San Diego, viajó a casa para despedir a Louie.

En la tarde del 19 de agosto, los Zamperini se reunieron en el portal de su casa para tomarse una última foto. Louie y Pete, perfectamente uniformados, están en el primer escalón con su madre, que luce pequeña entre ellos. Louise estaba a punto de llorar. El sol de agosto le daba en la cara, por lo que ella y Louie tuvieron que desviar un tanto la vista de la cámara, como si todo entre ellos se perdiera en el reflejo.

Una última fotografía familiar tomada cuando Louie estaba por marcharse a la guerra. Atrás, de izquierda a derecha: el futuro marido de Sylvia, Harvey Flammer; Virginia, Sylvia y Anthony Zamperini. Al frente: Pete, Louise y Louie. *Cortesía de Louis Zamperini.*

Louie y su padre viajaron juntos a la estación de trenes. La plataforma estaba repleta de jóvenes uniformados y padres llorosos que se aferraban el uno al otro diciendo adiós. Al abrazar a su padre, pudo sentir que temblaba.

Cuando el tren echó a andar, Louie miró a través de la ventana. Su padre estaba ahí, de pie, sonriente, despidiéndose con la mano en alto. Louie se preguntó si volvería a verlo.

El tren lo condujo a una polvareda perpetua conocida como Ephrata, Washington, donde se había instalado una base aérea sobre el lecho de un lago seco, dedicado a cumplir la misión de ocultar la base, al personal y a todos sus aviones; y al parecer tenía éxito. El aire estaba tan nublado por el polvo que los hombres avanzaban con dificultad entre montones de polvo de hasta 45 centímetros de altura. La ropa que se dejaba afuera en bolsas de lona se ensuciaba instantáneamente, y todos los alimentos (las tripulaciones solían comerlos afuera, sentados en el suelo) estaban aderezados con arena. El personal de tierra, que tenía la misión de remplazar 24 motores de avión averiados por la arena en 21 días, tuvo que arrojar aceite en los caminos de rodamiento para mantener el polvo en el suelo. También era un problema mantener el lecho del lago lejos de los cuerpos de los hombres, pues el agua caliente solía acabarse pronto y no se vendía allí jabón para rasurar, por lo que prácticamente todos ostentaban una barba crespa y polvosa.

Poco después de su llegada, Louie estaba en la base, sudoroso y desesperado ante ese paisaje, cuando un subteniente robusto caminó hasta él y se presentó. Se trataba de Russell Allen Phillips, que sería el piloto de Louie.

Nacido en Greencastle, Indiana, en 1916, Phillips acababa de cumplir veintiséis años. Había crecido en un hogar profundamente religioso en La Porte, Indiana, sitio en que su padre se desempeñaba como pastor metodista. Siendo niño, había sido tan callado que, seguramente, muchos adultos lo creyeron tímido, pero tenía una reserva secreta de audacia. Vagaba por el vecindario con bolsas llenas de harina, implementando ataques guerrilleros contra los parabrisas de los autos que pasaban, y un fin de semana en que se celebraba el Día del Memorial, se escondió en la cajuela de un auto para explorar lugares de acceso reservado de la Indi 500. Había estudiado en la Universidad de Purdue, en donde se graduó en recursos forestales y conservación. En el Cuerpo de Adiestramiento de Oficiales de la Reserva del Ejército de los Estados Unidos, su capitán se refirió a él como "el soldado menos dotado y de peor aspecto" que había visto. Ignorando el comentario del capitán, Phillips se enroló en las Air Corps, en donde demostró ser un aviador nato. En casa le llamaban Allen; en el ejército, Phillips.

Lo primero que pensaba la gente al verlo era que nunca antes habían reparado en él. Pasaba tan inadvertido que podía estar en una habitación durante mucho tiempo antes de que alguien se percatara de que estaba ahí. Era más bien pequeño y de piernas cortas. Algunos de sus compañeros lo apodaban El Barrearena porque, según dijo un piloto, "tenía el trasero muy cerca del suelo". Por razones desconocidas, usaba una pernera de los pantalones considerablemente más corta que la otra. Tenía un rostro limpio, agradable e infantil que tendía a confundirse con el entorno. Es probable que este factor contribuyera a su invisibilidad, pero ningún factor era más preponderante que su silencio. Phillips era un hombre amigable y, a juzgar por sus cartas, también era bastante articulado, pero prefería no hablar. Podían ponerlo a departir con los juerguistas más consagrados y, al terminar la parranda, Phillips no habría dicho una palabra. La gente solía sostener largas conversaciones con él para, al final, percatarse de que habían estado hablando solos.

Russell Allen Phillips.
Cortesía de Karen Loomis.

Si algo le hacía hervir la sangre, nunca lo demostraba. Cumplía cualquier orden caprichosa de sus superiores, toleraba cualquier acto estúpido de sus inferiores jerárquicos y soportaba bien todas las personalidades dominantes que la vida militar suele presentar a un oficial. Enfrentaba cualquier tipo de adversidad con calma, resignación y adaptabilidad. Durante los momentos de crisis, por las venas de Phillips corría agua fría. Pronto lo aprendería Louie.

A Phillips lo consumía una sola pasión. Cuando entró a la universidad, su padre había aceptado una nueva encomienda pastoral en Terre Haute. En ese lugar, la hermana de Phillips lo había presentado con una muchacha del coro de la iglesia, una estudiante llamada Cecile Perry, mejor conocida como Cecy. Tenía el cabello rubio, una figura curvilínea, disposición alegre, mente rápida y un gato llamado Chopper. Estudiaba para maestra. En una fiesta de graduación de Terre Haute, Allen besó a Cecy. Él era un caso perdido y también lo era ella.

En una noche de sábado, en noviembre de 1941, cuando él se fue para sumarse a los Air Corps, Phillips pasó los últimos cinco minutos con Cecy, en la estación de trenes de Indianápolis. Prometió que, al terminar la guerra, la haría su prometida. Guardaba una foto suya en el casillero y le escribía cartas de amor varias veces a la semana. Cuando ella cumplió veintiún años, le mandó su paga completa y le pidió que buscara un anillo de compromiso, que pronto estuvo en el dedo de Cecy.

En junio de 1942, justo después de su graduación, Cecy viajó a Phoenix para ver que a Allen le entregaran sus alas. Locamente enamorados, ambos hablaron sobre la posibilidad de huir juntos pidiendo aventón en ese momento, pero reconsideraron y optaron por casarse en su siguiente sede de entrenamiento, en donde vivirían juntos hasta que lo comisionaran. Ese sitio era Ephrata, y cuando Phillips lo vio, le dieron ganas de patearse: "Cien veces hubiera preferido casarme cuando estábamos en Phoenix", escribió a ella, "no podría pedirte que vinieras a vivir aquí, en un basurero como Ephrata". Pospusieron de nuevo la boda. En el otoño terminaría el entrenamiento de Allen. Entonces tendrían la oportunidad de volver a verse antes de que él fuera a la guerra.

En Ephrata, Louie y Phillips congeniaron bien. Él se dejaba llevar contento por la charla agradable de Louie; y a Louie le gustaba la firmeza silenciosa de ella , y lo consideraba como la persona más amable que había conocido jamás. Nunca tuvieron una sola disputa y casi nunca estaban separados. Phillips le decía "Zamp" a Louie; Louie llamaba "Phil" a Phillips.

La tripulación de Phil. De izquierda a derecha: Phillips, el copiloto provisional Gross, Zamperini, Mitchell, Douglas, Pillsbury y Glassman. Moznette, Lambert y Brooks no aparecen en la fotografía.
Cortesía de Louis Zamperini.

El resto de la tripulación del bombardero de Phil se fue conformando con el paso de los días. Sirviendo como ingeniero y artillero de la torreta superior, estaría Stanley Pillsbury, de veintidós años, quien antes de unirse a la corporación se había encargado de cuidar la granja familiar, en Maine. El otro ingeniero era nativo de Virginia y se llamaba Clarence Douglas, quien operaba una de las dos ametralladores ventrales localizadas detrás de las alas. El navegador y artillero de punta sería Robert Mitchell, hijo de un profesor de Illinois. El diminuto Frank Glassman, con su cabello crespo, era muy parecido a Harpo Marx. Él estaría encargado de manejar el radio y, luego, se encargaría también de la artillería ventral. Debido a que Frank venía de Chicago, le decían Gángster. Ray Lambert, de Maryland, estaría a cargo de la ametralladora de cola. El guapo de la tripulación era Harry Brooks, radioperador y artillero ventral alegre y bien parecido, oriundo de Michigan. El copiloto sería George Moznette, Jr. Debido a que los copilotos eran rotados de avión en avión conforme calificaban para ser pilotos, Moznette no se quedaría con la tripulación, pero seguiría siendo buen amigo de Phil y Louie.

Moznette, Mitchell, Phil y Louie era oficiales; los otros habían sido enrolados. Todos era solteros, pero Harry Brooks, al igual que Phil, tenía una novia formal en casa. Su nombre era Jeannette y antes de la guerra ella y Harry habían dispuesto que su fecha de casamiento sería el 8 de mayo de 1943.

A los hombres se les dotó con gruesas chamarras con piel de oveja y ropa de lana; se les reunió y fotografió. Conformarían la tripulación número ocho de las nueve que conformaban el Escuadrón de Bombardeo 372, perteneciente al Grupo de Bombas 307, de la séptima Fuerza Aérea. Sólo necesitaban tener un avión.

Louie esperaba ser asignado a un B-17, la Fortaleza Voladora. Se trataba del tipo de avión en que los hombres querían ser vistos: un avión hermoso, masculino, ágil, bien artillado, confiable, de largo alcance y prácticamente indestructible. El avión al que nadie quería ser asignado era un nuevo bombardero, la Nave Consolidada B-24 Libertador. En el papel, era comparable con el B-17, pero tenía una seria ventaja: gracias a los tanques de gasolina auxiliares y a las delgadas y ultra eficientes alas tipo Davies, la nave podía, literalmente, volar todo el día, lo que constituyó un factror decisivo en su proliferación en los escenarios de la Segunda Guerra Mundial.

Chato, rectangular y con un aire melancólico, el B-24 tenía un aspecto que solamente una madre miope podía apreciar. Los tripulantes le inventaron un sinfín de apodos, entre los que se encontraba "El ladrillo volador", "El furgón volador" y "El leñador constipado", un juego de palabras a partir de "El libertador consolidado". La cabina era opresiva por lo saturada, lo que obligaba a piloto y copiloto a vivir casi mejilla con mejilla en misiones que podían durar hasta dieciséis horas. Si estiraba el cuello sobre el panel de control (grande como una montaña), el piloto disponía de una vista panorámica de la nariz de su avión y no mucho más. Transitar por el pasadizo de dieciocho centímetros de ancho que llevaba a la bahía de lanzamiento era difícil, especialmente en condiciones de turbulencia; sólo se necesitaba un resbalón para caer a la bahía; sus frágiles puertas de aluminio se abrirían seguramente con el peso de un hombre en caída.

El rodamiento en pista era una aventura. Las ruedas del B-24 no tenían sistema de direccionamiento, de manera que el piloto tenía que convencer al bombardero dando más poder al motor de un lado primero, para luego hacer lo mismo con el motor del otro lado, compensando hasta lograr el rumbo deseado; también trabajaba de este modo con los frenos de la derecha y la izquierda, uno de los cuales solía ser mucho más sensible que el otro. Esto hacía que el tránsito por las vías de rodamiento fuera un espectáculo de aviones dando bandazos, y todos, tarde o temprano, terminaban virando hacia sitios bastante lejanos a los deseos originales de los pilotos. Y no era raro que esos aviones tuvieran que ser sacados de ahí con ayuda de palas.

Un piloto escribió alguna vez que, la primera vez que entró a la cabina de un B-24, había sido como "sentarse en la entrada de la casa y volarla". El sentimiento era compartido por muchos. El Libertador era uno de los aviones más pesados del mundo; el modelo D que entonces se producía, pesaba 32 296 kilos a máxima capacidad. Volarlo era como pelear con un oso; los pilotos quedaban cansados y adoloridos. Usualmente, manejaban el bastón de mando con la mano izquierda y con la derecha los otros controles; por ello, los pilotos del B-24 eran instantáneamente reconocibles cuando no tenían la camisa puesta: los músculos del lado izquierdo hacían lucir pequeños a los del brazo derecho. El avión era tan torpe a la hora de volar que era difícil hacer formaciones cerradas, muy importantes al momento de defenderse. Un poco de turbulencia o un tripulante que caminara dentro del fuselaje bastaban para modificar el equilibrio del avión.

El B-24 estaba plagado de problemas mecánicos. Si uno de los cuatro motores quedaba fuera de servicio, era un reto seguir volando; la falla en dos motores era casi siempre una emergencia. Poco después de la introducción de este avión, se registraron varios incidentes en los que la cola del B-24 se despegaba en pleno vuelo. Y aunque la guerra era joven aún, el avión ya se había ganado la reputación de ser delicado, en especial sus delgadas alas, que podían desprender si eran blanco de un ataque. Algunos hombres de Ephrata pensaban que el B-24 era una trampa mortal.

Tras una larga espera, los aviones del escuadrón 372 volaron a Ephrata. La tripulación de Phil salió y echó un vistazo al horizonte. Incluso a la distancia, las siluetas no dejaban lugar a dudas. Entre los hombres que gruñían, Louis escuchó que una voz afirmó: "Es el ataúd volador."

Les asignaron un B-24D que lucía exactamente igual que los otros. Durante los siguientes tres meses, prácticamente vivieron en él, en Ephrata durante agosto y septiembre, y en Sioux City en octubre. Volaban en formación, disparaban a objetivos que otros dos aviones arrastraban simulando corridas de combate y arrojaban bombas. Un día volaron tan bajo sobre Iowa que las hélices levantaron una tormenta de arena, la pintura de la parte inferior del fuselaje se desprendió y lastimó las piernas de Pillsbury, quien estaba sentado a un lado de la trampilla de cola abierta tratando de fotografiar la caída de sus bombas de utilería en unas redes. Entretanto, Louie estaba en el "invernadero", un sitio con ventanas de vidrio localizado en la punta del avión, bombardeando objetivos. Los jefes pronto supieron de las proezas del escuadrón, cuando los granjeros iracundos se presentaron a reclamar después de que las bombas de 50 kilos del 372 aplastaran un baño de exteriores y también a una vaca desafortunada.

La tripulación de Phil se llevó su primer susto en Ephrata. En un vuelo de entrenamiento, tuvieron problemas con el radio y se perdieron, volando con poca visibilidad y mucha confusión durante horas, para terminar aterrizando cerca de la medianoche en Spokane, a medio estado de distancia de su objetivo original. Habían estado perdidos por tres horas y media y sus compañeros del Air Corps ya los estaban buscando. Cuando Phil bajó del avión, se llevó un regaño monumental de un coronel. Y volar de regreso a Ephrata le costó otro regaño similar, pero esta vez en sonido estereofónico, de boca de un coronel y un mayor. "Envejecí un poco esa noche, querida, puedes creerme", escribió a Cecy.

El pánico estaba justificado, pues los accidentes eran comunes y mortales. Antes de que Louie comenzara su entrenamiento como bombardero, recibió una carta de un amigo que era cadete en los Air Corps.

Supongo que has leído sobre el cadete y el instructor que se mataron aquí la semana pasada. Los pobres diablos ni siquiera tuvieron una oportunidad. Su avión se accidentó girando sobre su eje para luego estrellarse fuertemente contra el piso. . . Cuando esto sucedió, sus cuerpos quedaron hechos pedazos. El cinturón de seguridad cortó en dos al instructor. Los restos del avión quedaron manchados con lo que parecían ser tres charolas de tomates y galletas (sangre y carne). Quedaron hechos pedacitos, tanto que no los pudieron identificar.

Este era el tipo de historias que llenaban las cartas de los futuros aviadores de toda la nación. Los errores del piloto o el copiloto, las fallas mecánicas y la mala suerte estaban matando alumnos a un ritmo sorprendente. En las Fuerzas Aéreas del Ejército, o Army Air Forces,[9] sucedieron 52 651 accidentes durante el curso de la guerra, matando a 14 903 elementos. Aunque algunos probablemente estaban en la guardia costera o dedicados a otras labores, bien puede presumirse que la gran mayoría eran cadetes que murieron sin siquiera ver la zona de combate. Durante los tres meses en que los hombres de Phil entrenaron como tripulación, 3041 aviones de las Army Air Forces —más de 33 por día— tuvieron accidentes en territorio norteamericano, muriendo un promedio de nueve hombres por día. Después, los meses en que se superaban los 500 muertos era comunes. En agosto de 1943, 590 aviadores morirían en los Estados Unidos continentales, a un ritmo de diecinueve por día.

Louie, Phillips y su tripulación tuvieron contacto directo con la muerte. En julio, un amigo cercano de Phil había muerto en un B-24, justo después de que Phil cenara con él. Otro día, la tripulación de Phil pasó una mañana lluviosa sentada en una sala de juntas con otra tripulación mientras esperaban volar. Ambas

---

[9] En junio de 1941, las Air Corps se convirtieron en un brazo subordinado de las Army Air Forces. Siguieron existiendo como rama de combate del ejército hasta 1947.

tripulaciones partieron a sus aviones, pero en el último minuto ordenaron que la de Phil retornara. La otra tripulación despegó, voló dos millas y se estrelló, matando al piloto y al navegador. En octubre, en Sioux City, otro bombardero de su grupo cayó en un campo matando a dos. Cuando supieron que la prensa daba cuenta del suceso sin mencionar los nombres de los accidentados, Phil salió corriendo de la reunión para dejar saber a su familia que él no había estado en el avión.

En las Air Corps no escatimaban esfuerzos en enseñar a sus hombres cómo sobrevivir a un accidente. Los hombres eran entrenados en preparar sus aviones para el impacto y en cómo equiparse para sobrevivir después de un accidente. Cada hombre era asignado a una posición de emergencia, siendo la de Louie cercana a la mitad del avión, detrás del ala derecha. También se les adiestraba en rescates con simulaciones, saltando desde aviones estacionados en tierra. Algunos cruzaban el pasadizo y se lanzaban a través de la escotilla de bombardeo con las puertas de aluminio abiertas; otros saltaban desde las ventanas laterales preguntándose cómo se suponía que debían hacerlo de un avión en el aire sin ser cortados en dos por los timones gemelos justo detrás de las ventanas. También se les enseñaba a excavar zanjas y acuatizar de la mejor manera posible. Phil estudió disciplinadamente, pero le pareció que era "algo tonta" la idea de acuatizar un bombardero gigante. Por supuesto que los filmes de entrenamiento aumentaron sus dudas; en todas las películas que les mostraban, el B-24 se deshacía en el accidente.

El entrenamiento era severo y transformó a la tripulación de Phil. No todos sobrevivirían a lo que el destino les depararía, pero quienes lo lograran hablarían de la buena fortuna que para ellos había representado el servir junto con hombres tan bien adiestrados. Trabajaban juntos con eficiencia completa y, a juzgar por las calificaciones obtenidas en sus entrenamientos, si del triste negocio de las bombas y las balas se trataba, no había mejor tripulación en todo el escuadrón. Entre los sobrevivientes y los hombres de otras tripulaciones, a Phil le reservaban los más cálidos elogios. Los B-24 estaban construidos para pilotos altos, y aunque Phil debía sentarse en un cojín para alcanzar los pedales y ver más allá del panel de control, todas las versiones coincidían en que hacía su trabajo de manera soberbia. Phil, dijo Louie a un reportero, era "un estupendo piloto".

El B-24 asignado a la tripulación de Phil tenía su propia personalidad: una válvula que dejaba chorrear gasolina en la bahía de expulsión de bombas, haciendo que Pillsbury desarrollara el hábito nervioso de recorrer el fuselaje olisqueando. Tenía una válvula de paso de gasolina que Pillsbury y Douglas debían ajustar en su sitio, a no ser que quisieran que se abriera de par en par, alentando un motor o provocando estallidos ensordecedores en el sistema de expulsión de gases. Los medidores de nivel de gasolina eran confiables hasta que los tanques estaban cerca de quedarse vacíos; en ese momento, a veces reportaban que el avión estaba aumentando sus niveles de gasolina mágicamente. Un motor, por razones que sólo el avión podría dar, tenía más sed que los otros, de modo que los medidores debían ser supervisados constantemente.

Con el tiempo, los recelos que el Libertador les inspiraba fueron desapareciendo. El avión nunca les falló en cientos de horas de intenso entrenamiento. Con toda su fealdad y sus peculiaridades, era un aparato noble, rudo e incansable. Los equipos de tierra pensaban lo mismo, por lo que atendían el avión de Phil con afecto, preocupándose cuando estaba en vuelo. Cuando la nave regresaba, la recibían con alivio y regañaban a la tripulación si veían rayones en la pintura o cosas similares. Los aviadores hablaban de "furgones voladores", pero Phil y Louie no les hacían caso. Louie solía referirse al avión diciendo que era "nuestra casa".

En tierra, los miembros de la tripulación bebían juntos, nadaban en los lagos de la localidad y paseaban por Ephrata y Sioux City. En esta última ciudad, Louie descubrió que los miembros de las tripulaciones precedentes, habían convencido a las chicas de que su insignia indicaba que eran oficiales. Cuando Louie se disponía a aclarar el malentendido, Phil cubría el turno de noche en la oficina de operaciones. En una ocasión, tuvo un sueño desagradable: regresaba a casa de la guerra para descubrir que Cecy había decidido no esperarlo más.

En una tarde de sábado a mediados de octubre de 1942, los integrantes del batallón 372 recibieron la orden de empacar sus cosas. Su entrenamiento se había reducido; serían enviados al Campo Hamilton, en California, para viajar a Europa inmediatamente después. Phil estaba decaído; Cecy estaba a punto de ir a visitarlo. Él se iría tres días antes de su llegada. El 20 de octubre, el escuadrón salió de Iowa.

En el Campo Hamilton, una artista se las arreglaba para bajar de los aviones a la tripulación, rotulando los nombres y realizando la ilustración correspondiente. Bautizar los bombarderos era una gran tradición. Muchas tripulaciones de B-24 se la ingeniaban para dar con buenos nombres, como por ejemplo *E Pluribus Aluminium*, *Axis Grinder*, *The Bad Penny* y *Bombs Nip On*. Una buena parte de los nombres de los aviones restantes tenía tintes obscenos, y estaban ilustrados con mujeres de poca o ninguna ropa. En un avión podía verse a un marinero persiguiendo a una mujer desnuda alrededor del fuselaje. Su nombre era *Willie Maker*. Louie se hizo tomar una foto sonriendo debajo de uno de los ejemplos más extremos.

El avión de Phil necesitaba un nombre, y nadie podía encontrar el más conveniente. Después de la guerra, los sobrevivientes tendrían recuerdos diferentes respecto de quién había nombrado al avión, pero en una carta que escribió ese verano, Phil comentó que había sido el copiloto, George Moznette, quien sugirió el nombre de *Súper Man*. A todos les gustó, y se rotuló el nombre en la nariz del avión, junto con el superhéroe mismo sosteniendo una bomba en una mano y una ametralladora en la otra. A Louie no le gustó gran cosa la ilustración —en las fotografías, la ametralladora parecía una pala—, pero a Phil le encantaba. La mayoría de las tripulaciones identificaban sus aviones con el género femenino, pero Phil insistió en que su avión era todo un hombre.

Se había decidido enviar a los hombres al combate, pero no les habían dicho dónde servirían. A juzgar por el pesado equipo de invierno, Louie pensó que los iban a enviar a las Islas Aleutianas, cerca de Alaska, pues los japoneses las habían invadido meses antes. Estaba felizmente equivocado: los mandarían a Hawái. En la noche del 24 de octubre, Louie llamó a casa para decir adiós por última vez. No logró hablar con Pete, quien había estado de visita en su casa, marchándose unos minutos antes de que llamara su hermano.

Después de hablar con Louie, Louise sacó unas tarjetas en las que anotaba los nombres de las personas a quienes enviaban felicitaciones navideñas. Tras la última visita de Louie a casa, ella escribió la fecha en una de las tarjetas y luego algunas palabras sobre la partida de Louie. Este día, ella anotó la fecha de la llamada de Louie . Estas fueron las primeras dos entradas de lo que se convertiría en el diario de guerra de Louise.

Phil al mando de *Super Man*.
Cortesía de Louis Zamperini.

Antes de irse del Campo Hamilton, Louie depositó un pequeño paquete en el correo. Estaba dirigido a su madre. Cuando Louise lo abrió, encontró dentro un par de alas de aviador. Cada mañana, antes de emprender las actividades que el día le deparaba, Louise prendía las alas a su vestido; cada noche, antes de irse a dormir, ella quitaba las alas del vestido que había usado y las prendía a su camisón.

El 2 de noviembre de 1942, la tripulación de Phil subió al *Súper Man* y se alistó para ir a la guerra. Se dirigían a una lucha desesperada. De norte a sur, el nuevo imperio japonés constaba de unos ocho mil kilómetros si se cuenta desde las nevadas Aleutianas hasta Java, localizada cientos de kilómetros al sur del ecuador. De Oeste a Este, el imperio se extendía cerca de diez mil kilómetros, desde la frontera de India hasta las Islas Marshall y las Gilbert, en el Pacífico central. En el Pacífico, virtualmente todo lo que estaba arriba de Australia y al oeste de la línea internacional del tiempo había sido tomado por Japón. Sólo algunas islas orientales se habían salvado, entre las que se contaban Hawái, Midway, Cantón Funafuti y un minúsculo paraíso llamado Palmira. Desde estos bastiones, los hombres de la fuerza aérea trataban de ganar el Pacífico: "una maldita isla tras otra", como rezaba el dicho.

Ese día, *Súper Man* voló sobre el Pacífico por primera vez. La tripulación estaba destinada al Campo Hickam, en Oahu, donde había empezado la guerra para los Estados Unidos once meses atrás. Pronto comenzaría para ellos. La costa de California desapareció y luego sólo vieron el océano. Desde este día en adelante, el Pacífico estaría debajo o alrededor de ellos, al menos hasta que la victoria, la derrota, una transferencia, una licencia, la captura o la muerte los alejara de él. El fondo de ese océano ya estaba lleno de aviones de guerra y de fantasmas de los aviadores perdidos. Cada día de esa guerra larga y feroz, más seres humanos se unirían a ellos.

SIETE

★ ★ ★

"Llegó la hora, muchachos"

Oahu seguía herida por el ataque japonés. El enemigo había dejado tantos agujeros en los caminos que las autoridades todavía no terminaban de arreglarlos. Los choferes locales se veían obligados a rodear cráteres constantemente. También quedaban algunos agujeros en el techo de las barracas del campo Hickam, por lo que muchos aviadores se mojaban cuando llovía. La isla estaba bajo persistentes señales de alerta de bombardeo o invasión, y estaba tan camuflada que, según lo escrito por un miembro del equipo de tierra, "sólo se logra ver una tercera parte de lo que en realidad está ahí". Cada noche, la isla desaparecía; toda ventana estaba dotada de cortinas a prueba de luz, cada auto tenía cubiertos los faros, y las patrullas hacían cumplir una ley tan estricta que ni siquiera se permitía a los hombres encender un cerillo. Los hombres de servicio habían recibido órdenes de llevar consigo en todo momento máscaras antigás colgadas de la cintura. Para llegar a sus amadas olas, los surfistas locales tenían que pasar bajo la alambrada de púas que se extendía a todo lo largo de la playa Waikiki.

El escuadrón 372 fue enviado a Kahuku, una base de playa localizada al pie de una cadena de montañas en la costa norte. Louie y Phil, quien pronto sería promovido a teniente primero, fueron asignados en las barracas con Mitchell, Moznette y otros doce oficiales jóvenes, además de hordas de mosquitos. "Matas a uno y diez más se aparecen para asistir al funeral", escribió Phil. El exterior del edificio era pintoresco; el interior, escribió Phil, daba la impresión "de que una docena de cerdos de Missouri había estado revolcándose ahí". El constante jolgorio tampoco ayudaba mucho. En una ocasión, hubo una pelea a chorros de agua entre los dieséis oficiales, a las 4 a.m. Phil se despertó con raspones en los codos y las rodillas. Otra noche, mientras Louie y Phil luchaban por una cerveza, chocaron contra la frágil partición que separaba su dormitorio del siguiente. La partición cedió y Phil y Louie siguieron su lucha, haciendo caer dos particiones más antes de detenerse. Cuando el coronel William Matheny, comandante del Grupo de Bombardeo 307, vio el desastre, gruñó algo relativo a lo seguro que estaba de que Zamperini había estado involucrado.

Algo de bueno tenía vivir en las barracas. El baño estaba tapizado de afiches de mujeres, una Capilla Sixtina de pornografía. Phil se ruborizaba ante la mucha frustración erótica que había inspirado la obra. Para su tranquilidad, este palacio de la pornografía estaba bastante lejos de la casa de su padre, el ministro de Indiana.

Todos estaban ansiosos por hacer daño al enemigo, pero no había combate disponible. En lugar de ello, debían conformarse con infinitas lecturas, infinito entrenamiento y, cuando Moznette fue transferido a otra tripulación, tuvieron que acostumbrarse a la irrupción de una serie de copilotos temporales. Eventualmente, un nativo de Long Beach, California, sustituyó a Moznette. Su nombre era Charleton Hugh Cuppernell. Se trataba de un ex futbolista que realizaba los estudios preparatorios para la carrera de derecho. Se llevó bien con todos y no paraba de hacer comentarios agudos y graciosos apretando con los dientes su puro roído.

Louie listo para el frío de las grandes altitudes.
Cortesía de Louis Zamperini.

Cuando volaron sobre Hawái por primera vez se sorprendieron al percatarse de que, por error, no los habían dotado con equipo para frío extremo. A diez mil pies de altura, incluso en el trópico, puede llegar a hacer muchísimo frío; ocasionalmente, las ventanas del bombardero se congelaban. Sólo había calefacción en la cabina de mando, al frente, así que quienes estaban en otras zonas del avión tenían que cubrirse con chamarras aborregadas, botas especiales y, a veces, con trajes calentados eléctricamente. Los equipos de tierra usaban los bombarderos como congeladores volantes: escondían botellas de refresco y las recuperaban, ya heladas, una vez transcurrida la misión.

Los hombres fueron descubriendo sus talentos conforme entrenaban, casi siempre volando sobre Kauai. Sin importar los pequeños desaguisados —al manejar en tierra a *Súper Man*, Phil chocó contra un poste de teléfono— solían dar en los objetivos superando en más de tres veces el promedio del escuadrón. Los resultados del bombardeo de Louie eran sobresalientes. En un ejercicio le dio de lleno al blanco en siete de nueve ocasiones. La parte más difícil del entrenamiento consistía en lidiar con el teniente que supervisaba sus vuelos, un hombre obsesivo por los detalles, amigo del rango y más bien detestado por todos. En una ocasión en que uno de los motores de *Súper Man* se apagó durante un vuelo de rutina, Phil dio la vuelta al avión y aterrizó en Kahuku sólo para ser acosado por el furioso teniente que, llegado en un veloz *jeep*, les ordenaba volver a despegar para seguir el vuelo. Louie le ofreció volar con tres motores siempre y cuando el teniente se les uniera, ante lo cual éste cambió abruptamente de opinión.

Cuando los hombres no estaban entrenando, estaban de guardia en el mar; pasaban hasta diez horas al día patrullando alguna sección del océano en busca del enemigo. Era un trabajo brutalmente aburrido. Louie mataba el tiempo durmiendo en la mesa de navegación de Mitchell y tomando lecciones de vuelo de Phil. En algunos vuelos, se acostaba cuan largo era detrás de la cabina leyendo novelas de Ellery Queen y poniendo a prueba los nervios de Douglas, quien alguna vez se molestó tanto de tener que saltar las largas piernas de Louie que lo atacó con un extinguidor. En otra ocasión, los artilleros se aburrieron a tal grado que dispararon a un banco de ballenas. Phil les gritó que dejaran de hacerlo y las ballenas siguieron su camino incólumes. Resultó que las balas viajaban a una velocidad mortal sólo durante unos metros después de hacer contacto con el agua. Esta información les sería muy útil en el futuro.

Una mañana en que patrullaban las aguas, la tripulación de Phil sobrevoló un submarino americano que estaba plácidamente estacionado en la superficie, con parte de la tripulación deambulando en la parte superior. Louie hizo destellar el código de identificación tres veces, pero la tripulación del submarino lo ignoró. Louie y Phil decidieron "darles un buen susto". Mientras Louie abría las puertas de la bahía de lanzamiento de bombas, Phil hizo planear el avión sobre el submarino. "La retirada de la tripulación fue tan apresurada, que parecía que el submarino mismo los había absorbido", escribió Louie en su diario. "Fueron reprobados en todo lo referente a la identificación, pero sacaron diez en esconderse lo más rápido posible".

El tedio de la vigilancia marina hacía prácticamente irresistible la tentación de hacer bromas. Cuando un elemento de tierra por demás fanfarrón se quejó de que los aviadores tenían mayor sueldo que ellos, la tripulación lo invitó a volar el avión en persona. Durante el vuelo, lo sentaron en el lugar del copiloto mientras Louie se escondía bajo la mesa de navegación, junto a las cadenas que unían los controles con los alerones. Cuando el oficial tomó el bastón de mando, Louie comenzó a tirar de las cadenas haciendo que el avión subiera y bajara. El oficial entró en pánico, Louie disimuló la risa y Phil se mantuvo serio. El oficial no volvió a quejarse de la diferencia de sueldos.

El copiloto Charleton Hugh Cuppernell.
Cortesía de Louis Zamperini.

Los dos momentos que más orgullo dieron a Louie en su faceta de bromista, estuvieron relacionados con la goma de mascar. Después de que Cuppernell y Phil le robaran una cerveza, Louie se vengó metiéndose a escondidas en el *Súper Man* para tapar el "tubo de la orina" —una manguera por la que los ocupantes de la cabina orinaban— con chicle. Durante el vuelo de ese día, el llamado de la naturaleza dio como resultado una manguera inexplicablemente llena que, con ayuda de un poco de turbulencia, mojó al menos a un aviador. Louie se escondió en Honolulu durante dos días para escapar de la venganza de sus compañeros. En otra ocasión, para ajustarle las cuentas a Cuppernell y a Phil por robarle su goma de mascar, Louie sustituyó el chicle normal por goma de mascar laxante. Justo antes de un largo día de vigilancia marina, Cuppernell y Phil robaron tres piezas cada uno, el triple de la dosis normal. Mientras el *Súper Man* volaba sobre el Pacífico esa mañana, Louie observó feliz cómo el piloto y el copiloto, muy molestos, tomaban turnos para ir a la cola del avión, pidiendo a gritos que alguien les tuviera lista una bolsa de baño. En su último viaje a la cola de la nave, Cuppernell descubrió que ya habían usado todas las bolsas. Sin poder hacer otra cosa, se bajó los pantalones y sacó el trasero por la ventanilla de desalojo mientras cuatro miembros de la tripulación lo sostenían para evitar que cayera del avión. Cuando el equipo de tierra vio los resultados de la broma en la cola del *Súper Man*, montaron en cólera. "Era como una pintura abstracta", dijo Louie más tarde.

Para combatir el aburrimiento, Phil gustaba de volar en estilo libre. Después de un día de vigilancia marina, él y otro piloto sincronizaban su regreso a Oahu. El que iba adelante volaba raso con el tren de aterrizaje subido para ver qué tan bajo podía volar sin raspar la panza del aparato, con lo que retaba al piloto de atrás a hacerlo mejor. Phil volaba al *Súper Man* tan cerca del suelo que llegaba a mirar las ventanas del primer piso de los edificios. Era "algo atrevido", afirmaba Phil con su tradicional cadencia.

Por cada día pasado en el aire, la tripulación obtenía otro libre. Entonces solían jugar *póquer* o ir al cine, por ejemplo. Louie corría en la pista de aterrizaje para mantener su cuerpo en forma olímpica. En la playa de Kahuku, él y Phil inflaron las cubiertas de sus colchones para probarse en las olas, sólo consiguieron estar muy cerca de ahogarse. Al deambular por la isla en autos prestados, dieron con varias pistas de aterrizaje, pero al acercarse se dieron cuenta de que todos los aviones y el equipo eran falsos, de madera, pues se trataba de un complejo ardid diseñado para engañar a los aviones de reconocimiento japoneses. Y en Honolulu encontraron su prueba de fuego. Se trataba del restaurante de carnes de P. Y. Chong, donde por dos dólares y medio podían obtener una carne tan gruesa como el brazo de un hombre y tan ancha como su cabeza. Louie jamás vio que algún comensal del Chong lograra terminar su cena.

Para aquella mitad de la tripulación que tenía el grado de oficial, el paraíso estaba en el Club de Oficiales de la costa norte de Honolulu, que disponía de canchas de tenis y chicas hermosas que debían obedecer el toque de queda de las 10:30 p.m., además de algunos caldereros. Cuando la tripulación obtuvo los mejores resultados de tiro del escuadrón, Louie recompensó a sus compañeros poniéndoles su insignia para hacerlos entrar clandestinamente al club. Justo después de que Louie se parara a bailar con una chica, el coronel Matheny tomó su lugar en la mesa y comenzó a conversar con el aterrado Clarence Douglas, quien fingía ser teniente segundo. Cuando Louie terminó de bailar y fue al rescate de Douglas, el coronel, sin sospechar nada, se puso de pie y comento lo agradable que era Douglas.

A la espera de volar.
Cortesía de Louis Zamperini.

Un día, Louie vio en la pista del club al oficial que les había ordenado volar con tres motores. Tomó una bolsa de harina, reclutó a una chica y comenzó a bailar en círculos alrededor del teniente, dejando caer una pizca de harina en su cuello cada vez que pasaba cerca. Después de una hora de hacer esto, el club entero estaba mirando. Finalmente, Louie tomó un vaso de agua, bailó hasta colocarse detrás de su víctima, dejó caer el agua en el cuello de su camisa y huyó. El teniente daba vueltas con la mezcla escurriéndole por la espalda. Incapaz de hallar al culpable, se fue muy molesto y Louie fue el héroe de la noche. "Dejó una chica libre para cualquiera de nosotros", dijo.

Noviembre se convirtió en diciembre, y la tripulación no había visto todavía a ningún japonés. Se libraba una dura lucha en Guadalcanal, por lo que los hombres se sentían excluidos, frustrados y muy curiosos en relación con el combate. Cada vez que traían un B-17 después de la batalla, Louie y sus amigos iban a la pista a verlo. Al principio, todos los aviones se veían iguales. Luego, un aviador les mostró un agujero solitario de bala. "¡Dios!, dijo más tarde Louie, se nos pusieron los pelos de punta".

Tres días antes de Navidad, le llegó la hora a la tripulación. A ellos y a otras 25 tripulaciones se les dijo que empacaran ropa para tres días y se reportaran en sus aviones. Al entrar al *Súper Man*, Louie se encontró con que la bahía de lanzamiento de bombas había sido adaptada con dos tanques auxiliares de gasolina y con seis bombas de 250 kilos. A juzgar por los tanques auxiliares, escribió Louie en su diario, era probable que su destino "estuviera a un salto muy largo de distancia". En lugar del visor de bombardeo Norden, le dieron a Louie el visor manual, lo que muy probablemente quería decir que arrojarían bombas en caída libre.[10] Se proporcionó a la tripulación un paquete de órdenes y se les dijo que no lo abrieran hasta estar en el aire.[11]

Cinco minutos después del despegue del *Súper Man*, los tripulantes abrieron el paquete y supieron que debían dirigirse a Midway. Cuando aterrizaron ahí ocho horas más tarde, les dieron la bienvenida con una caja de cerveza Budweiser y con noticias

---

[10] El llamado *dive-bombing* constituye una técnica de lanzamiento en que las bombas se dejan caer en caída libre después de que el avión se ha acercado mucho al objetivo, en un descenso casi vertical [N. del T.].

[11] La técnica de caída libre (*dive-bombing*) no solía emplearse en los grandes bombarderos, pero en la Navidad de 1942, durante el bombardeo de Wake, todas las tripulaciones de los B-24, incluyendo la de Zamperini, utilizaron esta táctica, tal como fue verificado por el señor Zamperini y por los reporteros que cubrieron el bombardeo.

muy importantes: los japoneses habían construido una base en el atolón de Wake. La fuerza aérea se disponía a emprender el mayor bombardeo de la guerra del Pacífico hasta ese momento, con tal de quemar la base hasta sus cimientos.

En la tarde siguiente, la tripulación fue llamada a la sala de reuniones, que estaba habilitada en el teatro de la base, que por ser Navidad estaba adornado con serpentinas y oropel. Atacarían Wake esa noche, con la técnica de caída libre. La misión tomaría dieciséis horas, sin pausa, el vuelo de combate más largo que se había emprendido en la guerra hasta entonces. Esto implicaba que los B-24 serían utilizados hasta el límite de sus capacidades. Incluso con los tanques auxiliares, estarían al filo de la navaja.

Antes del vuelo, Louie caminó hasta el campo aéreo. Los equipos de tierra preparaban los aviones retirando hasta el último gramo de peso innecesario, y pintaban la parte inferior del fuselaje y de las alas de color negro para que fuera más difícil detectar los aviones desde tierra al no haber contraste con el cielo nocturno. Al llegar al *Súper Man*, Louie fue hasta la bahía de lanzamiento. Las bombas estaban listas. En honor a su compañero de escuela, Payton Jordan, quien se acababa de casar con su novia de la preparatoria, Louie garabateó *Marge y Payton* en una de las bombas.

A las cuatro de la tarde del 23 de diciembre de 1942, 26 B-24 despegaron de Midway cargados con 292 000 litros de gasolina y con 34 000 kilos de bombas. *Super Man* despegó casi al final de la procesión. Los aviones volaron hacia Wake el resto de la tarde y parte de la noche. El atardecer y los bombarderos volaron bajo el tímido resplandor de la luna y las estrellas.

A las once de la noche, cuando el avión se encontraba a unos 250 kilómetros de Wake, Phil apagó las luces exteriores. Las nubes se cerraron. Se suponía que los bombarderos se acercarían al atolón en formación, pero con las nubes en derredor y las luces apagadas, los pilotos no lograban ver a sus colegas. No podían arriesgarse a romper el silencio de la transmisión radial, de modo que cada avión siguió su curso de manera independiente. Los pilotos penetraron la oscuridad desviando el rumbo bruscamente cuando detectaban la sombra de las demás naves, evitando así las colisiones. Wake estaba muy cerca, pero no podían verla. Sentado en la torreta superior del *Súper Man*, Stanley Pillsbury se preguntó si regresarían con vida. En las ventanas inferiores conocidas como "el invernadero", Louie sintió un nudo en el estómago, la misma sensación que tenía antes de las carreras. A poca distancia, Wake dormía.

Exactamente a la medianoche, el coronel Matheny, quien piloteaba el avión líder, *Dumbo el Vengador*, rompió el silencio radial.

"Llegó la hora, muchachos".

Matheny se dejó caer en picada haciendo que la nariz del bombardero partiera las nubes. Abajo estaba Wake, tres islas delgadas que se unían en torno a una laguna. Cuando su copiloto le informó sobre la velocidad y altura, Matheny llevó su avión hacia una serie de edificios en Peacock Point, el extremo sureño del atolón. A ambos lados del avión de Matheny, los B-24 lo acompañaban en el descenso. Cuando alcanzó la altura de bombardeo, Matheny elevó la nariz del avión y gritó a su bombardero:

"¿Cuándo piensas lanzar esas incendiarias?"

"¡Ya se lanzaron, señor!"

En ese instante, los edificios de Peacock Point explotaron. Habían transcurrido 45 segundos después de la medianoche.

Matheny niveló su bombardero y miró abajo. Peacock Point, bombardeado por *Dumbo* y por los aviones que volaban a su lado, estaba envuelto en llamas. Matheny supo que había tenido suerte; los japoneses habían sido sorprendidos durmiendo y nadie había llegado aún hasta las armas antiaéreas. Conforme Matheny retornaba a Midway, los B-24 descendían en picada sobre Wake. Los japoneses corrieron hasta sus armas antiaéreas.

Arriba, en el *Súper Man*, volando bastante detrás del avión de Matheny, Louie vio haces de luz gruesos entre las nubes. Presionó la válvula que controlaba las puertas de la bahía de lanzamiento, que se abrieron con estrépito. Ajustó el portabombas en la posición de "seleccionar", encendió los interruptores de las bombas e ingresó los datos. Phil había ordenado descender en picada hasta los cuatro mil pies de altura antes de soltar las bombas, pero cuando llegaron a dicha altitud seguían perdidos entre nubes. El objetivo de Louie era la pista de aterrizaje, pero no podía verla. Phil descendió aún más a una velocidad aterradora. De pronto, a 2 500 pies de altura, el *Super Man* emergió de las nubes como una saeta y Wake se extendió brillante de modo repentino bajo la nave.

Pillsbury jamás lograría sacudirse el recuerdo de lo que vio. "Parecía una tormenta de estrellas", afirmó. Las islas, selladas en la negrura momentos antes, resplandecían ahora llamativamente. Varios infiernos de considerable tamaño consumían los tanques de petróleo del atolón emitiendo columnas de humo. Por todas partes se veía que las bombas alcanzaban objetivos, levantando hongos de fuego. Las luces antiaéreas se movían de un lado al otro, reflejándose en las nubes y regresando a tierra para iluminar grupos de japoneses que corrían confundidos en ropa interior del tipo *fundoshi*. Lo que no sabía Pillsbury ni ningún otro miembro del equipo era que, entre los hombres que estaban bajo los bombarderos esa noche, se contaban los 98 estadounidenses que habían sido capturados y esclavizados.

Los artilleros encargados de las armas ventrales y de la cola disparaban hacia abajo, y una a una fueron hechas pedazos las luces antiaéreas. Según Pillsbury, "todas las armas del mundo" parecían disparar al cielo. Las armas antiaéreas lanzaban sus proyectiles por encima de los aviones, lugar en el que explotaban haciendo que la metralla descendiera como una lluvia. Las luces de los disparos ascendentes y descendentes rayaban el aire con amarillos, rojos y verdes. Mientras Pillsbury miraba el colorido, pensó en la Navidad. Y luego recordó que habían cruzado la línea internacional del tiempo y que ya pasaba de la medianoche. *Era* Navidad.

Phil luchó hasta sacar al *Súper Man* de su posición de ataque. Conforme el avión se nivelaba, Louie detectó la luz de cola de un Zero japonés que recorría la pista de norte a sur. Comenzó a sincronizarse con la luz, esperando dar al Zero antes de que despegara. Abajo, muy cerca de ellos, algo explotó cimbrando al *Súper Man*. Un proyectil explotó por el ala izquierda. Louie pudo ver las luces que parecían cortar el cielo a su derecha. Soltó una bomba en dirección al extremo sur de la pista, contó dos segundos y luego soltó las otras cinco bombas sobre una serie de búnkers y unos aviones que estaban estacionados junto a la pista.

Habiéndose liberado del peso de las bombas, el *Súper Man* se balanceó y ascendió. Louie gritó: "¡Fuera bombas!" mientras Phil ladeaba el avión un poco hacia la izquierda, entre las luces del fuego antiaéreo. Louie miró abajo. Sus cinco bombas provocaban llamaradas en los búnkers y en los aviones. Había faltado poco para que también le diera al Zero japonés. Su bomba había aterrizado justo detrás de la nave encendiendo la pista. Phil orientó al *Súper Man* en dirección a Midway. Wake era un mar de fuego y hombres que corrían.

La tripulación estaba inquieta por tanta adrenalina. Había varios aviones Zero en el aire, pero en la oscuridad nadie sabía con exactitud en dónde estaban. En algún sitio de la galaxia de los aviones, un Zero disparó a un bombardero, que respondió disparando de vuelta. El Zero desapareció. Pillsbury miró por un costado y vio trazas amarillas de fuego que se dirigían a ellos directamente. El artillero de un B-24 los había confundido con un avión enemigo y estaba disparando. Phil lo notó justo en el mismo momento que Pillsbury y retiró el avión del sector. Los disparos cesaron.

Las puertas de la bahía de lanzamiento se atascaron y permanecían abiertas. Los motores se esforzaban por cerrar, pero no podían hacerlo. Louie acudió a ver qué sucedía. Cuando Phil había nivelado el avión después de lanzarse en picada, las enormes fuerzas-g habían movido los tanques auxiliares y uno de estos estaba bloqueando las puertas. Nada podía hacerse. Con la bahía de lanzamiento abierta y el aire causando fricción, el avión quemaba mucha más gasolina de la que consumía normalmente. Dado que la misión misma ya era una prueba bastante dura para la nave, las noticias eran todo menos halagadoras.

Los hombres sólo podían desear lo mejor y esperar. Pasaron jugos de piña y emparedados de *roast beef.* Louie se sentía drenado a causa del combate y del incesante temblor del avión. Miró hacia afuera y percibió estrellas en los claros que las nubes dejaban.

A 120 kilómetros de Wake, uno de los hombres miró hacia atrás. Aún podía ver la isla en llamas.

Mientras amanecía en el Pacífico, el general de brigada Howard K. Ramey estaba junto a la pista de aterrizaje de Midway. Miraba las nubes a la espera de sus bombarderos. Lucía preocupado. Un banco de niebla se extendía por unos 70 metros sobre el océano y repartía lluvia. En algunos lugares la visibilidad se reducía a pocos metros. Sería difícil encontrar la diminuta y plana Midway. Además, consideraba la cuestión de si la gasolina de los bombarderos duraría lo suficiente como para traerlos de regreso a casa.

Apareció un avión, luego otro y otro. Uno a uno aterrizaron. La cantidad de gasolina disponible era ridícula, y uno de los motores de una nave llegó apagado. El *Super Man* no estaba a la vista.

En la niebla, Phil debe haber visto su indicador de nivel de gasolina pensando que estaban en verdaderos aprietos. Las puertas abiertas de la bahía y el viento que aullaba a lo largo y ancho del fuselaje, habían hecho consumir buena parte de la gasolina, y ahora los tanques estaban a punto de vaciarse. No sabía si sería capaz de encontrar Midway, y no tenía suficiente gasolina para dar la vuelta e intentarlo una segunda ocasión. Por fin, cerca de las ocho de la mañana, apenas distinguió Midway entre la niebla. Un momento después, uno de los motores del *Super Man* tosió y murió.

Phil sabía que los otros motores correrían la misma suerte casi de inmediato. Condujo el avión con cuidado hasta ver la pista y enfilarse a ella. Las máquinas seguían trabajando. Phil hizo descender a *Super Man* y tocó pista. Justo en el momento en que el avión llegaba al final de ésta, se apagó un segundo motor. Llegando a su búnker, se apagaron las otras dos máquinas. Si la ruta hubiera sido sólo un poco más larga, el *Super Man* habría caído en el océano.

El general Ramey corrió a cada uno de los bombarderos para felicitar a sus hombres. Los cansados tripulantes del *Súper Man* salieron desfallecientes del avión para ser recibidos por un grupo de marinos que había esperado un año para retribuir a los japoneses lo que habían hecho a sus hermanos en Wake. Los marinos pasaron *shots* de licor y agasajaron a los aviadores.

La misión había sido un éxito rotundo. Todos los aviones regresaron con bien. Sólo una bomba había errado el objetivo, cayendo en el agua a siete metros de la costa. La base japonesa había sido gravemente dañada —según estimaciones, la mitad de su personal había muerto— y Estados Unidos había demostrado el alcance y poder de sus B-24. Y aunque los hombres no lo sabían, todos los cautivos estadounidenses habían sobrevivido.

La tripulación de Phil pasó el día sentada bajo la lluvia, observando los ineptos y cómicos intentos de los albatros por aterrizar en una pista inundada. Temprano, a la mañana siguiente, el *Súper Man* los llevó de regreso a Kahuku. Louie pasó la noche de Año Nuevo en una fiesta con Moznette y su bombardero, James Carringer Jr., y no se arrastró de regreso al palacio pornográfico sino hasta las cuatro y media. Se recuperó pocas horas más tarde, cuando el almirante Chester Nimitz otorgó a los pilotos de Wake la Cruz de Vuelo Distinguido y a sus tripulaciones Medallas del Aire.

La noticia del bombardeo irrumpió y los hombres fueron considerados héroes. La prensa dio su regalo de Navidad a los aliados. Un encabezado rezaba: LOS CALCETINES JAPONESES SON LLENADOS DE ACERO. En Tokio, los comentaristas de radio tenían una visión distinta de los hechos. Reportaron que los norteamericanos, al encontrar defensas japonesas, habían "huido aterrorizados". En el *Honolulu Advertiser*, Louie encontró una caricatura que representaba su rol en el bombardeo de Wake. La recortó y la metió en su cartera.

Con el ocaso de 1943 y el éxito de Wake, los hombres se sintieron jactanciosos. Todo había sido tan fácil. Un almirante predijo que Japón podría estar acabado antes de un año, y Phil escuchó a los hombres hablando de ir a casa.

"A mí me parece que es un poco prematuro", escribió a su madre.

OCHO

★ ★ ★

"Sólo en la lavandería saben qué tan asustado estaba"

Corría el 8 de enero de 1943, temprano por la mañana. El sol no aparecía aún en el horizonte. George Moznette y James Carringer, quienes habían pasado la fiesta de Fin de Año con Louie, se unieron a su tripulación en la pista que estaba cerca de la playa, en Barking Sands, en la isla de Kauai. Se preparaban para liderar un vuelo de entrenamiento sobre Pearl Harbor, en compañía de otros dos aviones. El piloto era el mayor Jonathan Coxwell, uno de los mejores amigos de Phil.

Cuando el avión se preparaba para despegar, Coxwell trató de comunicarse con la torre de control, pero el radio de la torre no funcionaba. Condujo el avión hasta la pista, despegó y voló sobre la playa internándose en la oscuridad. Los otros dos aviones despegaron después de Coxwell. Regresaron más tarde esa mañana. El avión de Coxwell no regresó. Nadie lo había visto desde el despegue.

A las ocho, Louie fue informado de que el avión de Coxwell estaba perdido. La tripulación de Phil tenía programada esa mañana una práctica de bombardeo en Barking Sands, por lo que decidieron irse temprano para recorrer la playa en busca de alguna señal de sus amigos. Alguien encontró un cheque de 400 dólares que las aguas habían llevado hasta la playa. El cheque estaba expedido a nombre de Moznette. Era su salario.

La tripulación del *Super Man* estaba a quince mil pies de altitud cuando el B-24 perdido fue encontrado. Estaba en el lecho marino, no muy lejos de la costa. Los diez miembros de la tripulación habían fallecido.

Coxwell apenas había logrado despegar. Alcanzó el fin de la pista, dio la vuelta y se estrelló contra el agua. Varios tripulantes habían sobrevivido al accidente y trataron de nadar hasta la costa, pero los tiburones los encontraron. Según escribió Louie en su diario, los hombres habían sido "despedazados, literalmente". Cinco, incluyendo a Moznette, habían vivido en el palacio pornográfico con Louie y Phil. Carringer acababa de ser promovido al grado de teniente primero, pero murió antes de que pudieran darle la buena noticia. Fueron enterrados en el cementerio de Honolulu, uniéndose a los hombres que habían muerto en el ataque a Pearl Harbor.

El B-24 Stevenovich II justo después de ser alcanzado por fuego antiaéreo. El avión giró varias veces y luego explotó. El operador de radar, primer teniente Edward Walsh Jr., fue expelido del avión y se las arregló para abrir su paracaídas. Sobrevivió. Se presume que el resto de la tripulación falleció.

Louie quedó estremecido. Había estado en Hawái durante sólo dos meses y, sin embargo, varias docenas de hombres pertenecientes a su grupo de bombarderos, incluyendo a más de una cuarta parte de quienes vivían en su barraca, habían muerto.

La primera pérdida había tenido lugar cuando un B-24 proveniente de San Francisco simplemente desapareció. Tristemente, este destino era común; entre 1943 y 1945, 400 tripulaciones de la fuerza aérea se habían perdido en ruta a sus lugares de acción. Un avión se había incendiado para chocar después en Kahuku; cuatro hombres murieron. Otro avión se había estrellado contra una montaña. Un bombardero había caído después de perder los cuatro motores, matando a dos. En un bombardero, un ingeniero ambiental que transportaba gasolina de ala a ala, provocó que se formara un charco de gasolina en el suelo de la bahía de lanzamiento. Cuando las compuertas de la bahía de lanzamiento se abrieron, se produjo una chispa y el avión explotó. Tres hombres sobrevivieron, incluyendo a un pasajero cuya mano, por mera casualidad, había estado apoyada en un paracaídas cuando la explosión lo hizo volar por los aires. Tras el bombardeo de Wake, un avión enviado a tomar fotografías del daño fue alcanzado por fuego antiaéreo. La tripulación logró enviar un último mensaje: "No lo lograremos", y nunca más se volvió a saber de ellos. Luego vino el accidente de Coxwell.

Estas pérdidas no eran anómalas, a pesar de que sólo una nave había sucumbido ante el fuego enemigo. En la Segunda Guerra Mundial, 35 933 aviones de la fuerza aérea se perdieron en combate y en accidentes. Lo sorpresivo de estos números es que sólo una mínima parte de los aviones siniestrados se perdieron en combate. En 1943, en el teatro de operaciones del Océano Pacífico en el que servía la tripulación de Phil, por cada avión perdido en combate se perdieron seis en accidentes. Con el paso del tiempo, las pérdidas por combate aumentaron, pero nunca llegaron a sobrepasar las pérdidas por accidente.

Y si los aviones caían, sus tripulaciones caían también. En las air corps, 35 946 elementos murieron en situaciones ajenas a la batalla, la gran mayoría de ellos a causa de choques accidentales.[12] Incluso en combate, los aviadores daban la impresión de morir más a causa de accidentes que por el combate mismo. Un reporte realizado por la rama médica de la fuerza aérea sugiere que, entre el 1 de noviembre de 1943 y el 25 de mayo de 1945, 70 por ciento de los hombres que se consideraba que habían muerto en acción, habían fallecido en accidentes operativos de las naves, y no como resultado de la acción enemiga.

En muchos casos, el problema radicaba en los aviones, que tendían a descomponerse, porque constituían una nueva tecnología, y en parte porque se utilizaban intensamente. Tan sólo en enero de 1943, Louie asentó en su diario diez problemas mecánicos serios en el *Súper Man* y en otros aviones en que había volado, incluyendo dos fallas de motor en pleno vuelo, una fuga de gasolina, problemas en la presión del aceite y mal funcionamiento del tren de aterrizaje, por fortuna, el tren se había atorado estando afuera. En una ocasión, los frenos del *Super Man* fallaron al aterrizar. Para cuando Phil logró detener el avión, el bombardero estaba a un metro del fin de la pista. Y más allá estaba el océano.

---

[12] Los militares no clasificaron por causa las muertes ajenas a la batalla, pero las estadísticas indican que las pérdidas accidentales contribuyeron con la mayoría de los muertos. En principio, el número de muertos fuera del combate excluye a aquellos que fallecieron cuando estaban internados en el hospital, a los capturados por el enemigo y a los desaparecidos en acción. La enfermedad también puede excluirse como causa mayor de muerte: dado que en todo el ejército, incluyendo a las tropas de infantería que combatían en las junglas palúdicas, murieron 15 779 personas por enfermedad; este tipo de muertes en las air corps debieron constituir un porcentaje pequeño de las muertes fuera de batalla. Finalmente, dado que quince mil aviadores murieron en choques accidentales en Estados Unidos, resulta muy probable que la enorme cantidad de accidentes en la guerra hubiera producido un número igualmente alto de muertes.

Fuego antiaéreo.

El clima también cobró su cuota. Las tormentas reducían la visibilidad a cero, siendo un problema grave para los pilotos que buscaban islas diminutas o para quienes volaban entre las cordilleras que flanqueaban algunas pistas hawaianas. Los B-24 eran difíciles de controlar hasta en cielos tranquilos; en algunas tempestades tropicales, ni siquiera las fuerzas combinadas del piloto y el copiloto lograban mantener el avión bajo control. Dos veces en una semana, el *Súper Man* entró en tormentas que sacudían el avión tan violentamente que Phil perdía el control. Una vez, el avión salió de control en el cielo durante diez minutos; el copiloto en turno quedó tan espantado que Phil tuvo que llamar a Louie para que ocupara su lugar.

Un día, después de la vigilancia marina, mientras Phil rodeaba una tormenta, Cuppernell le preguntó si se atrevía a internarse en ella. "Puedo volar esta cosa en cualquier lugar", dijo Phil al tiempo que viraba el avión en dirección a la tormenta. Las nubes se tragaron al *Súper Man* instantáneamente. Phil no lograba ver nada. La lluvia se estrellaba contra el avión y el viento lo movía a los lados; la nave comenzó a cabecear mientras la tripulación se aferraba a lo que podía. Habían entrado en la tormenta cuando volaban a sólo mil pies de altitud. Ahora el avión volaba tan erráticamente que ni siquiera podían leer el altímetro. Al no tener visibilidad, no sabían dónde estaba el océano. Cada vez que el avión bajaba, los hombres temían un impacto. Oahu estaba a la vista antes de que entraran a la tormenta, pero ahora no tenían ni idea de su localización. Phil se aferró al bastón de mando; el sudor le bajaba por el rostro. Pillsbury se puso el paracaídas.

Mientras era sacudido por el avión en su mesa de radio, Harry Brooks captó la señal de una estación de radio de Hawái. El avión estaba equipado con un compás radial que le permitió a Harry determinar la dirección de la que provenía la señal. Phil encaminó la nave en esa dirección. Salieron de la tormenta, encontraron la pista y aterrizaron. Phil estaba exhausto. Su camisa quedó empapada en sudor.

Las pistas constituían otro dolor de cabeza. Muchas islas eran tan cortas que los ingenieros tenían que acarrear coral a uno de los extremos para completar la longitud de la pista. Incluso con los arreglos, era común que la pista se terminara antes de tiempo. Ocasionalmente, al regresar de las misiones largas, los aviones tenían muy poca gasolina, tanto que ninguno podía esperar a que los otros aterrizaran, de modo que lo hacían simultáneamente; el piloto líder retrasaba el momento de tocar tierra hasta que estaba suficientemente adelantado en la pista para que los aviones que volaban detrás pudieran aterrizar al mismo tiempo. Eran tantas las naves que llegaban al final de la pista de Funafuti cayendo al mar, que los equipos de tierra tenían un *bulldozer* equipado con cable de remolque muy cerca del agua.

En el caso de los B-24 cargados a su máxima capacidad, se necesitaban bastante más de 1400 metros para despegar, por lo que las pistas cortas de las islas —por lo común rodeadas de palmeras— se convertían en todo un reto. "El despegue probó ser interesante", escribió el sargento Frank Rosynek respecto de una partida con sobrecarga. "Seis de nosotros tuvimos que pararnos en una viga estrecha situada entre las puertas de la bahía de lanzamiento, con los brazos extendidos a cada lado, sobre la parte superior de los tanques auxiliares. El olor de la gasolina de alto octanaje era casi tóxico. El avión avanzó por la pista por una eternidad; podíamos ver el coral comprimido a través de las aberturas que estaban en el lugar en que las puertas se unían a la viga donde estábamos parados, con un pie delante del otro. ¡Se escuchó un fuerte sonido y de pronto aparecieron pedazos de palmera en las aberturas de los dos lados!... Sólo en la lavandería saben qué tan asustado estaba".

Y también contaba el error humano. Los pilotos chocaban sus aviones, ya fuera en vuelo o recorriendo las pistas de rodamiento. Los B-24 eran notorios por las fugas de gasolina, así que no era raro que los aviadores prendieran un cigarro y explotaran sus aviones. En un vuelo en que el motor número tres del *Super Man* se apagó, Pillsbury descubrió que el copiloto eventual, en un descuido, apoyaba su bota sobre el *switch* de encendido del motor, llevándolo a la posición de "apagado". En una ocasión, pidieron a Louie que se uniera a una tripulación en que el bombardero había enfermado. Louie también se sentía mal, de modo que debieron encontrar a un tercer bombardero. Durante el vuelo, la torre de control advirtió al piloto de que se dirigía a un montaña. El piloto respondió que podía verla, y luego se estrelló contra ella. El incidente más extraño tuvo lugar cuando un bombardero dio un tumbo repentino mientras realizaba un recorrido de entrenamiento. Para evitar caer, un tripulante se tomó de la manija que liberaba la balsa de salvamento. La balsa salió del techo y envolvió el estabilizador horizontal del avión. Apenas capaz de controlar la nave, el piloto ordenó a sus hombres que se lanzaran en paracaídas mientras él y el copiloto lograban aterrizar con seguridad. Todos sobrevivieron.

Finalmente, estaba la grandísima dificultad para navegar. Después de hacer cálculos trigonométricos de extraordinaria complejidad a partir de datos arrojados por los muchos instrumentos del avión, los navegadores volaban a ciegas sobre miles de kilómetros cuadrados de mar, dirigiéndose a destinos que no se veían de noche o que medían sólo algunos metros de ancho siendo además planos, con lo que se perdían en el horizonte. Incluso con la ayuda de todos los instrumentos, los procedimientos podían llegar a ser cómicamente primitivos. "Cada vez que calibraba el sextante", escribió el navegador John Weller, "abría la escotilla de escape y me paraba en mi mesa de navegación y en la del operador de radio mientras [el operador] se aferraba a mis piernas para que yo no fuera a ser succionado al exterior". Por las noches, los navegadores recurrían a la estrategia de guiarse por las estrellas, conduciendo a sus tripulaciones sobre el Pacífico por medios no muy diferentes a los utilizados por los antiguos marineros polinesios. En caso de tormenta o nublados, ni siquiera esto era posible.

Tomando en cuenta el hecho de que se necesitaba muy poco para que un avión perdiera el curso o pasara por alto una isla, resulta sorprendente que las tripulaciones llegaran a su destino. Muchas no llegaban. Martin Cohn, un oficial de artillería en Oahu, miraba el radar mientras un avión perdido que no tenía radar trataba de encontrar la isla. "Sólo nos sentamos ahí y vimos cómo el avión se pasaba de la isla para no regresar jamás. Yo podía verlo en el radar, lo que me hizo sentir terrible. La vida no vale nada en la guerra". Dijo.

Los riesgos de volar aumentaban exponencialmente cuando se entraba en combate. Del cielo provenían los aviones japoneses, siendo el principal entre ellos el ágil y rápido Zero, que dominó los cielos durante la primera mitad de la guerra. Los pilotos de los Zero hacían blanco en los bombarderos con sus ametralladoras y sus muy dañinos misiles de veinte milímetros, que dejaban agujeros enormes en sus objetivos. Cuando estas armas fallaban, algunos pilotos japoneses estrellaban sus aviones contra los bombarderos, al estilo kamikaze; un B-24 regresó a la base con medio Zero colgando de su ala. Desde el suelo llegaba el fuego antiaéreo, que estallaba convirtiéndose en metralla filosa que abría los aviones. Para sobrevivir al fuego antiaéreo y a las naves enemigas, los pilotos de los bombarderos debían cambiar su altitud y dirección constantemente. Pero cuando se aproximaban a un objetivo, el visor Norden conducía la nave y no el piloto, de manera que era imposible emprender acciones evasivas. Los B-24 quedaban bajo control del visor por entre tres y cinco minutos; los telémetros japoneses necesitaban menos de 60 segundos para determinar la altitud del bombardero. Las matemáticas favorecían a los japoneses.

En combate, los bombarderos constituían un riesgo para otros bombarderos. Para evadir el ataque de otros aviones o darle a islas estrechas, los aviones tenían que acercarse demasiado. En el caos, los aviones chocaban, se disparaban entre sí o sucedían cosas aún peores. En un incidente, tres B-24 que estaban en una misión consistente en minar un puerto, volaron en formación cerrada a lo largo de un cañón estrecho, a unos quince metros de altura, bajo intenso fuego. Conforme dejaban caer las minas en el puerto, la punta del ala derecha de un avión piloteado por el teniente Robert Tronga golpeó las ventanas de invernadero de otro avión que estaba a su derecha, piloteado por el teniente Robinson. El choque hizo girar al bombardero de Strong a la izquierda, bajo el avión de Robinson, justo en el momento en que éste dejaba caer una mina de casi 500 kilos. La mina golpeó el avión de Strong, y aunque no detonó dejó un agujero de 1.6 metros cuadrados en el fuselaje antes de irse a atorar justo detrás de las ametralladoras ventrales. El B-24 de Strong estuvo a punto de ser partido en dos; por si fuera poco, se abrió el paracaídas de la mina haciendo que el avión perdiera altura. Los miembros de la tripulación cortaron las cuerdas del paracaídas y empujaron la mina, pero no se desatoraba, de modo que desmantelaron sus armas y usaron los cañones para hacer palanca y tratar de desatorarla. Mientras Strong trataba de llevar el avión casi partido a casa, la cola se batía con el viento y una grieta grande comenzó a crecer en el fuselaje. Increíblemente, Strong voló su Libertador a lo largo de 1300 kilómetros y aterrizó. Cuando Jesse Stay, un piloto del escuadrón de Louie, fue a ver al bombardero, casi pudo arrancarle la cola a la nave con la mano.

Los riesgos del combate devinieron en tristes estadísticas. En la Segunda Guerra Mundial, 52 173 hombres de la fuerza aérea fueron muertos en combate. De acuerdo con Stay, quien se convertiría en comandante de escuadrón, los aviadores que trataban de completar las 40 misiones que constituían el servicio en los bombarderos del Pacífico, tenían 50 por ciento de probabilidades de terminar muertos.[13]

Además de un regreso seguro, de ser heridos y de morir, los aviadores enfrentaban otro destino posible. Durante la guerra, miles de aviadores se esfumaron, algunos durante las misiones de combate y otros en vuelos de rutina. De todos ellos, el mar se había tragado a muchos. Algunos sobrevivieron a la caída, pero se perdieron en el mar o en islas. Y otros más habían sido capturados. Al no lograr encontrarlos, los militares los declaraban como desaparecidos. Si no los hallaban en tres meses, eran declarados muertos. La mayor parte del tiempo, los bombarderos derribados en el Pacífico caían en el agua, ya fuera acuatizando o chocando. Las

---

[13] Cuando Louie y Phil se integraron a las fuerzas armadas, el servicio consistía en 30 misiones. El número fue después ajustado a la alza.

tripulaciones que chocaban tenían muy pocas posibilidades de sobrevivir, pero los que acuatizaban tenían mejores expectativas, dependiendo del bombardero. El B-17 y ese primo suyo que pronto sería dado a conocer, el gigantesco B-29, tenían alas anchas y delgadas que, junto con el fuselaje, formaban una superficie relativamente plana que podía flotar. Las resistentes puertas de la bahía de bombardeo eran paralelas al fuselaje y tendían a resistir en caso de acuatizaje, permitiendo que el avión flotara. El primer B-29 que acuatizó no sólo resistió, sino que flotó hasta llegar al día siguiente a una playa india, completamente intacto. La historia del B-24 era muy distinta. Sus alas eran estrechas y estaban montadas en lo alto del fuselaje, y las delicadas puertas de bombardeo sobresalían ligeramente de la panza del avión. En la mayoría de los acuatizajes del B-24, las puertas de la bahía de bombardeo chocaban con el agua, se desprendían, y con ello el avión se deshacía. Menos de una cuarta parte de los B-17 se destruían, pero una investigación sobre el acuatizaje del B-24 descubrió que cerca de dos terceras partes de los aviones que acuatizaban quedaban destruidos. Una cuarta parte de los tripulantes fallecía.

Para los sobrevivientes de un acuatizaje en el B-24, la escapatoria rápida era crucial. Sin fuselajes sellados, los Libertadores se hundían instantáneamente; un aviador recuerda que su B-24 se hundía tan rápido que pudo ver las luces del avión todavía encendidas cuando el aparato ya estaba bastante debajo de la superficie. A todos los aviadores se les daban chalecos salvavidas Mae West,[14] pero debido a que algunos de los hombres robaban los cartuchos de dióxido de carbono para carbonatar sus bebidas, algunos chalecos no se inflaban. Las balsas se ponían en acción manualmente:

---

[14] Se le llamaba Mae West porque quien lo usaba daba la impresión de tener un busto enorme. En la década de 1970, el personal de servicio actualizó el nombre llamándolos Dolly Parton.

desde dentro del avión, la tripulación podía jalar una palanca justo antes de chocar o acuatizar; desde afuera de un avión flotante, podían trepar a las alas y accionar la palanca de liberación de las balsas. Una vez liberadas, las balsas se inflaban automáticamente.

Los sobrevivientes tenían que llegar a sus balsas inmediatamente. Los aviadores dirían después que los tiburones llegaban casi al momento en que sus aviones chocaban con el agua. En 1943, el teniente de la marina, Art Reading, compañero de equipo de Louie en la USC, quedó inconsciente al acuatizar su avión de dos plazas. Cuando el avión se hundía, el navegador de Reading, Everett Almond, sacó a Reading, infló su Mae West y se ató a Reading. Cuando despertó, Almond comenzó a remar hacia la isla más cercana, situada a veinte millas de distancia. Los tiburones pronto empezaron a nadar en círculos a su alrededor. Uno de ellos mordió la pierna de Almond y nadó hacia el fondo del mar arrastrando a ambos hombres bajo el agua. Entonces algo cedió y los hombres flotaron hasta la superficie emergiendo en medio de un charco de sangre. Aparentemente, la pierna de Almond había sido arrancada. Dio su Mae West a Reading y se hundió. Durante las siguientes dieciocho horas, Reading flotó solo, pateando a los tiburones y manteniéndolos a raya al golpearlos con sus binoculares. Cuando el bote de búsqueda lo rescató, sus piernas presentaban grandes cortadas y tenía la quijada rota a consecuencia del golpe de una aleta de tiburón, pero gracias a Almond estaba vivo. Almond, fallecido a los veintiún años, fue nominado a una medalla póstuma por su valentía.[15]

Todos habían escuchado historias como la de Reading, y todos habían visto tiburones acechando abajo, en el mar, al mirar

---

[15] Los dos relatos publicados que narraron este incidente identificaron equivocadamente a Reading como el que había sido devorado por el tiburón. Reading fue entrevistado en algunos periódicos y confirmó que Almond fue el desgraciado.

desde sus aviones. El temor a los tiburones era tan fuerte que la mayoría de los hombres, si tuvieran que escoger entre acuatizar un avión maltrecho y lanzarse en paracaídas, elegirían probar su fortuna en el acuatizaje, incluso en el B-24. Al menos eso los dejaría cerca de las balsas de salvamento.

Los militares se dedicaban a buscar sobrevivientes de colisiones y acuatizajes, pero en el creciente escenario del Pacífico, las probabilidades de ser rescatado eran extremadamente bajas. Muchos aviones caídos no enviaban señal de emergencia, y por lo común nadie sabía que alguno se había caído hasta que pasaba la hora prevista para su llegada, lo cual podía significar que se enteraban hasta dieciséis horas después de un siniestro. Si la ausencia se notaba siendo ya de noche, una búsqueda por aire sólo podría realizarse hasta la mañana siguiente. Entretanto, los hombres flotaban en una balsa luchando con las lesiones y la intemperie, y alejándose del lugar de la caída.

Para los rescatistas, decidir en dónde buscar era tremendamente difícil. Con tal de mantener el silencio radiofónico, muchas tripulaciones no comunicaban sus posiciones durante el vuelo, de modo que lo único con que contaban los rescatistas era con el plan de vuelo que la nave hubiera seguido en caso de que todo hubiera salido bien. Pero los aviones abatidos solían salirse de curso hasta por cientos de kilómetros. Una vez que un avión caía, las corrientes marítimas y el viento podían mover la balsa docenas de kilómetros al día. Debido a esto, las zonas de búsqueda se extendían a veces hasta llegar a los miles de kilómetros cuadrados. Mientras más flotaran las balsas, más se alejaban de la ruta prevista, reduciendo más aún las probabilidades de ser rescatados.

El hecho más descorazonador era que, si los buscadores tenían la suerte suficiente como para volar cerca de una balsa, lo más probable era que no lograran verla. Las balsas de salvamento de los aviones pequeños eran del tamaño de una tina de baño; en el caso de los aviones grandes, las balsas no eran más largas que un hombre acostado. Los aviones utilizados para las búsquedas volaban a sólo mil pies de altura, pero incluso desde esa altura era muy fácil confundir la balsa con la cresta de una ola o con un destello. En los días de nubosidad baja nada podía verse. Muchos aviones usados para estas búsquedas eran veloces, tanto que las tripulaciones apenas disponían de un momento para buscar antes de que la zona desapareciera a sus espaldas.

A mediados de 1944, en respuesta a los malos resultados de las búsquedas en el Pacífico, la fuerza aérea implementó una mejora considerable del sistema de rescate. Las balsas fueron equipadas con radios y mejores provisiones; se enviaron botes a lo largo de las rutas seguidas por los aviones militares y se designaron escuadrones de rescate equipados con aviones diseñados para acuatizar. Estos avances mejoraron las probabilidades de rescate, pero incluso después de su implementación, la mayoría de los hombres caídos no se encontraban jamás. De acuerdo con los reportes realizados por el servicio médico de la rama del Lejano Oriente de la fuerza aérea, se rescató a menos de 30 por ciento de los hombres cuyos aviones desaparecieron entre julio de 1944 y febrero de 1945. Incluso cuando se conocía la localización de la nave, sólo 46 por ciento de los hombres se salvaban. En algunos meses, las cosas estuvieron aún peor. En enero de 1945, sólo 21 de los 167 miembros del Comando de Bombardeo XXI fueron rescatados (trece por ciento).

Por bajas que fueran las probabilidades de ser rescatado al final de la guerra, los hombres que habían sido derribados antes de 1944 la pasaban peor. Al volar antes de que el sistema de rescate fuera modernizado, tenían que vérselas con búsquedas desorganizadas, balsas de salvamento pobremente equipadas y procedimientos ineficientes. Todos los miembros de la tripulación de Phil sabían que, en caso de ser derribados, sus posibilidades de rescate eran muy bajas.

La improbabilidad del rescate, además de la tasa inusualmente grande de accidentes, crearon una ecuación terrible. Parece que era más probable que los aviones de rescate acabaran siniestrados ellos mismos a que lograran encontrar a los hombres buscados. En un momento dado, en el Comando Aéreo del Este, la mitad de los botes voladores Catalina que realizaban misiones de salvamento chocaron tratando de amarizar. No es descabellado pensar que, por cada hombre rescatado, muchos rescatistas murieron, especialmente durante los primeros años de la guerra.

Con cada día que pasaba sin ser rescatados, empeoraban dramáticamente las probabilidades de sobrevivir de los náufragos en las balsas. En el mejor de los casos, las provisiones duraban algunos días. El hambre, la sed y la exposición al sol durante el día y al frío por la noche, acababan con los sobrevivientes con lamentable rapidez. Algunos hombres fallecían en días. Otros se volvían locos. En septiembre de 1942, un B-17 que chocó en el Pacífico dejó a nueve hombres flotando en una balsa. En nueve días, uno había muerto y el resto había enloquecido. Dos escuchaban música y aullidos de perros. Otro estaba convencido de que la balsa estaba siendo empujada por un avión de la marina. Dos se disputaban una caja de cerveza imaginaria. Otro gritaba maldiciones al cielo, un cielo en el que creía ver muchos bombarderos. Al ver un bote imaginario, se arrojó de la balsa y murió ahogado. Al sexto día, cuando un avión voló por las inmediaciones, los hombres que restaban tuvieron que corroborar entre sí el dato para llegar a la conclusión de que el avión era real. Cuando fueron rescatados, al séptimo día, estaban ya demasiado débiles para agitar los brazos.

Existían destinos aún peores que éste. En febrero de 1942, una balsa de madera fue encontrada flotando cerca de la Isla de Navidad, en el Océano Índico. En ella estaba el cuerpo de un hombre

que yacía en un ataúd improvisado que parecía haber sido construido en la balsa misma. La ropa de trabajo del hombre había estado
tanto tiempo bajo el sol que la tela azul ya había sido blanqueada.
Un zapato que no pertenecía al hombre estaba a su lado. Nunca
nadie determinó de quién se trataba y de dónde había venido.

De todos los horrores que enfrentaban los hombres derribados,
el más temido era ser capturados por los japoneses. Las raíces de
este temor provenían de un suceso ocurrido en 1937, durante los
primeros meses de la invasión japonesa a China. Los militares japoneses rodearon la ciudad de Nanking, sitiando a más de medio
millón de civiles y 90 000 soldados chinos. Los soldados se rindieron
y, tras haberse asegurado su integridad, fueron sometidos. Entonces,
los oficiales japoneses expidieron una orden escrita: TODOS LOS
PRISIONEROS DE GUERRA DEBEN SER EJECUTADOS.

Enseguida, tuvo lugar una matanza de proporciones indes-
criptibles. Se sacrificaba en masa a los prisioneros de guerra por
medio de la decapitación, las ametralladoras, las bayonetas, o hasta quemándolos vivos. Luego los japoneses la tomaron contra los
civiles, organizando concursos para matarlos, violando a decenas
de miles de personas, mutilándolos, crucificándolos, o haciéndo-
los desgarrar por los perros. Los soldados japoneses se tomaron
fotografías junto a montones de cuerpos, cabezas cortadas y mujeres desnudadas para ser violadas. La prensa japonesa reportaba los
resultados de los juegos de muerte como si fueran resultados de
beisbol, resaltando el heroísmo de los concursantes. Los historiadores estiman que los militares japoneses asesinaron entre 200 000
y 430 000 chinos, incluyendo a 90 000 prisioneros de guerra, en el
episodio que se conoce como la Violación de Nanking.

Cualquier aviador estadounidense había escuchado hablar de
Nanking, y desde ese suceso, Japón sólo se había encargado de re-
forzar el precedente. Entre los hombres del escuadrón de Louie,

circulaba el rumor respecto al atolón de Kwajalein, en las Islas Marshall, territorio japonés. Corría el rumor de que, en Kwajalein, los prisioneros de guerra eran asesinados. Los hombres la llamaban "Isla de la Ejecución". Como corolario de la reputación japonesa, podemos referir el caso de una tripulación de un BH-24 dañado que cayó por el ataque de las fuerzas enemigas: sólo un hombre decidió lanzarse en paracaídas; el resto prefirió morir en el choque antes que caer prisionero de los japoneses.

Para los aviadores era imposible negar el riesgo que corrían. Los muertos no eran únicamente números escritos en el papel. Se trataba de compañeros de habitación, de compañeros de copas, de la tripulación con que se había volado minutos atrás. Los hombres no morían uno a uno. En una ocasión se perdió la cuarta parte de los ocupantes de las barracas. Rara vez se realizaban funerales, puesto que rara vez se encontraban los cuerpos. Los hombres se esfumaban y ya. Asunto concluido.

Los aviadores evitaban abordar el tema de la muerte, pero en privado muchos eran atormentados por el miedo a ella. Un hombre del escuadrón de Louie padecía sangrados nasales crónicos a consecuencia de la tensión constante. Otro tuvo que ser relevado de sus responsabilidades porque se paralizaba de terror en el aire. El piloto Joe Deasy recuerda a un aviador inquieto que vino a él con una pregunta: si un miembro de la tripulación enloquecía durante una misión, ¿debía dispararle alguno de los otros? El hombre estaba tan alterado que disparó al suelo accidentalmente su arma mientras hablaba.

Algunos hombres tenían la certeza de que morirían; otros vivían en la negación de los hechos. Para Louie y Phil, ningún caso tenía evitar la verdad. Después de sólo dos meses y una misión de combate, cinco de sus amigos habían muerto ya, y nueve de ellos habían estado cerca de correr la misma suerte. Las habitaciones

mismas o los objetos cotidianos heredados de los amigos cuyos
cuerpos estaban ahora en el Océano Pacífico, recordaban constantemente la fatídica probabilidad de terminar igual.

Antes de que Louie se fuera de los Estados Unidos, le habían
dado una Biblia de color verde grisáceo. Trató de leerla para enfrentar la ansiedad, pero no tenía sentido para él y dejó su lectura.
En lugar de ello, se solazaba escuchando música clásica en su fo-
nógrafo. Solía dejar a Phil tirado en la cama escribiendo cartas a
Cecy sobre una caja volteada, mientras él salía a correr para paliar
sus preocupaciones en una ruta de una milla que había medido en
la arena aledaña a la pista. También trató de prepararse para toda
contingencia. Fue al taller, cortó una placa gruesa de metal y la
soldó al *Súper Man*, junto a las ventanas de invernadero, esperando
que le protegiera del fuego proveniente del suelo. Tomó clases de
supervivencia en islas y de atención a heridas, e incluso encontró
un curso en que un hawaiano añoso ofrecía consejos sobre cómo
espantar a los tiburones. (Abre bien los ojos y enseña los dientes,
dispón el brazo como si trajeras un balón de futbol americano en
él y golpea al tiburón en la nariz.)

Y al igual que todos los demás, Louie y Phil bebían. Después
de unas cuantas cervezas, decía Louie, era posible olvidar por breve tiempo a los seres queridos que habían muerto. A los hombres se
les asignaba una ración de cuatro cervezas a la semana, pero todos
exploraban opciones que derivaran en más cervezas. El alcohol era
para Louie lo mismo que las bellotas para las ardillas; consumía lo
que quería cuando lo encontraba y escondía el resto. En el entrenamiento, había escondido bebida en una botella de crema para
rasurar. Una vez utilizada, se graduó usando botes de mayonesa y
botellas de salsa cátsup. Una vez guardó una botella de ginebra corriente, llamada Ginebra de las Cinco Islas y mejor conocida como
Ginebra de las Cinco Úlceras, en la funda de la máscara antigás de

Harry Brooks. Cuando un supervisor militar golpeó el costado de Brooks para revisar la máscara, la botella se rompió y Brooks quedó con la pierna empapada en ginebra. Probablemente esto es lo mejor que pudo haber sucedido, pues Louie notó que cuando bebía esa porquería se le caía el pelo del pecho espontáneamente. Después descubrió que la Ginebra de las Cinco Islas solía utilizarse para rebajar la pintura. Cuando averiguó eso, decidió limitarse a beber cerveza.

Phil, como todo aviador, tenía que enfrentar la posibilidad de morir, pero tenía otra carga extra: como piloto, era más que consciente de que un error suyo podía costar la vida a otros ocho hombres. Comenzó a llevar consigo dos talismanes. Uno era un brazalete que Cecy le había regalado. Creía que este objeto alejaba el mal, así que no volaba sin él. El otro talismán era una moneda de un dólar plata que siempre estaba tintineando en su bolsillo. El día en que finalmente se escapara con Cecy, dijo, la usaría para dar propina al maletero. "Cuando llegue a casa, escribió a Cecy, me esconderé contigo en donde nadie pueda encontrarnos".

En los primeros días de 1943, siendo que los hombres morían uno tras otro, cada individuo se las arreglaba para enfrentar la pérdida de manera diferente. En algún momento, surgió un ritual. Si un hombre no regresaba, los demás abrían su casillero, sacaban su licor y bebían en su honor. En una guerra sin funerales, esto era lo mejor que podían hacer.

NUEVE

★ ★ ★

Quinientos noventa y cuatro agujeros

En febrero de 1943, durante una breve visita a la isla ecuatorial de Cantón, la tripulación del *Súper Man* tuvo su primer encuentro con los tiburones explosivos. Cantón era una especie de purgatorio hormigueante con la forma de una chuleta de cerdo, consistente en su mayor parte de coral y maleza que apenas crecía por encima del suelo, como si se encogiera por tanto calor. Sólo había un árbol en toda la isla. Las aguas circundantes estaban atestadas de tiburones que quedaban atrapados en la laguna cuando bajaba la marea. Aburridos hasta lo indecible, los elementos estacionados en ese lugar ataban desperdicios a la punta de un palo que pasaban por la superficie de la laguna. Cuando los tiburones saltaban tratando de obtener la carnada, los hombres arrojaban granadas de mano en la boca de los animales y los veían explotar.

La tripulación del *Súper Man* había sido enviada a Cantón para llevar a cabo dos misiones en los territorios de Makin y Tarawa, ocupados por Japón, en las islas Gilbert. En la primera misión, el avión líder dio una vuelta equivocada y los hombres se descubrieron en Howland, la isla a la que se dirigía Amelia Earhart cuando desapareció, seis años atrás. Notaron que había herramientas en la pista de Howland, signo inequívoco de que los japoneses andaban por ahí. Cuando corrigieron el destino y encontraron Makin,

Louie no podía ver su objetivo debido a la nubosidad. Sobrevolaron en círculos en tres ocasiones sin tener suerte, de manera que el coronel les ordenó tirar las bombas donde fuera antes de irse. A través de un claro en las nubes Louie vislumbró una hilera de letrinas y otras dependencias y gustoso les dejo caer 1500 kilos de bombas de demolición. Las construcciones volaron por los aires para beneplácito de la tripulación.

Dos días más tarde, los hombres volaron de regreso a las islas Gilbert para fotografiarlas; para ello los acompañaba un equipo de seis personas. Sobrevolaron algunas islas en llamas para tomar fotos. Decidieron emprender el regreso a Cantón con la nariz del *Súper Man* ya herida por metralla antiaérea. A 300 millas de casa, el ingeniero Douglas hizo un descubrimiento. Los siempre excéntricos medidores de gasolina del *Súper Man*, que habían estado variando la medición, se estabilizaron indicando un nivel de gasolina muy bajo. Douglas anunció que no llegarían a Cantón.

Phil desaceleró las hélices tanto como se atrevió e "inclinó" la mezcla de gasolina para usar la menos posible. La tripulación se deshizo de todo lo que no estuviera adosado al avión y los quince hombres se agruparon al frente con la creencia de que esto haría más sencillo el desplazamiento de la nave. Al tanto de que sus posibilidades de llegar a Cantón eran prácticamente de cero, consideraron aterrizar en Howland, pero luego recordaron la pista. Discutieron la posibilidad de amarizar cerca de Howland, pero eso presentaba el problema de los tiburones. A fin de cuentas, acordaron jugársela e ir a Cantón.

Aglomerados al frente del avión, los hombres sólo podían esperar. El sol descendía. Louie miró fijamente la oscuridad de abajo y pensó qué se sentiría estrellarse. Los indicadores de combustible descendían y todos esperaban que los motores tosieran. Al final, cuando los motores tenían prácticamente nada de gasolina, Phil vio un reflector que se movía en el cielo y las luces de una pista que se extendía en la oscuridad del suelo. Al darse cuenta de que volaba muy alto para aterrizar, Phil dejó caer el avión en picada, tan abruptamente que Pillsbury flotó en el aire y quedó ahí pegado por un momento, antes de precipitarse de nuevo al suelo.

Cuando el *Super Man* tocó suelo en Cantón, la cola del avión quedó a nivel más bajo que cuando estaba en el aire, ocasionando que las últimas gotas de combustible regresaran hacia atrás. Un momento después, un motor se apagó.

Dos semanas más tarde, los hombres fueron testigos de lo que les hubiera esperado si hubieran caído al mar. Un B-25 que volaba de Oahu hizo contacto por radio diciendo que estaban bajos de combustible y ya nada se supo de ellos. Se decidió que el *Super Man* formara parte del equipo de búsqueda. Pasada una hora y media de búsqueda, Louie vio algo parecido a una voluta de humo gris. Dos hidroaviones modelo Catalina se dirigían allí. El *Super Man* hizo lo mismo.

Cuando llegaron al lugar del accidente, los hombres quedaron estupefactos por lo que vieron. Dos balsas salvavidas, conteniendo al total de la tripulación del B-25, flotaban entre los despojos del avión. A su alrededor, el océano hervía de tiburones, algunos de los cuales parecían medir cerca de siete metros. Al circundar las balsas muy cerca, daban la impresión de estar a punto de volcarlas.

Los Catalina llegaron a los hombres antes de que pudieran hacerlo los tiburones, y los hombres del B-25 invitaron los tragos esa noche. Sin embargo, la tripulación del *Super Man* comprendía ahora la sensación de tedio que invadía a los que hacían explotar tiburones en Cantón. En un último vuelo, cuando vieron a varios tiburones atacando a seis ballenas, se acercaron al agua y dispararon a los tiburones. Luego se sintieron culpables. En vuelos posteriores, dejaban en paz a los tiburones que llegaban a avizorar.

Naurú era un pequeño remedo de tierra firme, con veinte kilómetros cuadrados de superficie arenosa aislada en el pacífico, a cuatro mil kilómetros al sureste de Hawái. Es el tipo de lugar olvidado en el mundo, a no ser por las 50 000 toneladas de fosfato de alto grado que yacía bajo los pies de los nativos que vestían falda. Siendo un ingrediente principal en la fabricación de fertilizantes y municiones, el fosfato se había descubierto en 1900, y desde entonces la isla se había convertido en hogar de hombres de negocios europeos y trabajadores chinos que excavaban la tierra. Al comenzar la guerra, Naurú se convirtió en un premio mayor.

Japón se apoderó de Naurú en agosto de 1942, encarcelando a los europeos que no habían huido y obligando a los nativos y los chinos a extraer el fosfato y construir una pista. Impusieron su autoridad con la espada, decapitando gente por faltas tan triviales como robar una calabaza. Cuando la pista estuvo lista, los japoneses dispusieron de una rica fuente de fosfatos y de una base aérea ideal para misiones de bombardeo.

El 17 de abril, regresando de correr, Louie fue llamado. Estados Unidos estaba dispuesto a ir y apoderarse de Naurú a como diera lugar, y para ello enviaba al *Super Man* y a otros veintidós B-24. Nadie durmió esa noche en todo el escuadrón. Salieron justo antes de la medianoche, recargaron en Cantón y volaron a Funafuti, un pequeño atolón desde el que lanzarían su ataque. Se encontraron con que el lugar estaba lleno de periodistas que los militares habían llevado para ser testigos del bombardeo.

Se les ordenó a los tripulantes que se aproximaran a Naurú a ocho mil pies de altura. Este dato dejó pensando a Louie y al resto de la tripulación. Esa semana habían realizado prácticas a alturas de entre ocho y diez mil pies, y toda la tripulación se había sentido alarmada al percatarse de la factibilidad de que el fuego antiaéreo los hiciera picadillo volando a esa altura. "Sólo esperamos, escribió

Louie dos días antes, no bombardear desde tan poca altura en un combate real". Pillsbury no dejaba de pensar en otro asunto que el oficial les hizo saber en la reunión: habría entre diez y doce Zeros esperándolos allí. Él había visto un Zero a la distancia en Wake, pero nunca había sido atacado por uno. La idea de un solo Zero ya era inquietante. La de tener enfrente doce lo espantaba de muerte.

Antes del amanecer del día siguiente, los hombres caminaron juntos hasta el *Súper Man*. Con ellos estaba el teniente Donald Nelson. No estaba incluido en la tripulación, pero pidió sumarse para ver combate. *Súper Man* emprendió el vuelo a las cinco de la mañana.

Desviando la ruta hacia el oeste para esconder el punto de origen, los aviones requirieron de seis horas y media para llegar a Naurú. Nadie habló. El *Súper Man* lideraba a los bombarderos volando con un avión a cada costado. El sol se elevó y los aviones volaron en una clara mañana. Los japoneses los verían venir.

Cerca de las 11:20, el navegador Mitchell rompió el silencio: estarían sobre la isla en quince minutos. En el invernadero, Louie apenas lograba entrever un pedacito de tierra plana. Debajo de ellos, había una sombra negra en el agua. Se trataba de un submarino estadounidense listo para recoger a los supervivientes si hacían blanco en los bombarderos. El *Súper Man* pasó sobre el aparato y se deslizo sobre Naurú. Louie se estremeció.

El silencio atemorizaba. Los primeros nueve aviones, con el *Súper Man* al frente, cruzaron la isla sin oposición. El aire estaba muy quieto y los aviones sobrevolaron sin dificultad. Phil cedió el control al visor Norden. El primer objetivo del *Súper Man*, un conjunto de aviones y estructuras situados junto a una pista, se hizo visible: Louie se alineó con los demás aviones.

Y entonces el estrépito. El cielo se convirtió en una furia de color, sonido y movimiento. La metralla pasaba rasante, dibujando hilos de humo que luego explotaban sobre los aviones, repartiendo una lluvia de objetos punzocortantes. El metal volaba por todas partes, golpeando desde abajo cuando provenía de tierra, y desde arriba, cuando le "llovía" a las naves. Con el visor de bombardeo controlando las cosas, nada podía hacer Phil.

Algo golpeó al bombardero que estaba a la izquierda del *Súper Man*, piloteado por el teniente John Jacobs. El avión se hundió como si se hubiera ahogado. Casi en el mismo momento, fue golpeado el avión situado a la derecha del *Súper Man*. A unos cuantos metros de distancia, Phil vio cómo el bombardero vacilaba, se caía y desaparecía bajo el ala del *Súper Man*. Pillsbury pudo ver a los hombres que estaban en el interior del avión, y su mente registró de inmediato y brevemente el hecho de que todos ellos estaban por morir. *Súper Man* estaba solo.

Louie se mantuvo concentrado en la parte de abajo, tratando de darle a los aviones estacionados. Al trabajar en ello, se escuchó un tremendo *¡bang!* y se sintió una sacudida terrible. Una muy buena parte del timón derecho y un pedazo del tamaño de la mesa de un comedor, se desprendieron. Louie perdió el objetivo. Al tratar de volver a encontrarlo, un pedazo de metal hizo un agujero ancho en la bahía de bombardeo y el avión volvió a cimbrarse.

Al fin, Louie tenía su objetivo a la vista y se lanzaron las primeras bombas que dieron en el blanco. Luego el *Súper Man* pasó sobre un conjunto de barracas con techos rojos seguida de una batería antiaérea, precisamente los objetivos dos y tres de Louie, que se alineó y vio cómo las bombas se estrellaban en los edificios y en la batería. Le quedaba una bomba para atacar un blanco de oportunidad. Al norte de la pista de aterrizaje, vio una casucha y apuntó. La bomba cayó perfectamente y Louie gritó "¡Fuera bombas!" y accionó la válvula para que se cerraran las puertas de la bahía de lanzamiento. En la cabina, parpadeó el indicador liberación de bombas y Phil tomó el control de la nave. Al hacerlo, atrás y bajo el avión se sintió un pulso de luz blanca y una bola de fuego. Louie había adivinado bien y, por supuesto, también había hecho blanco perfecto. La casucha era un depósito de gasolina y le había dado justo en el centro. En la torreta superior, Pillsbury pivoteaba hacia atrás para mirar una vasta nube de humo que se hinchaba en ascenso.

La batalla aérea sobre Naurú.

No había tiempo para celebrar: repentinamente, los Zeros estaban por todas partes. Louie contó nueve naves que pasaban junto al bombardero disparando sus ametralladoras. El arrojo y la habilidad de los pilotos japoneses asombró a las tripulaciones de los bombarderos. Los Zeros volaron delante de los bombarderos, disparando sus cañones y escurriéndose entre aviones que estaban a unos cuantos metros de distancia entre sí. Pasaron tan cerca que Louie podía ver los rostros de los pilotos. Disparando furiosamente, las ametralladoras del bombardero trataban de darle a los Ze-ros. Se disparaba prácticamente a ciegas y las balas volaban por doquier. Un bombardero resistió diecisiete disparos provenientes de aviones aliados, y hasta posiblemente de sus propias ametralla-doras ventrales.

Los bombarderos golpeados comenzaron a quedarse atrás, y los Zeros acosaban. Un bombardero era perseguido por cuatro Zeros y un biplano. Los artilleros lograron abatir un Zero antes de que su piloto lograra encontrar una nube para esconderse, con-fundiendo así a sus perseguidores. Abajo, el teniente Jacobs, piloto de la nave que había desaparecido a la derecha del *Súper Man*, y que seguía volando, maniobraba con su avión con tres motores y sin alerón derecho en un círculo de Zeros. Sus artilleros habían derri-bado uno. Thor Hamrin, piloto del B-24 llamado *Jab in the Ass*, vio a Jacobs luchando. Retrocedió volando en círculos y bajando la ve-locidad para luego abrir fuego sobre los Zeros con todas sus ame-tralladoras. Los Zeros se retiraron y Jacobs continuó el vuelo con Hamrin en su flanco.

Los primeros bombarderos, perseguidos por Zeros, se diri-gieron al mar. Con sus defensores ausentes y con muchas de sus armas destruidas, la base japonesa fue dejada a su suerte. El último de los B-24 se hizo presente y cruzó ríos de humo para precipi-tar bombas en la planta de fosfato. En el último avión que volaba sobre la isla, un reportero elevó sus binoculares. Vio "algo como una masa de humo volcánico y fuego"; un bombardero japonés en llamas, unos cuantos disparos de artillería antiaérea y ni una sola persona en movimiento.

Phil y Cuppernell llevaron al *Súper Man* a toda máquina en di-rección a casa. El avión había sido dañado gravemente al tratar de cobrar altura, y también en la parte superior. Quería pararse y se negaba a virar, y los pilotos necesitaban de toda su fuerza para mantenerlo nivelado. Tres Zeros lo rodeaban, lanzando nubes de balas y disparos de artillería ligera. Los artilleros, golpeados por casquillos percutidos ardientes, disparaban a su vez: Mitchell en la nariz, Pillsbury en la torreta superior, Glassman en la panza, Lambert en la cola, y Brooks y Douglas de pie expuestos a las anchas y abiertas ventanas ventrales. Louie, aún en el invernadero, vio rondas de artillería rozando el fuselaje de los Zeros y sus alas, pero los aviones parecían no haber sufrido daño. Las balas pasaban junto al *Súper Man* procedentes de todas direcciones. En todas partes del avión, el mar y el cielo resultaban visibles por aberturas hechas a la piel del bombardero. En todo momento se multiplicaban los agujeros.

Justo cuando Louie se retiraba del invernadero, vio que un Zero se lanzaba en picada hacia la nariz del *Súper Man*. Mitchell y el piloto del Zero dispararon simultáneamente. Louie y Mitchell sintieron las balas rasantes a su alrededor; una pasó muy cerca del brazo de Mitchell y otra casi da en la cara de Louie. Una ráfaga hizo blanco en la alimentación eléctrica de la torreta, con lo que ésta quedó inservible. En el mismo momento, Louie vio que el piloto enemigo saltaba. Mitchell le había dado. Por un instante, el Zero siguió acelerando directamente a la nariz del *Súper Man*. Luego el peso del piloto sobre el manubrio hizo que el Zero descendiera por debajo del bombardero. La nave oponente se apagó y se estrelló contra el agua, a muy poca distancia de la costa.

Louie rotó la torreta arruinada a mano y Mitchell subió. Los artilleros seguían disparando y el *Súper Man* se estremecía. Aún quedaban dos Zeros que acechaban al bombardero.

En la torreta superior, la que daba hacia atrás de la nave, Pillsbury disponía de armamento muy poderoso. Dos ametralladoras calibre cincuenta. Cada una podía disparar 800 balas por minuto, que viajaban a una velocidad de cerca de mil metros por segundo. Las armas de Pillsbury podían matar a un hombre a seis y medio kilómetros de distancia, y también podían abatir a un Zero si se presentaba la oportunidad. Pero los Zeros permanecían abajo, en donde Pillsbury no lograba darles. Podía sentir sus descargas haciendo blanco en la panza del *Súper Man*, pero sólo lograba ver las alas de los aviones. Con la atención fija en el Zero más cercano, Pillsbury pensó: "Si sube un poco podré darle".

Esperó. El avión gruñó y se estremeció de nuevo. Los artilleros dispararon. Los Zeros aguardaban bajo el bombardero y Pillsbury seguía esperando. Entonces Louie vio que un Zero ascendía por la derecha. Pillsbury no lo vio. Lo primero que captó de ese avión enemigo fue el sonido de las balas: *¡ka-bang! ¡ka-bang! ¡ka-bang!*, y luego sobrevino una sensación de que todo era destruido a su alrededor, y sintió un gran dolor.

El Zero había rociado todo el flanco derecho del *Súper Man* con artillería ligera. Las primeras rondas habían dado cerca de la cola, haciendo que el avión girara fuertemente de costado. La metralla hizo blanco en la cadera y la pierna izquierda del artillero de cola, Ray Lambert, quien quedó colgando de lado mientras el *Súper Man* giraba. De hecho, los giros del avión lo salvaron, pues una bala de cañón ligero dio exactamente en el sitio en que había estado su cabeza un momento antes, dando tan cerca de él que hasta los *gogles* se rompieron. También fueron heridos Douglas y Brooks, quienes atendían las armas del centro del avión. En la torreta del centro, dos fragmentos de metralla penetraron la espalda de Glassman, quien estaba tan excitado por la adrenalina que nada sintió. Otra ronda hirió al pasajero, Nelson. Finalmente, un proyectil voló la pared de la torreta superior, desintegrándose con el impacto y proyectando fragmentos en la pierna de Pillsbury, desde el pie hasta la rodilla. Habían hecho blanco en la mitad de la tripulación y en todos los artilleros. El *Súper Man* se inclinó peligrosamente y, por un momento, dio la impresión de que caería en espiral, fuera de control. Phil y Cuppernell lograron estabilizarlo apenas.

Aferrado a su ametralladora mientras los fragmentos le herían la pierna y el avión volaba lanzándolo de su asiento, Pillsbury gritó lo único que pudo: "¡Ow!"

Louie escucho que alguien gritaba. Cuando el avión fue estabilizado, Phil le gritó pidiendo que verificara la extensión del daño y le informara. Louie salió de la torreta de punta. Lo primero que vio fue a Harry Brooks, quien estaba en la bahía de lanzamiento, tirado en el pasillo. Las puertas de la bahía de lanzamiento estaban abiertas de par en par, y Brooks se aferraba al pasillo para no caer, con una pierna fuera de la nave. Debajo de él, sólo estaban el aire y el océano. Tenía los ojos abiertos como platos y la parte superior de su cuerpo estaba cubierta de sangre. Levantó un brazo en dirección a Louie y lo miró con una expresión de angustia en el rostro.

Louie tomó a Brooks de las muñecas y lo jaló hasta poder dejarlo sentado. El torso de Brooks cayó hacia adelante y Louie pudo ver su espalda agujereada. Tenía sangre en el cabello.

Louie arrastró a Brooks hasta la cabina de vuelo y lo dejó en un rincón. Brooks se desmayó. Louie encontró un cojín y lo deslizó bajo su compañero antes de regresar a la bahía de lanzamiento. Recordaba haber activado la válvula para cerrar las compuertas de la bahía y no comprendía por qué estaban abiertas. Luego se percató de lo sucedido: había una abertura en la pared y de este desperfecto salía un líquido morado que escurría por todas partes. Las mangueras hidráulicas que controlaban las puertas habían sido cortadas. Phil no podría controlar hidráulicamente el mecanismo de aterrizaje ni los alerones, los cuales eran indispensables para reducir la velocidad de la nave después de aterrizar. Y sin el sistema hidráulico, tampoco tenían frenos.

Louie cerró las puertas a mano. Miró hacia la parte trasera y vio a Douglas, Lambert y Nelson tirados juntos y ensangrentados. Douglas y Lambert se arrastraban tratando de alcanzar sus armas. Nelson no se movía. Le habían disparado en el estómago.

Louie gritó para pedir ayuda a la cabina. Phil le respondió que estaba perdiendo el control de la nave y que necesitaba a Cuppernell. Louie exclamó que se trataba de una emergencia. Phil tomó los controles y Cuppernell se levantó, vio a los hombres heridos en la parte trasera y echó a correr. Encontró morfina, sulfa, máscaras de oxígeno y vendajes, y atendió a cada herido.

Louie estaba arrodillado junto a Brooks, aún inconsciente. Al tocar la cabeza de su artillero, descubrió dos agujeros en la parte trasera de su cráneo. Tenía cuatro heridas grandes en la espalda. Louie colocó la mascarilla de oxígeno a Brooks y vendó su cabeza. Mientras lo hacía, pensó en el estado del avión. Los artilleros de nariz, cola y vientre estaban fuera de combate; el avión había sido muy seriamente dañado, Phil estaba solo en la cabina sin poder apenas mantener el avión estable y los Zeros seguían ahí. *Otra ráfaga y estamos acabados*, pensó.

Louie se inclinaba sobre Brooks cuando sintió que algo le caía en el hombro; algo le goteaba encima. Al mirar se dio cuenta de que Pillsbury estaba en la torreta superior. La sangre escurría por su pierna. Louie se apresuró para llegar a él.

Pillsbury seguía en su asiento, de lado y aferrando su pistola mientras sus ojos miraban al cielo. Lucía lívido. Una pernera estaba hecha jirones y entre los restos de tela colgaba la pierna ensangrentada de su compañero. La explosión le había quitado la bota. Junto a él, en el costado de la nave, había un gran agujero con la forma de Texas y casi tan grande como una pelota playera. La torreta había sido balaceada y el suelo estaba lleno de fragmentos de metal y del motor de la torreta.

El artillero de la torreta superior, Stanley Pillsbury, aparece
empuñando la ametralladora ventral.
Cortesía de Louis Zamperini.

Louie comenzó a atender las heridas de Pillsbury, que movía la cabeza de atrás hacia adelante y lo ignoraba. Sabía que el Zero regresaría para terminar con ellos y debía encontrarlo. La urgencia del momento lo hizo olvidar su dolor momentáneamente.

De pronto se escuchó un zumbido grave, cercano, producido por un objeto gris con un círculo rojo, en movimiento ascendente. Pillsbury gritó algo ininteligible y presionó el control de rotación a alta velocidad de su torreta. Louie tuvo que soltar el pie de Pillsbury cuando la torreta hizo girar a su compañero cerca de 90 grados.

El Zero llegó a la parte más alta de su arco, niveló el vuelo y aceleró en dirección al *Súper Man*. Pillsbury estaba aterrorizado. En un instante llegaría el final, todo a causa de un movimiento mínimo: el del dedo del piloto japonés accionando el gatillo de su cañón. El *Súper Man* se precipitaría al Pacífico con sus diez ocupantes. Pillsbury podía ver al piloto que terminaría con su vida; el sol tropical iluminaba su rostro y hasta la bufanda blanca que rodeaba su cuello. Pillsbury pensó: *Debo matar a este hombre.*

Pillsbury respiró hondo y disparó. Vio cómo las balas chocaban contra la cabina del Zero. El parabrisas se desintegró y el piloto quedó inclinado hacia el frente.

El golpe fatal no llegó al *Súper Man*. Seguramente, al notar que la torreta superior estaba destrozada y al no ver a nadie en las ventanas del medio, el piloto del Zero asumió que todos los artilleros estaban muertos. Había esperado demasiado.

El Zero cayó como un pájaro herido. Pillsbury estaba seguro de que el piloto había muerto antes de que su nave golpeara el agua.

El último Zero vino desde abajo, luego se estremeció y cayó. Clarence Douglas, de pie en la ametralladora ventral, con el hombro, el pecho y el muslo abiertos, lo abatió.

En el océano, detrás de ellos, los hombres del submarino miraban los aviones precipitándose al agua. Uno a uno, los Zeros cayeron y los bombarderos seguían volando. La tripulación del submarino reportaría después que ningún Zero regresó a Naurú. Se piensa que, gracias a este bombardeo y a otros, los japoneses no volvieron a recibir un solo cargamento de fosfatos provenientes de la isla.

El dolor que había estado ausente durante la batalla, se abalanzó sobre Pillsbury. Louie accionó el control para liberar a Pillsbury de la silla de la torreta y éste se deslizó en sus brazos. Louie lo colocó en el suelo, junto a Brooks. Tomó la bota de Pillsbury y comenzó a quitársela tan suavemente como podía. Pillsbury se dolió con todas sus fuerzas. La bota se deslizó. El dedo gordo del pie estaba todavía dentro de la bota. El siguiente dedo colgaba de una hebra de carne y faltaban pedazos de los demás dedos. Tanta metralla se había clavado en su pierna que ésta brillaba como si fuera un alfiletero. Louie pensó que no había manera de salvar el pie. Vendó a Pillsbury, le inyectó morfina, le dio una píldora de sulfa y luego se apresuró a ver si podían salvar el avión.

Súper Man agonizaba. Phil no podía maniobrar con los controles normales, y el avión tendía a subir con tal potencia, amenazando con girar, que Phil no lograba mantenerlo a nivel con sus brazos. Puso ambos pies en el timón y empujó tan fuerte como pudo. La nariz seguía levantándose tanto que el avión estaba a punto de salirse de control.

Los hombres que podían andar iban y venían por la nave tratando de valorar la situación. Lo esencial de esta situación era bastante claro. El timón derecho había sido baleado, por lo que faltaba una gran porción de él; todos los cables habían sido cortados. Los cables de elevación, que controlaban el ascenso y descenso del avión, también habían sido dañados gravemente. Lo mismo sucedía con los cables que daban al piloto control fino de la orientación, lo que dificultaba aún más dar dirección al avión. Había una fuga de gasolina en el suelo, bajo la torreta superior. Nadie tenía idea de cómo estaban las cosas respecto del tren de aterrizaje, pero con el avión entero perforado, era lógico suponer que las llantas habían sido dañadas. La bahía de bombardeo escurría fluido del sistema hidráulico.

Phil hizo lo que pudo. Al variar la velocidad de los motores de uno y otro lado, lograba crear un diferencial que ayudaba a orientar el avión. Al aumentar la velocidad, se estabilizaba un tanto la nave y se evitaba que girara. Si Phil mantenía su pie en el timón para empujar con fuerza, evitaba las inclinaciones laterales de la nave. Alguien cerró el suministro de combustible cerca de Pillsbury y la fuga se detuvo. Louie tomó un alambre para armar bombas y lo usó para unir los cables del timón y los de elevación. No ayudó gran cosa, pero si los cables del alerón en funcionamiento fallaban también, este arreglo podía ser útil.

Funafuti estaba a cinco horas de distancia. Si *Súper Man* podía transportarlos esa distancia, tendrían que aterrizar sin control hidráulico de los componentes de aterrizaje, alerones o frenos. Podían bajar el tren de aterrizaje manualmente; podían mover también el alerón con bombas manuales, pero no disponían de una alternativa manual en el caso de los frenos. Sin bombas y sin mucho combustible a bordo, el avión pesaba unas veinte toneladas. Un B-24 sin frenos, especialmente tratándose de una nave "caliente" —la que sobrepasaba los 170 kilómetros por hora, velocidad máxima de aterrizaje— podía engullir hasta cuatro mil metros antes de detenerse. La pista de Funafuti tenía 2 220 metros de largo. Al final de la pista sólo había coral y mar.

Las horas pasaron. *Súper Man* temblaba y luchaba. Louie y Cuppernell se movían entre los heridos. Pillsbury permanecía tendido y miraba cómo sangraba su pierna. Mitchell se aferraba a su carta de navegación y Phil luchaba con el avión. Douglas cojeaba por ahí luciendo profundamente traumado, con el hombro y el brazo "hechos pedazos", a decir de Pillsbury. Brooks estaba recostado junto a Pillsbury; la sangre se le agolpaba en la garganta, por lo que hacía gárgaras al respirar. Pillsbury no podía soportar el sonido. Una o dos veces, cuando Louie se agachaba para atenderlo, Brooke abría los ojos y murmuraba algo. Louie pegó la oreja a los labios de Brooks, pero no logró entenderlo. Brooks volvió a quedar inconsciente. Todos sabían que, seguramente, estaba muriendo. Nadie habló del asunto.

Era muy probable que chocaran en el aterrizaje, o antes, y todos lo sabían. Cada hombre se las arregló a solas con sus pensamientos.

Comenzaba a oscurecer cuando las palmeras de Funafuti asomaron en el horizonte. Phil comenzó a descender el avión hacia la pista. Iban demasiado rápido. Alguien fue hasta el pasillo y abrió las compuertas de la bahía de lanzamiento para que la fricción del aire ayudara a frenar un poco. La nave comenzó a desacelerar. Douglas fue hasta los controles manuales de aterrizaje que estaban bajo la torreta superior. Necesitaba de las dos manos para maniobrar —una para empujar la válvula y otra para accionar la bomba—, pero tenía demasiado dolor para alzar los brazos más de unos segundos. Pillsbury no podía levantarse, pero al estirarse lo más que podía, alcanzó la válvula. Juntos lograron bajar el tren de aterrizaje mientras Louie miraba por la ventana lateral en busca de un indicador amarillo, lo que significaba que el tren estaba en posición. Apareció el indicador. Mitchell y Louie se encargaron de bajar manualmente los alerones. Louie tomó cable de paracaídas y fue hasta donde estaban cada uno de los heridos para hacer pasar el cable alrededor de sus cinturas y luego atar el otro extremo a algo fijo. La herida en el vientre de Nelson impedía que le amarraran el cable a la cintura o el torso, por lo que Louie lo amarró del brazo y la axila. Temiendo que el avión se incendiara al aterrizar, evitó anudar los extremos de la cuerda. En lugar de ello, enrolló los extremos en las manos de los heridos para que pudieran liberarse fácilmente de ser necesario.

La pregunta de cómo frenar al bombardero seguía sin respuesta. Louie tuvo una idea. ¿Qué tal si ataban dos paracaídas a la parte trasera del avión, abriéndolos desde las ventanas medianeras al tocar tierra? Nadie había tratado de frenar un bombardero de este modo. Era una apuesta bastante difícil, pero era la única opción disponible. Louie y Douglas colocaron un paracaídas en cada ventana ventral y los amarraron a la base de una de las ametralladoras. Douglas se marchó a su asiento y dejó a Louie de pie entre las ventanas ventrales, con un cordón para accionar los paracaídas en cada mano.

Super Man descendió en pos de Funafuti. En tierra, los periodistas y las tripulaciones de los otros bombarderos esperaban la llegada del maltrecho *Super Man*, que bajó más y más. Justo antes de tocar tierra, Pillsbury miró el velocímetro. Iban a 175 kilómetros por hora. Para un avión sin frenos, esa velocidad era demasiada.

Por un momento, el aterrizaje fue perfecto. Las ruedas besaron la pista con tal suavidad que Louie ni siquiera perdió el equilibrio. Luego vino un sobresalto. Lo temido se hacía realidad: la llanta izquierda estaba ponchada. El avión se sacudió, viró a la izquierda y se dirigió hacia dos bombarderos estacionados. Guiado más por la costumbre que por la esperanza, Cuppernell jaló el freno derecho. Quedaba apenas suficiente fluido hidráulico para salvarlos. El *Súper Man* giró sobre su eje y se detuvo a poca distancia de los otros bombarderos. Louie seguía en la parte trasera sosteniendo las cuerdas para accionar los paracaídas. No hubo que tirar de ellas.[16]

Douglas abrió la escotilla superior y se arrastró por el techo elevando el brazo herido sobre la cabeza y cruzándolo con el otro brazo; esa era la señal de que había hombres heridos a bordo. Louie saltó por la bahía de lanzamiento e hizo la misma seña. Se suscitó una estampida en la pista y en segundos el avión era abordado por marinos. Louie se retiró para contemplar su avión arruinado. Más

---

[16] Ocho meses después, Charlie Pratte se convirtió en el primer piloto en detener un B-24 con paracaídas. Su bombardero, el *Belle of Texas*, había sido alcanzado por fuego enemigo sobre las Islas Marshall y no tenía frenos, dejando a Pratte la opción de intentar aterrizar en una pista demasiado corta para los bombarderos. Para empeorar aún más las cosas, Pratte había comido huevos en mal estado y vomitaba mientras volaba. Tocó tierra a una velocidad de 225 kilómetros por hora y ordenó a sus hombres que abrieran tres paracaídas. Con los paracaídas abiertos, el avión alcanzó el final de la pista y llegó a la playa, deteniéndose antes de tocar el agua. Pratte y su tripulación recibieron reconocimientos especiales.

tarde, la tripulación contó los agujeros en el *Súper Man*, marcando cada uno con gis para asegurarse de que no contabilizarían doblemente. Había 594 agujeros. Todos los bombarderos habían logrado regresar de Naurú con muchísimas marcas de disparos, pero ninguno contaba tantas como éste.

Brooks fue sacado en camilla, colocado en un *jeep* y se le condujo a un rudimentario cuarto que hacía las veces de enfermería. Padecía sangrado intracraneal.

A Pillsbury lo llevaron a las barracas en espera de recibir tratamiento. Ahí estaba recostado cuando, una hora más tarde, el médico entró y le preguntó si conocía a Harry Brooks. Pillsbury dijo que sí. "No sobrevivió", dijo el médico.

El sargento técnico Harold Brooks murió una semana antes de cumplir veintitrés años. La noticia de su fallecimiento tardó una semana en llegar a su madre viuda, Edna, quien vivía en el 511 ½ de la Avenida Western, en Clarksville, Michigan. Del otro lado del pueblo, en la calle Harley, las noticias llegaban a oídos de su prometida, Jeannette Burtscher. Así se enteró ella de que su prometido había muerto nueve días antes de la fecha en que habían prometido casarse, antes de que él partiera a la guerra.

DIEZ

★ ★ ★

Los Seis Apestosos

Conforme anochecía en Funafuti, los equipos de tierra consentían a los bombarderos dañados. Cuando se tapaban los agujeros y se solucionaban los problemas, se echaba gasolina a los aviones y se les equipaba con seis bombas de 250 kilos cada una; así, estaban listas para ser detonadas en cualquier momento. El *Super Man* seguía en el mismo sitio en que había hecho alto total después del bombardeo a Naurú y, habiendo sido dañado de la nariz a la cola, era muy posible que nunca volviera a volar.

Exhausto por la misión y por las horas pasadas ayudando en la enfermería, Louie caminó hacia un palmar en que había tiendas que funcionaban como barracas. Encontró su tienda y se acostó en un catre cerca de Phil. Los periodistas estaban alojados en una tienda contigua a la de ellos. En la enfermería, Stanley Pillsbury yacía con la pierna sangrante colgando fuera de su lecho. No muy lejos, los otros heridos de la tripulación del *Super Man* trataban de dormir. El sueño cayó sobre ellos y se impuso el silencio.

Cerca de las tres de la mañana, Louie se despertó debido a un rumor aislado. Se trataba de un avión pequeño que iba y venía en las alturas. Pensando que se trataba de alguna tripulación perdida en las nubes, Louie se quedó allí pendiente, en espera de que pudieran encontrar su destino. Eventualmente, el sonido se extinguió.

Antes de que Louie volviera a dormirse, escuchó el rumor de motores más grandes. Luego se escuchó un estallido proveniente del extremo norte del atolón. *¡Bum!* La sirena comenzó a sonar y se escuchaba un tiroteo a la distancia. Luego pasó por las tiendas un marino que gritaba a voz en cuello: "¡Bombardeo aéreo! ¡Bombardeo aéreo!" El zumbido aislado no era una tripulación norteamericana extraviada. Probablemente se trataba de un avión de reconocimiento, la vanguardia de un ataque japonés. Funafuti estaba siendo atacado.

Los aviadores y los periodistas, Louie y Phil entre ellos, metieron los pies en las botas, salieron de las tiendas y se detuvieron, algunos gritando y otros dando vueltas de puro pánico. No podían ver ningún refugio antibombas. Desde el extremo del atolón, las explosiones llegaban en rápida sucesión, siendo cada vez más fuertes y, por consiguiente, estando cada vez más cerca. El suelo temblaba.

"Miré a mi alrededor y dije: '¡Diablos! ¿A dónde debemos ir?'", recuerda el piloto Joe Deasy. El mejor refugio que pudieron encontrar fue un pozo poco profundo excavado junto a un joven cocotero y se lanzó a él junto con la mayoría de los hombres que estaban por allí. Herman Scearce, el operador de radio de Deasy, brincó a una trinchera cercana a un camión artillado, uniéndose a cinco miembros de su tripulación. El piloto Jesse Stay saltó a otro agujero de las inmediaciones. Tres hombres gatearon debajo del camión artillado; otro se ocultó en un depósito de basura. Un hombre corrió hasta el extremo del atolón, metiéndose al mar a pesar de que no tenía idea de cómo nadar. Algunos hombres que no encontraban a dónde ir, se tiraron al suelo y comenzaron a excavar con sus cascos en la arena. Mientras excavaba en la oscuridad con las bombas ya cerca de caer sobre ellos, uno de los hombres insultó a los generales hijos de puta que habían dejado el atolón sin refugios.

Docenas de nativos se apretujaban en una iglesia grande de misioneros que estaba localizada en un claro. Al darse cuenta de que la iglesia blanca destacaría sin duda en el oscuro atolón, un marino llamado Fonnie Black Ladd entró corriendo y gritó a los nativos que se salieran. Cuando vio que no se movían, hizo señas con el brazo. Los nativos entendieron y se desperdigaron.

En la enfermería, Stanley Pillsbury estaba recostado en máxima confusión. Un momento antes estaba durmiendo, y al siguiente el atolón se estremecía con las explosiones, una sirena aullaba y la gente corría ayudando a los pacientes a salir como fuera. Luego la habitación quedó a oscuras y Pillsbury solo. Aparentemente, había sido olvidado. Se sentó frenético. No podía ponerse de pie.

Louie y Phil corrían entre las palmeras en busca de algo que pudiera servirles de refugio. Las bombas estaban llegando a ellos, con un sonido que alguien equiparó a los pasos de un gigante: *Bum... bum... BUM... ¡BUM!* Por fin, Louie y Phil vieron una choza nativa construida sobre pilotes. Se escondieron en ella y dentro encontraron a otros 25 hombres. Las bombas estaban ahora tan cerca que los hombres podían escuchar cómo giraban en el aire; Deasy recuerda el sonido como un rumor agudo. Scearce como un silbido penetrante.

Un instante después, todo se convirtió en blancura ardiente y en ruidos aislados. El suelo temblaba y el aire soplaba en derredor llevando un olor acre. Los árboles volaban. Una bomba hizo explotar la tienda en que Louie y Phil habían estado durmiendo un minuto antes. Otra explosión se suscitó junto a un grupo de hombres que estaban en una zanja. Algo se clavó en la espalda de uno de ellos y dijo: "Así se siente morir, muchachos", y murió. Otra bomba dio en el camión artillado, haciéndolo volar en añicos. Los restos del camión y de los hombres que se ocultaban debajo de él pasaron cerca de la cabeza de Jesse Stay. Un artillero de punta escuchó un sonido como de canto cuando las partes del camión volaron cerca de él. Aparentemente, fue éste el camión que aterrizó en una de las tiendas, en las que dos aviadores estaban aún acostados en sus catres. Otra bomba dio tumbos hasta llegar a la trinchera de Scearce, quedando justo encima de una ametralladora de cola. No estalló, pero se quedó ahí siseando. El artillero gritó: "¡Jesús!" Les tomó un momento darse cuenta de que lo que habían estado mirando no era una bomba, sino un extinguidor. A unos metros de distancia, Louie y Phil se ocultaban. La choza se estremecía, pero aguantaba.

Las bombas recorrieron el atolón. Cada estallido sonaba más lejano hasta que las explosiones se detuvieron. Algunos hombres salieron de sus refugios para ayudar a los heridos y para apagar fuegos. Louie y los demás se quedaron donde estaban, sabiendo que los bombarderos regresarían. Apenas lograban encender los fósforos para luego prender cigarrillos temblorosos. Si nos dan, gruñó un hombre, quedaremos como relleno de pavo. A lo lejos, los bombarderos dieron la vuelta. El bombardeo comenzaba de nuevo.

Alguien que corría por la enfermería vio a Pillsbury, entró de prisa, lo acostó en una camilla y lo arrastró hasta un pequeño edificio de cemento al que habían llevado a los demás heridos. El edificio estaba tan lleno que los hombres habían sido recostados en las repisas de los libreros. Estaba oscuro como la pez, y los doctores danzaban en esa oscuridad atendiendo a los pacientes valiéndose de lámparas de mano. Pillsbury se quedó tendido en la oscuridad, jadeando y escuchando la inminencia de las bombas; sentía claustrofobia y tenía la mente llena de imágenes en que los bombazos los mataban. Con hombres yaciendo por doquier y sin nadie que hablara, pensó que estaba en una morgue. Le dolía la pierna. Comenzó a quejarse, el doctor lo halló a tientas y le dio morfina. El bombardeo se escuchaba con más y más fuerza, hasta que volvió a estar encima de ellos. Todo se estremecía. El techo temblaba y dejaba caer polvillo sobre los hombres.

Afuera, el infierno había llegado a la tierra. Los hombres ge-
mían y gritaban; uno de ellos llamaba a su madre. Un piloto pensó
que las voces sonaban "como animales chillando". Los tímpanos
explotaban. Un hombre murió de ataque cardiaco. El brazo de otro
fue mutilado. Otros sollozaban, rezaban y perdían el control de sus
esfínteres. "No sólo tenía miedo, estaba aterrorizado", escribiría
un aviador a sus padres. "Creí estar asustado en el aire, pero no
lo estaba. Fue la primera vez en mi vida que vi lo cerca que puede
llegar la muerte". Phil se sintió igual; nunca, ni siquiera durante su
vuelo sobre Naurú, había conocido tal terror. Louie se tendía junto
a él. Al correr por el palmar, lo había hecho sólo por instinto y por
efecto de la adrenalina, sin sentir emociones. Ahora, mientras las
explosiones lo rodeaban, el terror se apoderó de él.

El sargento Frank Rosynek se ocultó en un foso de coral,
usando solamente un casco, con las agujetas desatadas y calzones
tipo bóxer. El tonelaje seguía bajando, escribió después. "Parecía
que nos caía encima una locomotora. Las bombas sonaban como
pianos que caían por una escalera para explotar al final de éstas.
Palmeras grandes eran partidas como si nada y nos lanzaban as-
tillas a todos; el suelo se levantaba en el aire cuando una bomba
explotaba, y entonces llegaba el aterrorizante destello de luz súper
brillante que la explosión acarreaba. La conmoción hacía volar pedazos de coral por todo nuestro agujero; nosotros los buscábamos
a ciegas para sacarlos tan pronto como los encontrábamos. Entre
bomba y bomba, se escuchaba un sonido parecido al de una iglesia:
voces cercanas se unían rezando el Padre Nuestro una y otra vez.
Rezaban más fuerte cuando las bombas se acercaban. Incluso creo
que escuché el llanto de algunos. Daba miedo levantar el rostro
porque sentíamos que podrían vernos desde arriba si lo hacíamos".

Dos soldados más murieron en una tercera pasada de los bombarderos. En la cuarta, los japoneses le dieron al premio mayor. Dos

bombas dieron de lleno en los B-24 cargados y aprovisionados que estaban cerca de la pista. El primero voló con una gran explosión, mandando partes de bombardero como lluvia por toda la isla. El otro se incendió. El fuego hizo estallar las municiones de las ametralladoras, que volaban en todas direcciones dejando hilos de humo a su paso. Luego empezaron a estallar las bombas de 250 kilos.

Finalmente, el atolón quedó en silencio. Unos pocos hombres temblorosos se pusieron de pie. Al caminar entre los destrozos, otro B-24 explotó con sus 9200 litros de gasolina, sus 1500 kilos de bombas y las municiones calibre cincuenta milímetros. Un copiloto escribió que el sonido fue "como la explosión de toda la isla". Y entonces terminó el bombardeo.

Al amanecer, los hombres comenzaron a gatear para salir de sus escondites. El hombre que había corrido al mar se había aferrado a una roca durante tres horas a causa del ascenso de la marea. Con la luz matinal, el hombre que había maldecido a sus generales mientras excavaba con su casco, descubrió que esos generales habían estado excavando a su lado. Louie y Phil salieron de la choza. Phil estaba ileso; Louie tenía solamente una cortada en el brazo. Se unieron a una procesión de hombres exhaustos y derruidos.

Funafuti a la mañana siguiente.
Cortesía de Louis Zamperini.

Funafuti quedó destrozada. Una bomba había dado en el techo de la iglesia derrumbando el edificio, aunque gracias al cabo Ladd no había nadie adentro. Había un cráter en el sitio que antes ocupara la tienda de Phil y Louie. Otra tienda estaba colapsada con una bomba sin explotar, clavada de punta sobre ella. Alguien ató la bomba a una camioneta, la arrastró a la playa y, doblando la dirección repentinamente, mando la bomba resbalando hasta el océano. Rosynek caminó por la pista y encontró seis bombas japonesas alineadas perfectamente. Las bombas se armaban al dar vueltas en su caída, pero quien había arrojado éstas lo había hecho desde poca altura, sin dar tiempo para que las bombas se armaran. El hombre las arrastró también hasta el mar.

En lugar del B-24 en que habían hecho blanco quedaba ahora un cráter y una multitud de palmeras decapitadas. Un cráter, escribió Louie en su diario, tenía doce metros de hondo y veinte de diámetro. Había pedazos de bombarderos por todas partes. Equipo de aterrizaje y asientos que habían visto el atardecer en un extremo de la isla saludaban el amanecer desde el extremo opuesto. De un bombardero quedaba solamente la cola, las puntas de ambas alas y dos hélices, todo ello conectado por una sustancia negruzca. Había un motor Pratt and Whitney, de 1200 caballos de fuerza, solo en media pista; no hallaron el avión al que había pertenecido. Louie se encontró con un reportero en lágrimas que miraba un cráter. Caminó hasta él esperando encontrar a un muerto. En lugar de eso, vio una máquina de escribir aplastada.

Los heridos y los muertos yacían por todas partes. Dos mecánicos que habían sido sorprendidos en campo abierto. Tenían lastimado todo el cuerpo debido a la fuerza de las explosiones. Estaban tan traumatizados que no podían hablar, y usaban las manos para comunicarse. Los hombres circundaron solemnemente un par de asientos de metal retorcido; era todo lo que quedaba del camión artillado. Era imposible reconocer a los tres hombres que habían buscado refugio bajo éste. Un radioperador fue encontrado muerto, con una esquirla de bomba en la cabeza. Louie dio con el cuerpo de un nativo, vestido de overol y recostado de espaldas. Faltaba la mitad de su cabeza.

Un operador de radio diría que habían sido como catorce bombarderos japoneses, pero al enterarse de que habían sido sólo dos oleadas de tres aviones cada una, alguien los llamó "Los Seis Apestosos". Todos esperaban que regresaran. Phil y Louie se unieron al grupo de hombres que se daban a excavar trincheras con palas y cascos. Cuando disponían de un momento oportuno, caminaban a la playa y se sentaban juntos cerca de una hora tratando de aclarar la mente.

En algún momento de ese día, Louie decidió ayudar en la enfermería. Pillsbury estaba de vuelta en su catre. Estaba acostado con la pierna en alto; le ardía terriblemente y goteaba sangre hasta formar un pequeño charco en el piso. Cuppernell estaba sentado con él. Le agradecía haber disparado a aquel Zero.

Al doctor le preocupaba que el pie de Pillsbury no dejaba de sangrar. Era necesario hacerle una cirugía, pero no había anestesia, de modo que tuvo que habérselas sin ella. Pillsbury se aferraba a su cama con ambas manos y Louie le detenía las piernas cuando el doctor cortó tejido del pie para luego jalar una tira de piel colgante y coserla para cubrir el hueso.

El *Súper Man* estaba cerca de la pista, inclinado hacia el lado en que le faltaba la llanta al tren de aterrizaje; la llanta estaba ahí hecha tiras. El bombardeo había dejado al avión en paz, pero no parecía ser el caso. Sus 594 agujeros estaban por todo el avión: grupos de agujeros de bala, tajos hechos por las esquirlas, cuatro disparos de artillería habían dejado hoyos tan grandes como la cabeza de un hombre; debemos mencionar el gran agujero que estaba junto a la torreta de Pillsbury, y el hoyo en el alerón, que era grande como una puerta. Parecía que el avión hubiera volado restregándose contra alambre de púas, con la pintura desprendiéndose en la zona del motor y a los costados. Los periodistas y los aviadores rodearon el avión. Les sorprendía que hubiera logrado volar cinco horas con semejante daño. Se tenía a Phil como un trabajador milagroso, y todos tuvieron motivos para reconsiderar la supuesta delicadeza del B-24. Un fotógrafo trepó hasta el interior del avión y tomó una foto. Al ser tomada de día en un ambiente oscuro, la imagen muestra rayos de luz entrando por los agujeros, como si se tratara de una lluvia de estrellas en un cielo negro.

Luciendo tan abatido como su avión, caminó al *Super Man*. Metió la cabeza en uno de los agujeros dejados por la artillería y vio los cables cortados del alerón, todavía unidos improvisadamente, tal y como los había dejado Louie. Pasó los dedos sobre las lágrimas de la piel de *Super Man*. El avión lo había salvado; los había salvado a todos menos uno. Siempre pensaría en este avión como se piensa en un amigo querido.

Louie en el *Super Man*, al día siguiente de Naurú.
Cortesía de Louse Zamperini.

175

Louie abordó otro avión y comenzó el viaje de regreso a Hawái con Phil, Cuppernell, Mitchell y el vendado Glassman. Pillsbury, Lambert y Douglas estaban tan malheridos que no pudieron volver a integrarse a la tripulación. En unos pocos días, los mandarían a Samoa, donde un médico echó un vistazo a la pierna de Pillsbury y anunció que la habían hecho "hamburguesa". Lambert estaría hospitalizado por cinco meses.[17] Cuando un general le otorgó un Corazón Morado, Lambert aparentemente no lograba siquiera sentarse, de modo que el general prendió la medalla a su sábana. La guerra había acabado para Douglas. Brooks yacía en una tumba del cementerio de los Marine Corps, en Funafuti.

La tripulación se separó para siempre. Nunca volverían a ver al *Super Man*.

Una fuerza opresiva se afincó en Louie cuando volaba de regreso de Funafuti. Él y los restos de la tripulación se detuvieron en Cantón, y luego volaron hasta el atolón de Palmira, donde Louie se dio un baño caliente y vio la película *They Died With Their Boots On* en el teatro de la base. Se trataba de la película en que había trabajado como extra cuando había comenzado apenas la guerra; toda una vida había pasado, según parecía.

Al regresar a Hawái se sumergió en una suerte de frío torpor. Se mostraba irritable y retraído. Phil tampoco estaba muy bien que digamos, pues tomaba demasiado y no se parecía mucho a sí mismo. Con una tripulación deshecha y sin avión, los hombres carecían de misiones, de modo que mataban el tiempo en Honolulu. Cuando un borracho buscó pelea, Phil lo miró indiferente, pero Louie respondió. Ambos salieron para arreglar las cosas a golpes,

---

[17] Eventualmente, Lambert regresó al servicio con otra tripulación y llegó a tener una currícula extraordinaria, completando al menos 95 misiones.

pero el borracho prefirió dejar así las cosas. Más tarde, bebiendo cerveza con amigos, Louie no lograba mostrarse sociable. Se encerraba en su cuarto a escuchar música. Su otra diversión era correr por la arena cerca de la pista de Kahuku, pensando en los juegos olímpicos de 1944 y tratando de olvidar el rostro lastimero de Harry Brooks.

El 24 de mayo, Louie, Phil y otros veteranos del *Súper Man* fueron transferidos al Escuadrón 42 del undécimo grupo de bombarderos. El Escuadrón 42 estaría estacionado en el extremo oriental de Oahu, en la hermosa playa de Kualoa. Seis nuevos hombres remplazaron a quienes tuvieron que dejar la tripulación del *Súper Man*. Volar con desconocidos era un asunto que preocupaba bastante a Phil y a Louie. "No me gusta nada la idea", escribió una vez Louie en su diario. "Siempre que mezclan una tripulación, hay problemas". Entre los veteranos del *Súper Man*, lo único que les parecía digno de mención era que su artillero de cola, un sargento de Cleveland, llamado Francis McNamara, tenía tal gusto por los dulces que prácticamente sólo comía postres. Los hombres lo llamaban "Mac".

Por el momento, no tenía avión. Los Libertadores destinados al undécimo grupo de bombarderos estaban siendo traídos de otras zonas de combate, y los primeros cinco que llegaron mostraban agujeros de bala. Uno de ellos, el *Avispón Verde*, lucía bastante descuidado, con los costados salpicados por algo negro y con los motores despintados. Apenas podía mantenerse en el aire, a pesar de tener la bahía de lanzamiento vacía y los cuatro motores funcionando. Tendía a volar con la punta alzada y la cola baja, un tipo de vuelo que los aviadores calificaban como "pastoso", haciendo referencia a la sensación que daban los controles de un avión en problemas al manipularlos. Los ingenieros revisaron el avión sin encontrar explicación alguna para el hecho. Todos los aviadores tenían sus reservas con el *Avispón Verde*. Se reservó su uso a cumplir con misiones sin importancia, y los equipos de tierra comenzaron a tomar partes de la nave para usarlas en otros aviones. Louie hizo un breve vuelo en este avión y, a su regreso, se refirió al aparato como "la más loca de las naves" en que había volado. Esperaba no tener que volver a hacerlo.

El 26 de mayo, Louie empacó sus pertenencias y consiguió que lo llevaran hasta su nuevo alojamiento en Kualoa, una cabaña privada situada a diez metros del mar. Louie, Phil, Mitchell y Cuppernell dispondrían de todo el lugar para ellos solos. Esa tarde, Louie se quedó en la cabaña convirtiendo la cochera en su habitación personal. Phil fue a una reunión del escuadrón en la que conoció a un piloto novato, George, "Smitty" Smith, quien por coincidencia resulto ser amigo de Cecy. Tras la reunión, Phil se quedó hasta tarde con Smitty hablando de Cecy. En la cabaña, Louie había terminado su trabajo. Al día siguiente, él, Phil y Cuppernell irían a Honolulu para enfrentarse de nuevo a las maravillosas carnes del P. Y. Chong.

Del otro lado de la isla, en Hickam Field, nueve tripulantes y un pasajero subieron a un B-24. La tripulación, liderada por un nativo de Tennessee llamado Clarence Corpening, recién había llegado de San Francisco y tenía como destino Cantón, y luego Australia. Los equipos de tierra vieron cómo el avión despegaba para después dar vuelta al sur. Volaron hasta perderse de vista.

ONCE

★ ★ ★

"Nadie sobrevivirá a esto"

El jueves 27 de mayo de 1943, Louie se levantó a las cinco de la mañana. Todos los demás ocupantes de la cabaña estaban dormidos. Salió de puntitas y para animarse subió a la colina que estaba detrás de su alojamiento; luego regresó, se puso sus ropas de trabajo y se dirigió a la pista. En el camino, se encontró con un sargento y le pidió que manejara su *jeep* junto a él, mientras corría. El sargento estuvo de acuerdo y Louie corrió junto al vehículo. Corrió la milla en 4:12, un tiempo extraordinario si se toma en cuenta que estaba corriendo sobre la arena. Nunca había tenido mejor condición física.

Caminó de regreso a la cabaña, se lavó y se vistió con unos pantalones de color caqui, una camiseta y encima una camisa de muselina que había comprado en Honolulu. Después de desayunar y de pasar un tiempo arreglando su cuarto, escribió una carta a Payton Jordan, metió la carta a la bolsa de su camisa, se subió a un auto prestado con Phil y Cuppernell, y se dirigió a Honolulu.

En la entrada de la base les hizo señas el despreciado teniente que les había ordenado volar en el *Súper Man* con tres motores. El teniente traía entre manos un asunto urgente: el B-24 de Clarence Corpening, que había salido para Cantón el día anterior, nunca llegó a su destino. El teniente, quien tenía la impresión de que el avión desaparecido era un B-25 y no un B-24 (mucho más grande), trataba de encontrar voluntarios para emprender la búsqueda. Phil le dijo que no tenían avión. El teniente les dijo que podían usar el *Avispón Verde*. Cuando Phil dijo que ese avión no podía volar, el teniente le replicó que había pasado la inspección. Tanto Louie como Phil sabían que, a pesar de que el teniente había utilizado el término "voluntarios", se trataba de una orden. Phil se ofreció como voluntario. El teniente despertó al piloto Joe Deasy y le propuso ofrecerse también como voluntario. Deasy y su tripulación volarían en el B-24 llamado *Daisy Mae*.

Phil, Louie y Cuppernell rehicieron su camino para completar su tripulación. Hicieron un alto en la cabaña y Louie lo aprovechó para tomar unos binoculares que se había comprado en las olimpiadas. Abrió su diario y anotó unas cuantas palabras sobre lo que estaban por hacer. "Sólo está disponible el *Avispón Verde*, un avión 'pastoso'", escribió. "Estábamos bastante reticentes, pero Phillips aceptó finalmente la misión de rescate".

Antes de irse, Louie garabateó una nota y la dejó en su casillero, el lugar en donde guardaba sus frascos de condimentos que ahora contenían bebidas alcohólicas. *Si no regresamos en una semana, pueden quedarse con el alcohol*, escribió.

El teniente se encontró con las tripulaciones en el *Avispón Verde*. Desenrolló un mapa. Creía que Corpening había avanzado unos 320 kilómetros al norte de Palmira. No queda claro por qué creía esto, pues el reporte oficial no incluía la mención de que alguien hubiera visto el avión pasado el despegue, de manera que éste podía encontrarse en cualquier lugar. Cualesquiera que hayan sido sus razones, le dijo a Phil que siguiera una ruta de 208 grados para buscar en paralelo a Palmira. Dio a Deasy más o menos la misma instrucción, pero le indicó que buscara en otra área cercana. A ambas tripulaciones se les dio la instrucción de buscar todo el día, aterrizar en Palmira y, de ser necesario, reemprender la búsqueda al día siguiente.

Cuando se preparaban para despegar, toda la tripulación de Phil estaba preocupada por el *Avispón Verde*. Louie trataba de convencerse de que, sin bombas ni municiones, el avión debería tener suficiente potencia para volar sin problemas. A Phil le preocupaba el hecho de no haber piloteado ese avión, por lo que desconocía sus peculiaridades. Sabía que lo habían canibalizado y esperaba que las partes esenciales siguieran ahí. La tripulación repasó los procedimientos de emergencia e hizo una inspección especial para asegurarse de que el equipo de supervivencia estaba a bordo. Había una caja de provisiones en el avión, y recuperarla era responsabilidad del artillero de cola. También había una balsa extra guardada en una bolsa amarilla situada en la cabina de vuelo. Esta balsa era responsabilidad de Louie, por lo que se aseguró de que estuviera en su lugar. Se puso su Mae West, al igual que algunos otros tripulantes. Phil no se puso el chaleco porque le resultaba difícil volar con él.

En el último momento, un hombre corrió hasta el avión y preguntó si podían llevarlo a Palmira. Nadie tuvo objeción, por lo que el hombre ocupó un asiento en la parte trasera. Tomando en cuenta al último pasajero, la tripulación constaba de once elementos.

El *Avispón Verde* o *Green Hornet*.
Cortesía de Louis Zamperini.

Cuando Phil y Cuppernell rodaban el avión para colocarse en posición de despegue, Louie recordó su carta a Payton Jordan. La sacó del bolsillo en que la guardaba y, asomándose por la ventana central, la arrojó a los equipos de tierra pidiendo que la echaran al correo por él.

El *Daisy Mae* despegó casi al mismo tiempo que el *Avispón Verde*, y los aviones volaban uno al lado del otro. En éste, a no ser por los cuatro veteranos del *Súper Man*, la tripulación era extraña y tenían muy poco que decirse. Louie pasó el tiempo en la cabina charlando con Phil y Cuppernell.

El *Avispón Verde*, fiel a su estilo, voló con la cola bien abajo de la punta, y no podía seguirle el ritmo al *Daisy Mae*. Después de 320 kilómetros, Phil le dijo a Deasy por radio que siguiera adelante sin él. Las tripulaciones se perdieron de vista.

Alrededor de las dos de la madrugada, el *Avispón Verde* llegó a la zona de búsqueda, a 360 kilómetros al norte de Palmira. Las nubes pasaban por el aeroplano y nadie podía ver el agua. Phil voló el avión bajo las nubes, nivelándolo a los 800 pies de altura. Louie sacó sus binoculares, descendió al invernadero y comenzó a buscar. Pronto se escuchó la voz distorsionada de Phil a través del intercomunicador, pidiéndole que subiera y compartiera los binoculares. Louie lo hizo y se quedó en la cabina de mando, justo detrás de Phil y Cuppernell.

Mientras escudriñaban el océano, Cuppernell preguntó a Phil si podía intercambiar asientos con él, asumiendo las labores del primer piloto. Ésta era una práctica común, permitiendo así el que los copilotos ganaran experiencia para calificar como primeros pilotos. Phil asintió. El enorme Cuppernell se escurrió alrededor de Phil y se movió a la derecha para gobernar el avión.

Unos cuantos minutos después, alguien notó que las máquinas de un lado estaban consumiendo más combustible que las del otro, haciendo que un lado se fuera haciendo más ligero a cada momento. Comenzaron a transferir gasolina entre las alas para equilibrar la carga.

De pronto, hubo una sacudida. Louie miró el tacómetro y vio que las revoluciones por minuto en el motor número uno —el de la más remota izquierda— estaban fallando. Miró por la ventana. La máquina temblaba violentamente. Luego se detuvo. El bombardero rotó a la izquierda y empezó a caer rápidamente al océano.

Phil y Cuppernell disponían de pocos segundos para salvar el avión. Comenzaron a trabajar de inmediato, pero Louie tuvo la sensación de que estaban desorientados por haber cambiado de asientos. Para minimizar la resistencia del motor número uno, necesitaban "emplumarlo": voltear las aspas de las hélices paralelas al viento y detener la rotación por completo. Normalmente, éste era un trabajo realizado por Cuppernell, pero ahora él estaba en el asiento del piloto. Al laborar Cuppernell gritó al nuevo ingeniero que viniera a la cabina a emplumar el motor. No se sabe si él o alguien más especificó que el motor necesitaba ser emplumado. Era un fragmento crítico de información; porque la hélice de un motor descompuesto continúa dando vueltas en el viento, por lo que puede lucir igual que un motor en buen estado.

En el panel de control había cuatro botones para realizar esta operación, uno para cada máquina, protegidos por una cubierta de plástico. Escurriéndose entre Cuppernell y Phil, el ingeniero retiró la cubierta y presionó un botón. En cuanto lo hizo, el *Avispón Verde* se sacudió y se movió hacia la izquierda. El ingeniero había accionado el botón número dos, no el número uno. Ambas máquinas del costado izquierdo estaban ahora muertas, y la número uno seguía sin ser emplumada.

Phil hizo funcionar a toda marcha los motores que aún estaban en servicio, tratando de que el avión se mantuviera en lo alto lo suficiente para volver a encender el izquierdo que estaba en buen estado. Los motores forzados del lado derecho, remontando la resistencia del otro lado, hicieron que el avión diera un medio giro hacia la izquierda, haciéndolo caer en espiral. El motor no encendía. El avión seguía cayendo.

El *Avispón Verde* estaba maldito. Lo mejor que pudo hacer Phil fue tratar de nivelarlo para acuatizar. Gruñó tres palabras en el intercomunicador.

"Prepárense para chocar".

Louie salió corriendo de la cabina de mando, gritando a todos que se pusieran en las posiciones de emergencia. Mientras el avión giraba, sacó la balsa salvavidas extra, luego fue a su posición de emergencia junto a la ventana ventral derecha. Vio a Mac, el nuevo artillero de cola, aferrado a la caja de provisiones para supervivencia. Otros hombres se apuraban a ponerse sus Mae Wests. Louie estaba remotamente al tanto de que Mitchell no había emergido de la nariz del avión. Mitchell tenía la obligación de calcular la posición del avión y darla al radioperador para que pudiera enviar una señal de auxilio, además de amarrarse el sextante y el equipo de navegación celestial al cuerpo. Pero con el avión girando nariz abajo y siendo el pasillo muy estrecho, quizás el navegador no lograba salir.

A diferencia de los tripulantes que estaban detrás de la cabina y que corrían a la relativa seguridad de la mitad y la parte trasera del avión, un hombre, casi seguramente el ingeniero que había presionado el botón equivocado, se había quedado al frente. Dado que las balsas de emergencia no se desplegaban automáticamente en caso de accidente, era labor asignada al ingeniero el pararse detrás de la cabina para jalar la manija de liberación de la balsa. Para asegurarse de que las balsas estuvieran lo más cerca posible de los sobrevivientes, debía esperar hasta el último instante antes del accidente para jalar la manija. Esto significaba que tendría muy pocas o ninguna probabilidad de asumir su posición de emergencia, y por lo tanto, pocas probabilidades de sobrevivir.

Phil y Cuppernell lucharon con el avión. El *Avispón Verde* giró hacia la izquierda, moviéndose cada vez más rápido dado el poder desplegado por los motores del lado derecho. No había tiempo de enviar un mensaje de emergencia por radio. Phil buscó una ola para dirigir allí el acuatizaje, pero no tenía sentido hacerlo. No podría nivelar el avión, incluso en caso de hacerlo, estaban volando demasiado rápido. Iban a chocar muy fuerte. Phil sintió una extraña falta de temor. Miró el agua rotando hacia él y pensó: *No puedo hacer más.*

Louie se sentó en el piso, cerca de una mampara, viendo al frente. Había cinco hombres próximos a él. Todos parecían pasmados; nadie decía nada. Louie miró a través de la ventana ventral derecha. Sólo pudo ver el cielo nublado dando vueltas y más vueltas. Se sintió intensamente vivo. Recordó la mampara y pensó en cómo la golpearía su cráneo. Sintiendo que el mar se acercaba cada vez más al avión, echó un último vistazo al cielo giratorio, luego jaló la balsa de emergencia, la puso frente a él y empujó la cabeza contra su pecho.

Un terrible y agitado segundo pasó. Y luego otro. Un instante antes de que la nave chocara con el agua, la mente de Louie era ocupada por un solo pensamiento: *Nadie sobrevivirá a esto.*

En el caso de Louie, sus sensaciones podrían describirse como ásperas y mudas: su cuerpo es lanzado al frente, el avión se abre por el golpe, algo envuelve a Louie, la fría bofetada del agua y luego un peso sobre él. El *Avispón Verde*, golpeando primero el agua con la nariz y con el ala izquierda, entró como una puñalada al océano y estalló.

Conforme el avión se desintegraba a su alrededor, Louie sintió que los sumergían hondo. Luego, abruptamente, el descenso se detuvo y Louie fue impulsado hacia arriba. La inercia del avión había llegado a su fin y el fuselaje, conteniendo aire, llevó la nave de vuelta a la superficie. Louie abrió la boca y aspiró hondamente. El aire tendía a salir del avión y el agua volvía a internarse inundando a Louie. El avión se deslizó entonces hacia el fondo del mar, como si fuera jalado por algo.

Louie trató de orientarse. La cola del avión ya no estaba a sus espaldas ni las alas estaban delante de él. Quienes lo habían rodeado antes ya no estaban. El impacto lo había impulsado hasta la base de la ametralladora ventral, dejándolo boca abajo y con la balsa debajo de él. La montura de la ametralladora presionaba contra su cuello, e incontables tiras de algo se enredaban en su cuerpo, obligándolo a permanecer pegado a la montura y a la balsa. Al sentir estas tiras, pensó: *espagueti*. Era una maraña de alambre, el sistema nervioso del *Avispón Verde*. Al romperse la cola, los alambres se habían soltado y se enredaban en Louie. Trataba de liberarse pero no lo lograba. Estaba desesperado por respirar, pero no podía hacerlo.

En lo que quedaba de la cabina de mando, Phil luchaba por salir. Cuando el avión golpeó el agua, fue lanzado al frente y su cabeza había golpeado contra algo. Una ola entró a la cabina y el avión lo llevó abajo. Debido a la oscuridad, supo que estaba muy por debajo de la superficie, hundiéndose segundo a segundo. Creyó ver a Cuppernell sacando su enorme cuerpo del avión. Phil encontró lo que él creyó era la ventana de la cabina, sin el vidrio. Apoyó el pie en algo duro y se impulsó a través de la abertura saliendo de la cabina. Nadó hacía la superficie y la luz fue cubriéndolo poco a poco.

Emergió entre los restos del avión. De su cabeza manaba sangre y tenía rotos el tobillo y un dedo de la mano. Encontró algún despojo flotante de unos tres pies cuadrados y se aferró a él. Comenzó a hundirse. Había dos balsas de salvamento, pero estaban muy lejos. Nadie estaba en ellas. No se podía ver a Cuppernell por ninguna parte.

Abajo, Louie seguía atrapado en el avión y luchando contra los cables. Miró hacia arriba y vio un cadáver flotando al garete. El avión se había precipitado y el mundo exterior parecía volar lejos allá fuera. Louie sintió que le tronaban los oídos y recordó vagamente que en la alberca de Redondo Beach los oídos le tronaban cuando se sumergía más allá de los siete metros. La oscuridad lo envolvió y la presión del agua se sentía cada vez con mayor intensidad. Sus esfuerzos eran inútiles. Pensó que luchar no tenía sentido.

Sintió un repentino y agudísimo dolor en la frente. Sobrevino un estupor y una sensación de desvanecimiento mientras trataba de arrancar los cables que le ceñían la garganta. La necesidad de respirar era apremiante. Comprendió remotamente que esto era lo último que le pasaría en la vida. Se desmayó.

Se despertó inmerso en la negrura total. *Esto es la muerte*, pensó. Luego sintió que el agua seguía allí y que lo rodeaba el peso del avión que aún se hundía. Inexplicablemente, los cables habían cedido, lo mismo que la balsa. Flotaba dentro del fuselaje, que lo conducía al fondo del mar, a unos 250 metros de profundidad. Nada lograba ver. Su Mae West estaba sin inflar, pero aún así el chaleco salvavidas lo iba llevando hacia el techo de la nave. Ya no había aire en sus pulmones, pero él trataba de respirar por reflejo tragando solamente agua salada. El agua le supo a sangre, a gasolina y a aceite. Se estaba ahogando.

Louie extendió los brazos tratando de encontrar una salida. Su mano derecha dio con algo y su anillo de graduación de la USC se enganchó en el objeto. Su mano había quedado atrapada. Trató de alcanzarla con la mano izquierda y sintió una pieza de metal larga y lisa. Esta sensación lo orientó: estaba en la ventana ventral derecha y ésta parecía abierta. Nadó a través de ella, puso los pies en el marco y se impulsó liberando así la mano y cortándose el dedo. Su espalda golpeó con la parte superior del marco de la ventana y la piel bajo su camisa se desprendió. De pronto pudo patalear libremente. El avión se hundió.

Louie trató de hallar el cordón para inflar su Mae West esperando que nadie hubiera tomado la lata de dióxido de carbono. La suerte lo acompañaba: las cámaras del chaleco se hincharon. Se sintió ligero conforme el chaleco lo llevaba a gran velocidad hacia la superficie, pasando junto a los despojos del avión.

Repentinamente vio la luz del día. Trató de inhalar y de inmediato vomitó el agua salada y la gasolina que había tragado. Había sobrevivido.

TERCERA PARTE

DOCE

★ ★ ★

Abatido

Los restos del bombardero habían dejado la superficie hecha un revoltijo. Los líquidos vitales del avión —aceite, fluido hidráulico y unos cuatro mil litros de gasolina— se agolpaban en la superficie. Hebras de sangre flotaban entre los despojos del avión.

Louie escuchó una voz. Vio hacía ese lado y distinguió a Phil, a unos diez metros, aferrado a lo que parecía un tanque de gasolina. Con él estaba el artillero de cola, Mac. Ninguno de los dos tenía puesto el Mae West. A Phil le brotaba sangre de la frente al ritmo de sus pulsaciones y luego bajaba cubriéndole el rostro. Sus ojos miraban a todas partes en confusa incredulidad. Phil miró la cabeza que surgía de la superficie del mar entre una capa de restos y registró de algún modo que era Louie. Ninguno de los otros hombres había emergido.

Louie vio una de las balsas de salvamento meneándose sobre el agua. Era posible que la balsa se hubiera soltado cuando el avión se desintegraba, pero era mucho más probable que el ingeniero, en el último acto de su vida, hubiera jalado la perilla que liberaba la balsa justo antes del choque. La balsa se había inflado automáticamente y se alejaba flotando rápidamente.

Louie sabía que debía detener la hemorragia de Phil, pero si iba hacia él, la balsa se perdería y todos perecerían. Nadó en pos de la balsa. La ropa y los zapatos lo lastraban, y la corriente y el viento movían la balsa más aprisa de lo que Louie podía nadar. Al ver que la balsa se alejaba cada vez un poco más, Louie se dio por vencido. Miró de nuevo a Phil y a Mac, con quienes compartió la certeza de que su última oportunidad se había perdido. Luego vio que una larga cuerda se extendía desde atrás de la balsa hasta llegar a unos 60 centímetros de su cara. Atrapó la cuerda, jaló la balsa hacia él y subió en ella. Una segunda balsa se estaba alejando. Louie sacó los remos de la suya y remó tan fuerte como pudo, y apenas así logró aferrar la cuerda de la segunda balsa y jalarla hacia él. Pasó las cuerdas por los ojales de las balsas para unirlas.

Remó hasta Phil y Mac. Phil se percató de que el objeto filoso al que se agarraba podía perforar las balsas, de modo que lo empujó. Louie ayudó a que Phil subiera a la balsa y Mac trepó solo. Ambos hombres, al igual que Louie, estaban cubiertos de gasolina y aceite. Los tres estaban en una sola balsa, por lo que la embarcación resultaba estrecha; constaba apenas de dos metros de largo y un poco más de 60 centímetros de ancho.

Phil tenía dos heridas en la parte izquierda de la frente, cerca de la línea de nacimiento del cabello. La sangre manaba de las heridas y se mezclaba con el agua de mar en el fondo de la balsa. Louie recordó lo que había aprendido con los *boy scouts* y en su primer curso de primeros auxilios en Honolulu: puso los dedos en la garganta de Phil, los movió hasta encontrar el pulso de la arteria carótida. Enseñó a Mac el punto y le indicó que presionara con su dedo. Louie se quitó la camisa y la camiseta, y retiró estas mismas prendas a Phil. Pidió a Mac que hiciera lo mismo. Dejando aparte las camisas, Louie hundió la camiseta de Phil en el agua, la dobló para formar una compresa y presionó con ella las heridas. Tomó las otras camisetas y las amarró fuertemente alrededor de la cabeza de Phil, y después lo colocó en la otra balsa.

Phil se sentía mareado y confuso. Sabía que se había estrellado, que alguien lo había sacado del agua, que estaba en una balsa y que Louie estaba con él. Sentía miedo, mas no pánico. Siendo el piloto, oficialmente estaba al mando, pero supo valorar su situación con suficiente claridad para darse cuenta de que no estaba en condiciones de decidir. Pudo ver que Louie tenía una fea cortada en el dedo, cerca de su anillo de la USC, pero eso era todo. Independientemente de lo anterior, estaba ileso y lúcido. Pidió a Louie que asumiera el mando y él estuvo de acuerdo.

"Me da gusto que hayas sido tú, Zamp", dijo Phil suavemente. Después guardó silencio.

Desde algún lugar cercano provenía un sonido débil, una especie de gemido que derivaba en gárgara, una boca que trataba de formar una palabra, una garganta que se llenaba de agua y luego el silencio. Louie tomó un remo y dio vueltas por ahí tan rápido como pudo buscando al hombre que se estaba ahogando. Quizás era Cuppernell, a quien no había visto desde que estaban bajo el agua. Nunca lo sabrían. Quienquiera que haya emitido el sonido se había hundido sin volver a la superficie.

Con Phil relativamente estable, Louie se ocupó de las balsas. Fabricadas con dos capas de lona cubiertas de hule y divididas en cavidades inflables, las balsas estaban en buenas condiciones. La pregunta crítica se relacionaba con las provisiones. La caja de provisiones que Mac aferraba cuando el avión se precipitó había desaparecido. En sus bolsillos, los hombres tenían sólo sus carteras y algunas monedas. Los relojes aún permanecían en sus muñecas, pero las manecillas se habían detenido en el momento en que el avión había golpeado el agua. Tratándose probablemente de la primera vez que esto ocurría desde su llegada a Oahu, el brazalete de la suerte no estaba en la muñeca de Phil. Además, el dólar de plata que reservaba para su eventual reunión no estaba en su bolsillo. Quizás fue la prisa al vestirse para el vuelo, pero los había olvidado, o tal vez se habían perdido en el choque.

Los compartimentos de las balsas contenían tan sólo provisiones de supervivencia. Y era lo único que tenían. Louie desató las amarras de las bolsas y encontró varias barras de chocolate gruesas —probablemente las llamadas Ración D que Hershey's hizo para los militares— divididas en segmentos y empacadas en contenedores cubiertos con cera para resistir un ataque con gases. Diseñadas para ser tan amargas que los soldados no pudieran consumirlas en situaciones normales, tenían una fórmula que aportaba alto contenido calórico y que evitaba el derretimiento. Las instrucciones en el paquete decían que cada hombre debía consumir dos segmentos al día, uno por la mañana y otro por la noche. Debían mantenerlos en la boca hasta su disolución en, aproximadamente, 30 minutos.

Con el chocolate, Louie encontró varias latas con 250 mililitros de agua, un espejo de latón, una pistola lanzadora de bengalas, tintura para el mar, un juego de anzuelos, un carrete de hilo para pescar y dos bombas de aire en fundas de lona. También las habían provisto de pinzas que tenían un desarmador en la agarradera. Lo sostuvo entre sus manos y dedicó largo rato a pensar para qué habrían incluido un desarmador o pinzas en una balsa. Cada balsa llevaba también un equipo para parchar, para usarse en caso de que la balsa hiciera agua. Eso era todo.

Las provisiones eran ofensivamente inadecuadas. Un año después, cada balsa de B-24 sería de dos colores —amarillo un lado y azul el otro— y estaría equipada con lona alquitranada para proveer sombra. Con el fin de camuflarse en aguas enemigas, la lona podía usarse con el lado azul hacia arriba; si se pretendía ser vistos, se usaba con el lado amarillo hacia arriba, que podía ondearse para hacer señas. En 1944, cada balsa estándar estaba equipada con cubeta, mástil y vela, ancla, aceite bloqueador solar, botiquín de primeros auxilios, tapones para sellado, linterna, una pequeña caña de pescar, navaja, tijeras, silbato, brújula y panfletos religiosos. Ninguno de esos artículos, ni siquiera la navaja, estaban en las balsas del *Avispón Verde*. Carecían de Gibson Girl, un transmisor que podía enviar señales en un radio de 320 kilómetros a la redonda. Los aviones más nuevos los tenían ya incorporados desde un año atrás, y dos meses después todos los aviones estarían dotados con ese equipo, pero el *Avispón Verde* carecía de él. No tenían instrumentos de navegación. Era responsabilidad de Mitchell adherirlos a su cuerpo, mas de haberlo hecho así, los instrumentos y él ya estaban en el fondo del mar.

El mayor problema era la escasez de agua. Las latitas no durarían mucho. Estaban rodeados por agua pero no podían beberla. El contenido de sal en el agua de mar es tan alto que se considera veneno. Cuando una persona toma agua de mar, los riñones deben generar orina para eliminar la sal, pero para hacerlo necesitan más agua de la contenida en el agua marina, de manera que el cuerpo obtiene el agua de sus células. Sin agua, las células empiezan a fallar. Paradójicamente, un trago de agua de mar es causa potencial de fatal deshidratación.

Estando al garete cerca del ecuador, con poca agua y sin resguardo del sol, Phil, Louie y Mac tendrían pronto problemas muy serios. Las balsas no habían sido equipadas con sistemas de desalinización o destilación, ni disponían de contenedores para captar el agua de lluvia. Cinco meses antes, el general Hap Arnold ordenó que todas las balsas de salvamento fueran equipadas con Delano Sunstill, un aparato que podía generar pequeñas cantidades de agua potable de manera indefinida. La entrega de los aparatos se había retrasado.

Desde el momento en que salió del agua, Mac no había pronunciado palabra. De algún modo, había salido ileso del percance. Había hecho todo lo que Louie le pedía, pero su rostro no dejaba atrás una expresión de asombro.

Louie estaba doblado sobre la balsa cuando Mac empezó a sollozar, "¡Vamos a morir!" Louie le aseguró que el escuadrón los localizaría y que muy probablemente los encontrarían esa noche, o a más tardar al día siguiente. Mac siguió gritando. Louie, exasperado, amenazó con reportar a Mac cuando regresaran. La amenaza no surtió efecto. Harto, Louie abofeteó a Mac con el dorso de la mano. Mac se hizo para atrás y guardó silencio.

Louie impuso algunas reglas. Cada hombre comería un cuadro de chocolate en la mañana y uno en la noche. Cada hombre recibiría una lata de agua y se le permitiría beber de dos a tres tragos diarios. Comiendo y bebiendo a este ritmo, las provisiones les durarían unos pocos días.

Habiendo hecho el inventario y sentado las reglas, sólo quedaba esperar. Louie hizo un esfuerzo deliberado por evitar pensar en los tripulantes muertos, y tuvo que borrar de su memoria la voz que gemía con gargarismos en el agua. Considerando la magnitud del choque, era asombroso que hubieran sobrevivido tres tripulantes, quienes habían estado en el lado derecho del avión; el hecho de que el avión hubiera golpeado antes el agua con el lado izquierdo, probablemente los había salvado. Louie no lograba explicarse su escapatoria del fuselaje. Si se desmayó por la presión y el avión había seguido hundiéndose y, por consiguiente, la presión aumentaba, ¿por qué había despertado? ¿Cómo se había zafado de los alambres estando inconsciente?

Los hombres observaban el cielo. Louie mantenía la mano en la cabeza de Phil para contener la hemorragia. El brillo de la gasolina, el aceite y el líquido para la transmisión, la última señal del

Avispón Verde había quedado atrás. En su lugar, proveniente de las profundidades, llegaban figuras de color azul marino que trazaban arcos bajo el agua. Una criatura brillante y lisa cortó la superficie del agua y empezó a trazar círculos alrededor de las balsas. Otra criatura se le unió. Los tiburones los habían encontrado. Cerca, a su costado, nadaban los peces piloto con sus rayas negras y blancas.

Louie pensó que los tiburones eran mako y especies de los arrecifes. Estaban tan cerca de ellos que bastaba con extender las manos para tocarlos. Los más pequeños tenían cerca de dos metros de largo, algunos medían el doble. Se frotaban contra las balsas como si determinaran de qué material estaban hechas, mas no trataban de morder a los hombres que estaban encima. Parecía que esperaban a que fueran hasta ellos.

El sol se ocultó y comenzó a hacer mucho frío. Los hombres usaron sus manos para acarrear algunos centímetros de agua en el fondo de cada balsa. Una vez que sus cuerpos calentaban el agua, sentían menos frío. Aunque estaban exhaustos, evitaban dormir por el temor de que un barco o submarino pasara cerca de ellos sin que lo advirtieran. La parte inferior del cuerpo de Phil estaba suficientemente tibia en el agua, pero la parte superior tan fría que temblaba.

Estaba absolutamente oscuro y el silencio era también total, a no ser por el castañeteo de los dientes de Phil. El mar estaba en calma total. Algo rozaba a los hombres desde abajo. Los tiburones frotaban sus dorsos contra el fondo de la balsa.

Louie seguía con la mano puesta en la frente de Phil. Bajo esa mano se fue durmiendo con la sensación a lo largo de su espalda de los tiburones que se frotaban contra el fondo de la balsa. En la otra Louie también se quedó dormido.

Mac estaba solo en su vigilia, con la mente acelerada por el miedo.

TRECE

★ ★ ★

Perdido en el mar

El *Daisy Mae* tocó tierra en Palmira ya bien entrada esa tarde. La tripulación había buscado el avión de Corpening todo el día sin encontrar ni rastro. Deasy cenó y luego fue al cine de la base. Estaba viendo la película cuando alguien le dijo que se comunicara con el comandante de la base de inmediato. Al ir a su encuentro, se le dijo que el *Avispón Verde* no había llegado. "¡Santo Dios!", dijo. Sabía que existían dos posibilidades: una era que la tripulación de Phillips hubiera regresado a Hawái; la otra consistía en que estuvieran "en el agua". Alguien fue a checar con Hawái. Deasy se fue a dormir sabiendo que, aunque el avión hubiera caído, deberían esperar hasta la mañana siguiente para iniciar la búsqueda.

Cerca de la medianoche, un marinero despertó al radioperador de Deasy, Herman Scearce, y le dijo que el avión de Phil estaba perdido. La marina quería revisar la bitácora radiofónica de Scearce para verificar cuándo había sido el último contacto con el avión. Scearce pidió al marinero que despertara a Deasy, y él, Deasy y los oficiales de la marina estudiaron la bitácora en la oficina de la base. Obtuvieron poca información.

A las cuatro y media de la mañana se declaró perdido al *Avispón Verde*. Ahora tenían dos naves caídas —la de Corpening y la de Phillips— con 21 hombres a bordo.

La marina asumió el mando en las operaciones de rescate. Una vez que el sol salió, el *Daisy Mae* sería enviado a buscar, con al menos dos hidroaviones y otro avión de la fuerza aérea. Debido a que el *Daisy Mae* y el *Avispón Verde* habían volado lado a lado al principio del viaje, los investigadores sabían que el *Avispón* no se había estrellado durante los primeros 320 kilómetros del viaje. Aparentemente, había caído en algún lugar entre el sitio en que el otro avión se adelantó y Palmira, un trecho de cerca de 1300 kilómetros. El asunto radicaba en imaginar en qué dirección habrían flotado los sobrevivientes. El mar alrededor de Palmira estaba lleno de corrientes, pues estaba situado en el punto de encuentro de dos principales: la ecuatorial del norte, que corría hacia el oeste, y la contracorriente ecuatorial, que corría hacia el este. Unos cuantos kilómetros de diferencia respecto de la latitud podían convertirse en una diferencia diametral al entrar en juego las corrientes; y nadie sabía en dónde había caído el avión. El área de búsqueda tendría que ser enorme.

A cada tripulación se le dieron coordenadas de búsqueda. El *Daisy Mae* volaría desde Palmira hacia el norte. Varios aviones volarían al sur desde Oahu. Poco después del amanecer, los aviones despegaron. Todos sabían que las probabilidades de encontrar a la tripulación eran muy escasas, pero "no perdíamos la esperanza", dijo Scearce.

Louie se despertó al salir el sol. Mac estaba recostado junto a él. Phil yacía en su balsa, con la mente aún confundida. Louie se sentó y pasó la vista por el cielo y el mar en busca de rescatadores. Sólo se movían los tiburones.

Louie decidió repartir el desayuno, es decir, un solo cuadrito de chocolate. Desató la bolsa de la balsa y miró. Todo el chocolate se había ido. Miró en ambas balsas. No había chocolate ni envolturas. Su mirada se posó en Mac. El sargento lo miró de vuelta con los ojos muy abiertos y una mirada de culpabilidad.

La noticia de que Mac se había comido todos los chocolates le cayó a Louie como un balde de agua fría. En el poco tiempo que Louie había conocido a Mac, el artillero de cola le había parecido una persona decente, amigable, un tanto rebelde y confiado hasta el punto de obrar con ligereza. El accidente lo había quebrado. Louie sabía que no sobrevivirían mucho tiempo sin comida, pero optó por no pensar en eso. Seguramente que un equipo de búsqueda y salvamento estaba ya en camino. Ese mismo día por la tarde, o al siguiente como máximo, estarían en Palmira, y el asunto del chocolate no tendría importancia alguna. Louie reprimió su irritación y le dijo a Mac que estaba muy decepcionado de él. Comprendía que había actuado movido por el pánico, así que le aseguró que pronto serían rescatados. Mac guardó silencio.

El frió de la noche dio paso a un día sofocante. Louie observaba el cielo. Phil, debilitado por la pérdida de sangre, dormía. Mac, a punto de convertirse en un piel roja, era quemado por el sol. Seguía distante y adormilado. Los tres tenían hambre, mas no podían hacer nada para solucionar el asunto. Los anzuelos y la línea de pesca resultaban inútiles. No tenían carnada.

Mientras todos estaban en silencio, un zumbido se entrometió gentilmente en sus pensamientos. Poco después los tres se percataron de que escuchaban un avión. Al buscar en el cielo, vieron un B-25 a gran altura y volando en una ruta cargada al poniente. Volaba demasiado alto para ser un avión de rescate. Lo más probable era que la nave se dirigiera a Palmira.

Louie volvió a abrir la bolsa de provisiones, tomó la pistola lanzadora de bengalas y cargó un cartucho. No podía ponerse de pie en esa balsa con fondo suave, así que se arrodilló y levantó la pistola. Tiró del gatillo, la pistola se accionó y la bengala roja ascendió. Mientras la luz viajaba sobre sus cabezas, Louie tomó el tinte, lo arrojó al agua con prontitud y se formó una mancha de color verde muy vivo alrededor de las balsas.

Louie, Phil y Mac observaron al bombardero deseando que los tripulantes los detectaran. La bengala se extinguió lentamente. El bombardero siguió su camino y después desapareció. El círculo de color verde se diluyó.

El avistamiento dejó a los náufragos una información importante. Ya sabían que estaban moviéndose, pero al carecer de puntos de referencia, no sabían siquiera en qué dirección flotaban o qué tan rápido lo hacían. Dado que los aviones provenientes de Hawái seguían una ruta que pasaba cerca del sitio en que el *Avispón Verde* había caído, la aparición de un B-25 volando con tendencia al poniente, indicaba que ellos estaban flotando en dirección oeste, alejándose paulatinamente de las rutas de los aviones amigos. Las posibilidades de ser rescatados empezaban a reducirse aún más.

Esa noche, los aviones de rescate retornaron a sus bases. Nadie había visto nada. Volverían al aire en cuanto despuntara el alba.

La luz diurna murió sobre las balsas. Los hombres tomaron sorbos de agua, volvieron a meter a las balsas agua de mar para calentarse un poco y se acostaron. Los tiburones volvieron a frotarse contra la parte inferior de las balsas.

Phil durmió durante la mayor parte del día siguiente. Louie sorbió agua y pensó en la comida. Mac continuó aislado y habló poco. Había pasado otro día sin que fueran rescatados.

Al día siguiente, 30 de mayo, temprano por la mañana, Louie, Mac y Phil escucharon el ruido sordo de los motores de un B-24. Era un sonido que les recordaba el hogar. Ahí estaba, volando bajo y por encima de ellos, ese avión con forma de ballena, dirigiéndose al sureste entre las nubes, apareciendo y desapareciendo. Era un avión de búsqueda. Estaba tan cerca de las balsas que Louie pensó haber reconocido la insignia de su escuadrón en la cola de la nave.

Louie tomó la pistola de bengalas, la cargó y disparó. La bengala salió directamente hacia el bombardero; por un momento, los hombres pensaron que la bengala daría en el avión, pero no fue así. La bengala dejó a su paso una luz roja que se veía muy brillante desde la balsa. Louie recargó y disparó de nuevo. El avión viró bruscamente a la derecha. Louie disparó dos veces más y las bengalas pasaron de largo por la cola del avión.

El avión era el *Daisy Mae*. La tripulación escudriñaba el océano pasándose los binoculares. La búsqueda se dificultaba en ese día, pues las nubes ofrecían solamente resquicios por los que podían observar el agua brevemente. Todos experimentaban una sensación de urgencia muy particular. Los hombres eran sus amigos y compañeros de escuadrón. "Si alguna vez nos empeñamos en realizar bien una misión, esa era la ocasión", recordó Scearce. "Ese día buscábamos con todo afán".

Se extinguieron las bengalas y el *Daisy Mae* siguió volando. Nadie vio nada. La vuelta repentina del avión había sido un movimiento de rutina. Louie, Phil y Mac vieron cómo las alas gemelas del *Daisy Mae* empequeñecían a la distancia para luego desaparecer.

Por un momento, Louie se sintió furioso con los aviadores que habían pasado tan cerca de ellos sin siquiera verlos. Pero la ira pronto desapareció. Recordó lo fácil que era pasar por alto una balsa cuando las nubes no cooperaban. Lo más probable era que él mismo hubiera fallado en ver alguna balsa cercana en labores de salvamento.

El caso era que habían perdido su mejor oportunidad de ser rescatados. Con cada hora que transcurría, viajaban cada vez más al oeste, alejándose de las rutas de vuelo tradicionales. Si no los encontraban, su única oportunidad de sobrevivir consistía en encontrar tierra. Sabían por demás bien que al oeste no había una sola isla en 3 300 kilómetros.[18] Si por algún milagro flotaban toda esa distancia y seguían vivos, quizás llegarían a las Marshall. Si se desviaban un poco hacia el sur, podían llegar a las Islas Gilbert. Si tenían la fortuna de flotar hasta esas islas sin pasarse de largo, debían enfrentar otro problema. Ambos archipiélagos pertenecían a los japoneses. Al ver cómo se iba el *Daisy Mae*, Louie sintió que su ánimo se hundía.

Mientras los náufragos miraban cómo sus rescatadores potenciales se alejaban, no muy lejos de ellos, George "Smitty" Smith —quien había hablado de Cecy con Phil la noche anterior—, piloteaba su B-24 sobre el mar en busca de cualquier señal de los extraviados. A unos 80 kilómetros de Barbers Point, una base localizada a sotavento de Oahu, su tripulación vio algo. Al acercarse, Smitty vio varias cajas amarillas rectangulares que flotaban en la superficie. Algunos peces grandes nadaban en círculos alrededor de ellas.

Las cajas no habían pertenecido a la carga del *Avispón Verde*. Estaban demasiado cerca de Oahu; no podían haber viajado hasta allí, pues no había corrientes que siguieran esa dirección. Sin embargo, el avión de Corpening sí podía haber caído en algún sitio cercano a la ruta de vuelo norte-sur, en que Smitty buscaba. Era muy probable que las cajas fueran lo último que quedaba del avión de Corpening y sus hombres.

Las cajas no eran lo único que Smitty había encontrado ese día. En la misma zona en que el *Avispón Verde* había caído, detectó un objeto amarillo en el agua. Descendió su bombardero para ver mejor. Parecía ser una caja de provisiones igual a las que llevaban los B-24, pero no estaba seguro. Smitty voló en círculos durante

---

[18] En dirección oeste, a medio camino entre Hawái y las Islas Marshall, el lecho marino llegaba a estar a sólo cinco metros bajo la superficie. Casi se trataba de una isla, pero no en forma.

quince minutos, mas no encontró nada en las inmediaciones. Smitty probablemente creyó que miraba parte del avión de Phil. Voló de regreso a Oahu pensando en el mucho dolor que su amiga Cecy experimentaría al enterarse de que su prometido estaba perdido.

En Oahu, los hombres del Escuadrón 42 perdían las esperanzas. "Cuppernell, Phillips, Zamperini (el corredor olímpico) y Mitchell se perdieron camino a Palmira", escribió en su diario un miembro de los equipos de tierra. "Me cuesta trabajo acostumbrarme a cosas como ésta. Justo el otro día los llevé a Kahuku; ¡la pasaba yo bien con ellos y ahora están muertos! Los otros pilotos actuaron como si nada hubiera sucedido, y hablaban de regresar las ropas y pertenencias de los accidentados a casa, cual si se tratara de un asunto cotidiano. Así son las cosas: ¡en verdad se trata de un asunto de todos los días!"

Los náufragos se debilitaban. Pasando por alto el festín de las barras de chocolate, ninguno de ellos había comido desde el desayuno anterior a su último vuelo. Tenían muchísima sed y hambre. Tras el avistamiento del B-24, soportaron otra noche helada y luego un larguísimo cuarto día. No vieron aviones, barcos ni submarinos. Cada hombre bebió las últimas gotas del agua asignada.

En algún momento del quinto día, Mac perdió la cordura. Después de permanecer prácticamente callado durante días, empezó a gritar que todos iban a morir. Con la mirada extraviada y delirante, no dejaba de gritar. Louie lo abofeteó. Mac calló abruptamente y se recostó; parecía extrañamente aliviado. Tal vez lo confortó el control mostrado por Louie y se sintió protegido de las horribles posibilidades que su imaginación le presentaba.

Mac tenía buenas razones para perder la fe. Se había terminado el agua. Después del paso del B-24, no habían visto avión alguno y las corrientes los alejaban de las rutas transitadas por aviones amigos. Los hombres sabían que, de no haberlo hecho ya, pronto se cancelarían las labores de búsqueda.

Esa noche, antes de intentar dormir, Louie rezó. Sólo lo había hecho una vez en su vida, cuando su madre enfermó siendo él niño. Había temido perderla. Esa noche en la balsa pidió ayuda con palabras que no llegaron a sus labios.

Conforme los extraviados se alejaban de las rutas conocidas, sus últimas cartas llegaron a las familias y los amigos, quienes aún no sabían que estaban perdidos. Aparentemente, existía una política entre los militares en el sentido de no avisar a los seres queridos hasta que se llevaran a cabo las búsquedas iniciales.

El día posterior al accidente, llegó a Virginia la última carta de Phil. Estaba dirigida a su padre, el reverendo Phillips, quien llamaba a su hijo por su segundo nombre, Allen. El reverendo se había alistado en el ejército y ahora era conocido como el capellán Phillips en Campo Pickett. Las últimas noticias de Allen le habían llegado semanas atrás, gracias a las historias que los periódicos referían sobre la aventura del *Súper Man* en Naurú. El capellán Phillips había llevado los recortes sobre el bombardeo a las oficinas de un periódico local que había publicado una historia en relación con el heroísmo de Allen. A pesar de todo el orgullo que sentía, el capellán Phillips también estaba asustado. "Sólo espero que no vuelva a estar tan cerca de morir", escribió a su hija.

Probablemente, fue este mismo temor el que llevó al capellán Phillips a escribir a Allen para preguntar por el destino de los náufragos que su tripulación había encontrado esa primavera, rodeados de tiburones. En la última carta dirigida a su padre, Allen se mostraba optimista: todos los hombres estaban bien. Respecto de sí mismo, Allen escribió: "Aún sigo en el mismo lugar. . . Volveré a escribir pronto. Es todo por ahora. Al".

El fin de semana posterior al accidente, Pete, Virginia y Louis Zamperini hicieron una visita repentina a la casa de los padres de Cuppernell, quienes vivían en Long Beach. Fue un encuentro alegre en el que hablaron de sus muchachos. Tras la visita, Pete escribió a Louie pidiéndole que comunicara a Cuppernell que sus padres estaban por demás bien. Antes de cerrar el sobre, Pete incluyó una fotografía de él sonriendo. En el reverso, escribió: "No dejes que te corten las alas".

En Saranap, California, Payton Jordan abría la carta que Louie arrojara desde el interior del *Avispón Verde* mientras el avión se disponía a despegar por última vez. "Queridos Payton y Marge, decía, no sé por qué, pero sigo vivito y coleando".

Más vale que se cuide bien, pensó Jordan.

La última carta de Phil le llegó a Cecy estando en Princeton, Indiana, lugar en que terminaba su primer año como maestra de escuela. En su carta, Phil había escrito sobre la luna de Hawái y lo mucho que le recordaba la última vez que había estado con Cecy. "Nunca olvidaré ese momento que pasé contigo. Hay tantas cosas sucedidas estando contigo que no podré olvidar, espero que pronto llegue el día en que volvamos a hacer juntos lo que solíamos hacer". Y terminó esa carta como había terminado las anteriores: "Te amo, te amo, te amo".

No llegarían más mensajes de los extraviados. La carta de Pete a Louie llegó hasta la oficina postal de San Francisco, en donde se clasificaba el correo del undécimo grupo de bombarderos. Alguien escribió *Perdido en el mar* en el sobre y lo envió de regreso a Pete.

Había pasado una semana desde la desaparición del *Avispón Verde*. La búsqueda intensiva no había dado resultados positivos. Todos los hombres de la tripulación de Phil fueron declarados desaparecidos oficialmente. En Washington, inició el proceso de dar aviso a las familias. A la tripulación del *Daisy Mae* se le ordenó regresar el avión de Palmira a Oahu. La búsqueda había sido abandonada. Los hombres se sentían abatidos, querían seguir buscando. Durante el vuelo a Oahu, hablaron de sus compañeros desaparecidos.

En Kualoa, un teniente segundo de nombre Jack Krey entró a la cabaña para desempeñar la desagradable función de inventariar las pertenencias de los hombres y mandarlas a las familias. La habitación de Louie estaba prácticamente igual, como la había dejado al salir, el jueves por la mañana: ropa, un baúl, un diario que terminaba con algunas palabras relativas a una misión de rescate y un cartel de la actriz Esther Williams pegado a la pared. La nota que Louie había dejado en el casillero ya no estaba; tampoco estaba el licor. Entre las cosas de Louie, Krey encontró fotografías que él había tomado en el interior del avión. En algunas de ellas, había olvidado procurar que no apareciera el visor Norden, de manera que Krey tuvo que confiscarlas. El resto de las pertenencias de Louie fueron empacadas en su baúl y alistadas para el envío a Torrance.

Por la noche del viernes 4 de junio de 1943, la madre de Phil, Kelsey, estaba en Princeton, Indiana. En ausencia de su esposo e hijo, había vendido la casa en Terre Haute para mudarse a Princeton y así estar más cerca de su hija, Martha, y de su futura nuera, Cecy, de quien se había hecho buena amiga. Esa noche, cuando Kelsey visitaba a Martha, alguien le trajo un telegrama:

Lamento informarle que el Comandante General del Área del Pacífico reporta a su hijo —el teniente primero Russell A. Phillips— como desaparecido desde el 27 de mayo. Si se obtiene cualquier otra información relativa a su estado será notificada con prontitud.

El telegrama llegó a los Zamperini esa misma noche. Louise llamó a Sylvia, quien recientemente se había casado con un bombero, Harvey Flammer, y vivía ahora en un suburbio cercano con su marido. Al escuchar que su hermano estaba desaparecido, Sylvia se puso histérica, llorando a tan alto volumen que el vecino acudió a ver qué sucedía. Cuando le preguntó qué pasaba, Sylvia no logró siquiera hablar a causa del llanto. Poco a poco se recompuso lo suficiente para llamar a Harvey a la estación de bomberos. Estaba frenética y confundida; no sabía qué hacer. Harvey le dijo que fuera con su madre. Sylvia colgó el teléfono y corrió directo a la puerta.

Lloró durante los 45 minutos que duró el trayecto. Semanas antes, justo después del bombardeo a Naurú, ella había tomado el periódico matutino para ver en la primera página una fotografía de Louie, en la que su hermano lucía como perdido, mirando un agujero en el costado del *Súper Man*. La imagen la había horrorizado. Ahora que asimilaba la noticia de que Louie estaba desaparecido, no podía dejar de ver esa imagen en su cabeza. Cuando llegó a casa de sus padres, tuvo que recobrar la calma antes de entrar.

Su padre estaba tranquilo y callado; su madre era consumida por la angustia. Sylvia —quien al igual que toda la familia asumía que Louie había caído en el mar— le dijo a su madre que no se preocupara. "Con todas esas islas, dijo Sylvia, seguro está enseñando a alguien a usar el hula-hula". Pete llegó de San Diego. "Si tiene un cepillo de dientes y una navaja de bolsillo y llega a tierra, sobrevivirá", dijo él a su madre.

Tal vez fuera ese mismo día, o tal vez después, cuando Louise encontró la pequeña instantánea que habían tomado la tarde en que él se había ido, cuando estuvo junto a ella en los escalones de la entrada con la mano en su cintura. En el reverso de la fotografía, Louise escribió: "Louie ha sido reportado como desaparecido —mayo 27 de 1943".

La noticia de la desaparición de Louie ocupó las primeras planas de los diarios californianos y llegó a ser tema de programas de radio el 5 de junio. *Los Ángeles Evening Herald* y *Express* publicaron un artículo llamado "La vida de Zamp". Más que un artículo, parecía un obituario. Payton Jordan, ahora oficial de la marina, conducía hacia su base cuando escucho la noticia en la radio. Quedó estupefacto. Manejó hasta la base sintiéndose ausente y no hizo nada durante un tiempo. Luego comenzó a hablar con sus compañeros oficiales. El trabajo de Jordan consistía en entrenar cadetes en técnicas de supervivencia, y él y otros consideraron las muchas situaciones que Louie podía estar enfrentando. Todos estuvieron de acuerdo en que, si Louie tenía el entrenamiento adecuado, podría sobrevivir.

Pete llamó a Jordan y hablaron sobre Louie. Cuando Pete se refirió a su esperanza de que Louie fuera encontrado, Jordan pudo detectar que le temblaba la voz. Jordan pensó en llamar a los padres de Louie, pero no se decidía a hacerlo. No sabía qué decir. Esa misma noche, condujo a casa y contó lo sucedido a su esposa, Marge, quien había conocido a Louie en la USC. Realizaron sus quehaceres sin hablar gran cosa y luego se acostaron sin poder dormir, en silencio.

En Torrance, Anthony Zamperini se comportó estoicamente. Louise lloró y rezó. Debido al estrés, le surgieron heridas en las manos. Sylvia pensó que las manos de su madre parecían hamburguesas crudas.

En algún momento de aquellos días aciagos, una firme convicción se apoderó de Louise. Estaba absolutamente segura de que su hijo estaba vivo.

En Samoa, Stanley Pillsbury y Clarence Douglas seguían internados en el hospital tratando de recuperarse de las heridas recibidas en Naurú. El hombro de Douglas estaba lejos de sanar y, en el caso de Pillsbury, parecía carecer de emociones y padecía un dolor considerable. Los médicos no habían logrado remover toda la metralla de su pierna, y él sentía cada fragmento quemante. Faltaba mucho para que pudiera caminar de nuevo. En sus sueños, los aviones se abalanzaban sobre él de modo interminable.

Pillsbury estaba en su cama cuando Douglas entró con el rostro descompuesto.

"La tripulación cayó", dijo.

Pillsbury apenas lograba articular palabra. La primera emoción que le sobrevino fue una culpa abrumadora. "Si hubiera estado ahí, dijo después, podría haberlo salvado".

Douglas y Pillsbury se dijeron muy pocas cosas más. A la hora de partir, ambos nadaban en dolor. A Douglas le concederían pronto el regreso a Estados Unidos. Pillsbury seguiría en su cabaña en Samoa, con la esperanza de volver a caminar un día.[19]

En Oahu, los amigos de Louie se reunieron en las barracas. En honor a Louie, colgaron una pequeña bandera en un rincón de una de las habitaciones. La bandera permanecería en ese sitio mientras Louie, Phil y Mac flotaban a la deriva hacia el oeste. Los aliados, el undécimo grupo de bombarderos y el Escuadrón 42 llevaban la guerra a través del Pacífico en busca de la garganta de Japón.

---

[19] En cuanto logró caminar, Pillsbury fue asignado a una nueva tripulación como sustituto de un artillero ventral que había muerto. Debido a la superstición, la tripulación le dio un frío recibimiento. En una misión, un Zero trató de estrellarse con su avión, y una de sus cargas explotó dentro del fuselaje. El ingeniero encontró a Pillsbury tirado en el suelo con un pedazo de metal clavado encima de un ojo que le sangraba. El avión hizo un aterrizaje atropellado. Pillsbury fue vendado y enviado de vuelta a su puesto. De algún modo, Pillsbury sobrevivió a la guerra. Como testimonio de su resistencia, quedaron varias medallas al mérito y una cojera permanente. "Fue horrendo, horrendo, horrendo", dijo entre lágrimas 60 años más tarde. "Si uno se empeña, todo eso vuelve. Así es la guerra".

CATORCE

★ ★ ★

Sed

Phil sentía que se estaba incendiando. El sol ecuatorial quemaba la piel de los hombres. Los labios superiores, quemados y partidos, se habían hinchado tanto que obstruían sus fosas nasales, mientras los inferiores descansaban sobre las barbillas. Sus cuerpos presentaban heridas producidas por la corrosiva combinación de sol, sal, viento y restos de gasolina. Las crestas de las olas llegaban hasta la piel fisurada, lo que para Louie resultaba tan doloroso como el alcohol sobre una herida. El sol se reflejaba en el agua y los reflejos lastimaban las pupilas con sus espadas de luz blanca, haciendo que les doliera la cabeza. La sal había producido llagas del tamaño de una moneda de veinticinco centavos en los pies de los hombres. Las balsas se cocinaban junto con sus ocupantes y emitían un olor acre.

Las latas de agua estaban vacías. Desesperadamente sedientos y sobrecalentados, los hombres se limitaban a usar las manos para escanciar agua marina sobre sí mismos. La frescura del mar llamaba, pero el llamado era desoído debido a los tiburones que seguían circundando. Un tiburón de unos dos o tres metros acechaba las balsas sin descanso, día y noche. Los hombres estaban especialmente cansados de él, y cuando el animal se acercaba de más, alguno de ellos empuñaba un remo para golpearlo.

Al tercer día sin agua, apareció una mancha en el horizonte. Creció, se oscureció, flotó sobre las balsas y bloqueó el sol. Así cayó la lluvia. Los hombres echaron para atrás la cabeza, arquearon su espalda, extendieron los brazos y abrieron la boca. La lluvia caía en sus pechos, labios, rostros, lenguas. Alivió las pieles lavando la sal, el sudor y la gasolina de sus poros. El agua se deslizó por sus gargantas y alimentó sus cuerpos. Fue una explosión sensorial.

Sabían que no duraría mucho. Tenían que encontrar una manera de recolectar el agua. Las delgadas latas vacías lograron captar muy poco líquido. Louie, con el rostro levantado y sin dejar de abrir la boca para que la lluvia cayera en ella, tentaleó la balsa en busca de algo mejor. Hurgó en las bolsas de supervivencia y sacó una de las bombas de aire. Estaba envuelta en una funda de lona de unos 35 centímetros de largo, cosida por un lado. Rompió la costura, extendió la lona formando una suerte de tazón y miró feliz cómo el agua se acumulaba en el artilugio.

Había recolectado cerca de medio litro cuando una ola rompió contra la balsa y echó a perder el agua. No sólo habían desperdiciado la parte más fructífera de la tormenta, sino que la lona debía de ser enjuagada antes de que Louie pudiera volver a recolectar agua. Y cuando ya había hecho eso, no pudo evitar que la siguiente ola hiciera lo mismo, pues Louie no lograba verlas antes de que se estrellaran contra la balsa.

Louie trató de implementar un nuevo sistema. En lugar de esperar a que se formaran depósitos más grandes en la lona, comenzó a chupar continuamente el agua recolectada para luego escupirla en las latas. Cuando las latas estuvieron llenas, siguió reuniendo agua para darla a sus compañeros cada 30 segundos o algo así. Rompieron la cubierta de la segunda bomba para seguir captando la lluvia. Cuando salió el sol, se dieron cuenta de que las fundas de lona hacían las veces de excelentes sombreros. Comenzaron a turnarse para usarlas: dos hombres se cubrían y el otro esperaba turno.

Estaban hambrientos. Ahora quedaba claro que el abuso de Mac en relación con el chocolate era una catástrofe y no sólo la molestia que supuso en principio. Louie estaba resentido con Mac y Mac parecía saberlo. A pesar de que Mac nunca habló del tema, Louie percibía que la culpa corroía a su compañero.

Conforme el hambre se acumulaba, los hombres comenzaron a experimentar un síntoma clásico de la falta de alimento: no podían dejar de pensar en comida. Se quedaban mirando el mar y pensaban en las criaturas comestibles que ahí vivían, mas careciendo de carnada, no podrían capturar ni siquiera un pececillo. Ocasionalmente pasaba un ave, siempre fuera de su alcance. Los hombres estudiaron sus zapatos y se preguntaron si podrían comer el cuero. Decidieron que no.

Pasaron los días. Cada noche, el calor sofocante daba lugar al frío. Era difícil dormir. Phil sufría particularmente los estragos del frío, pues al estar solo recostado en su balsa, no contaba con la ayuda de otro cuerpo para calentar el agua que le rodeaba. Temblaba durante toda la noche y tenía demasiado frío para dormir. Durante el día, el cansancio, el calor y el movimiento de la balsa mareaba a los náufragos. Dormían la mayor parte del día y pasaban acostados el resto del tiempo, ahorrando su preciosa y huidiza energía.

A Phil se le ocurrió que, desde la perspectiva de las aves, sus cuerpos quietos y oscurecidos por las lonas de las bombas debían parecer despojos sin vida. Tenía razón. Un día, habiendo transcurrido unas nueve o diez jornadas desde el inicio de la odisea, Louie sintió que algo se posaba en su improvisado sombrero y vio que ese algo proyectaba una sombra frente a él. Era un albatros. Al estar cubierta la cabeza de Louie, el ave no se percató de que estaba parada sobre un hombre.

Lenta, muy lentamente, Louie levantó la mano hacia el ave; sus movimientos eran tan graduales que se notaban apenas un poco más que el movimiento del minutero dando la vuelta a la carátula de un reloj. El ave descansaba en calma. En su momento, la mano abierta de Louie estaba junto al ave. De pronto, Louie cerró la mano atrapando las patas del ave, que lanzó picotazos por todas partes e hirió los nudillos de Louie, pero él aferró la cabeza y le rompió el cuello.

Louie usó las pinzas para abrir el ave. Un olor fétido surgió del cuerpo haciendo retroceder a los tres hombres. Louie pasó un pedazo de carne a Phil y Mac tomó uno para sí. El hedor seguía entre ellos y les provocaba accesos de náusea. No lograron meter la carne en sus bocas, pues sentían deseos de vomitar. Luego se dieron por vencidos.

A pesar de que no podían comer el ave, finalmente tenían carnada. Louie sacó los implementos de pesca, ató la línea a un pequeño anzuelo y lo lanzó al agua. Apenas había pasado un momento cuando un tiburón pasó por ahí llevándose el anzuelo, la carnada y medio metro de línea. Louie dispuso otro anzuelo y, de nuevo, se lo llevó un tiburón. El tercer intento produjo justo el mismo resultado. Finalmente, los tiburones permitieron que un anzuelo flotara en el agua sin llevárselo. Louie sintió que algo picaba y tiró de la línea. Al final de ésta se debatía un delgado pez piloto de unos 25 centímetros de largo. Mientras Louie lo abría, todos sintieron algo de aprensión. Nadie había comido antes pescado crudo. Colocaron un pedacito en sus bocas. La carne no tenía sabor. Dejaron únicamente los huesos.

Era el primer alimento que entraba en su boca desde hacía una semana. Entre tres hombres, el pescadito no duró mucho, pero la proteína les dio energía. Louie había demostrado que si se mostraban persistentes y plenos en recursos, podían atrapar comida. Tanto él como Phil se sintieron inspirados. Sólo Mac permaneció inalterado.

Phil se sentía un tanto incómodo en relación con el albatros. Como muchos estudiantes de su generación, había leído "La rima del anciano marinero", el poema de Samuel Taylor Coleridge. En esa obra, un marinero mata a un albatros amigable que, según se afirma, hacía soplar al viento. En consecuencia, el marinero y la tripulación quedan varados por la falta de viento en esas aguas infernales, atormentados por la sed y por monstruosas criaturas. La tripulación muere y el marinero queda en un limbo infernal, con el albatros colgando de su cuello mientras los tripulantes muertos le dirigen miradas de reproche.

Louie no era supersticioso, pero se había acostumbrado a los albatros en la Navidad que pasó observándolos en Midway. Sentía lástima por el ave. Phil le recordó a Louie que se decía que matar a un albatros traía mala suerte. Después de un accidente aéreo, respondió Louie, ¿cuánta mala suerte podía aún depararles el destino?

Pasaron varios días más. Louie no logró pescar nada y su dotación de anzuelos era cada vez menor. No se acercaron más aves a la balsa. De vez en cuando, llovía lo suficiente para captar algo de agua en las latas.

Los hombres flotaban en un vacío sensorial. Cuando el clima se mostraba calmo, el océano estaba en silencio. Nada podían tocar excepto agua, piel, pelo y lona. Fuera del olorcillo acre, a quemado, que producía la balsa, no había olores. Nada podían mirar excepto mar y cielo. En un momento dado, Louie metió su dedo a un oído y sintió la cerilla. Olió su dedo y, por lo novedoso, el olor de la cerilla le pareció curiosamente refrescante. Desarrolló el hábito de meterse el dedo en el oído para olerlo. Phil y Mac comenzaron a hacerlo también.

Cuando Louie dormía, soñaba que estaba en tierra tratando de dormir, pero sin lograrlo dado que no encontraba un lugar seguro para hacerlo, sólo encontraba rocas, lodo, camas de cactus. Se soñaba en peligrosos arrecifes o en peñascos inestables, y el suelo se estremecía bajo su peso. Phil tenía sueños muy parecidos.

Conforme pasaba el tiempo, Phil comenzó a pensar en un artículo escrito por el célebre piloto de la Primera Guerra Mundial, Eddie Rickenbacker. Lo había leído en la revista *Life*, el pasado invierno. En octubre pasado, un B-17 que llevaba a Rickenbacker y su tripulación sobre el Pacífico se había perdido hasta acabarse la gasolina. El piloto acuatizó y logró que el avión flotara lo suficiente para que los hombres se subieran a las balsas. Habían flotado al garete durante semanas, sobreviviendo con lo que encontraron en las balsas, con el agua de lluvia, el pescado y las aves. Un hombre murió y el resto alucinó manteniendo conversaciones con compañeros invisibles, cantando canciones extrañas y discutiendo si debían apearse del auto imaginario en que creían viajar . Un teniente fue visitado por un espectro que había tratado de guiarlo con engaños hasta el fondo del mar. Finalmente, las balsas se separaron y una de ellas llegó hasta una isla. Los nativos se comunicaron por radio a Funafuti y los otros hombres fueron rescatados.

Parecía que la tripulación de Rickenbacker había llevado la supervivencia hasta sus últimas consecuencias. Según lo escrito por él, habían flotado durante 21 días (en realidad fueron 24); Phil, Louie y Mac creían que se trataba de un récord. De hecho, el récord de supervivencia en balsa de rescate inflable había sido impuesto en 1942, cuando tres víctimas de un accidente aéreo de la marina sobrevivieron en el Pacífico durante treinta y cuatro días, antes de llegar a una isla en que los nativos los habían albergado.[20]

Al principio, Phil no pensó siquiera en contar los días, pero cuando el naufragio se extendió, comenzó a poner atención al tiempo que habían pasado ahí. No tenía problemas para contar los días sin confundirse; debido a que habían estado en la balsa sólo una fracción del día en que se accidentaron, Phil y Louie consideraron que el primer día era el siguiente. Cada nuevo día, Phil se decía que seguramente serían hallados antes de llegar a la marca de Rickenbacker. Cuando pensaba en qué harían al pasar la marca, carecía de respuesta.

La historia de Rickenbacker —la cual también le era familiar a Louie— era importante por otra razón. La exposición prolongada a la intemperie, la deshidratación, el estrés y el hambre pronto habían desquiciado a muchos de los compañeros de Rickenbacker, destino por demás común entre los náufragos. A Louie le preocupaba más la salud mental que el sostenimiento físico. Pensaba en una clase de psicología que había cursado: el profesor le había enseñado a pensar que la mente era como un músculo que se atrofia si no se utiliza. Louie estaba determinado a evitar que su mente languideciera. Pasara lo que pasara con sus cuerpos, sus mentes seguirían estando bajo control.

A los pocos días del accidente, Louie empezó a bombardear a los demás con preguntas relativas a todos los temas imaginables. Phil aceptó el reto y pronto la balsa se convirtió en una especie de infinito programa televisivo de preguntas y respuestas. Compartieron sus vivencias, desde los primeros recuerdos en adelante, con

---

[20] En 1942, Poon Lim sobrevivió 133 días solo en una balsa luego de que su barco fue hundido por un submarino alemán. La odisea de Lim fue un récord, pero su barca era grande, de madera y metal, tipo "Carley", equipada con 40 litros de agua, una cantidad decente de comida, una lámpara eléctrica y otras provisiones.

todo detalle. Louie habló de sus días en la USC; Phil habló de Indiana. Recordaron las mejores citas que habían tenido. Contaron una y otra vez las historias de las bromas que se habían gastado entre ellos. Cada respuesta era seguida por otra pregunta. Phil cantó himnos religiosos; Louie enseñó a los otros dos la letra de "Blanca Navidad". Cantaron esa canción en el mar, un villancico en pleno mes de junio. Únicamente los tiburones escucharon su canto.

Cualquier conversación derivaba en la comida. Louie solía presumir de las habilidades culinarias de su madre, y en cierto momento, Phil pidió a Louie que describiera cómo cocinaba. Louie comenzó por un platillo que todos encontraron satisfactorio, de modo que siguió hablando de cada plato refiriendo hasta el mínimo detalle posible. Pronto, la cocina de Louise parecía estar ahí flotando entre los hombres: las salsas humeaban, las especias eran distribuidas con gran pericia y la mantequilla se deshacía en la lengua.

Así comenzó un ritual que se celebraba en las balsas tres veces al día. El pastel de calabaza y el espagueti eran los temas favoritos. Los hombres llegaron a conocer tan bien las recetas de Louise que, si Louie se saltaba una parte del proceso o si omitía un ingrediente, Phil, y a veces Mac, le corregían de inmediato y hacían que comenzara de nuevo. Cuando el alimento imaginario estaba ya listo, devoraban cada migaja describiendo uno a uno los bocados. Revivían las escenas con tal minuciosidad, que por un tiempo sus estómagos eran engañados.

Cuando la comida era ingerida y las vivencias pasadas se agotaban, pasaban a tratar del futuro. Louie tenía planes de comprar la estación de trenes de Torrance para convertirla en un restaurante. Phil fantaseaba con retornar a Indiana, tal vez para convertirse en profesor. No podía esperar a que llegara el momento de volver a ver la Indy 500. La carrera había sido suspendida a causa de la guerra, pero Phil la revivía mentalmente. Recordaba, como si de ese mismo día se tratara, la sábana que extendieron sobre el césped, la comida que pusieron encima de ésta y el paso fugaz de los autos. Y pensó en Cecy. No se le había ocurrido meter una foto suya en la cartera antes de dejar la cabaña, pero no dejaba de pensar en ella.

Para Louie y Phil, las conversaciones eran medicina, pues los sacaban de su sufrimiento y hacían que el futuro fuera algo concreto. Conforme se imaginaban de vuelta al mundo, asumían un final feliz para su aventura y convertían esto en esperanza. Con estas conversaciones, crearon una razón para vivir.

En ninguna de estas sesiones intensivas tocaron el tema del accidente. Louie quería hablar de éste, pero algo relacionado con Phil se lo impedía. En ocasiones, Phil parecía perdido en pensamientos problemáticos, y Louie aventuraba que Phil revivía el accidente y tal vez se hacía responsable por la muerte de sus hombres. Louie quería asegurarle a Phil que no había hecho nada mal, pero decidió que abordar el tema aumentaría la preocupación de Phil. Mejor no dijo nada.

Mientras Louie y Phil se interrogaban mutuamente, Mac solía sentarse en silencio. A veces pedía a Louie que describiera una receta, y ocasionalmente intervenía, pero era muy difícil hacer que participara plenamente. Compartió algunos recuerdos, y a pesar de que los otros dos lo instaban a ello, no podía imaginar un futuro. Parecía que, en su caso, el mundo se había alejado demasiado.

Dado el muy bajo nivel de supervivencia de los náufragos en balsa, la desesperanza de Mac era razonable. Lo destacable es que los dos hombres que compartían la difícil situación de Mac no compartían su desesperanza. Aunque Phil se preguntaba constantemente cuánto tiempo más duraría eso, no se le había ocurrido la idea de que podía morir. Lo mismo pasaba con Louie. A pesar de que ambos sabían demasiado bien que se encontraban en una situación extremadamente seria; los dos tenían la capacidad de alejar el miedo de sus pensamientos, concentrándose en cómo sobrevivir y asegurándose que las cosas funcionarían.

Sigue siendo un misterio por qué estos tres hombres, veteranos con el mismo entrenamiento y provenientes del mismo accidente, diferían tan radicalmente en su percepción de la difícil situación. Tal vez la diferencia haya sido biológica; podría ser que algunos hombres estuvieran "programados" para el optimismo mientras que otros lo están para la duda. Siendo niño, Louie había saltado de un tren y vio cómo éste se llevaba a su familia; sin embargo, nunca se había preocupado por su seguridad, lo cual sugería que había nacido siendo optimista. Quizás las historias personales habían derivado en convicciones opuestas respecto de su capacidad de superar la adversidad. Phil y Louie habían sobrevivido Funafuti y habían tenido un desempeño excelente en Naurú. Confiaban el uno en el otro. "Si sólo quedara una cosa, él me la hubiera dado", dijo Phil una vez refiriéndose a Louie. Mac nunca había visto acción, no conocía a estos oficiales e ignoraba también muchas cosas de sí mismo. Todo lo que sabía en relación con su capacidad de enfrentar una crisis era que, en aquella primera noche, había entrado en pánico y se había comido el único alimento disponible. Conforme pasó el tiempo y el hambre acechaba, este acto fue cobrando más y más importancia, y puede haber aumentado la sensación de futilidad de Mac.

Para Phil había otra fuente de fortaleza que ni siquiera Louie sospechaba. De acuerdo con su familia, en su estilo tranquilo y privado, Phil era un hombre profundamente religioso que llevaba consigo una fe inculcada por sus padres. "Había dicho muchas veces a Al que hiciera su mejor esfuerzo, pues sabía hacer las cosas", escribió una vez el padre de Phil, "y cuando las cosas van más allá de su control, sabe pedir al Señor que intervenga y ayude".

Phil nunca habló de su fe, pero al cantar himnos sobre el océano, conjurando a un Dios protector, el rescate se sentía más cerca y la desesperación distaba más.

Desde la más remota infancia, Louie había interpretado cada limitación a él atribuida como un reto a su ingenio, recursos y determinación de rebelarse. El resultado había sido una juventud alocada. Por más que sus hazañas hayan sido enloquecedoras para su padres y para el pueblo, el éxito de Louie al realizarlas favorablemente le habían dado la convicción de que podía superar cualquier obstáculo. Ahora que estaba sometido a una situación extrema, la desesperación y la muerte se convirtieron en el foco de su desafío. Los mismos atributos que lo habían convertido en el terror de Torrance lo mantenían vivo en ésta, la más importante lucha por la vida.

A pesar de que los tres hombres enfrentaban los mismos sinsabores, sus percepciones distintas de la realidad parecían delinear su destino. La esperanza de Louie y Phil desplazaba su temor y los inspiraba a trabajar en pos de la supervivencia, y cada éxito renovaba su vigor físico y emocional. La resignación de Mac parecía paralizarlo, y mientras menos participaba en los esfuerzos por sobrevivir, más se hundía. Aunque era el que menos cosas hacía, conforme pasaban los días, era el que más se marchitaba. El optimismo de Louie y Phil, al igual que la desesperanza de Mac, se convertían en profecías autocumplidas.

Pasaron dos semanas. La piel de los hombres estaba quemada, inflamada y abierta. Unas misteriosas líneas blancas les salieron en las uñas de pies y manos, y las heridas de sal subían por sus piernas hasta las nalgas y la baja espalda. Las balsas se estaban descomponiendo en el sol y el agua salada, por lo que teñían de amarillo encendido la ropa y piel de los hombres, haciendo además que todo fuera pegajoso.

Los cuerpos de los hombres iban consumiéndose poco a poco. Cada día, Louie notaba diferencias mayores en su peso y en el de sus compañeros de balsa, comparando con el día anterior: los pantalones estaban más holgados, los rostros más afilados. Cuando pasaron la marca de los quince días, comenzaron a lucir grotescos. Su carne parecía haberse evaporado. Las mejillas, ahora barbadas, se habían hundido hasta formar concavidades. Sus cuerpos se devoraban a sí mismos.

Llegaban a un punto de su prueba que para otros desdichados ha sido un horrendo parteaguas. En 1820, después de que el ballenero *Essex* fuera hundido por una ballena iracunda, los sobrevivientes del bote de rescate, a punto de morir, recurrieron al canibalismo. Unos 60 años más tarde, tras diecinueve días a la deriva, los famélicos sobrevivientes del yate hundido de nombre *Mignonette* mataron y se comieron a un adolescente de la tripulación. Las historias de canibalismo entre náufragos eran tan comunes que los marineros británicos consideraban la práctica de elegir y sacrificar a una víctima como una "costumbre establecida entre gente de mar". Para los bien alimentados hombres de tierra, la idea de consumir un ser humano siempre ha inspirado repulsión. Para muchos marineros que han estado al borde de la muerte, perdidos en la agonía y presas de los efectos que alteran la mente cuando el hambre arrecia, la opción ha sido válida e incluso inevitable.

Para Louie, la idea de consumir carne humana era nauseabunda e impensable. Comer a un ser humano, incluso si la persona había muerto por causas naturales, era algo horroroso para él. Los tres hombres tenían las mismas convicciones en este sentido. El canibalismo no era opción, ni en ese momento ni nunca.

Pasados quince días, las cosas habían cambiado para Louie. Comenzó a rezar en voz alta. No tenía idea de cómo hablar a Dios, así que recitaba fragmentos de oraciones que había escuchado en las películas. Phil humillaba la cabeza cuando Louie hablaba diciendo "Amén", al final de las oraciones. Mac sólo escuchaba.

Las balsas flotaron en la corriente con las ataduras serpenteando tras de ellas. Parecía que aún flotaban hacia el oeste, pero sin puntos de referencia, nadie estaba seguro. Al menos parecían ir a alguna parte.

El segundo albatros se posó sobre la cabeza de Louie en algún momento del día catorce. Louie volvió a acercar lentamente la mano, lo atrapó y lo mató. Los hombres se quedaron ahí mirándolo al recordar la peste del último albatros. Cuando Louie lo abrió, les sorprendió gratamente que no oliera tan mal. Aún así, nadie quería comerlo. Louie cortó la carne e insistió en que todos comieran. Los tres se obligaron a tragar la carne. Dado que Mac parecía necesitar más el alimento, le reservaron toda la sangre.

En el estómago del ave encontraron varios peces pequeños que decidieron usar como carnada, y con ellos atraparon otro pez. Reservaron algo de la carne del ave para usarse como carnada y puso a secar los huesos con la esperanza de que sirvieran como anzuelos.

El tiempo se extendía lo infinito. Louie atrapó algunos peces. Una vez aprovechó que una ola dejó en la balsa un pez pequeño que usó como carnada para atrapar a un pez piloto relativamente gordo. Las lluvias eran intermitentes y dejaban a los hombres absorbiendo cada gota de agua que podían reunir en sus adminículos. Louie y Phil tomaron turnos para orar cada noche. Mac seguía en su propio mundo.

Los hombres adelgazaron. Phil recuperaba gradualmente las fuerzas tras su estado de conmoción inicial y cansancio extremo; el cuerpo de Mac se debilitaba al igual que su espíritu roto. Luego las lluvias pararon y las latas de agua se secaron. Llegaron al día veintiuno. Atraparon un pez y organizaron una pequeña celebración por pasar la que pensaron era la marca de Rickenbacker.

Por un tiempo, Louie había notado un olor nauseabundo que llegaba a ellos. Provenía de la cabeza de Phil. La sangre de su vendaje se estaba pudriendo y pedazos de costras caían en la balsa. Phil no podía olerla y Louie no podía soportarla. Louie desató la camiseta y la desenrolló cuidadosamente de la cabeza de Phil. Bajo una gruesa capa de sangre seca, las heridas habían cerrado limpiamente. El sangrado se había detenido. La camiseta podía irse.

Unos cuantos días después, Louie vio algo raro. El mar del firmamento comenzó a pelarse hacia arriba. Se formó un gran aro negro que luego se elevó y comenzó a acelerar hacia ellos. Louie gritó una advertencia y los otros dos tomaron sus providencias. Se tiraron pegando sus cuerpos lo más posible al fondo de la balsa para no ser volcados. Se abrazaron conforme la ola se acercaba.

Justo cuando la ola llegó hasta ellos, se percataron de que no se trataba de ninguna ola. Era una gran banco de delfines que nadaba a velocidad increíble. Los delfines se acercaron a las balsas y pronto nadaban varios alrededor de ellas. Al mirar en el agua, Phil vio miles de pequeños peces que parecían llenar el mar. Los delfines los perseguían. Los hombres metieron los brazos al agua con la esperanza de atrapar algunos de ellos, pero los peces se les escurrían entre los dedos. De haber tenido una red, habrían llenado las balsas con peces, pero con las manos no se las arreglaban para atrapar ni uno.

Louie ya no tenía carnada. A no ser por los tiburones, los únicos peces que se aventuraban a acercarse a las balsas eran los piloto, siempre pegados a los costados de los tiburones que los circundaban. Era fácil alcanzarlos; el problema era que se le escapaban a Louie. Los tiburones habían robado todo anzuelo lo suficientemente pequeño para entrar en las bocas de los peces pi-loto, de manera que Louie decidió probar suerte con los huesos de albatros, pero los peces los escupían.

Al mirar la línea para pescar que le quedaba, tuvo una idea. Cortó pequeñas porciones de la línea, las ató a los anzuelos gran-des, y luego ató tres anzuelos a los dedos de una mano, uno en su dedo meñique, otro en el dedo medio y el tercero en su pulgar, orientados como si fueran garras. Mantuvo la mano quieta sobre la superficie del agua y esperó.

Un tiburón nadó por ahí acompañado de un pez piloto. Ha-biendo pasado la cabeza del escualo, Louie hundió su mano en el agua. Cuando el pez piloto nadó con toda naturalidad bajo su mano, cerró los dedos alrededor del pez. Los anzuelos penetraron. Louie sacó al pez del agua, jubiloso.

En algún momento de esa semana, un ave marina se posó en el borde de la balsa, justo entre los hombres. Estaba más cerca de Phil y, sin hablar, los hombres se hicieron señas para comunicar a Phil que lo atrapara. Lo hizo. Era diminuto y tenía muy poca carne, pero poco tiempo después otra ave se posó en la balsa. Esta vez la atrapó Mac. Louie tenía tanta hambre que se precipitó sobre ella quitando las plumas con los dientes y escupiéndolas en grandes cantidades. Casi inmediatamente, sintió que algo le ca-minaba en la barbilla. El ave estaba cubierta de piojos que ahora saltaban en su rostro.

Algo en la comezón ocasionada por los piojos en su cara afec-tó a Louie en mucho mayor medida que cualquier otra cosa que le hubiera sucedido hasta entonces. Comenzó a rascarse y a tallarse, pero no podía deshacerse de los piojos, que se internaban ya por su barba en dirección al cabello. Metió la parte superior del cuerpo en el agua. Phil y Mac se dieron cuenta de que los tiburones le iban a comer la cabeza, tomaron los remos y los golpearon alejándolos mientras Louie se sumergía tratando de ahogar a los piojos. Después de unas seis zambullidas, terminó la comezón.

Al paso de los días, los hombres atraparon tres o tal vez cuatro aves. Una voló muy bajo, cerca de la balsa y luego volvió a ascender. De repente, Mac extendió la mano y atrapó al ave por una pata en el aire, pasándole al animal ruidoso a Louie, quien quedó asombrado por la rapidez de Mac. Los hombres comieron cada parte del ave y de todas las demás que atraparon, dejando únicamente los huesos y las plumas.

Durante días, Louie se recostó sobre el borde de la balsa con los anzuelos atados a las manos, tratando de atrapar a otro pez piloto. No lo logró. El agua volvió a terminarse y la sed era agonizante. Pasaban los días y nada de lluvia. En dos ocasiones, los hombres remaron hacia tormentas distantes, pero siempre se terminaba la lluvia antes de que ellos llegaran, dejándolos exhaustos y desmoralizados. Cuando la siguiente tormenta se anunciaba en el horizonte, ninguno de ellos tenía ya fuerza o disposición para ir tras ella.

La sed intensa y el sobrecalentamiento llevaron a Phil a hacer algo casi suicida. Esperó a que los tiburones se alejaran un poco y se arrojó por la borda. Louie y Mac se arrodillaron cerca de él golpeando a los tiburones con el remo mientras Phil colgaba de la balsa, saboreando el agua fría y haciendo buches de agua antes de escupirla. Apenas tuvo la fuerza para volver a arrastrarse arriba de la balsa. Dado que Phil se había salido con la suya, los otros dos decidieron que valía la pena intentarlo, y tomaron turnos en el agua. Los hombres fueron capaces de mantener alejados a los tiburones lo suficiente para que los tres se dieran un chapuzón.

Al sexto día sin agua, los hombres reconocieron que no llegarían mucho más lejos. Mac se venía abajo a pasos agigantados.

Bajaron la cabeza mientras Louie rezaba. Si Dios pudiera saciar esa sed, juró, le dedicaría su vida.

Al día siguiente, por intervención divina o gracias a los humores siempre impredecibles de los trópicos, el cielo pareció abrirse y la lluvia cayó abundante. El agua se terminó dos veces más, dos veces más oraron y dos veces más llegó la lluvia. Las lluvias les dieron justo el agua suficiente para durar un poco más. Si solo viniera un avión.

QUINCE
★ ★ ★

Tiburones y balas

En la mañana del día 27 se acercó un avión. El suceso comenzó con un rumor de motores y después se vio una mancha en el cielo. Se trataba de un bombardero bimotor que se movía al oeste a buena velocidad. Estaba tan lejos que utilizar las bengalas y el tinte era cuestionable. Los hombres discutieron y votaron. Decidieron tomar la oportunidad.

Louie disparó una bengala, recargó y disparó una segunda, con lo que se dibujaron líneas vívidas en el cielo. Abrió un contenedor de colorante y lo vertió en el mar, luego sacó el espejo y procuró el ángulo ideal para proyectar un rayo de luz al bombardero.

Los hombres esperaron. El avión se achicó aún más y luego se perdió en la lejanía. Los náufragos se dejaron caer en las balsas y trataban de aceptar que habían perdido otra oportunidad cuando, en el horizonte, hacia el oeste, vieron un resplandor que trazaba una curva amplia y luego se dirigía a las balsas. El bombardero regresaba. Llorando de alegría, Louie, Phil y Mac agitaron las camisas sobre sus cabezas para llamar la atención. El bombardero se niveló y voló rasante sobre el agua. Louie echó un vistazo a la cabina. Vio dos siluetas, el piloto y el copiloto. Pensó en Palmira, en la comida y en lo agradable que sería pisar tierra firme.

Y entonces el océano hizo erupción. Hubo un ruido ensorde-
cedor y las balsas comenzaron a moverse y a estremecerse bajo los
náufragos. Los artilleros les disparaban.

Louie, Phil y Mac se lanzaron al agua. Nadaron bajo las balsas y se quedaron ahí viendo cómo las balas traspasaban las balsas
para penetrar el agua dibujando rayas a su alrededor. Los disparos
cesaron.

Los hombres salieron a la superficie. Después de dispararles,
el bombardero se retiraba en dirección este. Dos tiburones merodeaban. Tenían que salir del agua inmediatamente.

Phil se aferraba al borde de la balsa de Louie y Mac. Estaba
exhausto. El salto al agua había terminado con sus fuerzas. Trataba
de subirse pero no lograba superar el borde de la balsa. Louie nadó
detrás de él y lo empujó hasta que Phil pudo subir. También Mac
necesitó de la ayuda de Louie para subir. Después, Louie subió
solo. Los tres se quedaron ahí, asombrados pero ilesos. No podían
creer que los aviadores, confundiéndolos con japoneses, hubieran
atacado a náufragos desarmados. Bajo ellos, la balsa se sentía blan-
dengue. Se le salía el aire.

A lo lejos, el bombardero viró y se dirigió una vez más hacia
las balsas. Louie esperaba que la tripulación se hubiera percatado
de su error y regresara para ayudarlos. Volando a unos 70 metros
del agua, el bombardero se aproximó a gran velocidad, siguiendo
un trayecto casi paralelo a las balsas, de manera que los náufragos
vieron el costado del avión. Los tres lo vieron al mismo tiempo.
Detrás del ala, pintado cerca de la mitad del avión, había un círculo
rojo. El bombardero era japonés.

Louie vio que los artilleros apuntaban y supo que debería volver al agua. Phil y Mac no se movieron. Ambos estaban exhaustos.
Sabían que si se arrojaban por la borda de nuevo, no tendrían fuerza para salir una vez más y los tiburones darían cuenta de ellos. Si

se quedaban en la balsa, existía la posibilidad de que los artilleros fallaran.

Se recostaron mientras el bombardero se dirigía a ellos. Phil pegó las rodillas al pecho y se cubrió la cabeza con las manos. Mac se hizo ovillo junto a él. Louie los miró por última vez y se tiró al agua nadando hasta llegar bajo las balsas.

La lluvia de balas se precipitó sobre el océano con su caída de rayas brillantes. Al mirar hacia arriba, Louie vio como las balas atravesaban la lona, haciendo que los rayos de sol intenso y tropical iluminaran la sombra que proyectaban las balsas. Pasados unos cuantos metros, las balas perdían fuerza y producían un ruido silbante. Louie estiró los brazos sobre su cabeza y empujó el fondo de una de las balsas, tratando de sumergirse lo suficiente para salir del rango letal de las balas. Podía ver las formas que los cuerpos de sus compañeros dibujaban en el fondo de la balsa. Ninguno se movía.

Mientras las balas silbaban arriba, Louie intentó permanecer bajo las balsas. La corriente lo atrapó, girando su cuerpo hasta dejarlo en posición horizontal y arrastrándolo. Trató de resistir, pero no tenía sentido. Estaba siendo jalado por la corriente y sabía que, en caso de perder el contacto con las balsas, no sería capaz de nadar hasta ellas remontando la corriente. Cuando las balsas se alejaban, vio la cuerda que flotaba amarrada a la parte trasera de una de ellas. La atrapó y la amarró a su cintura.

Mientras estaba bajo el agua, las piernas quedaban frente a él debido a la corriente. Louie miró sus pies. Su calcetín izquierdo estaba levantado hasta la espinilla, mientras que el derecho estaba a punto de salirse. Miró cómo la punta de calcetín bailaba en la corriente. Entonces, entre la turbiedad situada más allá del calcetín, vio el enorme hocico abierto de un tiburón saliendo de las tinieblas y dirigiéndose a toda velocidad hacia él.

Louie recogió las piernas hacia su cuerpo. La corriente era demasiado poderosa para poder mantener las piernas bajo el tronco, pero podía moverlas lateralmente, alejándolas de la boca del tiburón, que volvió, emprendiéndola esta vez contra la cabeza de Louie directamente. Recordó el consejo del viejo en Honolulu: mantén una expresión amenazante y golpea el hocico del tiburón. Cuando el tiburón se lanzó en pos de su cabeza, Louie peló los dientes, abrió los ojos y golpeó la punta de la nariz del tiburón con la palma abierta. El animal se estremeció, se alejó nadando en círculos y volvió a la carga una segunda ocasión. Louie esperó hasta que el tiburón estuviera a centímetros de él y volvió a golpearlo en la nariz. De nuevo, el tiburón se alejó.

Las balas dejaron de caer. Tan pronto como pudo, jaló la cuerda hasta alcanzar la balsa. Se cogió de la borda y se levantó para colocarse fuera del alcance del tiburón.

Mac y Phil estaban recostados juntos en posición fetal, absolutamente quietos; los rodeaban muchos agujeros de bala en la lona de la balsa. Louie agitó a Mac, que produjo un sonido. Louie le preguntó si había sido herido. Mac respondió que no. Louie habló a Phil, que dijo estar bien.

El bombardero dio la vuelta y se dispuso a repetir la dosis. Phil y Mac se fingieron muertos; Louie volvió a arrojarse al océano. Mientras las balas acuchillaban el agua, el tiburón volvió al ataque, y de nuevo Louie le golpeó la nariz para repelerlo. Luego lo atacó un segundo tiburón. Louie se quedó ahí, girando en el agua mientras agitaba brazos y piernas entre dentelladas de tiburón y balas. En cuanto el bombardero salió de la posición de tiro, Louie volvió a subir a la balsa. Phil y Mac seguían ilesos.

Cuatro veces más fueron atacados por los japoneses, lo cual implicaba que Louie se lanzara al agua a luchar con los tiburones hasta que el avión pasaba de largo. A pesar de que había luchado con los animales hasta el punto de quedar exhausto, no fue mordido. Cada vez que emergía del agua, estaba seguro de que Phil y Mac estarían muertos. Increíble pero cierto: había agujeros de bala alrededor de ellos, incluso en los breves espacios entre balazo y balazo, pero ni una sola bala había hecho blanco en Phil o Mac.

La tripulación del bombardero tuvo un último gesto de sadismo. El avión retornó y Louie volvió al agua. Las puertas de la bahía de lanzamiento de bombas se abrieron y una carga salió, cayendo a unos veinte metros de las balsas. Los hombres se abrazaron en espera de una explosión, pero nada sucedió. O la carga era falsa o el bombardero encargado se había olvidado de armarla. *Si los japoneses son así de ineptos*, pensó Phil, *América ganará esta guerra.*

Louie trepó una vez más a la balsa y se colapsó. Cuando el bombardero regresó, estaba demasiado cansado para lanzarse al agua. La última vez que pasó el avión sobrevolando, Louie, Mac y Phil se quedaron quietos. Los artilleros no dispararon. El bombardero desapareció volando en dirección oeste.

La balsa de Phil había sido partida en dos. Una bala había golpeado la bomba de aire, y rebotando a todo lo largo de la base la había partido completamente. Todo lo que había estado colocado en esa balsa se perdió en el agua. Dado que la balsa arruinada estaba fabricada con lona ahulada, no se hundía, pero obviamente su estado descartaba la posibilidad de compostura. Encogida y amorfa, ondulaba en la superficie del océano.

Los hombres se apretujaban en lo que quedaba de la balsa de Mac y Louie, la cual era muy pequeña para los tres. La lona estaba adornada con pequeños agujeros de bala. La balsa tenía dos cámaras de aire, y ambas estaban perforadas. Cada vez que un hombre se movía, el aire salía de alguna de las cámaras y la lona se arrugaba un poco más. La balsa se hundía más y más en el agua. Los tiburones la rodeaban, seguramente excitados por las balas, por la visión y el olor de los hombres en el agua y por el lento hundimiento de la balsa.

Mientras los hombres estaban ahí juntos, exhaustos y en *shock*, un tiburón saltó por la borda de la balsa con el hocico abierto, tratando de arrastrar a alguno de los hombres al agua. Alguien tomó un remo y lo golpeó, con lo que el animal resbaló al agua. Luego brincó otro tiburón y luego otro más. Los hombres tomaron los remos y golpearon frenéticamente a los tiburones. Al hacerlo, el movimiento hacía que el aire saliera más rápido de la balsa y ésta se hundía cada vez más. En poco tiempo, parte de la balsa quedó completamente sumergida.

Si los hombres no inflaban la balsa inmediatamente, los tiburones acabarían con ellos. Una bomba se había perdido en el ataque; sólo quedaba la de la balsa de Louie y Mac. Los hombres la conectaron a una de las dos válvulas y tomaron turnos para inflar lo más rápido posible. El aire que entraba a la cámara salía por los agujeros de bala, pero los hombres descubrieron que si inflaban lo más rápido posible, quedaba en la balsa suficiente aire para mantenerla a flote. Los tiburones seguían su ataque y los hombres continuaban alejándolos a golpes.

Mientras Phil y Mac bombeaban y golpeaban tiburones, Louie buscó en la bolsa de provisiones el equipo para parchar que contenía hojas de material para ello, un tubo de pegamento y lija para raspar la superficie de la balsa de manera que el pegamento pudiera adherirse bien. El problema se manifestó inmediatamente: la lija no era a prueba de agua. Cuando Louie la sacó, sólo el papel emergió; la arenilla había quedado en la bolsa. Louie maldijo por centésima vez a quienquiera que hubiera equipado las balsas. Debía idear algo que pudiera raspar la lona para que el pegamento hiciera su trabajo. Meditó el problema y luego tomó el espejo de latón que había usado para llamar la atención del bombardero. Usando las pinzas, cortó tres dientes en el borde de latón del espejo. Phil y Mac seguían manteniendo a raya a los tiburones.

Louie empezó a parchar, comenzando con los agujeros de la parte superior de la balsa. Levantaba el área perforada para que el agua escurriera, eliminaba el agua restante de la superficie y procuraba que las olas no mojaran la lona mientras ésta era secada por el sol. Una vez seca, Louie utilizaba el espejo modificado para cortar una X sobre cada agujero. El material de la balsa consistía en dos capas de lona con hule entre ellas. Después de cortar la X, despegaba la lona para exponer la capa de hule, usaba el espejo para raspar el hule, ponía el pegamento y a continuación aplicaba el parche. Luego esperaba a que el sol secara el pegamento. En ocasiones, la cresta de una ola mojaba el parche antes de que secara, y había que comenzar de nuevo.

Mientras Louie trabajaba con la vista puesta en los parches, los tiburones le lanzaban dentelladas. Habiendo ganado experiencia, los tiburones dejaron de lanzarse a los hombres sin ton ni son y comenzaron a acechar, esperando el momento en que un remo estaba abajo o cuando les daban la espalda para atacar con más eficiencia. Una y otra vez se lanzaron hacia Louie por la espalda, cuando no podía verlos. Mac y Phil los alejaban a golpes.

Hora tras hora, los hombres trabajaron turnándose actividades hasta volverse torpes por el cansancio. El bombeo de aire era una labor demasiado agotadora para sus cansados cuerpos. Descubrieron que era más sencillo bombear apoyando el asa en el pecho y presionando la bomba contra éste. Los tres hombres eran indispensables. De haber sido únicamente dos, no podrían bombear, parchar y repeler a los tiburones simultáneamente. Por primera vez desde que estaba en las balsas, Mac fue verdaderamente útil. Apenas tenía fuerzas para activar la bomba unas cuantas veces seguidas, pero con el remo no fallaba en mantener a los tiburones a raya.

Llegó la noche. En la oscuridad, era imposible parchar, pero no podían dejar de bombear. Bombearon toda la noche, tanto que hasta perdieron la sensibilidad en los brazos.

A la mañana siguiente continuaron la labor de parchado. La cantidad de aire que se perdía era cada vez menor, y así pudieron descansar por períodos más largos. Eventualmente, el aire duraba bastante para que los hombres durmieran brevemente por turnos.

Cuando ya estaba parchada la parte superior, quedaba el problema de parchar la inferior, bajo el agua. Los tres hombres se apretujaban en un extremo de la balsa, manteniendo el equilibrio sobre un tubo de aire. Abrían la válvula y dejaban salir el aire de la parte en que no estaban sentados, la levantaban del agua, la volteaban de manera que el fondo viera hacia el cielo, la limpiaban y la secaban. Luego Louie comenzaba el proceso de parchado. Cuando esa mitad del fondo estaba reparada, la inflaban de nuevo, gateaban a la parte recién reparada, desinflaban la otra y repetían el proceso. De nuevo, las olas dieron al traste con las labores en más de una ocasión y todo debió hacerse otra vez.

Finalmente, no tuvieron más agujeros que parchar. Gracias a que las burbujas de aire seguían saliendo por los lados de la balsa, supieron que había más agujeros en sitios fuera de su alcance. Tendrían que vivir con ello. Los parches detuvieron la pérdida de aire de manera dramática y resistían incluso el choque de las olas. Descubrieron que sólo tenían que bombear una vez cada quince minutos o algo así durante el día, y nada durante la noche. Con la balsa razonablemente inflada, los tiburones dejaron de atacar.

La pérdida de la balsa de Phil fue un golpe muy duro. No sólo habían perdido todo lo que la balsa llevaba, sino que ahora los hombres tenían que apiñarse en una balsa para dos personas; estaban tan juntos que, para moverse, pedían a los demás que les hicieran espacio. Disponían de tan poco lugar que tomaban turnos para estirar las piernas. Por la noche, dormían uno junto al otro, alternando cabeza, pies, y cabeza para ajustarse al espacio.

Sin embargo, dos cosas buenas surgieron del ametrallamiento. Al mirar la balsa estropeada, Louie dio con un buen uso para ella. Separó con las pinzas las capas de lona de la de hule e hizo una sola capa grande y ligera. Por fin tenían algo que los protegiera de los rayos del sol durante el día y del frío por las noches.

El otro beneficio surgido del ametrallamiento fue la información que este suceso proveyó a los hombres. Cuando tuvieron un momento para recuperarse y meditar, Louie y Phil discutieron respecto del bombardero japonés. Pensaban que la nave venía proveniente de las islas Marshall o las Gilbert. Si estaban en lo correcto al creer que flotaban hacia el oeste, entonces las Marshall y las Gilbert estarían más o menos a la misma distancia de ellos. Pensaron que el bombardero estaba en labores de búsqueda, y si los japoneses seguían procedimientos similares a los norteamericanos para las búsquedas marinas, debían haber despegado cerca de las siete de la mañana, unas cuantas horas antes de que alcanzaran las balsas.

Calcularon la velocidad de crucero y el alcance del bombardero, y así lograron calcular cuántas horas podía pasar el bombardero en el aire después de haberlos atacado, dato con el que pudieron estimar también lo lejos que estaban ellos de la base del bombardero. Calcularon estar a unos 1400 kilómetros de la base del avión japonés. Si eso era correcto, dado que habían caído a unos 3 200 kilómetros al este de las Marshall y las Gilbert, ya habían recorrido más de la mitad de la distancia a esas islas, cubriendo unos 65 kilómetros diarios. Phil repensó estos números y se sorprendió. No tenían idea de que estaban tan al oeste.

Al extrapolar estos datos, hicieron cálculos para tratar de determinar cuándo llegarían a las islas. Phil dijo que llegarían al día 46. Louie aventuró que lo harían en el día 47. Si sus cálculos eran correctos, tendrían que durar el doble que Rickenbacker. Eso significaba que deberían sobrevivir en la balsa durante casi tres semanas más.

Daba miedo imaginar qué los esperaba en esas tierras. El ametrallamiento confirmaba todo lo escuchado en relación con los japoneses. Aún así, se sintieron bien al saberse orientados, sabiendo que flotaban hacia una tierra firme que estaba por ahí, aunque lejos. El ataque les había dado esperanzas.

Mac no se unió a la sesión de pronósticos. Él se distanciaba.

DIECISÉIS
★ ★ ★

Cantando en las nubes

Louie miraba el mar sentado. Phil dormía. Mac estaba virtualmente catatónico.

Dos tiburones de más de dos metros y medio circundaban la balsa plácidamente. Cada vez que alguno pasaba deslizándose, Louie estudiaba su piel. Los había golpeado en la nariz varias veces, pero aún no sentía la piel, que decían era áspera como lija. Curioso, metió la mano en el agua y rozó ligeramente a un tiburón, sintiendo su lomo y la aleta dorsal mientras el animal pasaba. Era áspera, como todos decían. El tiburón aceleró. El segundo pasó y Louie volvió a dejar que su mano recorriera su cuerpo. *Hermoso*, pensó.

Poco después, Louie notó algo raro. Los dos tiburones se habían ido. Nunca en cuatro semanas se habían retirado. Louie se arrodilló y se inclinó hacia el agua, tratando de mirar lo más hondo posible, confundido. Ni un tiburón.

Estaba arrodillado allí, sobre la borda de la balsa, cuando uno de los tiburones que había tocado saltó del agua a una velocidad tremenda, con el hocico abierto en dirección a la cabeza de Louie. Él puso ambas manos frente a su rostro. El tiburón chocó con él tratando de meter la parte superior de su cuerpo al hocico. Como Louie tenía las manos en esa posición, pudo empujarlo lo más fuerte posible. El tiburón salpicó al caer de vuelta al agua. Un momento después, saltó el segundo. Louie tomó un remo y golpeó al animal en la nariz; éste se retorció y resbaló al agua. Luego el primer tiburón hizo por él otra vez. Louie retrocedía cuando vio que pasaba un remo a gran velocidad, mandando al animal de regreso al mar. Para sorpresa de Louie, no era Phil quien lo había salvado, sino Mac.

Louie no tuvo tiempo de agradecerle. Uno de los tiburones volvió a saltar, seguido del otro. Louie y Mac se sentaron lado a lado golpeándolos cuando se lanzaban a ellos. Mac era un hombre nuevo. Un momento antes parecía casi comatoso. Ahora estaba imbuido de frenética energía.

Por varios minutos, los tiburones se turnaron para lanzarse de panza a la balsa con los hocicos abiertos, siempre saliendo del agua en el mismo sitio. Finalmente, se dieron por vencidos. Louie y Mac cayeron. Phil estaba despierto y no había podido ayudar puesto que únicamente tenían dos remos. Los miraba confuso y aturdido.

"¿Qué pasó?", dijo.

Louie miró a Mac feliz y sorprendido y le dijo lo agradecido y orgulloso que estaba. Mac, tirado en el fondo de la balsa, sonrió de regreso. Había llegado al límite de sus posibilidades físicas; la expresión asustadiza e infantil había desaparecido de su rostro. Mac se había recuperado a sí mismo.

Louie estaba furioso con los tiburones. Se había hecho a la idea de que tenían un acuerdo: los humanos se mantendrían fuera del campo de los tiburones —el agua— y ellos dejarían en paz el territorio de los náufragos —la balsa. Pasaba el hecho de que los tiburones se hubieran lanzado por él cuando se había asomado por la borda, y cuando la balsa se estaba hundiendo tras el ametrallamiento. No obstante, a Louie le parecía tramposo que hubieran intentado apoderarse de los hombres estando en la balsa. Pasó la noche despierto, frunció el ceño a los tiburones el día entero y luego tomó una decisión. Si los tiburones trataban de comerlo, él trataría de comerlos a ellos.

Se arrodilló cerca del borde de la balsa y observó a los tiburones, que no dejaban de buscar un oponente a quien batir. Uno de metro y medio pasó. Louie pensó que podría atraparlo. Louie y Phil hicieron un plan.

Tenían un poco de carnada en la balsa, probablemente los restos de su último pájaro. Phil la colocó en un anzuelo y lo echó al agua en un extremo de la balsa. En el otro extremo, Louie se arrodilló de cara al agua. Al oler la carnada, el tiburón nadó hacia Phil, quien estaba orientado de modo que la cola quedara bajo Louie; se reclinó tan lejos de la borda como pudo sin perder el equilibrio, metió ambas manos al agua y agarró la cola. El tiburón salió disparado. Louie, asido a la cola, salió volando de la balsa y cayó al agua del Pacífico. El tiburón agitó la cola y se libró de Louie, que subió a la balsa tan rápido que hasta se olvidó de cómo lo había hecho.

Empapado y avergonzado, Louie repensó el plan. Su primer error había sido de apreciación: los tiburones eran mucho más fuertes de lo que parecían. El segundo error consistió en no aferrarse bien a la cola. El tercero, permitir que el tiburón mantuviera la cola en el agua, logrando impulsarse. Se dispuso a esperar a un tiburón más pequeño.

Con el tiempo, se apareció un tiburón más pequeño, de poco más de un metro de largo. Louie se arrodilló en el costado de la balsa, echando el peso hacia atrás y manteniendo las rodillas separadas para darse estabilidad. Phil sostenía la línea con carnada, ya en el agua.

El tiburón nadó en pos de la carnada. Louie agarró la cola del tiburón y lo sacó del agua. El tiburón luchó, pero no logró liberarse ni pudo hacer que Louie cayera al agua. Jaló al animal a la balsa. Éste se retorció lanzando dentelladas. Phil tomó el cartucho de una bengala y se lo metió en la boca. Habiendo inmovilizado al tiburón en el piso de la balsa, Louie tomó las pinzas y clavó la agarradera que terminaba siendo destornillador en el ojo del animal. El tiburón murió instantáneamente.

En el curso de supervivencia que habían tomado en Honolulu, habían dicho a Louie que el hígado era la única parte comestible del tiburón. Llegar al hígado no era tan sencillo. Incluso con un cuchillo, la piel del tiburón es tan fácil de cortar como el costal de un cartero. Al contar únicamente con el borde modificado del espejo para cortar, el trabajo era muy cansado. Después de mucho aserrar, Louie se las arregló para abrir la piel. La carne interior apestaba a amoniaco. Louie extrajo el hígado y era bastante grande. Lo comieron con ansiedad, dando a Mac la porción más grande. Por primera vez desde el desayuno del 27 de mayo, estaban llenos. El resto del tiburón olía mal, de modo que lo tiraron al agua. Después usaron la misma técnica para atrapar a un segundo tiburón y volvieron a comer el hígado.

Parecía que se hubiera corrido la voz entre los tiburones: no volvieron a acercarse los pequeños. Los grandes, algunos de hasta cuatro metros, acechaban al costado de la balsa, pero Louie se pensó mejor tratar de atraparlos. Pronto volvieron a tener hambre.

Mac parecía estar montado en una espiral descendente. Apenas se movía. Los tres hombres habían perdido una cantidad de peso alarmante, pero Mac era el que más había enflacado. Sus ojos, hundidos en las órbitas, miraban como muertos.

Era la noche del día trigésimo o algo así. Los hombres emprendieron su rutina habitual de meter agua a la balsa y luego enredarse para generar calor. La noche era clara y estrellada. La luna se reflejaba en el agua. Se durmieron.

Louie se despertó debido a un golpe tremendo que le provocó dolor agudo y una sensación de liviandad. Abrió los ojos para darse cuenta de que estaban volando. Cayeron juntos sobre la balsa y se retorcieron confundidos. Algo había golpeado la balsa desde abajo con un poder sorprendente. Los tiburoncitos que los habían acompañado hasta entonces no podían golpearlos con fuerza tal, además de que tampoco se habían comportado de forma semejante.

Al mirar a un costado de la balsa, lo vieron. Surgía del agua un leviatán: una enorme bocaza abierta, un cuerpo grueso que hendía las aguas, una larga aleta dorsal, una silueta que tenía una apariencia fantasmal a la luz de la luna. El animal tenía unos seis metros y medio de largo, más de tres veces la longitud de la balsa. Louie reconoció las características gracias a su curso de supervivencia. Se trataba de un gran tiburón blanco.

Mientras los náufragos miraban aterrados y en silencio, el tiburón nadaba a un lado de la balsa, luego daba la vuelta y pasaba por el otro lado, estudiándola. Hizo una pausa en la superficie, movió la cola y golpeó con ella la balsa, mandándola de lado y haciendo una ola que mojó a los hombres. Louie, Mac y Phil se pusieron de rodillas en el centro de la balsa y se aferraron entre sí. El tiburón comenzó a nadar hacia el otro lado de la balsa. Louie susurró: " ¡No hagan ruido!". Otra vez vino un coletazo, el agua y la agitación.

El tiburón no dejaba de rodearlos; mojaba la balsa con cada pasada. Daba la impresión de estar jugando con ella. Cada vez que pasaba, los hombres se encogían en espera de que los volcara. Finalmente, el gran tiburón blanco descendió y se perdió en el mar. No volvió a aparecerse.

Louie, Phil y Mac se acostaron otra vez. El agua a su alrededor estaba ahora fría, y ninguno de ellos pudo dormir.

A la mañana siguiente, Mac no podía sentarse. Yacía al fondo de la balsa, siendo poco más que una momia arrugada, con la mirada perdida en lontananza.

Se posó un último albatros. Louie lo atrapó, le torció fuertemente el cuello, le quitó la cabeza y se lo dio a Phil, quien lo puso de cabeza sobre Mac y dejó que la sangre fluyera a su boca. Mientras Louie y Phil comían la carne remojándola en el agua de mar para darle sabor, le dieron unos pedacitos a Mac, pero no lograron reanimarlo.

En días subsecuentes, Mac se convirtió en una débil sombra de lo que ha de ser un hombre. Las latas de agua estaban secas. Cuando Phil abrió la suya y tomó un sorbo de lo poco que le quedaba, Mac preguntó si podía beber de su lata. Para Phil, la sed era la prueba máxima, y sabía que el agua de su lata no podía salvar a Mac, amén de ser trascendental para su supervivencia. Le dijo a Mac gentilmente que no tenía suficiente para compartir. Louie sentía simpatía por Phil, pero no tuvo corazón para negarle un poco de su propia agua a Mac. Le dio un pequeño sorbo.

Esa tarde, Phil escuchó una voz débil. Era Mac preguntando a Louie si iba a morir. Louie miró a Mac, que lo veía a él. Pensó que sería irrespetuoso mentir a Mac, quien podía tener algo que decir antes de que la vida lo abandonara. Louie le dijo que pensaba que moriría esa noche. Mac no reaccionó. Phil y Louie se acostaron y rodearon a Mac con sus brazos antes de quedar dormidos.

En algún momento de esa noche, Louie fue arrancado de su sueño por un sonido como de respiración, una fuerte expiración, lenta y final. Supo que Mac había muerto.

Francis McNamara el 26 de mayo de 1943, el día anterior al accidente.
Cortesía de Louis Zamperini.

El sargento Francis McNamara comenzó su último viaje con un acto de pánico al consumir las valiosas provisiones de la balsa, y al hacerlo había colocado a sus compañeros en una situación muy difícil. Pero en los últimos días de su vida, en la lucha contra la balsa que se desinflaba y contra los tiburones saltarines, había dado todo lo que tenía. No fue suficiente para salvarlo —lo más probable es que se haya acelerado su proceso de muerte—, pero pudo hacer la diferencia entre la vida y la muerte para Phil y Louie. Si Mac no hubiera sobrevivido al choque, Louie y Phil bien podían estar ya muertos llegado ese día 33. En los días anteriores a su muerte, Mac se había redimido.

Por la mañana, Phil envolvió el cuerpo de Mac con algo, probablemente parte de la balsa arruinada. Se arrodillaron junto al cuerpo y dijeron en voz alta todas las cosas buenas que sabían de Mac; rieron un poco al referirse a lo mucho que le gustaban los pays caseros. Louie quería pronunciar un elogio de corte religioso, pero no sabía cómo hacerlo, así que recitó pasajes aislados que había escuchado en las películas, terminando con unas cuantas palabras relativas al hecho de arrojar un cuerpo al mar. Rezó por él y por Phil, jurando que si Dios los salvaba, serviría al cielo por siempre.

Al terminar, Louie levantó en brazos el cuerpo amortajado. No parecía pesar más de veinte kilos. Louie inclinó un poco el costado de la balsa y deslizó suavemente el cuerpo de Mac al agua. Mac se hundió. Los tiburones lo dejaron en paz.

La noche siguiente, Louie y Phil completaron su trigésimo cuarto día en la balsa. A pesar de que no lo sabían, habían superado el récord de supervivencia en una balsa inflable. Si alguien ha sobrevivido más que eso, no llegaron a vivir para contarlo.

La balsa avanzaba hacia el oeste. De vez en cuando se presentaban tormentas, con lo que la dotación de agua era más o menos estable. Dado que la ración de agua se dividía ahora entre dos y no entre tres, cada hombre disponía de más para beber. Louie hizo un gancho con el prendedor de teniente y logró capturar un pez antes de que el gancho se rompiera.

Phil y Louie podían ver el montículo que formaban los huesos de sus caderas, las rótulas que parecían huevos de ave, el vientre hundido y las costillas descarnadas. Ambos llevaban una barba hirsuta. La piel se veía amarilla por el tinte de la balsa que se disolvía, y sus cuerpos estaban adornados con una serie de heridas provocadas por la sal. No dejaban de mirar al horizonte con los ojos quemados por el sol; buscaban tierra pero no la hallaban. El hambre disminuyó, una señal terrible. Habían llegado al último estadio de la inanición. Una mañana, se despertaron debido a una calma inusual. El ir y venir de la balsa había cesado. Estaban prácticamente quietos. No había viento. El océano se extendía en todas direcciones liso como una alberca; reflejaba el cielo con perfección cristalina. Como sucedía en "La rima del anciano marinero", Louie y Phil habían encontrado la calma chicha, esa temible pausa del viento y el agua que suele darse a la altura del ecuador. Estaban, como escribió Coleridge, "tan quietos como un barco pintado en un océano pintado".

Se trataba de una experiencia trascendental. Phil observaba el cielo y murmuraba que parecía una perla. El agua lucía tan lisa que daba la impresión de que se podía caminar sobre ella. Cuando un pez agitaba la calma de la superficie, el sonido llegaba a los hombres con absoluta claridad. Veían los claros anillos que se formaban en el sitio en que el pez había aparecido y luego se retornaba a la quietud.

Hablaron durante un rato para discutir esa maravilla. Luego cayeron en un silencio reverente. Se suspendió su sufrimiento. No tenían hambre ni sed. Ignoraban que eso anunciaba la llegada de la muerte.

Conforme observaban ese bello mundo de quietud, Louie jugó con un pensamiento que se le había ocurrido antes mientras miraba las cacerías de las aves marinas, maravillándose ante su capacidad de ajustar sus clavados para compensar la refracción de la luz en el agua. Lo pensó de la misma manera en que había considerado la agradable geometría de los tiburones, sus gradaciones de color o su deslizamiento en el mar. Incluso recordó que ese pensamiento lo había tenido ya en su juventud, cuando se había acostado en el techo de la cabaña en la reserva india de Cahuilla, y mirando desde Zane Grey la caída de la noche sobre la tierra. Una belleza tal, pensó, era demasiado perfecta para ser producto de la casualidad. Ese día en el centro del Pacífico fue, para él, un regalo creado deliberadamente, compasivamente, para él y para Phil.

Jubilosos y agradecidos en el curso de una muerte lenta, ambos hombres se bañaron en la luz de ese día hasta que el atardecer le puso fin. También le puso fin al tiempo que pasaron en la calma chicha.

Tomando en cuenta lo mal que estaban físicamente, es lógico pensar que sus mentes comenzarían a fallar también. Pero habiendo pasado más de cinco semanas desde el inicio de su odisea, tanto Louie como Phil gozaban de una envidiable agudeza mental, y estaban convencidos de que se tornaban más lúcidos cada día. Se interrogaron a fondo, analizando sus historias hasta el más mínimo detalle, enseñándose melodías y letras de canciones, y cocinando alimentos imaginarios.

Louie descubrió que la balsa ofrecía un inigualable refugio para la actividad intelectual. Nunca antes se había dado cuenta de lo ruidoso que era el mundo civilizado en realidad. Allí, flotando en un silencio casi total, sin aromas a no ser por el ya mencionado olor de la balsa, sin sabores en su lengua, sin que nada se moviera excepto la lenta procesión de las aletas de los tiburones, con el paisaje vacío a no ser por cielo y agua, con el tiempo invariable e ininterrumpido, su mente se liberó de un estorbo que la civilización le había impuesto. En su cabeza, él podía ir a cualquier parte. Descubrió que su mente era rápida y clara, que su imaginación carecía de límites y era por demás flexible. Podía dedicarse a un solo pensamiento durante horas, considerándolo desde todas las perspectivas posibles.

Siempre había gozado de excelente memoria, pero en la balsa se tornó infinitamente más ágil, llegando más lejos en el pasado, ofreciendo detalles que antes se le escapaban. Un día, tratando de determinar cuál era su primer recuerdo, vio un edificio de dos pisos y, dentro, una escalera dividida en dos partes de seis escalones cada una, con un descanso entre ambas. Él aparecía en la imagen siendo un niño pequeño que subía los escalones gateando. Al remontar el primer tramo de escalones y moverse hacia el borde del descanso, un perro alto y amarillo se paró frente a él para evitar que se cayera. Era el perro de su padre; Askim, el que habían tenido en Olean, cuando Louie era muy pequeño. Nunca antes se había acordado de ese perro.[21]

El día 40 Louie estaba acostado junto a Phil bajo la lona. Se sentó abruptamente. Podía escuchar cantos. Escuchó atentamente; sonaba como un coro. Dio un codazo suave a Phil y le preguntó si escuchaba algo. Phil dijo que no. Louie retiró la lona y, con los ojos entrecerrados, vio la luz del día. Nada ocurría en el mar. Miró hacia arriba.

Encima de él, flotando en una nube grande, vio figuras humanas que hacían contraste con el cielo. Contó 21 figuras. Entonaban el canto más dulce que había escuchado.

Louie siguió mirando asombrado. Escuchaba el canto. Lo que veía y escuchaba era imposible, y aún así estaba absolutamente lúcido. Estaba seguro de que no se trataba de una alucinación ni nada parecido. Se sentó bajo los cantantes, escuchando sus voces, memorizando la melodía, hasta que se esfumaron.

Phil no había visto o escuchado nada. Sea lo que haya sido, Louie concluyó, esta experiencia le pertenecía sólo a él.

Y los hombres siguieron a la deriva. Pasaron varios días sin comida ni lluvia. La balsa era un desastre gelatinoso, los parches apenas se sostenían, estaba deformada en algunas partes y a punto de explotar. No soportaría mucho tiempo más el peso de los hombres.

En el cielo, Phil notó algo diferente. Había más aves. Empezaron a escuchar aviones. A veces veían un objeto diminuto en el

---

[21] Askim era notorio por su cleptomanía; los Zamperini vivían arriba de una tienda de abarrotes y el perro bajaba regularmente para robar de la tienda, consiguiendo comida y huyendo de inmediato. Su nombre constituía una broma bastante ocurrente. Cuando las personas preguntaban por el nombre del perro, invariablemente quedaban confundidas por la respuesta, que sonaba como "pregúntale". [Juego de palabras entre el nombre del perro (Askim) y la frase *ask him*, que significa "pregúntale" en inglés. N. del T.]

cielo, a veces dos o más juntos, produciendo un zumbido lejano. Siempre estaban demasiado lejos para enviar una señal, y los hombres sabían que, habiendo flotado en dirección oeste todo ese tiempo, seguramente esos aviones eran japoneses. Más y más objetos aparecían en el cielo conforme transcurrían los días. Y cada día los veían pasar más temprano.

Louie había llegado a amar el amanecer y la tibieza que proporcionaba. Cada mañana se recostaba con la mirada puesta en el horizonte, a la espera del amanecer. La mañana del 13 de julio, el día 46[22], que Phil había pronosticado para su llegada, no llegó el amanecer. Sólo hubo una iluminación gradual y melancólica del cielo.

Phil y Louie miraron preocupados. El viento soplaba fuertemente. El mar comenzó a arquear su espalda debajo de la balsa, enviando a los hombres a considerable altura. Louie se asomó para ver el agua agitada y pensó en lo bella que era. A Phil le gustaba deslizarse sobre las grandes olas sin reventar que llegaban con las tormentas; le emocionaba descender de la ola y voltear para ver la siguiente, pero esto era otra cosa.

Algo apareció en dirección oeste. En ese momento sólo era visible cuando viajaban en la parte superior de las olas. Se trataba de una suerte de meneo muy bajo en el horizonte, de color verde grisáceo. Luego, Louie y Phil entrarían en desacuerdo respecto de quién la vio primero, pero en un momento el mar los levantó y sus ojos pudieron verla. Sabían de qué se trataba.

Era una isla.

---

[22] Si se cuenta desde que los hombres habían cruzado la Linea Internacional del Tiempo, los 46 días se cumplían el 14 de julio.

DIECISIETE

★ ★ ★

Tifón

Louie y Phil permanecieron todo el día bajo un cielo oscuro. Bailaban con las olas y fijaban la vista en dirección oeste, sintiendo una emoción incierta cada vez que, desde la cresta de una ola atisbaban el horizonte. Lentamente, conforme la corriente los acercaba, la isla se volvió más clara. Podían observar una línea delgada y blanca en el sitio en que las olas chocaban con algo, quizás una playa o un arrecife. Por la tarde, la isla se convirtió en dos, y luego en cerca de una docena que se alineaban cual carros de ferrocarril. Los náufragos creyeron que al ver tierra se sentirían extasiados, pero en lugar de ello, discutieron las cosas objetivamente. Estaban demasiado débiles para hacer cualquier otra cosa, y había asuntos urgentes a tratar. Encima de ellos, se anunciaba una gran tormenta.

Durante el entrenamiento, Louie y Phil habían memorizado la geografía del Pacífico Central. Sabían que las islas que estaban frente a ellos debían ser parte de las Gilbert o de las Marshall, siendo ambos archipiélagos territorio enemigo. Entre los dos grupos de islas, existían docenas de atolones e islas, así que había buenas probabilidades de encontrar lugares que no estuvieran ocupados por los japoneses. Louie y Phil decidieron mantenerse lejos de la orilla hasta encontrar una isla que pareciera deshabitada o que estuviera habitada únicamente por nativos. Comenzaron a remar en el mar picado, siguiendo un camino paralelo a las islas de modo que pudieran esperar hasta la noche para pisar tierra.

El cielo pareció romperse todo de una buena vez. Comenzó a caer una lluvia fuertísima y repentina. Las islas desaparecieron. El mar comenzó a agitarse y azotarlos. El viento llevaba la balsa en una dirección, luego en otra, y la mandaba dando vueltas a las crestas de las olas, de unos doce metros, para luego caer en el punto más bajo, siendo tan hondo el valle de las olas que semejaba un cañón. Phil y Louie habían navegado hasta caer en lo que casi seguramente era un tifón.

Las olas golpeaban la balsa, la inclinaban y luego volvían a alzarla justo cuando parecía a punto de volcarse. Para evitarlo, Louie y Phil metieron agua a la balsa para lastrarla, se colocaron en extremos opuestos de la embarcación para equilibrar el peso y se acostaron para mantener bajo el centro de gravedad. Sabían que, de caer al mar, les sería imposible volver a subir a la balsa, por lo que Louie jaló la cuerda que la balsa arrastraba sobre el agua, la pasó alrededor de un cojín cosido al centro de la balsa, la hizo pasar después a través de un ojal para luego amarrarla a su cintura y a la de Phil. Pusieron los pies bajo el cojín, se recostaron y aguantaron.

Cayó la noche y la tormenta los golpeó. La balsa subió y bajó cientos de olas tan grandes como montañas de agua. En ocasiones, en la oscuridad, sentían la extraña ligereza del vuelo conforme la balsa era lanzada al aire por las crestas de las olas. Louie sintió más miedo que durante la caída del *Avispón Verde*. En el otro extremo de la embarcación, Phil guardaba silencio. Ambos sabían lo cerca que estaban de una tierra que ya no lograban ver. Temían que en cualquier momento las aguas los estrellaran contra la costa.

En algún momento de la noche, la tormenta amainó y luego siguió su curso.[23] Las olas seguían siendo muy grandes, pero la parte superior ya no formaba crestas. Louie y Phil se liberaron de la cuerda y esperaron la luz del día.

En la oscuridad, podían oler el suelo mojado, el verdor, la lluvia que caía sobre cosas vivas. Era el olor de la tierra. Coqueteó con ellos toda la noche y se hizo cada vez más fuerte. Cuando se acercaba el amanecer, podían escuchar el sonido del agua que escurría de un arrecife. Exhaustos, decidieron tomar turnos para dormitar, quedando el hombre despierto a la espera de avistar la isla. En algún momento, ambos se quedaron dormidos.

Despertaron en un universo nuevo. Habían flotado hasta encontrarse entre dos islas pequeñas. En una vieron cabañas y árboles cargados de frutas, pero ninguna persona. Habían escuchado que los japoneses esclavizaron a las poblaciones locales para sacarlas después en masa de sus islas. Pensaron que éste había sido el destino de los habitantes de esa isla. Se colocaron los zapatos en los pies lastimados por el agua salada y comenzaron a remar en pos de la orilla. Sobre sus cabezas escucharon el rumor de motores de aviones. Al mirar, vieron Zeros que emprendían maniobras de combate, pero estaban demasiado alto para que los pilotos detectaran la balsa. Siguieron remando.

Louie había pronosticado que encontrarían tierra el día 47. Phil había elegido el día anterior. Dado que habían avistado tierra el día previsto por Phil, y se lanzaban a ella al día siguiente, decidieron que ambos habían tenido razón.

Ahora podían ver más islas. Louie detectó una pequeña a su izquierda y se lo hizo saber a Phil. La describió como una isla con

---

[23] Varios días después, un tifón catastrófico que casi de seguro era la misma tormenta, azotó las costas de China arrasando casas, arrancando postes de teléfono y causando inundaciones extensas.

un solo árbol, pero luego sucedió algo extraño. El árbol solitario se convirtió en dos árboles. Tras un instante de confusión, los hombres comprendieron las cosas: no se trataba de una isla ni de árboles. Era un bote. Había mantenido una posición perpendicular a ellos, por lo que solamente uno de sus mástiles resultaba visible, pero luego el barco había cambiado de posición provocando que el mástil posterior quedara visible.

Louie y Phil se agacharon. Remaron tan rápido como pudieron tratando de alcanzar la orilla antes de que los navegantes los avistaran. Era demasiado tarde. El bote dio una vuelta cerrada y aceleró hacia ellos. Los debilitados hombres no lograron remar lo suficientemente rápido para escapar. Se dieron por vencidos y detuvieron su avance.

El bote se acercó a la balsa. Louie y Phil abrieron los ojos para mirar una ametralladora montada en la proa del barco. En la borda, se alineaba un grupo de hombres, todos japoneses. Cada uno tenía un arma apuntada a los náufragos.

Uno de los japoneses se abrió la camisa y apuntó a su pecho. Parecía querer que los norteamericanos hicieran lo mismo. Cuando Louie se abrió la camisa, se abrazó a sí mismo en espera de ser ejecutado, pero no hubo disparos. Los hombres sólo querían asegurarse de que no estaban armados.

Uno de los marineros lanzó una soga a la balsa y Louie la atrapó. Louie y Phil trataron de subir al bote, pero sus piernas estaban demasiado débiles. Los japoneses trajeron una escalera de cuerda, la amarraron a los náufragos y los subieron, haciendo después lo mismo con la balsa. En cubierta, Phil y Louie trataron de incorporarse, pero las piernas lo impidieron. Los japoneses mostraban impaciencia dado que los hombres no lograban moverse por la borda, de modo que los norteamericanos tuvieron que gatear. Cuando llegaron al mástil, los ataron a él. Amarraron sus manos detrás de la espalda.

Uno de los marineros comenzó a hablarles en japonés. Parecía estar formulando preguntas. Louise y Phil ofrecieron respuestas tratando de adivinar lo que el hombre deseaba saber. Un soldado amenazó a Louie poniéndole su bayoneta en el rostro, para luego tratar de remover su barba. Otro hombre puso una pistola en la quijada de Phil y luego se movió para hacer lo mismo con Louie, que humilló la cabeza esperando que el tipo tratara de golpearlo de frente; cuando el marinero lanzó el golpe, Louie hizo la cabeza para atrás. El hombre falló, pero Louie se golpeó la cabeza contra el mástil.

El capitán del barco se aproximó y regañó a la tripulación. Los ánimos cambiaron. Desataron las manos de Louie y Phil. Alguien dio a los náufragos cigarros, pero conforme se consumían, los cigarros terminaban por quemar la barba de los hombres. Alguien trajo una tazas con agua y una galleta para cada uno. Louie mordió una galleta y mantuvo el pedazo en la boca, acariciándolo, sintiendo el sabor. Comió lentamente, saboreando cada migaja. Era su primer alimento en ocho días.

Un segundo bote se sumó al primero. Ayudaron a Phil y a Louie a subir en él y comenzaron a moverse. Conforme navegaba, un miembro de la tripulación se acercó a los náufragos y les dio más galletas y algo de coco. Luego se acercó un marinero joven sosteniendo un diccionario japonés-inglés, e hizo algunas preguntas. Phil y Louie hicieron un recuento breve de su viaje.

En su momento, el bote llegó a una isla grande. Un marinero se aproximó llevando consigo unas vendas para cubrir los ojos de Louie y Phil. Sintieron que había hombres a cada lado de ellos; los sostuvieron por los brazos y los sacaron del barco entre cargados y arrastrados. Luego de unos pocos minutos, Louie sintió que era acostado sobre algo suave. Le quitaron la venda de los ojos.

Estaba dentro de una enfermería, acostado sobre un colchón puesto en una cama de hierro. Phil estaba en una cama junto a la suya. Cerca había una pequeña ventana y, a través de ella, podían observar a los soldados japoneses practicando el uso de bayonetas con maniquíes. Un oficial habló a los japoneses que rodeaban a los náufragos; luego habló en inglés, aparentemente repitiendo lo dicho a los soldados para que Phil y Louie lograran entenderlo.

"Se trata de aviadores estadounidenses, dijo, trátenlos con gentileza".

Entró un médico, sonrió cálidamente y examinó a Phil y a Louie hablando inglés. Puso ungüento en las heridas provocadas por la sal y en los labios quemados; les palpó el abdomen, tomó el pulso y la temperatura y los declaró sanos. Pusieron de pie a Louie y a Phil y los llevaron a una báscula. Tomaron turnos para subirse a ella; había un hombre junto para atraparlos en caso de que no lograran mantenerse en pie.

Phil pesaba unos 75 kilos cuando subió al *Avispón Verde*. El diario de guerra de Louie indicaba que, poco después de su llegada a Hawái, pesaba 77 kilos. Según él, el entrenamiento con pesas le había sumado al menos unos tres kilos de peso llegado el momento del accidente. Ahora Phil pesaba alrededor de 40 kilos. De acuerdo con distintas versiones, Louie, con su 1.78 metros de altura, pesaba 33, 39.7 o 43 kilos. Cualquiera que fuera el número correcto, había perdido la mitad de su peso o más.

De acuerdo con las órdenes del médico, trajeron una botella de coñac ruso y dos vasos que Louie y Phil vaciaron rápidamente. Luego trajeron un plato de huevos, jamón, leche, pan fresco, ensalada de frutas y cigarrillos. Los náufragos se dedicaron a comer. Al terminar, se les condujo a otro cuarto y se les sentó frente a varios oficiales japoneses, quienes se sorprendieron al ver a los delgados hombres de color amarillo canario. Un oficial que hablaba inglés los cuestionó respecto a cómo habían terminado allí. Louie les contó la historia y los japoneses escucharon en silenciosa fascinación, reproduciendo la ruta seguida en un mapa.

Louie y Phil sabían en dónde había comenzado su odisea, pero no sabían en dónde había terminado. Los oficiales les dijeron. Estaban en un atolón de las Islas Marshall. Habían flotado a lo largo de 3200 kilómetros.

Ante la mirada atónita de las tropas japonesas, se extendió la balsa en la cubierta. Contaron 48 agujeros de bala. La tropa, curiosa, trataba de preguntar el motivo a los estadounidenses, pero los oficiales lo evitaban sistemáticamente. Un oficial preguntó a Louie de dónde venían los agujeros de bala. Louie respondió que un avión japonés los había ametrallado. El oficial dijo que eso era imposible, pues era una violación a su código de honor militar. Louie describió el bombardero y el ataque. Los oficiales se miraron entre sí sin decir palabra. Se dispusieron dos camas, y se les propuso que descansaran todo lo que quisieran. Deslizarse entre sábanas frías y limpias, con el estómago lleno y las heridas atendidas, hizo que Phil y Louie se sintieran profundamente agradecidos por ser tratados con tanta compasión. Phil tenía un pensamiento de alivio: *Son nuestros amigos.*

Louie y Phil permanecieron en la enfermería por dos días, siendo atendidos por japoneses que parecían verdaderamente preocupados por su comodidad y salud. Al tercer día, el oficial al mando vino hasta ellos. Les trajo carne, chocolate y coco —un regalo de parte de su comandante—, además de algunas noticias. Un carguero estaba por llegar para conducirlos a otro atolón. El nombre del atolón hizo estremecer a Louie: Kwajalein. A ese lugar también se le conocía como la Isla de las Ejecuciones.

"En cuanto se vayan de aquí, no podremos garantizarles la vida". Louie nunca olvidaría las palabras del oficial. El carguero llegó el 15 de julio. Louie y Phil lo abordaron y fueron alojados por separado. El capitán mandaba porciones generosas de alimento. Los prisioneros comían todo lo que podían.

Una de las crueldades de la inanición es que el cuerpo que muere de hambre suele rechazar el primer alimento que se le brinda. Aparentemente, la comida del atolón le había caído bien a los náufragos, pero no había sucedido así con los alimentos proporcionados en el carguero. Louie pasó buena parte del día encorvado sobre la borda del barco, vomitando en el mar mientras un guardia lo acompañaba. El caso de Phil fue parecido: esa noche hubieron de llevarlo seis veces a la popa.

Conforme el carguero se acercaba a Kwajalein, el 16 de julio, los japoneses se tornaron severos. Otra vez les vendaron los ojos antes de conducirlos a lo que parecía una barca. Cuando ésta se detuvo, los cargaron en hombros. Louie sintió que lo elevaban antes de dejarlo caer en una superficie dura. Tiraron a Phil junto a él. Louie dijo algo a Phil y de inmediato sintió que una bota lo pateaba mientras una voz gritaba: "¡No!".

Encendieron un motor y comenzaron a moverse. Estaban en el compartimiento de carga de un camión. Unos minutos más tarde, el camión se detuvo y Louie fue cargado de nuevo. Quien lo llevaba caminó un poco, subió dos escalones, luego todo se oscureció y tuvo la certeza de que Phil ya no estaba cerca. Después se sintió desorientado al ser arrojado hacia atrás. Su espalda dio contra una pared y cayó al piso. Alguien le arrancó la venda de los ojos. Una puerta se azotó y Louie escuchó cómo echaban el cerrojo.

Al principio, Louie podía ver apenas. Sus ojos se movían incontrolablemente. Las ideas corrían por su mente sin orden ni concierto. Tras pasar semanas en una amplitud infinita, se sentía ahora desorientado por la apretura que le rodeaba. Cada nervio y cada músculo parecían estar en pánico.

Paulatinamente, los pensamientos se acallaron y los ojos se tranquilizaron. Estaba en una celda de madera, tan larga como un hombre y apenas más ancha que sus hombros. Sobre su cabeza había un techo de paja, a unos 2.3 metros de altura. Un agujero en la puerta, de cerca de 30 por 30 centímetros, hacía las veces de ventana. El suelo estaba formado de polvo, grava y gusanos que se retorcían; en la habitación volaban moscas y mosquitos que se alistaban ya para saciarse en él. En el suelo había un hoyo. Dentro de este hoyo, una cubeta hacía las veces de letrina. El aire estaba caliente y quieto, impregnado por la pestilencia de los desechos humanos.

Louie miró hacia arriba. En la débil luz vio unas palabras talladas en la pared: "Nueve marinos fueron aislados en la isla de Makin el 18 de agosto de 1942". Debajo aparecían los nombres: Robert Allard, Dallas Cook, Richard Davis, Joseph Gifford, John Kerns, Alden Mattison, Richard Olbert, William Pallesen y Donald Roberton.

En agosto de 1942, después de un fallido bombardeo norteamericano a la base japonesa de Makin, en las Islas Marshall, nueve marinos habían sido dejados ahí por error. Habían desaparecido tras ser capturados por los japoneses. Louie estaba seguro de ser el primer estadounidense en saber que los habían llevado a Kwajalein. Sin embargo, además de Phil y Louie, no había prisioneros en ese lugar. Louie tuvo un presentimiento repentino.

Llamó a Phil. La voz de Phil respondió, débil y distante, proveniente de algún sitio localizado a la izquierda de Louie. Estaba al final del pasillo, en un mísero agujero parecido al de Louie. Se preguntaron si estaban bien. Ambos tenían la certeza de que ésta sería la última vez que hablarían, pero si deseaban despedirse, ninguno tuvo la oportunidad de hacerlo. Se escuchó ruido en el corredor; un guardia se apostaba. Louie y Phil callaron.

Louie miró su cuerpo. Las piernas que habían corrido la milla en cuatro minutos y doce segundos sobre la arena brillante esa última mañana, en Kualoa, no servían ahora para nada. El cuerpo vibrante, generoso, que había entrenado con tal diligencia, se había contraído hasta dejar sólo los huesos cubiertos por una piel teñida de amarillo e invadida de parásitos.

"Sólo veo un cuerpo muerto que respira", pensó.

Louie rompió en llanto. Ahogó sus sollozos para que el guardia no pudiera escucharlo.

CUARTA
PARTE

DIECIOCHO

★ ★ ★

Un cuerpo muerto que respira

Algo entró volando por el ventanuco que estaba en la puerta de la celda de Louie y cayó al suelo, rompiéndose en fragmentos blancos. Eran dos pedazos de galleta seca, igual a la que dan a los marineros. En el dintel de esta ventana pusieron una pequeña taza de té, tan débil que era apenas más que agua, y tan escaso que no constituía más que un trago. Phil recibió también algo de comida pero nada de agua. Él y Louie se arrastraron en sus respectivas celdas para tomar los pedazos de galleta y meterlos en sus bocas. Un guardia permanecía afuera.

Hubo un leve ajetreo afuera de la celda de Phil y pronto apareció un rostro. El hombre saludó a Louie alegremente, en inglés y dirigiéndose a él por su nombre. Louie se le quedó viendo.

El hombre era un nativo de Kwajalein, y explicó que toda la isla hablaba de los náufragos estadounidenses. Fanático de los deportes, había reconocido el nombre de Louie, quien lo había proporcionado a sus captores. Parloteaba de atletismo, de futbol y de las olimpiadas, haciendo escasas pausas para cuestionar a Louie. Después de que pronunciaba un par de palabras, el nativo retomaba su discurso.

Pasados algunos minutos, el nativo miró su reloj y dijo que había llegado la hora de retirarse. Louie le preguntó qué había sucedido con los marinos cuyo nombre estaba grabado en la pared. Con el mismo tono alegre, el nativo respondió que estaban muertos. Todos los prisioneros de guerra que eran encerrados en esa isla terminaban ejecutados, dijo.

Cuando el nativo se marchaba, el guardia miró retador a Louie, llevó una mano hasta la altura de su garganta y simuló apretarla. Señaló los nombres grabados en la pared y luego señaló a Louie.

Esa noche, Louie recargaba su cabeza contra la puerta, tratando de alejarse lo más posible de la letrina. Apenas había logrado acomodarse cuando la puerta se abrió; el guardia le dio la vuelta a empujones por toda la celda hasta meter la cabeza de Louie en la letrina. Se resistió y eso provocó el enojo del guardia. Louie dejó de resistirse y se acostó en la posición que el guardia procuraba. Se dio cuenta de que el hombre quería que estuviera en esa posición para vigilarlo desde el ventanuco de la puerta. Durante toda la noche, cada pocos minutos, el guardia se asomaba para verificar que Louie no se moviera.

Comenzó la mañana del segundo día. Phil y Louie estaban acostados en medio de un silencio sofocante, pensando que en cualquier momento serían llevados afuera para ser decapitados. Los guardias iban y venían haciendo muecas a los cautivos y llevándose las manos al cuello con sonrisas sádicas.

Para Louie, las miserias digestivas no se habían terminado aún. La diarrea se agravó y los calambres lo doblaban. Permanecía recostado bajo una sábana de moscas y mosquitos; mantenía las nalgas tan cerca de la letrina cuanto podía antes de que el guardia le indicara volver a poner la cara cerca del agujero.

Pasó el día. Tres veces le arrojaron por la ventana una bola de arroz del tamaño de una pelota de golf. Una o dos veces al día, le dejaban en el dintel un trago de agua en una taza de té y Louie la apuraba rápidamente. Llegó la noche.

Vino y se fue otro día. Y luego otro. El calor era asfixiante. Los piojos saltaban en la piel de los cautivos. Los mosquitos hacían presa de ellos y formaban una nube tan densa que, cuando Louie apretaba los dedos de la mano, al abrirla encontraba sangre proveniente de los moscos que, espontáneamente, lograba aplastar. La diarrea empeoró, pues comenzó a sangrar. Cada día, Louie rogaba por un médico. Un día, el médico acudió. Se inclinó en la celda, miró a Louie, se rio entre dientes y se fue.

Recogido en el suelo de grava, los dos hombres sentían como si sus huesos fueran a reventar la piel para asomarse. Louie rogaba por una manta para sentarse, pero su petición era ignorada. Pasaba el tiempo tratando de estirar las piernas, incorporándose y permaneciendo de pie, contra la pared, por un minuto o dos antes de caer rendido. Extrañaba la balsa.

Dos sorbos de agua al día no bastaban para compensar la torrencial pérdida de fluidos de Louie. La sed se tornó mucho peor que cualquier otra tortura conocida en la balsa. Gateó hasta la puerta y rogó por agua. El guardia se fue y retornó con una taza. Louie, agradecido, se acercó a la puerta para beber. El guardia le arrojó el agua caliente al rostro. Louie estaba tan deshidratado que no podía dejar de rogar. Al menos en cuatro ocasiones, recibió la misma respuesta, quedando el rostro de Louie todo ampollado. Louie sabía que la deshidratación podía matarlo y alguna parte de él deseaba que así fuera.

Un día en que estaba inmerso en su miseria, Louie escuchó un canto. Las voces que había escuchado en la balsa volvían. Miro por su celda, pero los cantantes no estaban allí. Sólo lo acompañaba su música. Dejó que la música lo rodeara, pues en ésta encontraba esperanza. Poco a poco el canto se extinguió, pero en su mente no dejó de cantarlo una y otra vez para sí mismo. Oró intensa y ardientemente hora tras hora.

Al final del pasillo, Phil languidecía. Las ratas estaban por doquier; subían por la cubeta de desperdicios para revolcarse en el balde de la orina. Por la noche, lo despertaban al arrastrarse por su cara. Periódicamente, lo sacaban de la celda, lo ponían frente a una bandeja de agua y le ordenaban lavarse las manos y el rostro. Phil hundía la cara en el agua y la sorbía.

Louie se quedaba mirando los nombres de los marinos preguntándose quiénes eran, si tendrían esposas e hijos, cómo habrían terminado y demás. Comenzó a pensar en ellos como si fueran sus amigos. Un día se quitó el cinturón y tomó la hebilla para tallar con letras mayúsculas su nombre junto al de ellos.

Louie no podía hablar con Phil ni Phil con él, pero ocasionalmente uno de ellos tosía o golpeaba el suelo para comunicar al otro su presencia. En una ocasión, los guardias dejaron las celdas descuidadas y, por primera vez, Phil y Louie estuvieron solos. Louie escuchó la voz de Phil.

"¿Qué va a suceder?"

Louie carecía de respuesta. Se escucharon pasos de botas en el pasillo y los estadounidenses volvieron a guardar silencio.

Los guardias mostraban infinita furia ante los cautivos; los miraban amenazantes al tiempo que hacían gestos y les gritaban. Casi a diario, los guardias entraban en un frenesí de ira que terminaba con pedradas o cigarrillos encendidos que los furiosos arrojaban a los cautivos por el ventanuco. Los escupían y eran picados con palos. Louie sabía qué le esperaba cuando los guardias hacían sonar con fuerza sus pasos. A Louie le gustaba imaginar que la ira se fundamentaba en una reciente victoria de los norteamericanos. La situación empeoraba cuando el guardia tenía compañía, pues los guardias usaban a los cautivos para impresionarse entre sí con su crueldad hacia ellos.

El pretexto para muchos de sus accesos de ira era la mala comunicación. Los cautivos y sus guardias provenían de culturas diametralmente opuestas tanto en lo referente al lenguaje como a las costumbres. Para Louie y Phil, era prácticamente imposible determinar qué se quería de ellos. El lenguaje de señas no era de mucha ayuda, pues hasta los gestos de ambas culturas variaban. Era muy probable que los guardias, al igual que la mayor parte de los habitantes de una nación históricamente aislada, jamás hubieran visto antes a un extranjero, y quizá no tenían experiencia alguna en comunicarse con alguien que no fuera japonés. Cuando no los entendían, los guardias se exasperaban tanto que gritaban y golpeaban a los cautivos.

Con tal de conservar la vida, Louie y Phil estudiaban todo lo que escuchaban, desarrollando pequeños vocabularios en japonés. *Kocchi koi* significaba "ven aquí". *Ohio* era un saludo utilizado ocasionalmente por la guardia civil. Aunque Louie pronto aprendió el significado, su respuesta de cajón era: "No, California". Phil dedujo que *mizu* significaba agua, pero el saber esto no condujo a nada; sus ruegos para obtener *mizu* iban a parar sin excepción en oídos sordos.

Cuando los guardias no ventilaban su furia con los cautivos, se entretenían humillándolos. Cada día, Louie era forzado a pararse y bailar a punta de pistola mientras los guardias se desternillaban de risa con su Charleston. Lo obligaron a silbar y cantar mientras le arrojaban puñados de grava; lo insultaban mientras gateaba para recoger sus galletas de arroz y metían palos por el ventanuco para picarlo y azotarlo. Reían al ver sus contorsiones. Al fondo del pasillo, los guardias hacían lo mismo con Phil. A veces, Louie lograba escuchar la voz de Phil, débil y lejana, o sus gruñidos. En una ocasión en que el guardia le colmó la paciencia al picarlo, Louie arrancó el palo de las manos del tipo. Sabía que podían matarlo por ello, pero bajo esta degradación incesante algo estaba sucediéndole. Su deseo de vivir comenzaba a esfumarse, a pesar de lo bien que había resistido las pruebas de la balsa.

El accidente del *Avispón Verde* había dejado a Louie y a Phil en la situación de necesidad física más extrema, sin comida, agua o refugio. Sin embargo, en Kwajalein, los guardias procuraban despojarlos de aquello que los había mantenido vivos a pesar de haber perdido todo lo demás: deseaban quitarles la dignidad. El sentido del respeto por ellos mismos y el de la valía personal, siendo el armamento último y más sutil del alma, yace en el corazón de lo humano; ser privado de la dignidad equivale a deshumanizar, a poner por encima o por debajo de lo humano a un ser. Las personas sometidas a un tratamiento deshumanizado experimentan profunda desdicha y soledad, y descubren que es demasiado difícil mantener la esperanza. Sin dignidad, el sentido de identidad es borrado. En su ausencia, los hombres no logran definirse por sí mismos, sino que terminan siendo definidos por sus captores y por las circunstancias en que los obligan a vivir. Un aviador estadounidense derribado y degradado por sus captores japoneses, describió el estado mental a que este tipo de cautiverio conducía: "Literalmente, me convertía en un ser humano de clase inferior".

Pocas sociedades valoraban tanto la dignidad como los japoneses; pocas sociedades temían tanto a la humillación como los japoneses. Para ellos, la pérdida del honor ameritaba el suicidio. Esta es probablemente la razón por la que los soldados japoneses, en la Segunda Guerra Mundial, humillaban a sus prisioneros con tanto celo, procurando despojarlos de aquello que más dolía y más los destruía con su ausencia. En Kwajalein, Louie y Phil aprendieron una verdad oscura y por demás conocida en los malditos campos de concentración de Hitler, conocida también para los esclavos de América del Sur y para cientos de generaciones de personas traicionadas. La dignidad es tan esencial para la vida humana como lo es el agua, la comida y el oxígeno. Si el hombre se aferra a la dignidad a pesar de las pruebas físicas más extremas, el alma humana es capaz de mantener vivo un cuerpo mucho más allá del punto en que éste debería haber claudicado. La pérdida de la dignidad puede afectar tanto a un ser humano como la sed, el hambre, la asfixia o las mayores crueldades. En sitios como Kwajalein, la degradación podía ser tan letal como una bala.

Louie había estado en Kwajalein durante cerca de una semana cuando la puerta de su celda fue abierta y dos guardias lo sacaron. Se sonrojó por el temor al pensar que lo llevaban al matadero. Conforme lo empujaban rumbo a lo que parecían ser cuarteles para oficiales, pasó junto a dos chicas con facciones asiáticas que avanzaban con la cabeza gacha y desviando la mirada mientras se alejaban del edificio. Louie fue metido a un cuarto, ante una mesa cubierta con un mantel blanco en la que había alimentos diversos. Alrededor de la mesa estaban sentados oficiales japoneses vestidos de gala y fumando cigarrillos. Louie no estaba allí para ser ejecutado. Estaba allí para ser interrogado.

Los oficiales dieron largas caladas a sus cigarrillos y exhalaron el humo en dirección a Louie. Periódicamente, uno de ellos abría una botella de refresco de cola, servía un poco en una taza y lo bebía lentamente, dejando muy en claro el placer que la bebida le brindaba.

El oficial de mayor rango miraba fríamente a su cautivo. ¿Cómo satisfacen sus apetitos sexuales los soldados estadounidenses?, preguntó. Louie respondió que no lo hacían gracias a su fuerza de voluntad. El oficial estaba sorprendido. Los militares japoneses, dijo, proveían mujeres a sus soldados. Estaba aludiendo a las miles de mujeres chinas, coreanas, indonesias y filipinas que los japoneses habían raptado para convertirlas en esclavas sexuales. Louie recordó a las chicas que acababa de ver afuera.

Los interrogadores cuestionaron a Louie en relación con el avión. Sabían que se trataba de un B-24, probablemente debido a que Louie había informado eso en el atolón anterior. ¿De qué modelo se trataba? En Oahu, Louie había escuchado que, durante una batalla, se había estrellado en un arrecife un B-24D, nave que había caído en manos japonesas. El *Avispón Verde* había sido un modelo D. Sabiendo que los japoneses ya tenían noticia de este modelo, decidió no mentirles y afirmó que había volado en un modelo D. Le dieron lápiz y papel pidiéndole que dibujara el avión. Al terminar, sus interrogadores compararon el dibujo con una fotografía del modelo D. Lo habían puesto a prueba.

¿Qué sabía del modelo B-24E? Él respondió que nada. Era mentira; el *Súper Man*, aunque oficialmente era un modelo D, había sido sometido a mejoras que lo habían convertido en un modelo E. ¿En dónde estaba el sistema de radar? La ubicación del radar nada tenía que ver con su funcionamiento, de modo que Louie les dijo la verdad. ¿Cómo lo operas? Louie sabía la respuesta, pero contestó que, siendo bombardero, ignoraba la respuesta. Los interrogadores le pidieron que dibujara el sistema de radar. Louie inventó un sistema imaginario, haciendo un dibujo tan elaborado que, según se escribió después al respecto, su versión semejaba un pulpo roto. Los interrogadores asintieron.

Pasaron a preguntar sobre el visor Norden. ¿Cómo lo manejas? Sólo giras dos perillas, dijo Louie. Los oficiales se molestaron. Louie fue enviado de regreso a su celda.

Louie sospechó que lo llamarían de vuelta, de manera que se dedicó a tratar de anticipar las preguntas. Pensó en qué cosas podía divulgar y cuáles deberían permanecer secretas. En cuanto a estas últimas, inventó mentiras y las practicó hasta estar seguro de poder decirlas con fluidez. Dado que había sido parcialmente veraz durante la primera sesión, sabía que ahora estaba en una mejor posición para mentir.

Phil fue llamado a interrogatorio. También él sabía respecto del B-24D capturado por los japoneses, de modo que habló con libertad sobre los componentes del avión. Luego le pidieron que describiera la estrategia de guerra norteamericana. Respondió que pensaba que atacarían el perímetro de los territorios capturados, para luego seguir adelante hasta vencer a Japón. Los interrogadores respondieron con sendos accesos de risa. Phil sintió que las risas eran forzadas. Estos hombres, sospechó, pensaban que Japón iba a perder.

Louie estaba sentado en su celda cuando apareció un nuevo guardia en la puerta. Levantó la mirada y vio un rostro que no reconoció; esto lo atemorizó, pues sabía que los nuevos guardias suelen demostrar su autoridad.

"¿Eres cristiano?", preguntó el guardia.

Louie había sido criado como católico, pero no había asistido a misa dominical desde su infancia, cuando un sacerdote lo castigó por llegar tarde al catecismo jalándole las orejas. Aunque Louie había salido del episodio con una oreja adolorida, algo había aprendido. Respondió afirmativamente. El guardia sonrió.

"Yo, cristiano".

El guardia le dio su nombre, el que Louie recordaría sin estar muy seguro como Kawamura. Comenzó a hablar en un inglés tan malo que Louie sólo pudo comprender algo relacionado con los misioneros canadienses y la conversión. El guardia deslizó dos pedazos de caramelo macizo en la mano de Louie y luego fue al final del pasillo para darle sus dos piezas a Phil. Había nacido una amistad.

Kawamura trajo papel y lápiz y comenzó a hacer dibujos para ilustrar los temas que deseaba abordar. Yendo y viniendo de una celda a otra, hacía un dibujo de algo —un auto, un avión, un barquillo de helado— y decía y escribía el nombre en japonés. Louie y Phil escribían y pronunciaban la palabra en inglés. Los prisioneros comprendían poco o nada de lo que Kawamura les decía, pero su buena voluntad no requería de traducción. Kawamura no podía hacer nada para mejorar las condiciones físicas en que vivían los cautivos, pero su amabilidad era salvadora.

Cuando Kawamura estaba fuera de servicio, vino un nuevo guardia. Éste abusó de Louie metiendo un palo por la ventana en busca de su rostro, como si tratara de sacarle los ojos. Al día siguiente, Kawamura vio el rostro ensangrentado de Louie y preguntó quién le había hecho eso. Al escuchar el nombre del guardia, Kawamura se endureció, levantó el brazo y lo flexionó, como mostrando el bíceps a Louie. Al término de su turno, se fue apurado y con una expresión de furiosa determinación.

Durante dos días, nada supo Louie de Kawamura o del guardia cruel. Luego regresó Kawamura, abrió un poco la puerta de la celda de Louie y señaló orgullosamente al tipo que había herido a Louie. Su frente y boca habían sido vendadas ostensiblemente. Nunca volvió a vigilar la celda de Louie.

Un día en que Phil y Louie estaban en sus correspondientes celdas, escucharon un escándalo en el exterior. Era como el clamor de una multitud furibunda. Luego se asomaron rostros por el ventanuco de la celda. Gritaron. Empezaron a volar las rocas dentro de la celda. Vinieron más hombres, uno detrás de otro; gritaban, escupían a Louie, lo apedreaban y arrojaban palos cual si de jabalinas se tratara. Al final del pasillo, Phil recibía un trato semejante. Louie se recogió en el extremo más lejano de la puerta de la celda.

Así siguieron las cosas. Ochenta, quizás 90 hombres hicieron lo descrito, invirtiendo unos 30 segundos cada uno en agredir a cada cautivo. Al fin, se fueron los hombres. Louie quedó sentado en charcos de escupitajos y rodeado de piedras y palos. Sangraba.

Cuando Kawamura vio lo sucedido, estaba lívido. Explicó que los atacantes eran la tripulación de un submarino que había hecho escala en la isla. Cuando Louie fue llevado al interrogatorio, se quejó del ataque. Los oficiales respondieron que éste era el tipo de trato que debía esperar.

Los interrogadores querían que Louie les informara del número de aviones, barcos y personal apostados en Hawái. Louie les indicó que había visto Hawái por última vez en mayo. Ahora era agosto. No podía tener información actualizada. Lo mandaron de regreso a su celda.

Unas tres semanas después de la llegada a Kwajalein, Louie fue sacado de nuevo de su celda. Por primera vez desde su llegada, vio afuera a Phil. Sus miradas se encontraron. Parecía que éste podía ser el fin.

Los llevaron al edificio de interrogación, pero esta vez los dejaron en el pórtico principal, Phil en un extremo y Louie en el otro. Se les unieron dos hombres vestidos con bata blanca, además de cuatro asistentes que traían papeles y cronómetros. Los japoneses comenzaron a reunirse en la entrada para observar.

Se ordenó a Phil y a Louie que se acostaran. Los médicos sacaron dos agujas hipodérmicas bastante grandes y las llenaron con una solución turbia. Alguien dijo que era leche de cocos verdes, aunque no se sabe si era o no. Los médicos dijeron que lo que estaban a punto de hacer resultaría benéfico para los prisioneros. Si la solución funcionaba como estaba previsto —mejorando su condición, según les dijeron— se le suministraría a las tropas japonesas.

Los médicos voltearon las manos de los cautivos para dejarlas con las palmas hacia arriba y les frotaron alcohol en los brazos. Las agujas penetraron, las jeringas fueron vaciadas y los asistentes accionaron los cronómetros. Los médicos pidieron a los prisioneros que describieran sus sensaciones.

En el caso de Louie, a los pocos segundos la entrada del edificio comenzó a girar. El médico inyectó más solución en sus venas y la sensación aumentó. Sentía como si le clavaran agujas en todo el cuerpo. Luego se le agolpó la sangre en la cabeza, causando la misma sensación que le abordaba cuando Phil sacaba al *Súper Man* de un descenso. La piel le quemaba y le picaba. El porche giraba. Del otro lado de la entrada, Phil experimentaba los mismos síntomas. Los médicos seguían interrogándolos sin variar el tono de voz. Luego todo se tornó borroso y Louie gritó que estaba cerca de desmayarse. El médico retiró la aguja.

Los prisioneros fueron llevados de vuelta a sus celdas. Quince minutos más tarde, todo el cuerpo de Louie era cubierto por una erupción. Estuvo despierto toda la noche, rascándose y soportando el ardor. Varios días más tarde, cuando los síntomas cedieron, llevaron de nuevo a ambos hombres al mismo lugar y les dieron idéntico trato, sólo que en esta ocasión la dosis fue mayor. Volvieron a sentir el vértigo y el ardor. Pasados unos días, fueron sometidos a un tercer experimento y luego a otro más. La última ocasión, les inyectaron casi medio litro de la sustancia en las venas.

Los dos sobrevivieron y, por terrible que esta experiencia hubiera sido, habían corrido con suerte. En todos los territorios ocupados, los japoneses usaban al menos a diez mil prisioneros de guerra y a civiles, incluyendo niños, como sujetos para experimentos relacionados con armas químicas y biológicas. Miles fallecieron.

De regreso en su celda, Louie sintió que pronto tendría un fuerte dolor de cabeza. Se sintió mareado y ardiendo en fiebre. Le dolían los huesos. Phil soportaba la misma situación. Los guardias llamaron a un médico. Louie logró captar una palabra familiar: dengue. Los prisioneros padecían dengue, una enfermedad potencialmente fatal transmitida por los mosquitos. El mal atacaba en los trópicos. El médico no recomendó tratamiento alguno.

Louie cayó en un estado febril que todo le obnubilaba. Al paso del tiempo, sentía muy poca conexión con su cuerpo. Mientras soportaba la enfermedad, escuchó pasos fuertes en el pasillo y pronto aparecieron los rostros lívidos en su puerta. Louie volvió a sentir el golpe de las rocas, las punzadas de los palos y el choque de los escupitajos en su rostro. Había llegado una nueva camada de submarinistas.

Louie soportó todo esto como flotando. Estaba demasiado enfermo como para resistirse. Los rostros pasaron y las piedras y los palos dejaron de estrellarse contra su cuerpo y sus huesos afiebrados. Pasó el tiempo con compasiva rapidez y el abuso pronto terminó.

Interrogaron a Louie una vez más. Los oficiales pusieron un mapa de Hawái enfrente de él y le ordenaron marcar el sitio en que se ubicaban las bases.

Louie se resistió durante un tiempo, pero los interrogadores no se tentaron el corazón. A fin de cuentas, lo rompieron. Dejó caer la cabeza y, con profunda resignación, les dijo todo: la exacta localización de las bases, el número de aviones, etcétera.

Los japoneses esbozaron sonrisas jubilosas. Abrieron una botella de refresco de cola y se la dieron a Louie junto con una galleta y un poco de pastel. Celebraron ignorando que las "bases" que Louie había identificado eran los campos aéreos falsos que había encontrado deambulando por Hawái con Phil. Si los japoneses bombardeaban esos lugares, sólo destrozarían aviones de madera.

La utilidad de Louie y de Phil había llegado a su fin. En el cuartel central, los oficiales discutieron qué hacer con los prisioneros. La decisión fue fácil; los mismos oficiales japoneses habían decidido el destino de los hombres cuyos nombres figuraban en la celda de Louie. Pronto serían ejecutados.

El 24 de agosto, varios hombres se reunieron frente a la celda de Louie para sacarlo una vez más. *¿Habrá llegado el momento?*, se preguntó. Lo llevaron hasta el edificio de interrogatorios a empujones. Esperaba que le comunicaran su sentencia de muerte, pero no fue así. Le dijeron que un barco de la marina japonesa estaba por llegar a Kwajalein; en esta nave sería trasladado hasta un campo de prisioneros de guerra en Yokohama, Japón. En el último minuto, los oficiales habían decidido no ejecutarlo. Pasaría mucho tiempo antes de que Louie averiguara por qué.

Louie sintió un profundo alivio, pues creía que en un campo de concentración para prisioneros de guerra sería tratado conforme a las reglas humanitarias del derecho internacional; pensó que entraría en contacto con la Cruz Roja y le permitirían establecer comunicación con su familia. También a Phil le dijeron que viajaría a Yokohama. Se mostró asombrado y esperanzado.

El 26 de agosto de 1943, 42 días después de llegar a la Isla de los Ejecutados, Louie y Phil fueron sacados de sus celdas, desnudados, lavados a cubetadas, vestidos de nuevo y, por último, conducidos al barco que los llevaría a Japón.

Al salir de su celda por última vez, Louie miró atrás en busca de Kawamura. No pudo encontrarlo.

DIECINUEVE

★ ★ ★

Doscientos hombres silenciosos

Louie y Phil estaban sentados en una sala de espera del barco de la marina cuando la puerta se abrió. Una horda de marineros japoneses agitados y medio borrachos entraron al sitio. Uno de ellos preguntó si Japón ganaría la guerra.

"No", dijo Phil.

Phil recibió un puñetazo en la cara y poco después le dieron otra vez. Se le preguntó a Louie quién ganaría la guerra.

"Estados Unidos".

Los marineros se abalanzaron sobre los cautivos; los puñetazos abundaban. Algo golpeó la nariz de Louie y sintió que ésta tronaba. Entró un oficial que ordenó a los tripulantes rijosos que salieran. A Louie le sangraba la nariz. Cuando se la tocaba, sentía una herida y un pedazo de hueso que se asomaba por un costado.

Con un inglés rudimentario, el oficial les dijo que la tripulación había estado revisando las carteras de los cautivos, que habían sido confiscadas al abordar. En la de Louie encontraron un recorte de periódico doblado. Se trataba del dibujo que Louie había recortado del *Honolulu Advertiser* muchos meses antes, en el que se representaba el servicio que Louie había prestado en el bombardeo a Wake. El oficial dijo que cerca de la mitad de la tripulación había estado en Wake esa noche. Además, el barco en el que estaban estacionados había sido hundido.

Algunos tripulantes se arrepintieron de atacar a los cautivos. Más tarde, la puerta volvió a abrirse. Entraron dos hombres que, en medio de disculpas, abrazaron a Louie y le dieron *sake*.

Este recorte de periódico estuvo en la cartera de Louie durante todo el viaje en la balsa; fue teñido de morado por el tinte de la cartera. Louie y Phil fueron golpeados cuando los japoneses lo descubrieron.
Cortesía de Louis Zamperini.

Louie y Phil fueron separados de nuevo. Louie fue encerrado en la camarote de un oficial. Cada pocos días, recibía extrañas visitas de un marinero sonriente que entraba en la habitación y decía: "¿Quieres una galleta a cambio de un coscorrón?" Después de dar el coscorrón a Louie, le daba la galleta y se marchaba.

Entre las visitas del marinero, Louie no tenía nada qué hacer excepto estar sentado y meterse los dedos a la nariz tratando de enderezar el hueso. Aburrido, esculcó el camarote y encontró una botella de *sake*. Comenzó a tomar tragos furtivos del licor de arroz lo suficientemente pequeños para que no se notara su falta. Entonces hubo una alerta de ataque de submarino, Louie entró en pánico y tomó tanto que cualquiera notaría la diferencia, por lo que decidió que era mejor terminar con todo el *sake* de una vez. Durante los últimos días del viaje, el flaco norteamericano y la gorda botella japonesa la pasaron de maravilla juntos.

Después de un viaje de tres semanas, que incluyó una escala en el atolón Truk, el barco llegó a puerto en Yokohama, en la costa este de la isla central de Japón, Honshu. Vendaron los ojos a Louie y lo sacaron. Sintió la tierra firme bajo sus pies. A través de una rendija, tuvo Louie su primer encuentro visual con Japón: la palabra Chevrolet grabada en un tapón de auto.

Estaba de pie frente a un coche. Escuchó que alguien saltaba del barco gritando. Los hombres que estaban alrededor de Louie quedaron fríos; el hombre que se aproximaba, asumió Louie, debía ser un oficial. Éste agarró a Louie y lo aventó al asiento del auto. Mientras luchaba para meter las piernas el oficial le golpeó el rostro con una lámpara de mano. Louie sintió que los huesos de su nariz tronaban de nuevo. Pensó en el *sake* y se preguntó si este hombre era el dueño. Se encogió en el asiento al lado de Phil.

El Chevy emprendió la marcha a través de una campiña con colinas. Cerca de una hora después, el auto se detuvo. Louie sintió que varias manos lo ponían de pie y lo conducían a un lugar cerrado y húmedo. Le quitaron la venda de los ojos. Estaba en un baño, aparentemente localizado en el campo de concentración para prisioneros de guerra. Phil ya no estaba con él. Frente a él había una tina llena de agua que emanaba un acre olor a desinfectante. Le pidieron que se desvistiera y se metiera. Entró al agua, relajante en su tibieza, y se lavó a fondo por vez primera desde que había salido de Oahu.

Al término del baño, se le dijo que volviera a vestirse. Un hombre con tijeras recortó su cabello y barba. Lo escoltaron por un pasillo y se detuvieron frente a una puerta. El guardia le indicó que entrara y esperara órdenes.

Louie entró en el cuarto. Las luces estaban apagadas y sólo pudo distinguir la silueta de un hombre vestido de civil que no miraba a Louie. Alguien encendió la luz, el hombre se volvió y Louie vio su rostro.

Era Jimmie Sasaki, su amigo de la escuela.

"Nos encontramos de nuevo", dijo Sasaki. Louie se quedó sin habla por el azoro. No tenía idea de los alegatos de espionaje que pesaban sobre su amigo y estaba sorprendido de verlo al servicio del enemigo. Sasaki lo miró con calidez. Se había preparado para ver a Louie, pero le desagradó constatar lo delgado que estaba. Hizo una broma sobre lo mal que se veía Louie rapado.

Enseguida, tuvieron una conversación forzada y extraña. Sasaki hizo unas cuantas preguntas referentes a la odisea de Louie y luego comenzó a recordar episodios en la USC, comidas en la unión de estudiantes y películas de diez centavos en el campus. Louie, incómodo, esperaba preguntas sobre asuntos militares, pero éstas nunca llegaron. Lo más cercano a una pregunta sobre estos temas fue la expresa confianza que Sasaki manifestó respecto del triunfo de Japón en el guerra. Dijo a Louie que era un empleado civil de la marina japonesa, institución que lo había convertido en el interrogador de todos los prisioneros de guerra de Japón. Según dijo, tenía un rango equivalente al de almirante.

Louie fue llevado afuera. Estaba en un gran complejo con edificios de un piso, rodeados por una barda perimetral alta y con alambre de púas en la parte superior. Algo de siniestro tenía este lugar. Louie, al igual que todo hombre traído aquí, notó este aire tétrico de inmediato. Había unos 200 cautivos aliados agrupados cerca de los edificios y en silencio. Todos miraban al suelo. Estaban tan callados como la nieve.

Louie fue conducido a una banca, a cierta distancia de los demás prisioneros. Vio a Phil a la distancia, sentado solo. Un par de prisioneros estaba también sentado en bancas y Louie notó que ocultaban sus manos de los guardias para enviarse señales en clave Morse: los puños eran puntos y las manos abiertas líneas. Louie los observó hasta que un prisionero se acercó. El hombre parecía tener permiso de hablar. Comenzó a explicar a Louie en dónde estaba.

Esto no era un campo de concentración para prisioneros de guerra. Se trataba de una instalación secreta dedicada al interrogatorio. Se llamaba Ofuna, y ahí mantenían a hombres que pudieran aportar información valiosa. Permanecían confinados en solitario, eran hambreados y torturados con tal de que divulgaran secretos militares. Dado que la existencia de Ofuna era mantenida en secreto para el mundo exterior, los japoneses la operaban con entera libertad. Los hombres que eran llevados a Ofuna, decían los japoneses, no eran prisioneros de guerra sino "combatientes desarmados" en una guerra contra Japón y, como tales, no gozaban de las prerrogativas que el derecho internacional concedía a los prisioneros de guerra. En realidad, no tenían ningún derecho. Si los cautivos confesaban sus "crímenes contra Japón", serían tratados "tan bien como las regulaciones lo permitieran". En el curso de la guerra, unos mil prisioneros aliados fueron conducidos a Ofuna, y muchos fueron mantenidos allí durante años.

El hombre comunicó a Louie las reglas. Estaba prohibido hablar con cualquiera, a excepción de los guardias; no podían meter las manos en los bolsillos o hacer contacto visual con otros presos. Su mirada debería dirigirse al piso en todo momento. Debía aprender a contar en japonés, porque cada mañana había *tenko*, un tipo de inspección en que los hombres tenían que contar. Para usar el *benjo* —la letrina— debía pedir permiso en japonés diciendo "*Benjo kudasai*" al tiempo que hacía una reverencia. No se le daría una taza; si estaba sediento, tenía que rogar al guardia lo llevara hasta el lavabo. Había reglas para cada detalle de la vida, desde el doblado de las sábanas hasta el abotonamiento de la ropa, y cada regla reforzaba el aislamiento y la obediencia total. La menor violación acarrearía una golpiza.

Los japoneses eran suficientemente claros respecto de una cosa: en este lugar secreto, podían hacer y hacían lo que querían con los prisioneros y nadie se enteraría jamás. Resaltaban el hecho de que no garantizaban que los cautivos sobrevivieran a Ofuna. "Aquí pueden matarte", dijeron a Louie. "Nadie sabe que estás vivo".

Llegada la noche, Louie fue conducido a las barracas y luego a una celda diminuta. En el suelo había un delgado tatami (un colchón de paja) y tres sábanas de papel. Ésa sería su cama. Había una ventana pequeña, pero no tenía vidrio, de manera que el viento recorría toda la celda. Las paredes eran endebles, el piso tenía hendiduras, el techo era de papel embreado. Transcurría más o menos la mitad del mes de septiembre. Faltaba poco para el invierno; Louie tendría que pasarlo en ese edificio que, en palabras de un prisionero, no era más que un rompevientos.

Louie se acurrucó bajo las sábanas de papel. Había docenas de hombres en las celdas aledañas, pero nadie producía sonido alguno. Phil estaba en una celda al fondo del corredor y, por primera vez en meses, Louie no estaba cerca de él. Estaba solo en esa madriguera de cautivos.

Cada día comenzaba a las seis de la mañana: sonaba una campana, gritaba un guardia y los prisioneros corrían afuera para el *tenko*. Louie se formaba con otros hombres demacrados. Los guardias los acechaban con palos o *bats* de beisbol en las manos y rifles con bayonetas colgados del hombro. Adoptaban posturas amenazantes y gritaban cosas ininteligibles. Los prisioneros eran sometidos a una rutina que se valía de la prisa para amedrentar: contaban, hacían una reverencia al emperador Hirohito, corrían al lavabo y al *benjo*, y luego regresaban al área de concentración cinco minutos después. Entonces volvían a las barracas, en donde los guardias revisaban las pertenencias de los presos en busca de contrabando, sábanas mal dobladas, botones mal alineados, cualquier cosa que justificara una golpiza.

El desayuno era servido por cautivos que ofrecían cuencos con gachas apestosas y aguadas que cada hombre comía a solas en su celda. Luego se formaban parejas, les daban un amasijo de cuerdas mojadas y los forzaban a agacharse, poner las cuerdas en el suelo y correr lavando el pasillo de 50 metros de largo. A veces los obligaban a limpiar el pasillo caminando al estilo de los patos, mientras los guardias trotaban detrás de ellos maltratándolos. Luego volvían a sacarlos y los guardias los hacían correr en círculos o los obligaban a realizar otro tipo de ejercicios, casi siempre hasta que caían al suelo de cansancio. Cuando terminaba el ejercicio, debían sentarse afuera sin importar el clima. El silencio sólo era roto por los gritos provenientes del cuarto de interrogatorios.

Y a diario había golpizas. Los hombres eran golpeados por doblar los brazos, por sentarse desnudos procurando que las heridas sanaran, por lavarse los dientes, por hablar dormidos. La mayor parte de las veces, por no entender las órdenes, que casi siempre eran dadas en japonés. Docenas de hombres eran obligados a formarse para ser golpeados en las rodillas por una supuesta infracción cometida por otro. Uno de los castigos favoritos consistía en hacer que un hombre permaneciera en la "posición Ofuna" durante horas; se trataba de una posición dolorosa y agotadora en que se permanecía de pie con las rodillas medio dobladas y los brazos alzados por encima de la cabeza. Los que caían o bajaban los brazos eran apaleados y pateados. Los prisioneros que trataban de ayudar a las víctimas eran atacados también, aunque por lo regular el ataque era aún más violento, de modo que las víctimas estaban solas. Cualquier intento por protegerse —agacharse, cubrirse el rostro— provocaba mayor violencia. "Mi trabajo", recuerda el preso Glenn McConnell, "consistía en mantener mi nariz en el rostro y evitar ser desmembrado". Las golpizas, escribió, "eran de tal intensidad que muchos de nosotros nos preguntábamos si viviríamos lo suficiente para ver el fin de la guerra".

Por la noche, estando de nuevo en la celda, Louie esperaba la cena y comía solo en la oscuridad. Luego se quedaba ahí sentado sin hacer nada. No se permitía hablar, silbar, cantar, llevar el ritmo con las manos o pies, leer o mirar por la ventana. Luego salían para otra inspección, otra arenga, y luego venía la incómoda pausa nocturna con los pasos de los guardias yendo y viniendo hasta que llegaba el amanecer con los gritos, las prisas y los golpes.

En Ofuna, al igual que sucedía en los muchos campos de concentración para prisioneros de guerra a todo lo largo y ancho de Japón y en sus territorios conquistados, los hombres utilizados como guardias eran la hez de la milicia japonesa. Muchos habían sido retirados de la vida castrense por su incompetencia para realizar las labores más sencillas. Muchos otros habían sido degradados. De acuerdo con los prisioneros, casi todos los guardias de Ofuna tenían dos características en común: una era la estupidez rampante y la otra un sadismo homicida.

Entre los militares japoneses de aquella época, el castigo corporal era una práctica de rutina. "El hierro debe martillarse cuando está caliente; los soldados deben ser golpeados cuando

aún están frescos", se decía entre los reclutas. Otro dicho rezaba que "no hay soldados fuertes si no se les azota". Para todos
los soldados japoneses, especialmente para los de bajo rango, los
golpes eran ineludibles y prácticamente cotidianos. Así, no sor-
prende que los custodios de los campos, ocupando el nivel militar más bajo en un sistema que aplaudía la brutalidad, ventilaran
sus frustraciones con los hombres indefensos que tenían bajo su
autoridad. Los historiadores japoneses llaman a este fenómeno
"transferencia de la opresión".

Esta tendencia era poderosamente reforzada por dos ideas
bastante comunes en la sociedad japonesa de esa época. Una sostenía que los japoneses eran racial y moralmente superiores a los no
japoneses, siendo una raza pura destinada a gobernar. También
los soldados aliados sostenían opiniones virulentamente racistas
de los japoneses, tanto militares como civiles, quienes eran víctimas de una propaganda intensa generada por su gobierno. Estas
posturas hacían que los japoneses concibieran a los enemigos valiéndose de prejuicios cáusticos, calificándolos como brutos, bestias infrahumanas o peligrosos "diablos anglosajones". Este racismo y el odio que fomentaba de seguro servían para aumentar el
abuso de los prisioneros aliados.

En la sociedad militarizada de Japón, todos los ciudadanos,
desde la más tierna infancia, eran adoctrinados sin cesar con la
lección de que ser capturado en una guerra era intolerablemen-
te vergonzoso. El código de campo de los militares japoneses, en
1941, dejaba en claro qué se esperaba de quienes estaban a punto de
convertirse en prisioneros: "Piensa primero en tu familia. En lugar
de vivir y soportar la vergüenza de ser prisionero, el soldado debe
morir para evitar la deshonra de su nombre". Como resultado, en
muchas batallas perdidas los japoneses luchaban hasta la muerte.
Por cada soldado aliado muerto, cuatro eran capturados; por cada

120 soldados japoneses muertos, uno era capturado. En algunas batallas perdidas, los japoneses cometían suicidio en masa para evitar la captura. Los pocos que eran atrapados solían dar nombres falsos, creyendo que así sus familias pensarían que estaban muertos. La firmeza de esta convicción quedó demostrada en el Campo Cowra, en Australia, en 1944, cuando cientos de prisioneros de guerra japoneses se arrojaron prácticamente sobre las ametralladoras del campo e incendiaron las barracas en un intento de suicidio colectivo conocido como "la noche de los mil suicidios". La ira y el rechazo que los japoneses sentían por quienes se rendían o eran capturados, se extendía a los aliados. Esta forma de pensar creó una atmósfera en que el abuso, la esclavitud y hasta el homicidio de un cautivo, eran considerados como aceptables e incluso deseables.

Algunos guardias, intoxicados por el poder absoluto y adoctrinados en el racismo y la aversión hacia los prisioneros de guerra, caían fácilmente en conductas sádicas. Hasta los menos inclinados a creer en los prejuicios de su cultura podían acudir al llamado de la brutalidad. Para muchos guardias, el ser hecho responsable de los prisioneros era un experiencia muy desagradable, especialmente cuando se les ordenaba privar a los prisioneros de la satisfacción de las necesidades más básicas. Quizás algunos guardias obligaban a sus cautivos a vivir en condiciones de máxima deshumanización para poder asegurarse a sí mismos que solamente estaban dando su merecido a unas bestias. Por lo tanto, paradójicamente, algunos de los peores abusos infligidos a los cautivos y a los prisioneros de guerra podrían haberse generado en la incomodidad que los guardias experimentaban al ser abusivos.

Al escribir sobre su infancia en la esclavitud, Frederick Douglass relató la historia de cómo fue comprado por un hombre casado con una mujer de buen corazón que nunca había tenido un esclavo. "Su rostro estaba conformado por sonrisas celestiales y su voz era como una música tranquila", escribió Douglass. Ella le prodigaba amor maternal e incluso le dio clases de lectura, algo inédito en la sociedad esclavista. Pero después de que su marido le ordenara tratar al niño como el esclavo que era, se transformó convirtiéndose en un demonio cruel. Ella, al igual que los guardias de Ofuna de un siglo después, sucumbieron a lo que Douglass llamaba "el fatal veneno del poder irresponsable".

De entre todos los hombres torcidos y despiadados que perseguían a los cautivos en Ofuna, Sueharu Kitamura destacaba por méritos propios. En la vida civil, según varios recuentos, era o vendedor de *sake* o guionista de cine. En Ofuna, era el oficial médico. Fascinado por el sufrimiento, obligaba a los prisioneros enfermos y heridos acudir a él para recibir "tratamiento", después torturarlos y mutilarlos al tiempo que les preguntaba sobre su dolor, mientras esbozaba una sonrisa retorcida. Conocido como "el carnicero" y "el matasanos", Kitamura era el instigador de golpizas más ávido de Ofuna. Era un hombre corpulento, con la complexión de un bisonte, y golpeaba como un peso completo. Ningún oficial de Ofuna era más odiado o temido que él.

Aunque eran presionados para conformar una cultura de la brutalidad, algunos guardias se rehusaban a participar en la violencia. En un incidente, un prisionero fue golpeado tan salvajemente que dio por hecho que moriría. En medio del asalto, el guardia atacante fue llamado, y se le ordenó a un custodio de nombre Hirose[24] que terminara el trabajo. Estando fuera de la vista de otros guardias, Hirose le dijo al cautivo que gritara como si estuviera siendo golpeado, y luego azotó su macana contra el suelo. Ambos representaron sus papeles hasta que pareció que ya eran suficientes "golpes". El prisionero creía que Hirose le había salvado la vida.

---

[24] Probablemente se tratara del teniente Hiroetsu Narushima.

Para hacer lo que había hecho Hirose se requerían agallas. En todo Japón, era tabú demostrar simpatía por los prisioneros de guerra. Cuando un niño que vivía cerca del campo de concentración para prisioneros de guerra de Zentsuji expresó compasión por los prisioneros, sus comentarios se volvieron un escándalo nacional. Los superiores ordenaban golpear al personal de los campos de concentración descubierto tratando de mejorar las condiciones de vida de los prisioneros, o sólo expresando simpatía por ellos. "La opinión general respecto de los prisioneros de guerra era muy mala en aquellos tiempos", escribió Yukichi Kano, un sargento que trabajaba en otro campo y que era adorado por los prisioneros de guerra a quienes trataba de asistir. "Siempre existía el riesgo de que otro japonés malinterpretara el tratar de ser más humano. No era nada fácil resistirse a ese sentimiento equívoco de hostilidad, prejuicio e ignorancia, sobre todo en el caso de un soldado raso como yo".

En Ofuna, los guardias misericordiosos pagaban el precio. Cuando un oficial se enteró de que otro guardia había mostrado clemencia hacia los cautivos, agredió al guardia con una espada. Durante la caminata nocturna que realizaba desde su trabajo en la cocina hasta su celda, un prisionero fue testigo de cómo agredían en grupo regularmente a un guardia que se negaba a maltratar cautivos.

En Ofuna, los presos no sólo eran golpeados, sino que los mataban de hambre. Los tres alimentos diarios solían consistir en un plato de caldo con unos pocos vegetales, y uno o medio plato de arroz podrido, a veces mezclado con cebada. La dieta carecía virtualmente de proteínas, y tenía escaso valor nutrimental y calórico. Era una política del campo dar raciones disminuidas o descompuestas a los prisioneros sospechosos de retener información. A veces, se reducía la ración de todo el campo para castigar la reticencia de un solo preso. La comida estaba llena de excremento de rata, gusanos y arena, tanto que los dientes de Louie pronto estuvieron desportillados y quebrados. Los hombres llamaban a las raciones "el desperdicio".

El contenido calórico extremadamente bajo y la comida descompuesta, sumados al ejercicio forzado, ponían la vida de los hombres en gran peligro. "Estábamos muriendo", escribió el prisionero Jean Balch, "al consumir unas 500 calorías por día". El escorbuto era común. Los parásitos y demás elementos patógenos de la comida hacían que la diarrea fuera pan de todos los días. Lo más temido era el beriberi, enfermedad potencialmente mortal causada por la falta de tiamina. Existían dos modalidades de la enfermedad, que podían tener lugar concurrentemente. El beriberi "húmedo" afectaba el corazón y el sistema circulatorio, causando un edema agudo —inflamación— de las extremidades; de no ser tratado, solía ser fatal. El beriberi "seco" afectaba el sistema nervioso, causando entumecimiento, confusión, andar vacilante y parálisis. Cuando las víctimas del beriberi húmedo presionaban sus miembros inflamados, las concavidades causadas por la presión permanecían mucho tiempo después de que la presión hubiera sido retirada, dando a los hombres la muy desagradable impresión de que los huesos se les estaban ablandando. En algunos casos, el beriberi húmedo causaba inflamación extrema del escroto. Los testículos de algunos hombres llegaban a ser tan grandes como hogazas de pan.

En ese teatro de la crueldad que era Ofuna, la supervivencia era una mera posibilidad y las muertes el lugar común. Para Louie, Phil y otros presos, la única esperanza era que los aliados los rescataran, pero esta posibilidad también implicaba un peligro tremendo.

En el otoño de 1942, cuando los norteamericanos atacaron los barcos japoneses en Tarawa, en las Islas Gilbert, los japoneses decapitaron a 22 prisioneros de guerra que estaban en la isla. Un horror similar tuvo lugar en Ballale, en el archipiélago de Shortland, sitio en que los prisioneros británicos eran usados como esclavos para construir una pista de aterrizaje. Según un oficial japonés, en la primavera de 1943, cuando parecía que los norteamericanos llegarían pronto a Ballale, las autoridades japonesas emitieron una orden: en caso de invasión, todos los prisioneros de guerra deberían ser ejecutados. No hubo desembarco en Ballale, pero en respuesta al bombardeo aliado, los japoneses ejecutaron a todos los prisioneros de guerra de cualquier manera, siendo entre 70 y 100 hombres.

Unas semanas después de que Louie llegara a Ofuna, hubo un ataque con bombas al atolón de Wake, sitio en que los estadounidenses capturados durante la invasión japonesa seguían siendo utilizados como esclavos. Al creer erróneamente que la invasión era inminente, el comandante japonés hizo que los cautivos fueran asesinados y arrojados a un agujero después de que les fueran vendados los ojos y amarradas las manos. Sólo un hombre escapó a la matanza. Cuando lo atraparon tres semanas después, el comandante mismo lo decapitó. El único rastro de los hombres se halló varios años después. En la laguna del atolón, en un pedazo de coral, uno de los prisioneros talló un mensaje:

98

US

P. W.

5-10-43

Estos homicidios constituyeron las primeras aplicaciones de lo que llegaría a conocerse como la regla "matatodos". Los japoneses tenían una política que consistía en que, bajo ninguna circunstancia, el comandante del campo podía permitir que las fuerzas aliadas rescataran a los prisioneros de guerra. Si los avances aliados hacían que el rescate fuera posible, los prisioneros debían ser ejecutados. "Si existe cualquier temor de que los prisioneros de guerra pudieran ser rescatados debido al fragor de la batalla en nuestra contra", decía una orden emitida en mayo de 1944 a todos los comandantes de los campos, "deben tomarse las medidas decisivas sin permitir el rescate de uno solo de los prisioneros".

Ese mes de agosto, el Ministerio de Guerra de Japón emitió una nota aclaratoria a esta orden, enviándola también a todos los comandantes de campos de concentración para prisioneros de guerra:

> Llegado el momento en que la situación se torne urgente y extremadamente importante, se concentrará a los prisioneros de guerra y se les confinará bajo estrecha vigilancia mientras se toman las disposiciones finales. . . No importa qué método se utilice para su destrucción, ya sea éste individual, colectivo, con bombardeos masivos, humo venenoso, venenos, ahogamiento, decapitación o cualquier método que la situación amerite. En cualquier caso, el objetivo consiste en evitar el escape de todos, aniquilándolos sin dejar rastro.

Conforme los aliados luchaban para vencer a Japón, los cautivos de Ofuna y los de otros campos enfrentaban la muy real amenaza de morir por los éxitos militares de los aliados, debido a la política de "matatodos". Aunque ninguno de los presos conocía los incidentes en que esta orden se había verificado, los guardias de Ofuna gozaban al ser advertidos de esta política. Al igual que los demás prisioneros. Louie sabía que la mayoría de los guardias estaban ansiosos por cumplir la orden.

VEINTE

★ ★ ★

UN PEDO PARA HIROHITO

Al principio, sólo hubo silencio y soledad. Por la noche, todo lo que Louie podía ver eran paredes, tiras de suelo que las junturas deficientes del embaldosado exhibían, y sus propios miembros, tan delgados como juncos. Los guardias caminaban en los pasillos, sacando ocasionalmente a alguien para golpearlo. Alrededor de Louie había hombres en sus celdas, pero nadie hablaba. Llegada la luz del día, Louie se encontraba repentinamente entre ellos, era sacado y se le obligaba a dar vueltas a lo loco. Dado que se le ordenaba tener la mirada gacha y la boca cerrada, era como si Louie siguiera solo. La única excepción a este aislamiento generalizado tenía lugar cuando un guardia sonriente que gustaba de recorrer el pasillo, hacía una pausa frente a cada celda, levantaba una pierna y se pedorreaba dentro de la celda. Nunca logró recorrer el pasillo entero en su labor.

Gracias a los vistazos, a los gestos y a los murmullos furtivos, Louie logró desentrañar algo de Ofuna. Sus barracas estaban ocupadas por prisioneros recién llegados, la mayoría estadounidenses, sobrevivientes de un avión siniestrado o de un barco hundido. A final del pasillo vivían dos extenuados oficiales de la marina norteamericana, los aliados de alto rango. El primero en rango era el comandante Arthur Maher, quien había sobrevivido al hundimiento de su barco, el *Houston*, en el estrecho Sunda de Indonesia. Había nadado hasta Java ocultándose en las montañas, sólo para ser cazado tiempo después. El segundo en rango era el comandante de treinta y cinco años, John Fitzgerald, quien había caído en manos japonesas tras escapar de su submarino en llamas, el *Grenadier*, que había sido bombardeado. Los japoneses habían intentado en vano torturarlo para obtener información. Lo habían apaleado, le habían clavado navajas bajo las uñas, se las habían arrancado y le habían aplicado la "cura de agua" —le hacían la cabeza para atrás, le tapaban la boca y le echaban agua por la nariz hasta que se desmayaba. Tanto Maher como Fitzgerald hablaban japonés y servían como los únicos intérpretes del campo. Todos los presos, sin importar su nacionalidad, eran enviados a ellos.

Las barracas de Louie en Ofuna. La ventana de su celda
era la tercera, contando desde la derecha.
Frank Tinker.

Un día, durante el ejercicio obligatorio, Louie se encontró con William Harris, un oficial de la marina de veinticinco años, hijo del general de la marina Field Harris. Alto y digno, con rostro de facciones duras, Harris había sido capturado en la rendición de Corregidor, en mayo de 1942. Junto con otro norteamericano,[25] había escapado nadando durante ocho horas y media cruzando la bahía de Manila. Estaba oscuro y llovía. Los peces lo mordían. Llegó desfalleciente a la costa de la península de Bataan, ocupada por japoneses. Trataba de llegar a China; atravesó junglas, escaló montañas, navegó la costa en botes conducidos por filipinos que simpatizaban con él, hizo el camino montado en burros y logró sobrevivir a las hormigas que trataron de comérselo. Se unió a un grupo guerrillero filipino, pero cuando escuchó que los norteamericanos habían desembarcado en Guadalcanal, sintió el llamado del marino que vivía en él. Trató de alcanzar Australia en bote, con la esperanza de unirse a su unidad. Llegó hasta la isla indonesia de Norotai antes de que su viaje terminara. Los civiles lo entregaron a los japoneses, quienes pronto descubrieron que era hijo de un general y lo mandaron a Ofuna. Incluso en Ofuna, estaba tentado a escapar.

William Harris.
Cortesía de Katherine H. Meares.

---

[25] El futuro gobernador de Indiana, Edgar Whitcomb.

Louie y Harris estaban juntos todos los días, haciendo ejercicios forzados, soportando golpes de los guardias y hablando en voz muy baja. Lo curioso sobre Harris era que, aunque en efecto era un hombre alto —de entre 1.87 y 1.90 de estatura, de acuerdo con su hija—, prácticamente todos, incluyendo a Louie, lo recuerdan como si hubiera sido un gigante: una versión le atribuye 2.03 metros y otra hasta 2.08 metros. En sentido figurado, bien puede afirmarse que Harris era un gigante. Probablemente era un genio. Con una educación impecable, capaz de hablar varias lenguas, incluyendo el japonés, tenía memoria fotográfica. Con sólo un vistazo, era capaz de memorizar una gran cantidad de información recordándola por años. En Ofuna, este atributo era una bendición y también una maldición terrible.

Jimmie Sasaki hacía visitas frecuentes a Ofuna y le gustaba llamar a Louie a su oficina. Estando entre cautivos en harapos y guardias en monótonos uniformes grises, Sasaki era un espectáculo, pues se vestía como estrella de cine y usaba el cabello de raya en medio y pegado con gomina, igual que Howard Hughes. Los cautivos le llamaban "el guapo Harry". Louie esperaba que lo interrogara, pero el interrogatorio nunca llegaba. Sasaki sólo quería recordar los tiempos en la USC y alardear de la futura victoria de Japón en la guerra. Sabía que Louie había mentido en el interrogatorio de Kwajalein, pero no le interesaba la verdad. Louie no podía entenderlo. Todos los demás prisioneros eran interrogados, al principio al menos, pero no se hizo ningún esfuerzo por interrogarlo a él. Sospechaba que Sasaki utilizaba su influencia para protegerlo.

Ofuna tenía otro residente notable. Gaga era un pato que nadaba en una pileta que tenía agua por si se presentaba un incendio; nadaba con una pata rota que un prisionero le entablilló. El pato seguía a los prisioneros como si fuera un cachorro, entrando y saliendo de la cocina con su cojera, en donde los trabajadores, aparentemente, lo alimentaban. Cada mañana en el *tenko*, Gaga se unía al desfile y se quedaba de pie con los presos como si fuera uno más. Uno de los cautivos afirmaba que, cuando los hombres hacían reverencia al emperador, Gaga los imitaba. En un lugar tan oscuro, esta alegre ave era particularmente querida. Para los cautivos, según escribió un sobreviviente de Ofuna llamado "Pappy" Boyington, Gaga se convirtió en una criatura que les permitía "distraer sus torturados cerebros de la eterna rutina de rezar y preocuparse por si alguien iba a salvarlos".

Rara vez se encontraban Louie y Phil, quien tenía su celda mucho más lejos en el pasillo. El piloto parecía estar soportando Ofuna razonablemente bien, pero seguía estando flaco y frágil y tenía la mirada perdida. Durante el ejercicio obligatorio, no tenía la fuerza suficiente para correr, de modo que él y otros fueron separados para ser torturado por medio de ejercicios de calistenia.

En una ocasión, cuando Louie y Phil se cruzaron, Phil finalmente habló del accidente. Lleno de angustia, le dijo que se sentía responsable por la muerte de todos esos hombres. Louie le reafirmó que el accidente no había sido su culpa, pero a Phil no le importaba.

"Nunca volveré a volar", dijo.

Con el paso del tiempo, Louie descubrió que tanto el silencio forzoso de Ofuna como la sumisión de los cautivos, eran ilusiones. Tras el silencio, existía un murmullo clandestino que era en realidad un desafío.

Todo comenzaba con murmullos al paso. Los guardias no podían estar en todas partes, y en cuanto una zona era desatendida, los presos se entregaban a un secreto cuchicheo. Los hombres escribían notas en pedazos de papel de baño y las escondían para su destinatario en el *benjo*. En una ocasión, cuando se le dio permiso de hablar en voz alta de modo que pudiera traducir órdenes, el comandante Maher adiestró a otro cautivo en técnicas para robar, justo frente a los guardias, quienes no se percataron del hecho. Los prisioneros más atrevidos caminaban hasta los guardias, los miraban directamente y hablaban en inglés usando el tono de pregunta. Los confusos guardias pensaban que se les estaba haciendo una pregunta, cuando en realidad los presos se hablaban entre sí.

Cuando las palabras no podían pronunciarse, la clave Morse entraba en acción. Por las noches, en los cortos intervalos en que los guardias se iban del edificio, la barraca entera comenzaba a dar golpecitos. Afuera, los hombres susurraban en código usando la expresión "tit" significando "punto", y "da" que significaba "raya", pues eran capaces de pronunciar estos sonidos sin necesidad de mover los labios. Louie utilizaba sus manos para comunicarse en código Morse, lo que confundía también a los guardias. La mayoría de los intercambios eran triviales —Louie sería recordado por las descripciones de las habilidades culinarias de su madre—, pero el contenido era lo de menos. La victoria estaba en la subversión misma.

Louie pronto aprendió una regla crucial de la conversación: nunca usar el nombre real de un guardia. Los guardias que descubrían que estaban siendo temas de conversación, solían dar tremendas palizas, de modo que los prisioneros les inventaban apodos. El flemático y reservado comandante del campo, era llamado la Momia. Los nombres de los guardias incluían Pájaro de Caca, Cara de Borde, la Comadreja, Labios de Calavera, Gordito y Termita. Un guardia particularmente desagradable era conocido como Cabeza de Mierda.

El desafío cobraba vida propia. Los hombres sonreían y se dirigían a los guardias con tono amigable, mientras en realidad les estaban lanzando insultos capaces de ruborizar a cualquiera.

Un preso convenció a un guardia particularmente lerdo de que un reloj de sol funcionaría por las noches si usaba fósforos. Una de las jugarretas favoritas implicaba guardar gas intestinal —que abundaba gracias a la disentería crónica— antes del *tenko*. Cuando se les ordenaba hacer una reverencia para el emperador Hirohito, los presos se agachaban y dejaban salir un concierto de truenos para el gobernante.

Louie tenía un acto privado de rebeldía. Un preso que era encuadernador en la vida civil, le dio un libro diminuto que había hecho en el campo aplastando pasta de arroz hasta formar páginas que luego cosía. Louie encontró o robó un lápiz y comenzó a llevar un diario. En éste consignó lo que le había sucedido después del accidente, y luego continuó con la descripción de la vida en el campo. En las páginas centrales del libro, con letra clara y gruesa, escribió las direcciones de contacto de otros presos para que el libro pareciera una innocua agenda. Las entradas de su diario las escribió en letra muy tenue y poniendo el libro al revés, es decir, al reverso de la cara normal, pues así era posible que pasaran por alto la escritura. Zafó una tabla del piso de su celda y escondió el diario bajo ella. Con las inspecciones diarias, era probable que lo descubrieran, lo que de seguro le haría merecedor a una golpiza, pero esta pequeña declaración del yo era muy importante para Louie. Sabía que podía morir allí. Quería dejar un testimonio de lo que había soportado y de quién había sido.

Después de la comida, lo que más querían los hombres eran noticias sobre la guerra. Los japoneses sellaban sus campos a la información proveniente del mundo exterior, y hacían hasta lo imposible por convencer a los presos de que los aliados estaban siendo aniquilados; al principio presumían las victorias japonesas y luego, cuando las victorias dejaron de presentarse, inventaban historias de derrotas aliadas y hazañas japonesas ridículamente inverosímiles. En una ocasión, anunciaron que sus militares habían disparado a Abraham Lincoln y torpedeado Washington, D. C. "No lograban comprender de qué nos reíamos", dijo un prisionero. Los oficiales de Ofuna no tenían idea de que los cautivos habían hallado formas de seguir la guerra a pesar de ellos.

Los presos nuevos eran fuente de información. Tan pronto como llegaban se les hacía entender el sistema, y en minutos los golpecitos comunicaban las nuevas a través de las celdas. Rara vez llegaban hasta allí los periódicos, pero cuando esto sucedía, el campo entero se obsesionaba con hurtarlos. En ocasiones, los proveedores del campo entregaban las raciones de comida envueltas en periódico, y los dos trabajadores de la cocina, Al Mead y Ernest Duva, se los embolsaban discretamente. Los hombres más descarados llegaban a apoderarse de los periódicos que estaban en el cuarto de interrogatorios mientras los interrogaban. Una vez robados, los diarios realizaban viajes secretos muy elaborados, pasando de mano en mano hasta llegar a los traductores, Harris, Fitzgerald y Maher. Mientras se hacían las traducciones, había presos que avisaban si alguien venía, y para ello fingían atarse las agujetas o estar ajustándose el cinturón. Cuando los guardias se acercaban, las alertas se activaban y los periódicos se esfumaban hasta terminar su vida útil como papel de baño. En un campo en que abundaba la disentería, el periódico era una posesión valiosa.

En un lugar secreto dentro de su celda, Harris guardaba las herramientas de su oficio clandestino como traductor. En algún momento de su estancia en Ofuna, había conseguido o robado pedazos de alambre, hilo, pedazos de cartón y papel, y un lápiz. El cartón había sido cortado de un paquete de ayuda para prisioneros de guerra de la Cruz Roja canadiense. Dado que la Cruz Roja no sabía de la existencia de Ofuna, era probable que el paquete hubiera sido traído desde otro campo por los japoneses, quienes rutinariamente robaban los contenidos de paquetes como ese para su propio consumo. Harris cortaba el papel hasta formar páginas pequeñas, y luego usaba el hilo y el alambre para coserlas para formar dos libros; los cartones hacían las veces de cubiertas.

En un libro, Harris había escrito las direcciones de sus compañeros prisioneros, incluyendo a Louie. En el otro, había comenzado a crear un elaborado diccionario japonés-inglés. En esas páginas, había escrito frases en japonés e inglés —"Tengo ganas de comer melón", "No intentes comprar un piano"—, seguido de notas para que el lector supiera pronunciar bien, los verbos y los tiempos. Otras páginas eran dedicadas a una lista comprensible de traducciones de términos militares, con palabras como "torpedo", "avión", "tanque", "bombardero", "artillería", "antiaéreo" y "cautivo". Al crear el diccionario, puede que Harris haya tenido en mente algo más que traducir documentos robados; si alguna vez escapaba de Ofuna, podía ser muy importante conocer las traducciones de palabras japonesas como "brújula", "costa" y "en tierra". Junto con los libros, Harris tenía una colección de mapas de guerra dibujados a mano; había visto los originales en periódicos robados y los había memorizado para luego reproducirlos. Guardaba todas estas cosas, además de un recorte de periódico, en una pequeña bolsa que mantenía lejos de la vista de los guardias.

Gracias al trabajo de ladrones y traductores, la mayor parte de los presos estaban suficientemente informados sobre el progreso de la guerra, tanto que hasta cruzaban apuestas intentando pronosticar su fin. Saber que los aliados estaban ganando era muy inspirador y ayudaba a que los hombres resistieran un poco más. Aunque estos actos de resistencia de los presos eran peligrosos, por medio de ellos preservaban su dignidad, y a través de ésta la vida misma. Todos sabían cuáles serían las consecuencias si alguien era descubierto robando periódicos o escondiendo artículos tan incriminatorios como los mapas y el diccionario de Harris. En ese momento, parecía que el riesgo valía la pena.

Con el otoño llegó la nieve. Los copos entraban a las barracas a través de las grietas de las paredes. Al trapear por las mañanas, el agua se congelaba en el pasillo. Casi todos los presos enfermaron. Louie, quien todavía usaba la ropa que llevaba puesta cuando se accidentó, desarrolló una tos amenazadora. Como los obligaban a estar fuera todo el día, él y otros se juntaban en grandes grupos, dando a cada hombre un tiempo para permanecer en el centro del grupo, pues allí hacía más calor generado entre todos.

Las raciones disminuyeron. Las autoridades centrales asignaban escasa comida para Ofuna, pero este no era el verdadero problema. Al descargar los camiones de alimentos, los presos vieron frijoles, vegetales y otras viandas nutritivas que nunca llegaban a aparecer en sus platos a la hora de las comidas. Los oficiales del campo, incluyendo al comandante, robaban la comida. El ladrón más descarado era el cocinero, un civil de cabello rizado llamado Curley. Él pasaba los alimentos a civiles por encima de la barda y a plena vista de los prisioneros; también empacaba los alimentos y los llevaba en su bicicleta para vender en el mercado negro a precios astronómicos. En ocasiones llamaba a Louie, le daba un paquete conteniendo la comida de los cautivos y le ordenaba llevarlo hasta la barda, donde una mujer tomaba el paquete y pagaba entregando otra cosa en trueque. De acuerdo con un prisionero, era por demás sabido que Curley había comprado y amueblado su casa con las ganancias.

El robo hundió a Ofuna en el hambre. "Para darle una idea de lo hambrientos que estábamos", escribió el comandante Fitzgerald, "permítame explicarle el hecho de que se necesitaba de muchísima fuerza de voluntad para dedicar el poquísimo almidón que quedaba en el plato para pegar la foto de mi esposa en un pedazo de triplay". El comandante Maher rogó por más comida. Los oficiales castigaron su impertinencia reduciendo aún más las raciones de los prisioneros e intensificando las sesiones de ejercicio.

En busca de algo en qué ocupar sus hambrientas bocas, los cautivos adoptaron la manía de fumar. Se repartía una mínima cantidad de tabaco podrido y Louie, al igual que la mayoría de los presos, retomó el hábito. Los hombres se tornaban fieramente adictos. Los pocos que no fumaban recibían a pesar ello su ración y por ello eran más ricos que los reyes. Uno de los amigos de Louie, un marinero noruego entrado en años llamado Anton Minsaas, se hizo tan adicto que cambiaba su comida por cigarrillos. Louie le pedía que comiera, pero no se podía convencer a Minsaas. Adelgazó más aún.

Todos en el campo estaban delgados, muchos demacrados, pero nadie estaba tan flaco como Louie y Phil. Las raciones distaban de ser suficientes, y Louie estaba enfermo de disentería. No podía entrar en calor y era atormentado por la tos. Se tambaleaba durante las sesiones de ejercicio tratando de que sus piernas no se doblaran. Por las noches, doblaba sus sábanas de papel para calentarse más, pero apenas ayudaba; las celdas sin calefacción estaban sólo unos grados arriba de la frígida temperatura exterior. Cuando los oficiales del campo improvisaron un juego de beisbol, Louie fue a batear. Le pegó a la pelota, dio un paso y se colapsó. Tirado en el piso escuchó risas.

Un día de ese otoño, el editor de un periódico japonés fue al campo. Se había enterado de que allí tenían prisionero a Louie Zamperini. En Japón, los deportes de pista eran inmensamente populares, y las estrellas del atletismo internacional eran bien conocidas. El editor llevaba un archivo lleno de información sobre Louie y se lo mostró a los guardias.

Se sintieron fascinados al enterarse de que el enfermo y de-macrado hombre de las primeras barracas había sido corredor olímpico en otros tiempos. Pronto encontraron a un corredor japonés y lo trajeron para que corriera contra el americano. Sacado a fuerza y obligado a correr, Louie fue derrotado y los guardias se burlaron y rieron de él. Louie estaba enojado y estremecido, y su creciente debilidad lo asustaba. Los prisioneros de guerra morían por miles en los campos de todo Japón y los territorios capturados, y el invierno se aproximaba.

Louie pidió ayuda a Sasaki. Dado que era, según sus propias palabras, alguien muy importante, parecía que le sería fácil intervenir. No obstante, después de discutir lo que "íbamos" a hacer, Sasaki terminaba por no hacer nada. Lo más que hizo por él fue darle un huevo y una mandarina que Louie compartió con otros prisioneros. Louie comenzó a creer que Sasaki no era su aliado, y que no lo estaba protegiendo de ser interrogado. Ahora parecía que el japonés simplemente no estaba interesado en lo que él pudiera saber. Lo habían llevado a Ofuna para ablandarlo con otra intención, pero no sabía de qué se trataba.

Sasaki no ayudó a Louie, pero sí lo hicieron los trabajadores de la cocina, Mead y Duva, quienes intervinieron asumiendo riesgos considerables. Cada día, cuando caminaban por el pasillo de las barracas llevando las raciones, ponían una bola extra de arroz y a veces un poco de pescado y, esperando algún momento en que los guardias se descuidaran, lo arrojaban a Louie. Mead susurró su única condición: da la mitad a Phil. Louie escondía la mitad del arroz, se pegaba a Phil en el patio exterior y se lo deslizaba en la mano.

En octubre, Anton Minsaas, quien todavía intercambiaba cigarrillos por alimentos, cayó al piso durante una sesión de ejercicios. Los guardias se le fueron encima a garrotazos. Poco después enfermó de beriberi y Minsaas quedó tan debilitado que no podía hablar. Los oficiales trajeron a un médico que inyectó a Minsaas un líquido verde. Minsaas murió de inmediato. En relación con el fluido verde, el cautivo Johan Arthur Johansen escribió: "Creímos que se trató de un esfuerzo para terminar con su vida".[26]

Louie se sentaba en su habitación temblando y rezando. Un marinero noruego, Thorbjorn Christiansen, se apiadó de él y le hizo un regalo que bien pudo salvarle la vida. Escarbando entre sus posesiones, sacó un abrigo y se lo pasó a Louie. Louie se lo puso, y esperó no terminar como Minsaas.

Conforme 1943 llegaba a su fin, los hombres en Ofuna tuvieron una probada de la liberación. Se permitió que los cautivos veteranos. incluyendo a Louie, hablaran entre sí cuando estuvieran afuera. Cuando llegaban nuevos prisioneros, los ponían en confinamiento solitario y se prohibía hablarles hasta que hubiera terminado el interrogatorio inicial. Los veteranos empezaron a perder el tiempo fuera de las ventanas de los recién llegados, pretendiendo hablar entre sí cuando en realidad informaban a los neófitos.

En las primeras semanas de 1944, Louie se enteró de que un nuevo prisionero que acababa de salir del confinamiento, lo estaba buscando. Cuando rastreó al hombre, se encontró con un rubio de cabello ondulado de Burbank, no lejos de Torrance. Le faltaba una pierna y llevaba la pernera vacía anudada arriba de la rodilla. Se presentó como Fred Garrett, un piloto de B-24. Parecía sorprendido de ver a Louie, quien escuchó el extraordinario relato de Garrett.

Antes de Navidad, los norteamericanos habían enviado oleadas de bombarderos a las Islas Marshall. En una de esas misiones, Garrett fue abatido sobre el mar y sufrió una fractura compues-

---

[26] Quizás hayan tenido razón. Más tarde, otros dos cautivos recibieron inyecciones similares y ambos murieron. El acto del médico pudo haber sido compasión; la muerte por piedad era una práctica aceptada en Japón.

ta de tobillo. Después de flotar por diez horas en una balsa, fue recogido por la tripulación de un remolcador. Lo llevaron a una isla en que los soldados japoneses se turnaron para patearle el tobillo. Luego llevaron a Garrett en avión a otra isla y lo arrojaron a una celda en la que se encontraban prisioneros otros diecinueve aviadores estadounidenses. El tobillo se le infectó, se le agusanó y Garrett comenzó a presentar una fiebre muy alta. Se le dijo que recibiría tratamiento médico solamente si divulgaba secretos militares. Si no, lo matarían. Garrett mintió en el interrogatorio y los japoneses estaban conscientes de ello.

Dos días después de Navidad, Garrett estaba amarrado mientras le daban un anestésico espinal y se le obligaba a presenciar como un paramédico le serraba la pierna para luego quitársela. Aunque la infección se limitaba al tobillo, el paramédico cortó toda la pierna porque, según dijo a Garrett, así quedaba él imposibilitado para volver a pilotear un avión. Devolvieron a su celda a un Garrett delirante. A la mañana siguiente, lo arrojaron a un camión y lo llevaron a tierras japonesas con otros dos presos. El viaje los llevó a Ofuna. Nadie volvió a saber de los diecisiete norteamericanos que dejaron en la otra prisión.

Garrett dijo a Louie por qué lo había buscado. Mientras estaba recostado en agonía en su celda en la segunda isla, vio que había diez nombres tallados en la pared. Preguntó y le dijeron que los primeros nueve habían sido ejecutados. Nadie le dijo qué había sucedido con el décimo hombre. Garrett había pasado buena parte de su tiempo pensando en ese último nombre de la lista, considerando quizás que si había sobrevivido, él también podría hacerlo. Al llegar a Ofuna, preguntó si alguien había oído hablar de ese hombre, Louis Zamperini. Garrett y Zamperini, provenientes ambos del área de Los Ángeles, habían sido mantenidos en la misma celda diminuta de Kwajalein, a casi ocho mil kilómetros de casa.

Al tambalearse en el patio exterior ese invierno, Louie y Harris se hicieron amigos de Frank Tinker, un piloto de bombardero y cantante de ópera que había sido traído de Kwajalein con Garrett. Los tres pasaban juntos la mayor parte de su tiempo cuando estaban en el exterior; se sentaban en las bancas o caminaban por el perímetro del complejo para distraerse del frío estremecedor con ejercicios mentales. Harris y Tinker estaban experimentando la brillante claridad mental derivada de la hambruna, la que Louie había conocido estando en la balsa. Tinker logró hablar noruego en una sola semana tomando lecciones de sus vecinos de celda. Vio a Harris discutiendo con otro preso sobre historia medieval y la Carta Magna, y en una ocasión encontró al marino sentado con las manos puestas como si sostuviera un libro; los miraba y murmuraba para sí mismo. Cuando Tinker le preguntó qué estaba haciendo, Harris dijo que estaba estudiando un texto que había leído en Annapolis varios años antes. Harris podía ver el libro frente a él; era como si las palabras estuvieran escritas sobre sus dedos.

Con la ayuda del abrigo de Christiansen, con el arroz que Duva y Mead le daban y con la amistad de Harris, Tinker y Garrett, Louie sobrevivió al invierno. Animado por las calorías extra, fortaleció sus piernas levantándolas mientras caminaba por el complejo. Los guardias comenzaron a incitarlo a correr solo alrededor del campo.

Cuando llegó la primavera, los oficiales de Ofuna trajeron a un civil japonés y ordenaron a Louie que corriera contra él. Louie no deseaba hacerlo, pero se le dijo que en caso de negarse todos los prisioneros serían castigados. La carrera fue de unos dos kilómetros y medio, recorriendo el perímetro del complejo. Louie no tenía intención de ganar y corrió detrás del otro hombre casi todo el tiempo. Pero al correr se percató de que su cuerpo era muy ligero; hacerlo avanzar era sorprendentemente fácil. Los prisioneros lo miraban emocionados dar vueltas al campo. Conforme se acercaba el final, comenzaron a alentarlo.

Louie vio al corredor japonés que le llevaba la delantera y se dio cuenta de que tenía lo suficiente para rebasarlo. Sabía lo que pasaría si ganaba, pero las porras y los meses de humillación acumulada lo llevaron a una especie de punto de ebullición. Alargó el paso, tomó la delantera y cruzó la línea de llegada. Los prisioneros celebraron.

Louie no vio la macana que se proyectaba contra su cráneo. Sintió que el mundo se ladeaba y perdió la conciencia. Sus ojos se abrieron para ver el cielo adornado con los rostros de los cautivos. Había valido la pena.

Los guardias pensaban que le habían enseñado una lección. Llegó otro corredor acompañado de su novia. Louie estaba listo para vencerlo también, pero antes de la carrera, el corredor habló con él muy gentilmente y en inglés, ofreciendo darle una bola de arroz si se dejaba ganar. Era muy importante para él ganar frente a su novia, dijo. Louie perdió, la novia quedó impresionada y el corredor entregó una bola de arroz en pago, más otra como agradecimiento. El pago, dijo Louie, "me había convertido en un profesional".

Se llevaron a Phil en marzo. Parecía que al fin había tenido suerte; los oficiales dijeron que sería enviado al campo de concentración para prisioneros de guerra llamado Zentsuji. Todos los cautivos deseaban ser transferidos a un campo de esos pues, según se decía, allí los hombres quedaban registrados en la Cruz Roja y podían escribir a casa y disfrutar de condiciones de vida mucho mejores. De todos los campos para prisioneros de guerra, se decía que Zentsuji era el mejor. Los interrogadores hablaban de este campo "de lujo" y lo usaban como posible recompensa a cambio de cooperar.

Phil y Louie se despidieron brevemente. Hablaron de volverse a encontrar un día, cuando la guerra terminara. Phil fue conducido a través de una reja y se lo llevaron.

La historia de Zentsuji era falsa. A Phil lo enviaron a Ashio, un campo al norte de Tokio. Los prisioneros de guerra de Ashio trabajaban para una firma especializada en alambre y cable. Esta firma utilizaba a los presos como mineros para obtener cobre en condiciones casi imposibles de resistir. Este trabajo solía restringirse —aunque no siempre era así— a los prisioneros registrados. No se sabe si Phil fue o no sometido a la esclavitud.

Al parecer, había algo bueno en relación con Ashio. Phil no había visto a Cecy o a su familia en más de dos años, y sabía que probablemente lo creían muerto. En Ashio, según le dijeron, podría escribir a casa. Le dieron pluma y papel, y se puso a escribir sobre sus días en la balsa con Zamp, sobre su captura y también respecto al enorme deseo que sentía de volver a casa. "Cuando pase mi primera noche en casa, escucharán historias por demás interesantes", escribió. "Les mando mi amor hasta poder volver a estar juntos. Al".

Pasado un tiempo desde que Phil envió esta carta, alguien la encontró medio quemada entre un montón de basura. Aunque los bordes estaban quemados, el texto central aún era legible. Phil tomó su carta y se la embolsó. Si salía vivo de esta guerra, la entregaría en persona.

VEINTIUNO

★ ★ ★

La fe

Detrás de la preparatoria de Torrance había un grupo de árboles. Muchas noches durante los meses siguientes a la desaparición de su hermano, Sylvia Zamperini Flammer manejaba a la escuela, estacionaba su auto bajo esos árboles y se sentaba a solas en esa oscuridad tranquila. Conforme el coche se enfriaba, las lágrimas rodaban por las mejillas de Sylvia. A veces se permitía sollozar sabiendo que nadie podría escucharla. Pasados unos minutos, se secaba las lágrimas, se recomponía y volvía a encender el auto.

De camino a casa, pensaba en una mentira que justificara el retraso en el viaje de vuelta del trabajo. Nunca permitió que nadie supiera del mucho miedo que sentía.

En Torrance, la llegada del telegrama del 4 de junio de 1943 en que se anunciaba la desaparición de Louie, fue seguida de un silencio sobrecogedor. Muchas semanas pasaron y la búsqueda de los militares no dio con el paradero de Louie, su tripulación o su avión. En el pueblo, la esperanza se disolvió. Cuando los Zamperini salían de casa, veían resignación en el rostro de sus vecinos.

En el interior de la casa blanca de la Avenida Gramercy, el ambiente era muy distinto. En los primeros días que siguieron a la llegada del telegrama, Louise Zamperini había tenido la convicción de que su hijo estaba vivo. Su marido y sus hijos sentían lo mismo. Pasaron los días, luego las semanas; llegó la primavera, luego el verano y ni una palabra sobre Louie. Pero su convicción quedó incólume. Para la familia Louie estaba aún entre ellos. Se hablaba de él en presente, como si estuviera al otro lado de la calle y se esperara su llegada en cualquier momento.

Lo que los Zamperini estaban experimentando no era negación de los hechos ni tampoco se llamaba esperanza. Se trataba de fe. Louise Anthony, Pete y Virginia seguían sintiendo la presencia de Louie. Su tristeza no provenía del duelo, sino de la certeza de que Louie estaba allí, en problemas, sin que ellos pudieran ayudarlo.

El 13 de julio, Louise tuvo una sensación de urgencia. Escribió una carta para el mayor general Willis Hale, comandante de la Séptima Fuerza Aérea. En la carta, rogaba a Hale que no diera por terminada la búsqueda; Louie, escribió ella, estaba vivo. Sin que Louise lo supiera, ese mismo día capturaron a Louie.

Varias semanas más tarde, llegó la respuesta de la oficina de Hale. La carta decía que, debido al fracaso de la búsqueda, los militares se habían visto forzados a aceptar que Louie y el resto de los hombres del avión habían muerto. Se esperaba que Louise pudiera aceptar también esto. Ella rompió la carta.

Pete estaba aún en San Diego entrenando con los reclutas de la marina. La tensión hacía presa en él. A veces conducía hasta Torrance para visitar a su familia, y cuando llegaba, todos se preocupaban en silencio por lo delgado que estaba. En septiembre le regresaron su última carta a Louie, la que había sido enviada horas antes de que su familia recibiera el telegrama notificando el accidente. Garabateadas en el anverso del sobre, leyó las palabras: "Perdido en el mar". En el reverso, había un sello: estatus de víctima verificado. La fotografía de Pete estaba aún dentro del sobre.

Ese mismo mes, el esposo de Sylvia, Harvey, partió a la guerra. No volvería a ver a su esposa en dos años. Viviendo sola, Sylvia sentía ansiedad por su marido y por su hermano, y no tenía a nadie con quién compartir sus sentimientos. Al igual que Pete, apenas podía comer. Su cuerpo había adelgazado notoriamente. Deseosa de hacer contacto con alguien, decidió mudarse de regreso con sus padres.

Sylvia celebró una venta de garage para deshacerse de todas sus posesiones. Tenía lavadora y secadora de ropa y, siendo ambos bienes racionados, era casi imposible comprarlos nuevos. Una mujer quería comprarlos, pero Sylvia se rehusó esperando poder vender todo en un solo lote. La mujer pronto compró todo el contenido de la casa por mil dólares, sólo para obtener la lavadora y la secadora. Sylvia tomó el resto de sus pertenencias y se mudó a Torrance.

Encontró a su padre justo en el mismo estado que el día en que la noticia había llegado: con la frente en alto y sonriendo valientemente, aunque a veces lo hacía con lágrimas en los ojos. Virginia, quien vivía en casa y construía barcos militares al trabajar para la compañía Western Pipe and Steel, estaba tan perturbada como Sylvia. Su madre mostraba la mayor preocupación. Al principio, Louise lloraba a menudo. Luego, conforme pasaban los meses, comenzó a llorar menos. La erupción que le había salido en las manos casi en el momento en que se había enterado de la desaparición de Louie, volvió con ímpetu. Louise no podía usar guantes, y no podía hacer nada con las manos. Sylvia y su padre se hicieron cargo de la cocina.

Sylvia dejó su trabajo en un consultorio dental y tomó uno nuevo como asistente dental en un hospital militar, esperando que su trabajo le diera acceso a información sobre Louie. Allí escuchó de la escasez de aviones militares, así que tomó un segundo empleo nocturno en la oficina de planos de una fábrica de aviones. Estaba casi insoportablemente tensa. Una noche, al salir tarde del trabajo, se encontró con un grupo de trabajadores que estaban sentados bajo un avión apostando. De pronto se vio gritándoles, diciendo que su hermano estaba desaparecido. Estados Unidos necesitaba aviones y allí estaban ellos haciéndose tontos. Sylvia quedó sorprendida por su brusquedad, pero no lo lamentó. El episodio la hizo sentir mejor.

El 6 de octubre, el pesado baúl de Louie llegó a la puerta de la casa de sus padres. Louise no podía decidirse a abrirlo. Hizo que lo arrastraran al sótano y que lo cubrieran con una sábana. Permanecería allí, sin ser abierto, durante el resto de su vida.

Todos en la familia sufrían, pero los hijos querían aislar a la madre. Nunca lloraban juntos; en lugar de ello, se relataban historias inventadas sobre las aventuras de Louie en una isla tropical. La mayor parte del tiempo, Anthony era incapaz de hablar siquiera sobre Louie. Sylvia pasaba mucho tiempo en la iglesia rezando por Louie y por Harvey. A veces ella y Virginia manejaban hasta San Diego para ver a Pete, y todos salían a tomar una copa para alegrarse. Jamás discutían la posibilidad de que Louie estuviera muerto. Cuando Sylvia caminaba por el centro de Torrance con su familia, notaba las miradas oblicuas de quienes con ellos se cruzaban. Sus expresiones parecían significar que sentían lástima por los Zamperini, ya que no eran capaces de aceptar la verdad.

Cada noche, Sylvia escribía una carta a su esposo. Más o menos cada semana, ella escribía una carta a Louie. Se propuso escribirlas como si todo fuera normal, compartiendo con Louie los sucesos triviales que ocurrían en casa. Tenía una dirección a la cual escribir a Harvey; en el caso de Louie, no contaba con nada, así que dirigía sus cartas a la Cruz Roja. Le decía a su madre que iba a dejar cartas en el correo, se subía al auto, manejaba hasta la oficina de correos y metía las cartas en el buzón. Luego conducía hasta la preparatoria de Torrance, se estacionaba bajo los árboles y lloraba.

Por la noche, cuando las luces estaban apagadas y ella estaba allí acostada en su cama de la infancia, solía quebrarse de nuevo. Cuando llegaba el sueño, éste era irregular y desagradable. Dado que no sabía nada de lo ocurrido a su hermano, su mente se aferraba a la imagen que había aparecido en el periódico después de Naurú: Louie viendo a través de un agujero en el fuselaje del *Súper Man*. La imagen fijó en su mente la idea de que habían disparado a Louie, y este era el común denominador de todas sus pesadillas: nunca veía un choque ni agua, sólo balas que ensangrentaban a Louie mientras estaba en su avión. Sylvia siempre trataba de llegar hasta Louie, pero le era imposible. Por malas que fueran las pesadillas, Louie nunca moría en ellas. Ni siquiera la imaginación de Sylvia le permitía pensar en la muerte de su hermano.

En diciembre de 1943, la familia se preparaba para celebrar la primera Navidad sin Louie. El cartero llamaba a la puerta todos los días para entregar una buena cantidad de tarjetas y cartas; la mayoría de ellas manifestaban simpatía. El árbol de Navidad fue adornado con palomitas de maíz y arándanos, y abajo había una colección de regalos para Louie, que serían guardados con la esperanza de que un día él podría abrirlos.

Louise compró una pequeña tarjeta navideña que tenía un querubín vestido de rojo que tocaba una trompeta mientras lo rodeaban corderos. Dentro, escribió un mensaje.

Querido Louis: dondequiera que estés, sé que deseas que pensemos que estás bien y seguro. Que Dios esté contigo y te guíe. Recibe nuestro amor. Mamá, Papá, Pete, Sylvia y Virginia. Navidad 25-43.

Dos meses después, tras una campaña de bombardeo intensivo, Estados Unidos se apoderó de Kwajalein. La densa jungla de la isla había sido bombardeada; en lugar de sus árboles, ahora había troncos quemados, cráteres enormes y tierra achicharrada. "La isla entera lucía como si la hubieran elevado unos siete mil metros para luego dejarla caer", dijo un militar. En lo que quedó de un edificio administrativo, alguien encontró un montón de documentos. Afuera, un militar que trepaba por los restos de una estructura de madera, vio algo entre las ruinas y excavó para obtenerlo. Se trataba de una gran astilla de madera. Grabado a lo largo ésta, estaba el nombre de Louis Zamperini.

En Oahu, Joe Deasy fue llamado al campo Hickam. Cuando llegó, se le dieron traducciones de algunos de los documentos japoneses que habían sido obtenidos en Kwajalein. Comenzó a leer. Dos aviadores norteamericanos, decían los documentos, habían sido rescatados de una pequeña balsa y habían sido traídos a Kwajalein. No se mencionaban sus nombres, pero se les describía como piloto y bombardero. Habían estado en un accidente aeronáutico —probablemente se mencionaba la fecha—, y tres hombres habían sobrevivido, pero uno había muerto en la balsa. Los otros dos habían flotado durante 47 días. Entre los papeles había reportes de los interrogatorios y dibujos de los B-24 realizados por los cautivos. El reporte señalaba que los hombres habían sido golpeados y luego enviados a Japón por barco.

En cuanto Deasy leyó el reporte, supo quiénes eran los hombres. Deasy había estado mucho tiempo en la guerra y la experiencia le había enseñado a dominar sus emociones, pero esta revelación lo emocionó de verdad: Phillips y Zamperini habían sobrevivido a la caída. La alegría de Deasy trajo consigo también un sentimiento de culpa: en la minuciosa labor de búsqueda no habían logrado ver a los perdidos, pero el enemigo sí los había encontrado.

"Me sentí contento al saber de ellos", recuerda Deasy, "pero inmediatamente después me pregunté dónde diablos estarían". Si el reporte de su traslado a Japón era correcto, eso aún no significaba que hubieran llegado vivos a su destino, o que hubieran sobrevivido a los que les esperaba ahí.

Ahora, los militares estaban prácticamente seguros de que todos los ocupantes del *Avispón Verde* habían muerto, a excepción de Zamperini y Phillips. Parece que, en virtud de lo esquemático que era el reporte y por el hecho de que el destino de Phil y Louie era todavía desconocido, las familias de los muertos y de los desaparecidos no fueron notificadas.

Al igual que los Zamperini, la familia Phillips había estado en la oscuridad desde la desaparición de Allen. Su padre estaba en el Campo Pickett, en Virginia; su madre, Kelsey, deambulaba por su casa vacía en Princeton, Indiana. Después de la llegada del telegrama en que se informaba de la desaparición de Allen, recibieron una carta de un adjunto del Escuadrón 42 en que se daban detalles de cómo había desaparecido Allen. El adjunto escribió con tono conclusivo, hablando de "su hora de dolor", destacando que Allen "siempre sería reverenciado por los miembros de esta organización" y ofreciendo "ayudar a paliar el dolor". Al mes siguiente, llegó un paquete al padre de Allen en Campo Pickett. Dentro encontró dos medallas de bronce conocidas como Racimo de Hojas de Roble, que habían sido otorgadas a Allen por su valor en las misiones de Makin, Tarawa y Naurú. "Puesto que aún se reserva el estatus de su hijo", decía la carta de presentación, "se le envían a usted los Racimos de Hojas de Roble para su segura conservación". Aunque los Phillips no lo sabían, las medallas llegaron la misma semana en que Allen fue capturado.

El capellán Phillips quería enviar las medallas a su esposa, pero temía que se perdieran en el correo, de modo que las conservó consigo en Virginia. Les tomó una foto junto con los listones de servicio de Allen, con las alas, la insignia y la medalla aérea, y pegó la foto sobre un pedazo de fieltro granate que cortó de un sombrero para dama. Luego pegó el fieltro a una placa de nogal. Cuando regresó a Indiana, pensaba pegar las medallas y los listones al fieltro, y colocar la placa de madera en el librero, bajo la fotografía de Allen. "Vaya que se ve elegante", escribió a su hija.

Debido a la falta de información, todo lo que los Phillips podían hacer era ponderar lo poco que sabían. Al igual que los Zamperini, los Phillips se rehusaban a concluir que su hijo había muerto. "Creo haber pensado en todo lo que pudo hacer Allen, desde todos los puntos de vista, y hasta ahora no he descartado ninguna posibilidad en mi mente", escribió el capellán Phillips a su hija en agosto. "Existen tantas cosas que pueden ser ciertas sobre todo esto, que han ido construyendo una sensación de confianza que no se esfumará. Algún día tendremos todos esa reunión que tanto deseamos y esperamos".

La prometida de Phil, Cecy Perry.
Cortesía de Karen Loomis.

Para Cecy Perry, las noticias de que su prometido estaba desaparecido fueron seguidas por una carta de su viejo amigo Smitty, uno de los pilotos que había buscado al *Avispón Verde*. En su carta, Smitty contó a Cecy todo lo que se sabía de la desaparición de Allen y cuán dedicados habían sido en la labor de búsqueda. No le contó que había visto lo que probablemente era una caja de provisiones del avión perdido flotando en el mar. Le refirió que había estado con Allen la noche anterior a su desaparición, y cómo él estuvo pensando en ella en espera de volver a verla.

Después de la carta de Smitty, no tuvo noticia alguna. Cecy, desesperada por obtener información, se sentía aislada en Indiana. Uno de sus amigos vivía en un suburbio de Washington, D. C., y ella pensó que en la capital podría averiguar más sobre Allen. Dejó su trabajo como maestra, viajó al este y se mudó al departamento de su amiga, el cual decoró con fotografías de Allen. Consiguió un trabajo en TWA pensando que por medio de la aerolínea podría enterarse de algo. Paso buena parte de su tiempo haciendo preguntas, pero no consiguió saber nada.

Cecy era una mujer sensible y educada, pero su angustia la llevó a hacer algo completamente atípico en ella. Fue con una adivina y le preguntó sobre Allen.

La adivina le dijo que Allen no estaba muerto. Estaba lastimado pero vivo. Lo encontrarían, dijo ella, antes de Navidad. Cecy se prendió de esas palabras y las creyó.

En la primavera de 1944, las madres de la tripulación del *Avispón Verde*, así como otros miembros de la familia, habían comenzado a intercambiar cartas. En docenas que atravesaron América, compartían sus emociones y animaban las esperanzas respecto de "nuestros muchachos". Kelsey diría después que llegó a quererlos a todos gracias a esas cartas.

"Seguro que éste ha sido un año larguísimo en espera de alguna noticia sobre su localización", escribió Delia Robinson, la hermana del artillero del *Avispón Verde*, Otto Anderson, ese mes de junio. "Sólo debemos conservar la esperanza". La espera había pasado la factura a la madre de Leslie Dean, Mable —su delicada salud la había enviado a Wichita para recibir tratamiento durante semanas—, pero ella, al igual que los demás, no se había dado por vencida. "Pensamos que seguramente sabríamos algo antes de que terminara el año", escribió a Louise. "Parece que no *están seguros* de que la tripulación murió; de otra manera, nos habrían notificado antes. Por eso siento que aún podemos tener esperanza de que estén vivos en algún lugar".

Mable Dean escribió esas palabras el 27 de junio de 1944. Ese mismo día, exactamente trece meses después de que el *Avispón Verde* cayera, se mecanografiaron unos mensajes en el Departamento de Guerra y se enviaron a los familiares de la tripulación del avión. Cuando el mensaje dirigido a Louise Zamperini llegó hasta su puerta, lo abrió y rompió en llanto. Los militares habían declarado oficialmente muerto a Louie y a los demás.

Kelsey Phillips no quedó convencida. Se enteró o adivinó que *La Porte Herald-Argus*, el periódico del pueblo en que había vivido antes, publicaría la noticia. Contactó al periódico y les pidió que no imprimieran el obituario; su hijo, les dijo, no estaba muerto. Los editores aceptaron su propuesta. Russell Allen Phillips había sido declarado oficialmente muerto, pero no apareció en el obituario.

La sensación en casa de los Zamperini era igual que en la de los Phillips. Cuando pasó la impresión inicial de la noticia de muerte, todos los Zamperini se percataron de que no significaba nada. La noticia había sido generada por procesos burocráticos, pues se hacía lo mismo en el caso de todos los militares desaparecidos una vez transcurridos trece meses. La fecha de muerte oficial de Louie quedó asentada como el 28 de mayo de 1944, un año y un día después de que su avión había desaparecido. La noticia era solamente un pedazo de papel. "Ninguno de nosotros la creímos. Ninguno", diría Sylvia. "Ni una sola vez. Ni por equivocación".

En su interior, los Zamperini todavía sentían ese pequeño y persistente eco de Louie, la sensación de que todavía estaba en algún lugar del mundo. No dejarían de creer que estaba vivo.

Durante las cenas familiares, Pete y su padre comenzaron a hacer planes para busca a Louie. Cuando terminara la guerra, rentarían un barco y navegarían de isla en isla hasta encontrarlo. Lo harían durante todo el tiempo que fuera necesario.

VEINTIDÓS
★ ★ ★

Conspiración en curso

Los planes comenzaron a partir de una pregunta. Transcurría el verano de 1944 y Louie y Frank Tinker caminaban juntos por el complejo de Ofuna. Louie podía escuchar que aviones pequeños iban y venían en una pista aérea localizada en algún lugar, a la distancia. El sonido lo puso a pensar y preguntó a Tinker: ¿Si pudiéramos salir de aquí podrías volar un avión japonés?

"Si tiene alas", respondió Tinker.

A partir de ese breve intercambio, la idea echó raíces. Louie, Tinker y Harris iban a escapar.

Habían llegado a esa decisión debido a la desesperación acumulada en una primavera y un verano largos. Todos los días, los hombres eran abofeteados, pateados, golpeados, humillados y sometidos a la rutina de ejercicios forzados. Había súbitas explosiones de violencia que dejaban a los prisioneros tirados en el suelo esperando que no estuvieran muertos. Y esa primavera, las autoridades centrales habían reducido las raciones a todos los prisioneros de manera dramática. Como sólo llegaba a los presos aproximadamente la mitad de la ración oficial, los hombres se estaban consumiendo. Cuando los japoneses pesaron a los cautivos, Bill Harris, con sus cerca de dos metros de estatura, pesó 60 kilos. Había contraído beriberi.

Louie tuvo que hacer esfuerzos extraordinarios para encontrar comida. Robó una cebolla y la cocinó en secreto con un calentador de agua, pero la dividió entre varios hombres, por lo que no le tocó gran cosa. Robó un paquete de pasta miso y, cuando los guardias no lo miraban, lo puso en su boca y se lo tragó de golpe, sin saber que la pasta miso está extremadamente concentrada, por lo que debe diluirse en agua. Pronto estaba vomitando detrás de las barracas. Estaba tan desesperado por alimento, que se escapó de su celda tarde por la noche, irrumpió en la cocina y se llenó la boca de castañas que serían servidas a los guardias. Cuando levantó la mirada, Cabeza de Mierda estaba ahí viéndolo. Louie se hizo para atrás y luego corrió de vuelta a su celda. Cabeza de Mierda no lo golpeó por eso, pero la aparición del guardia fue suficiente para que no intentara regresar a la cocina. Lo mejor que podía hacer era ofrecerse voluntariamente para almidonar las camisas de los guardias. El almidón se hacía con agua de arroz filtrada con una tela; después de que Louie presionaba el arroz, pasaba el resto del tiempo cazando pedacitos atorados en la tela para comerlos.

Finalmente, la oportunidad llamó a la puerta. Los oficiales del campo solicitaron un voluntario para trabajar como barbero de los guardias, ofreciendo en pago una bola de arroz por rasurada. La idea de trabajar con los guardias era intimidante, pero Louie debía comer. Cuando se ofreció, le dieron no solo tijeras eléctricas, sino también una navaja recta. Nunca antes había usado una, y sabía lo que le harían los guardias si los cortaba. Se llevó la navaja a su celda y practicó consigo mismo hasta que pudo rasurarse sin sacarse sangre. Cuando salió para realizar su primer trabajo, el guardia le planto el puño amenazante frente al rostro y pidió algo que para un norteamericano resultaba extraño. Quería que le afeitara la frente, una práctica común en la barbería japonesa. Todos los guardias esperaban que Louie hiciera esto.

Se las arregló para no cortar a nadie, y las pelotas de arroz lo mantuvieron vivo.

Un guardia notoriamente cruel al que apodaban Comadreja comenzó a acudir a Louie para que lo rasurara, pero siempre se iba sin pagar. Louie sabía lo que arriesgaba si trataba de cobrarle, pero no pudo resistirse. Cuando rasuraba la frente de la Comadreja, dejó que su navaja llegara un poco más abajo. Cuando terminó, en lugar de las tupidas cejas de la Comadreja sólo quedaban dos líneas delgadas muy coquetas. La Comadreja se puso de pie, se retiró sin pagar y entró a la oficina de los guardias. Un momento después Louie escuchó un grito.

"*¡Marlene Dietrich!*"

Louie se hizo para atrás esperando la reacción explosiva de la Comadreja. Varios guardias más acudieron a la oficina y Louie los escuchó reír. La Comadreja nunca castigó a Louie, pero la siguiente ocasión en que tuvo que rasurarse acudió a otro barbero.

Los prisioneros vivían sabiendo que cada día podía ser el último. Mientras más cerca de Japón estuvieran los aliados, crecía la amenaza de la orden "matatodos". Los cautivos tenían solamente una idea vaga de cómo iba la guerra, pero los japoneses estaban claramente preocupados. En una sesión de interrogatorio celebrada a fines de la primavera, un oficial dijo a Fitzgerald que si Japón perdía, los prisioneros serían ejecutados. "Ruega porque gane Japón", dijo. La búsqueda de noticias de guerra adquiría un matiz de especial urgencia.

Una mañana, Louie estaba en el patio exterior cumpliendo con la orden de barrer el complejo. Vio que la Momia —el comandante del campo— estaba sentado bajo un cerezo con un periódico en las manos. Movía la cabeza como lamentando. Louie se puso a perder el tiempo cerca de él para observarlo. La cabeza de la momia se inclinó al frente, sus dedos se abrieron y el periódico se deslizó al suelo. Louie se acercó barriendo, alcanzó el periódico con ayuda de la escoba y se quedó con él. El texto estaba en japonés, pero había un mapa de guerra en una página. Louie corrió a las barracas, encontró a Harris y sostuvo el periódico frente a él. Harris lo miró memorizando el mapa. Louie corrió a poner el periódico en la basura para que no existiera evidencia del robo. Harris dibujó una copia perfecta del mapa, se lo mostró a los otros cautivos y luego lo destruyó. El mapa confirmaba que los aliados estaban cerrando el cerco a Japón.

En julio, el rumor en el campo era que los norteamericanos atacaban la importante isla de Saipan, en las Islas Marianas, al sur del la isla principal de Japón. Un cautivo nuevo y delgado llegó y todos lo veían como fuente de información, pero los guardias lo aislaron y prohibieron que los veteranos hablaran con él. Cuando el nuevo prisionero fue llevado a los baños, Louis vio la oportunidad. Se escurrió detrás del edificio y miró por una ventana abierta. El preso estaba de pie, desnudo; sostenía una cacerola con agua y se lavaba mientras el guardia lo vigilaba. Luego el guardia se retiró un tanto para encender un cigarrillo.

"Si ya hemos tomado Saipan, tira la cacerola", murmuró Louie.

La cacerola cayó al suelo. El cautivo la recogió, volvió a tirarla y luego lo hizo una tercera vez. El guardia se apresuró a regresar y el prisionero fingió que la cacerola se le había resbalado accidentalmente.

Louie se apresuró a llegar con sus amigos para anunciarles que Saipan había caído. En el momento de su captura, el bombardero con mayor alcance de vuelo era el B-24. Debido a que el Libertador no tenía la capacidad de recorrer los 4800 kilómetros de viaje redondo que implicaba ir de Saipan a las islas japonesas, los cautivos seguramente creyeron que ganar Saipan era un paso preliminar para establecer una base insular desde la que pudieran alcanzar la tierra principal japonesa con los bombarderos. No sabían que la fuerza aérea había introducido un nuevo avión que tenía un alcance tremendo. Desde Saipan, las principales islas japonesas estaban ya al alcance.

Los guardias y los oficiales estaban notoriamente inquietos. Hacía mucho que Sasaki le daba a la cantaleta de la inevitable victoria japonesa, pero ahora trataba de hacerse amigo de los cautivos, comunicando a Louie su odio hacia el Primer Ministro y arquitecto de esta guerra, Hideki Tojo. Comenzaba a sonar como si apoyara a los aliados.

Mientras consideraban las noticias sobre Saipan, Louie y los otros no tenían idea de los horrores que acompañaban el avance aliado. Ese mismo mes, las fuerzas estadounidenses ocuparon la isla vecina a Saipan, Tinian, donde los japoneses mantenían a cinco mil coreanos reclutados como trabajadores. Temerosos en apariencia de que los coreanos se unieran al enemigo si los norteamericanos invadían, los japoneses ponían en práctica la política de "matatodos". Asesinaron a los cinco mil coreanos.

Por la noche, mientras estaban en sus celdas, los prisioneros comenzaron a escuchar un sonido inquietante a la distancia. Era el grito de las sirenas antiaéreas. Escucharon tratando de detectar bombazos, pero no oyeron nada.

El verano seguía su curso y las condiciones en Ofuna empeoraban. El aire estaba nublado de moscas, los piojos saltaban en las cabezas, la camisa de Louie estaba invadida de pulgas. Louie pasaba sus días y sus noches rascándose y tratando de atrapar los bichos, y su piel, igual que la de todos los demás, estaba llena de picaduras furibundas. Los japoneses ofrecieron una bola de arroz para el prisionero que matara la mayor cantidad de moscas, por lo que causaron una competencia en que se acumulaban los cadáveres aplastados. Luego, en julio, los hombres marcharon afuera para ir a un canal para acarrear agua hasta unos arrozales. Al final del día, estaban cubiertos de sanguijuelas. Louie tenía seis solamente en el pecho. Los hombres se ponían frenéticos y rogaban a los guardias que les prestaran sus cigarrillos. Mientras se retorcían las sanguijuelas al ser quemadas con el cigarrillo, uno de los guardias los miró.

"Deben estar contentos con su trabajo", dijo.

El 5 de agosto, llegó un camión que traía las raciones de todo el mes. Fitzgerald observó que los oficiales lo saqueaban prácticamente todo. Curley anunció que las raciones habían vuelto a ser disminuidas, culpando de ello a las ratas. Fitzgerald anotó en su diario que, una vez que los oficiales habían acabado de robar los 35 kilos de azúcar destinada a los presos, quedó solo la que cabía en una taza de té. El 22 de agosto, un camión se echó en reversa en dirección a la puerta de la cocina. Se le ordenó a los prisioneros que trabajaban en la cocina que se fueran. Fitzgerald fue al *benjo*, desde el que podía ver la cocina. Vio que metían costales de comida al camión, que poco después se fue del campo. "Alguien debe estar abriendo una tienda para hacer muy buen negocio", escribió.

Las golpizas continuaron. El Matasanos era especialmente feroz. Un día, Louie vio que unos japoneses echaban pescado en la pileta que utilizaban los cautivos para lavarse las manos y los pies. Al ordenársele que lavara el pescado, Louie caminó y miró en la pileta. El pescado estaba podrido y lleno de gusanos. Al retirarse asqueado, el Matasanos lo vio y se lanzó a golpes contra Louie, dándole unas doce veces. Esa noche le sirvieron ese pescado a Louie y él se negó a tocarlo. Un guardia lo pinchó detrás de la oreja con la bayoneta y lo obligó a comerlo.

Y luego estaba Gaga. Algo en este patito afectuoso, quizás el hecho de que era amado por los prisioneros, provocaba a los guardias. Lo torturaban sin piedad, pateándolo y aventándolo. Entonces un día, ante la mirada de los cautivos, Cabeza de Mierda violó al ave. Gaga murió. De todas las cosas que vio en la guerra, afirmaría Louie, ésta era la peor.

La mente de Louie lo sacaba de Ofuna para llevarlo a casa. No había visto a su familia en dos años. Pensaba en la pequeña casa blanca, en Virginia y en Sylvia, en su padre y en su querido y devoto Pete. Lo más conmovedor eran los recuerdos de su madre. Fred Garrett le había dicho a Louie que había sido dado por muerto. Louie no podía soportar la idea de lo que estas noticias le habían provocado a su madre.

Fue la acumulación de tanto sufrimiento, los recuerdos y la convicción de que los japoneses no los dejarían salir de Ofuna vivos, lo que llevó a Louie a escuchar los aviones y preguntarse si podría escapar. Al examinar la cerca, él, Tinker y Harris concluyeron que era posible rodear a los guardias y saltar la alambrada. La idea les pareció bien a los tres. Decidieron ponerla en práctica: requisarían un avión y saldrían de Japón.

Al principio, sus planes llegaron a un callejón sin salida. Los habían traído al campo con los ojos vendados y sólo habían salido de él muy brevemente, para irrigar los arrozales, de modo que sabían poco sobre la zona. No sabían en dónde estaba el aeropuerto o como robarían un avión. Entonces, un guardia amable los ayudó sin querer. Pensando que podrían gozar viendo un libro, les dio un almanaque japonés. Harris lo abrió ávido y supo de inmediato que habían corrido con suerte. El libro estaba lleno de información detallada sobre los puertos de Japón, los barcos de sus puertos, las gasolinas que utilizaban, y las distancias entre ciudades y puntos de importancia. Era todo lo que necesitaban para tramar un escape.

Pasaron horas estudiando el libro. Tramaron un plan. Descartaron la idea del avión en favor de una escapatoria en bote. A unos cuantos kilómetros al este, estaba el puerto de Yokohama. El problema era que no podían ir a ninguna parte desde allí. Sin embargo, si lograban cruzar Japón hasta la orilla occidental, podrían llegar a un puerto que ofreciera una buena ruta hacia la seguridad.

Irían a pie. Harris trazó una ruta para cruzar la isla en una caminata de 240 kilómetros. Sería peligroso, pero la experiencia que Harris había tenido escalando en la Península de Bataan les daba confianza. Una vez estando en un puerto, robarían una lancha rápida y combustible, cruzarían el mar de Japón y escaparían a China. Siendo que Louie había viajado 3200 kilómetros en una balsa llena de hoyos y prácticamente sin provisiones, cruzar el mar de Japón en un buen bote con motor parecía asequible. Tinker, quien había sido capturado más recientemente que Harris y Louie, tenía el conocimiento más actualizado sobre qué zonas de China estaban ocupadas por el enemigo. Diseñó una ruta que, esperaban, podía evitar que hicieran contacto con los japoneses.

Contaban con encontrar un puerto seguro en China. En 1942, Estados Unidos había lanzado su primer, y hasta hacía poco tiempo único, bombardeo a las islas japonesas. Habían atacado con B-25 volando con gran peligro desde un avión de carga, bajo las órdenes del teniente coronel Jimmy Doolittle. Después de bombardear Japón, algunas de las tripulaciones de Doolittle se habían quedado sin gasolina y habían chocado o acuatizado en China. Los civiles habían escondido a los aviadores de los japoneses, quienes saquearon el territorio buscándolos. Harris, Tinker y Louie habían escuchado rumores de que los japoneses habían tomado represalias contra los civiles chinos por ocultar a los hombres de Doolittle, pero nadie estaba seguro de cuánto de todo esto era cierto. Los japoneses habían asesinado aproximadamente a 250 000 civiles.

Había un problema que los hombres no lograban solucionar. Cuando se paraban cerca de los guardias, era imposible no darse cuenta de lo mucho que los estadounidenses se diferenciaban de las típicas personas japonesas, y no se trataba solamente de rasgos faciales. El soldado japonés promedio medía 1.60 metros. Louie medía 1.78, Tinker 1.82 y Harris todavía más. Se verían en extremo sospechosos atravesando Japón a pie. China podría darles la bienvenida, pero en Japón sería tonto asumir que encontrarían civiles amistosos. Después de la guerra, algunos prisioneros de guerra hablarían de los heroicos civiles japoneses que les daban comida y medicinas provocando feroces golpizas de los guardias cuando eran sorprendidos. Pero esta conducta no era la regla. Los prisioneros de guerra que eran llevados por las ciudades solían ser agredidos por los civiles, que los golpeaban, apedreaban y escupían. Si Louie, Harris y Tinker eran atrapados, los matarían casi seguramente, ya fueran los civiles o las autoridades. Incapaces de superar la diferencia de altura, decidieron moverse sólo de noche y esperar lo mejor. Si iban a morir en Japón, al menos podían escoger un derrotero propio y no el que sus captores les asignaran. Esta última declaración de vida significaba que seguían siendo soberanos de sus almas.

Conforme el plan tomaba forma, los fugitivos en potencia caminaban tanto como les era posible para fortalecer las piernas. Estudiaban los turnos de los guardias, notando que había un momento de la noche en que un solo guardia vigilaba la barda. Louie robó provisiones para el viaje. Su trabajo como barbero le daba acceso a herramientas, y había logrado hacerse de un cuchillo. Robó pasta miso y arroz. Reunió pedazos de papel sueltos que encontró en el complejo para usar como papel de baño, y cada hebra de hilo que pudo hallar. Lo guardó todo bajo el tablón del piso de su celda.

Por dos meses, los hombres se prepararon. Cuando se acercaba la fecha del escape, Louie estaba lleno de lo que llamaría "una alegría temerosa".

Justo antes de la fecha ocurrió algo que cambió todo. En uno de los campos para prisioneros de guerra, uno escapó. Los oficiales de Ofuna reunieron a los hombres y emitieron un nuevo decreto: el que fuera descubierto tratando de escapar sería ejecutado, y por cada preso que lograra escapar, varios oficiales cautivos serían muertos a balazos. Louie, Tinker y Harris suspendieron su plan.

Con la escapatoria en receso, Louie y Harris canalizaron su energía en la red de información para los prisioneros. A principios de septiembre, un preso vio un periódico sobre el escritorio de Matasanos. Había un mapa de guerra impreso en él. Pocas cosas eran más peligrosas que robar a Matasanos, pero teniendo en cuenta la amenaza de las ejecuciones que se suscitarían en caso de una invasión aliada, los cautivos estaban dispuestos a hacer casi cualquier cosa con tal de obtener noticias. Sólo un hombre tenía la experiencia como ladrón para realizar un trabajo tan arriesgado como éste.

Durante varios días, Louie vigiló la oficina de Matasanos, espiando por las ventanas para observarlo a él y a los guardias. A determinada hora de cada día, entraban a la oficina para tomar té, caminaban juntos fumando un cigarrillo y retornaban. La duración de su descanso para fumar no variaba jamás: tres minutos. Ésta era la única oportunidad para Louie, y no sería fácil aprovecharla debidamente.

Con Harris ocupando su posición, Louie se puso a tontear cerca de la oficina de Matasanos. Esperaba el momento oportuno. Matasanos y los guardias salieron con los cigarrillos en la mano. Louie se escurrió por el costado del edificio, se tiró para andar a gatas con el fin de que no lo vieran por las ventanas y entró gateando a la oficina. El periódico seguía allí, sobre el escritorio. Louie tomó el periódico, lo metió bajo su camisa y salió gateando, se levantó y caminó hasta la celda de Harris tan pronto como podía pero tratando de no llamar la atención. Abrió el periódico y se lo mostró a Harris, quien lo miró fijamente por varios segundos. Luego Louie volvió a meter el periódico bajo su camisa y se apresuró para llegar a la oficina de Matasanos. La suerte estaba a su favor; Matasanos y los guardias seguían afuera. Volvió a ponerse a gatas, entró apresurado, aventó el periódico sobre el escritorio y escapó. Nadie lo había visto.

En las barracas, Harris sacó una tira de papel de baño y un lápiz y se puso a dibujar el mapa. Todos los hombres lo miraron. Los recuerdos posteriores difieren respecto del tema del mapa, pero todos recuerdan que mostraba el progreso aliado. Harris escondió el mapa entre sus pertenencias.

Ya bien entrada la tarde del 9 de septiembre, Harris estaba sentado en una celda con otro cautivo discutiendo acerca de la guerra, cuando Matasanos entró como de rayo. Harris no lo escuchó venir. Matasanos notó algo en la mano de Harris, entró y se lo quitó. Era el mapa.

Matasanos estudió el mapa; en él vio las palabras "Filipinas" y "Taiwán". Demandó que Harris le dijera de qué se trataba; Harris contestó que era escritura al azar. No engañó a Matasanos. Fue a la celda de Harris, la registró, y encontró, según sus propias palabras, una colección de mapas dibujados a mano, algunos mostrando las defensas aéreas de la isla principal de Japón, así como recortes de periódicos robados y el diccionario de los términos militares. Matasanos mandó llamar a un oficial, quien habló con Harris y luego se fue. Todos pensaron que allí había terminado el asunto.

Esa noche, Matasanos llamó inesperadamente a todos los prisioneros. Lucía extraño; tenía la cara roja. Ordenó a los hombres hacer lagartijas durante unos veinte minutos, para luego hacerlos adoptar la posición Ofuna. Luego le dijo a Harris que diera un paso adelante. Louie escuchó que el marino susurraba: "Oh, Dios mío. Mi mapa".

Los hombres que atestiguaron los hechos que tuvieron lugar a continuación nunca pudieron arrancarlos de su memoria. Matasanos atacó a Harris chillando y gritando; lo pateó, lo golpeó, lo apaleó con una muleta que le quitó a un preso herido. Cuando Harris se colapsó con la sangre escurriéndole de la nariz y la barbilla, Matasanos ordenó que otros cautivos lo sostuvieran y la golpiza volvió a comenzar. Aquello continuó durante 45 minutos, quizás una hora, extendiéndose mucho tiempo después de que Harris hubiera quedado inconsciente. Dos prisioneros se desmayaron.

El diccionario japonés-inglés que Harris elaboró a mano, descubierto por Sueharu Kitamura, "Matasanos". *Cortesía de Katherine H. Meares.*

Matasanos.
Cortesía de Louis Zamperini.

William Harris.
Cortesía de Katherine H. Meares.

Al final, la lluvia comenzó a caer sobre el polvo, Matasanos y el cuerpo que estaba bajo él. Matasanos hizo una pausa. Dejó caer la muleta, caminó a un edificio cercano, se recargo contra la pared y se deslizó lánguidamente hasta quedar sentado. Respiraba agitadamente.

Cuando los guardias arrastraban a Harris a su celda, Louie los siguió. Los guardias aventaron a Harris, quien quedó sentado apoyando la espalda contra un muro, y se fueron. Ahí estaba Harris

337

sentado con los ojos muy abiertos, pero inexpresivos como si de piedras se tratara. Pasaron dos horas antes de que se moviera por primera vez.

Lentamente, en los días subsecuentes, comenzó a revivir. No podía alimentarse por sí mismo, de manera que Louie se sentaba junto a él y lo ayudaba a comer. Trataba de hablarle, pero él estaba tan ausente que apenas se comunicaba. Cuando finalmente salió de su celda, vagó por el campo con el rostro grotescamente desfigurado y los ojos vidriosos. Cuando sus amigos lo saludaban, no sabía quiénes eran.

Tres semanas más tarde, en la mañana del 30 de septiembre 1944, los guardias pronunciaron los nombres de Zamperini, Tinker, Duva y varios hombres más. Les dijeron que iban a ser transferidos a un campo de prisioneros de guerra llamado Omori, justo en las afueras de Tokio. Tenían diez minutos para recoger sus cosas.

Louie corrió a su celda y levantó la tabla. Sacó su diario y lo metió entre sus ropas. Un nuevo campo implicaba una revisión corporal inevitable, de manera que dejó sus otros tesoros para que los descubriera el siguiente cautivo. Dijo adiós a sus amigos, entre ellos a Harris, quien aún flotaba en la miseria derivada de la salvaje golpiza. Sasaki se despidió amistosamente de Louie y le dio un consejo: si te interrogan, apégate a la historia que contaste en Kwajelein. Pocos minutos después, tras pasar un año y quince días en Ofuna, Louie se alejó del campo. Cuando el camión iba por las colinas, se sintió eufórico. Pronto llegaría a un verdadero campo para prisioneros de guerra, una tierra prometida.

VEINTITRÉS
★ ★ ★

Monstruo

Transcurrían las horas postreras de la mañana del último día de septiembre de 1944. Louie, Frank Tinker y algunos otros veteranos de Ofuna, estaban de pie frente a la puerta de entrada del campo para prisioneros de guerra de Omori. Estaba ubicado en una isla artificial construida en la bahía de Tokio. La isla no era otra cosa que un arenal conectado a la costa por frágiles tablillas de bambú. Cruzando el agua estaba el animado bullicio de Tokio, que prácticamente no había sido tocado por la guerra. A no ser por los pedazos de suelo en los que se veía algo de nieve, cada centímetro del campo era de color ceniza, un gris que parecía de otro mundo. A uno de los prisioneros, el lugar le recordaba un paisaje lunar. No había aves por ninguna parte.

Estaban de pie frente a una pequeña oficina; les habían ordenado esperar ahí. Frente a ellos, de pie junto a la oficina, había un cabo japonés. Los miraba lascivamente.

Era un hombre hermoso, de poco menos de treinta años. Era guapo, con labios carnosos que ascendían ligeramente en las comisuras, lo cual daba a su expresión un ligero toque de crueldad. Bajo su bien cortado uniforme, su cuerpo estaba perfectamente equilibrado; su torso irradiaba poder y la forma general de su cuerpo sugería buena condición física. Una espada colgaba elegante de su cintura; el cinturón de la espada rodeaba su cadera con su fino tejido y estaba embellecido con una hebilla metálica enorme. La única incongruencia de este impresionante cabo eran las manos, enormes, brutales, cosas animales que muchos tendían a comparar con zarpas.

Mutsuhiro Watanabe, "El Ave".
National Archives.

Louie y los otros prisioneros estaban en posición de firmes, con los brazos estirados y pegados a sus costados. El cabo no dejaba de mirarlos con intensidad, pero nada decía. Junto a él estaba otro hombre que tenía una insignia de teniente segundo, pero éste individuo se conducía con ávido servilismo frente al otro soldado de menor rango. Pasaron cinco, tal vez diez minutos, y el cabo nunca se movió. Entonces, repentinamente, se acercó a los prisioneros mientras el teniente segundo se apuraba para alcanzarlo. Caminaba con la barbilla en alto y el pecho hinchado. Sus gestos eran exagerados y arrogantes. Comenzó a inspeccionar a los hombres con aires de quien examina una posesión personal; los miraba, pensó Louie, como si fuera Dios mismo.

El cabo avanzó recorriendo la fila. Hizo una pausa frente a cada hombre. Los miraba de pies a cabeza y luego ladraba: "¡Nombre!" Cuando llegó a Louie, se detuvo. Dijo su nombre. Los ojos del cabo se achicaron. Décadas después, los hombres que habían mirado esos ojos no lograban sacudir de la memoria lo que en ellos advertían; era como una maldad que de pronto te hace sentir mariposas en el estómago y sentir que se eriza la piel de la nuca. Louie bajó la mirada. Se escuchó un sonido en el aire cuando el brazo del cabo se movió para dar un puñetazo a Louie. Louie se tambaleó.

"¿Por qué no me miras a los ojos?", gritó el cabo. Los demás hombres de la fila quedaron tiesos del susto.

Louie trató de tranquilizarse. Mantuvo la seriedad cuando alzó la mirada para clavarla en el rostro del cabo. De nuevo un golpe terrible a la cabeza; las piernas de Louie temblaron y apenas lograban mantenerlo en pie.

"*¡Tú no mirarme a mí!*"

Este hombre, pensó Louie, *es un psicópata.*

El cabo hizo que los hombres marcharan hasta el área de cuarentena, que estaba cerca de un toldo tambaleante. Les ordenó pararse debajo de él y luego se fue.

Pasaron horas. Los hombres permanecían allí de pie mientras el frío hacía su recorrido ascendente trepando por las perneras de los pantalones. Eventualmente se sentaron. La mañana dio paso a una larga y fría tarde. El cabo no regresó.

Louie vio una caja de madera para manzanas en las inmediaciones. Recordó su entrenamiento como boy scout, sobre todo la parte que hablaba de cómo hacer fuego con fricción. Tomó la caja y la rompió. Pidió a uno de los hombres que quitara la agujeta de su bota. Rodeo un palo delgado de bambú con la agujeta y clavó uno de los extremos en un agujero en la caja. Comenzó a mover la agujeta y, con ella, se movía el palo como si fuera la broca de un taladro. Después de mucho trabajo, empezó a generarse humo en la punta del palito. Louie tomó un poco del relleno de un tatami descartado, lo puso en la zona de donde provenía el humo y sopló. Los remanentes del colchón se encendieron. Los hombres se reunieron alrededor del fuego y los cigarrillos emergieron de los bolsillos. Todos lograron calentarse un poco.

De pronto reapareció el cabo. "*¡Nanda, nanda!*", dijo, una palabra que difícilmente puede traducirse como "¿Qué diablos pasa?" Exigió saber de dónde habían sacado cerillos. Louie explicó cómo habían encendido el fuego. El rostro del cabo se oscureció. Sin advertencia, golpeó a Louie en la cabeza y contrajo el brazo para volver a golpearlo. Louie quería agacharse, pero luchó contra su instinto sabiendo que esto sólo provocaría la ira del soldado, acarreándole más golpes. Así que permaneció quieto, manteniendo una expresión neutral, mientras el segundo golpe se estrellaba contra su cabeza. El cabo le ordenó apagar el fuego y se fue.

Louie había conocido al hombre que se dedicaría a romperlo.

El nombre del cabo era Mutsuhiro Watanabe.[27] Había nacido durante la Primera Guerra Mundial, siendo el cuarto de seis hijos de Shizuka Watanabe, mujer adorable y excepcionalmente rica. Los Watanabe disfrutaban de una vida de privilegios, habiendo amasado riquezas al ser dueños del Hotel Takamatsu de Tokio y otras propiedades inmobiliarias, además de minas en Nagano y Manchuria. El padre era piloto y parece haber muerto o dejado a la familia cuando Mutsuhiro era relativamente joven. Él creció en medio del lujo, viviendo en hermosas residencias por todo Japón, atendido por sirvientes y nadando en su alberca privada. Sus hermanos se referían a él cariñosamente diciéndole Mu-cchan.

Después de pasar la infancia en Kobe, Mutsuhiro asistió a la prestigiada Universidad Waseda, en Tokio, donde estudió literatura francesa y cultivó una gran inclinación hacia el nihilismo. En 1942, se graduó, se asentó en Tokio y tomó un empleo en una agencia informativa. Trabajó allí sólo por un mes; Japón estaba en guerra y Mutsuhiro era profundamente patriota. Se enlistó en el ejército.

Watanabe tenía altas expectativas de sí mismo como soldado. Uno de sus hermanos mayores era oficial, y el esposo de su hermana mayor era comandante de Changi, un campo enorme para prisioneros de guerra, localizado en Singapur. Obtener el grado de oficial era de importancia suprema para Watanabe, y cuando lo solicitó, quizá pensó que lo aceptarían por obligación, dado su nivel educativo y su genealogía. Pero fue rechazado; sería cabo únicamente. Según todas las fuentes, éste fue el momento en que se descarriló, dejándole un sentimiento de desgracia, de furia y

---

[27] En las memorias de varios prisioneros de guerra, el nombre propio de Watanabe casi siempre aparece como Matsuhiro. Los documentos oficiales confirman que el nombre correcto era Mutsuhiro.

estando amargamente celoso de los oficiales. Quienes lo conocían opinaban que toda su mente estaba dedicada a lamentar esta humillación flagrante, y que cada una de sus acciones subsecuentes fue determinada por este rechazo. Este suceso definitorio tendría trágicas consecuencias para cientos de hombres.

El cabo Watanabe fue enviado a un regimiento de la Guardia Imperial, en Tokio, estacionado cerca del palacio de Hirohito. Dado que la guerra no había llegado todavía a las islas principales de Japón, no vio combate. En el otoño de 1943, por razones desconocidas, Watanabe fue transferido a la estación más ignominiosa para los militares: un campo de concentración para prisioneros de guerra. Tal vez sus superiores querían librar a la Guardia Imperial de un soldado inestable y venenoso, o acaso quisieron aprovechar su naturaleza volátil. Fue asignado a Omori, y se le designó como el "oficial de disciplina". Watanabe llegó al campo el último día de noviembre de 1943.

Omori era un lugar difícil incluso antes de la llegada de Watanabe. La Convención de Ginebra de 1929, que Japón había firmado pero no ratificado, permitía que los órganos de detención aprovecharan el trabajo de los prisioneros de guerra sin restricciones. Los trabajadores debían ser físicamente aptos, y el trabajo a desempeñar no debía ser peligroso, insano, ni implicar dificultades poco razonables. El trabajo no podía tener relación con las actividades de guerra y los prisioneros debían recibir un pago compensatorio por su labor. Finalmente, para asegurarse de que los prisioneros de guerra que fueran oficiales tuvieran control sobre sus hombres, no se les podía obligar a trabajar.

Japón incumplía prácticamente todos los señalamientos de la Convención de Ginebra. Ser declarado prisionero de guerra en Japón equivalía a caer en la esclavitud. El gobierno japonés firmó contratos con compañías privadas para enviarles a los prisioneros de guerra enlistados a fábricas, minas, puertos e instalaciones ferroviarias; en esos lugares, los hombres eran forzados a participar en labores excepcionalmente arduas de producción y transporte bélicos. El trabajo, realizado bajo la estricta vigilancia de hombres con toletes, era tan peligroso y agotador que miles de ellos murieron al realizarlo. En los muy raros casos en que el estado japonés remuneraba a los prisioneros por su trabajo, el pago era casi simbólico, pues podría decirse que equivalía a unos centavos de dólar a la semana. El único aspecto de la Convención de Ginebra que los japoneses respetaban, en ocasiones, era la prohibición de forzar a los oficiales al trabajo.

Al igual que en casi todos los demás campos, Omori era un campo de esclavos. Por diez u once horas diarias, los prisioneros de guerra desempeñaban trabajos agotadores en astilleros, talleres ferroviarios, estaciones de carga de camiones, areneros y minas de carbón. Los hombres tenían que estar al borde de la muerte para que se les permitiera dejar de trabajar; la fiebre mínima que se debía tener para justificar una ausencia laboral era de 40 grados. El trabajo era extremadamente pesado; de acuerdo con el prisionero de guerra Tom Wade, cada trabajador de los ferrocarriles cargaba un total de 20 o 30 toneladas de material diverso al día. Probablemente debido a que Omori era uno de los campos que los japoneses mostraban a la Cruz Roja, "pagaban" diez yenes por mes —menos de lo que costaba una cajetilla de cigarrillos— pero solamente se permitía gastarlos en una muy pequeña selección de artículos inútiles que se expendían ahí mismo, de manera que el dinero regresaba a los japoneses.

La situación alimentaria en Omori era bastante complicada. Las raciones eran de mejor calidad comparadas con las que se servían en Ofuna, pero las cantidades eran apenas mayores. Dado que los oficiales no eran esclavizados, se les permitía comer la mitad de las raciones destinadas a los esclavos, pues las autoridades aducían que necesitaban menos calorías. Además del arroz, los presos eran alimentados con unos pocos vegetales, pero la cantidad de proteína era casi inexistente. Una vez a la semana, aproximadamente, alguien metía una carretilla al campo para ofrecer "carne". Dado que el contenido de la carretilla era distribuido entre cientos de hombres, las raciones terminaban siendo ridículas; además, la carne consistía en pulmones, intestinos, carne de perro y algo que los cautivos llamaban "semen de elefante". En una ocasión llegó un pedazo de carne tan extraño, que los presos determinaron que se trataba de la vagina de una yegua.

Al igual que en Ofuna, el beriberi y otras enfermedades prevenibles adquirían en Omori proporciones epidémicas. Debido a que los hombres que no podían trabajar recibían la mitad de la ración alimenticia, su recuperación era más difícil. Quienes padecían disentería —el baile del *benjo*— tragaban pedazos de carbón o palos quemados para detener la cascada digestiva. Muchos hombres pesaban menos de 40 kilos.

Antes de noviembre de 1943, la única ventaja de Omori había sido la actitud del personal japonés, que no era ni remotamente tan cruel como el de Ofuna. Los prisioneros les ponían apodos como Quijada de Cerdo, Bola de Masa, Diente de Cabra, Genghis Khan y el Reportero Errante; un desafortunado oficial, según escribió el prisionero Lewis Bush, usaba pantalones abombados y "caminaba como si siempre estuviera de prisa por llegar al baño", con lo que provocó que los presos lo llamaran teniente Caca en la Recámara. Había un par de truhanes y uno o dos locos de verdad, pero varios empleados del campo eran amigables. El resto se comportaba con indiferencia, aplicando las reglas con ayuda de los golpes, pero teniendo al menos una conducta predecible. Hablando en términos relativos, Omori no era famosa por su violencia. Cuando llegó Watanabe, todo eso cambió.

Se presentó con dulces y cigarrillos para los prisioneros. Sonreía y entablaba conversación amistosa, posaba para fotografías con los oficiales británicos, y hablaba con admiración de Estados Unidos y Gran Bretaña. Durante varios días, no dio motivos para hablar siquiera de él.

Una mañana de domingo, Watanabe se aproximó a algunos prisioneros que estaban reunidos en la entrada de una de las barracas. Uno de ellos, llamado Derek Clarke, dijo "¡Hagan paso!" y este solo hecho hizo explotar a Watanabe. Cargó contra Clarke y lo golpeó hasta tirarlo para después continuar pateándolo. Bush trató de explicar que Clarke no había pretendido ofenderlo en modo alguno, pero Watanabe desenfundó su espada y comenzó a gritar que iba a decapitar a Clarke. Un oficial japonés logró detener el ataque, pero esa noche Watanabe la tomó contra Bush, aventándolo contra una estufa ardiente para después golpearlo y patearlo. Después de que Bush se fue a acostar, Watanabe regresó y lo obligó a arrodillarse. Lo agredió durante tres horas. Lo pateó y le cortó parte del cabello con la espada. Se fue por dos horas y volvió una vez más. Bush esperaba ser asesinado. En lugar de ello, Watanabe se lo llevó a su oficina, lo abrazó y le dio cerveza, cigarrillos y puñados de dulces. Con lágrimas en los ojos, pidió disculpas y prometió nunca volver a maltratar a un prisionero de guerra. Su promesa no duró mucho. Más tarde, esa misma noche, tomó un palo de kendo —una espada larga y pesada de madera— y entró gritando a las barracas golpeando a cada hombre que veía.

En palabras de Bush, Watanabe había mostrado "de qué estaba hecho". A partir de ese día, tanto las víctimas como sus compañeros japoneses meditarían sobre las fuentes de su conducta errática y violenta sin lograr ponerse de acuerdo respecto de las causas. Para Yuichi Hatto, el contador del campo, se trataba de locura lisa y llana. Otros creían que era una conducta deliberada. Después de que Watanabe atacó a Clarke, los cautivos que tenían rango de oficial comenzaron a tenerle miedo. Las consecuencias de su acto satisfacían un deseo cruel: la cruda brutalidad le daba la ventaja de que carecía al tratarse de rangos. "Repentinamente se percató de que, tras golpear a unos hombres, era temido y respetado", dijo Wade. "Y por eso se valió de ese tipo de conducta."

La violencia daba a Watanabe otro tipo de placer. Según Hatto, Watanabe era un sádico sexual, y admitía libremente que golpear a los prisioneros lo llevaba al orgasmo. "Disfrutaba lastimando a los cautivos", escribió Hatto. "Satisfacía su deseo sexual lastimándolos".

Había nacido un tirano. Watanabe golpeaba a los prisioneros todos los días, rompiéndoles la tráquea, los tímpanos, los dientes; una vez arrancó la oreja a un hombre y en varias ocasiones dejó inconscientes a los prisioneros. Una vez obligó a que un oficial se sentara en una choza durante cuatro días invernales, usando solamente ropa interior tipo *fundoshi*. Ató a un prisionero de guerra de sesenta y cinco años a un árbol y lo dejó ahí durante días. Ordenó a un hombre que se reportara con él todas las noches para recibir un puñetazo en la cara durante tres semanas. Practicó judo con un paciente de apendicitis. Cuando se le sorprendía en pleno éxtasis por sus ataques, se lamentaba y lloraba dejando que las lágrimas le resbalaran por las mejillas; babeaba y se le formaba espuma en las comisuras de los labios. Los prisioneros sabían cuándo uno de sus arranques era inminente: su párpado derecho se entrecerraba un poco antes de lanzarse por su presa.

En muy poco tiempo, Watanabe se ganó una reputación temible a lo largo y ancho de Japón. Los oficiales de otros campos empezaron a enviar a Watanabe a los prisioneros más problemáticos para que los "puliera", y Omori fue conocido desde entonces como "campo de castigo". En palabras del comandante Maher, quien había sido transferido desde Ofuna para convertirse en el prisionero de guerra de más alto rango en Omori, Watanabe era "el guardia más cruel de cualquier prisión de la principal isla de Japón".

Dos cosas distinguían a Watanabe de otros criminales de guerra notorios. Una era el énfasis que ponía en la tortura emocional. Incluso bajo los estándares de una cultura muy consciente del sentido del honor, lo consumía la humillación recibida, y no dudaba en provocar el mismo dolor a los hombres que estaban bajo su poder. A diferencia de salvajes como Matasanos, Watanabe combinaba las golpizas con actos pensados para afectar la psicología de los hombres. Obligaba a que los hombres reverenciaran calabazas o árboles durante horas. Ordenó a un cautivo que era clérigo a pasarse toda la noche rindiendo honores a un asta mientras gritaba la palabra *keirei*, que significa "saludar" en japonés; la experiencia dejó al hombre llorando y fuera de sus cabales. Confiscaba y destruía las fotografías familiares de los cautivos. A veces, llamaba a los prisioneros a su oficina para enseñarles las cartas que les acababan de llegar de casa, y las quemaba sin abrir en su presencia. Para asegurarse de que los hombres se sintieran impotentes, cambiaba la forma en que deseaba que se dirigieran a él todos los días y golpeaba a los que se equivocaban. Ordenaba a los hombres violar las políticas del campo y después los castigaba por romper las reglas. El prisionero de guerra Jack Brady lo resumió en una oración: "Era, en todos sentidos, el hombre más sádico que he conocido".

El otro atributo que diferenciaba a Watanabe de sus colegas celadores era su inconsistencia. La mayor parte del tiempo, era el dios iracundo de Omori. Pero después de las golpizas, solía regresar a disculparse, muchas veces llorando. Estos actos de contrición sólo duraban unos momentos antes de que los gritos y los golpes empezaran de nuevo. Pasaba de la serenidad a la locura rabiosa en un parpadeo, y sin razón alguna que justificara el cambio. Un prisionero de guerra recuerda haberlo escuchado hablar bien de un preso para después entrar en un acceso de ira golpeando al cautivo hasta dejarlo inconsciente. Después de su salvajada, se fue tranquilamente a su oficina para comer el almuerzo con la placidez de una vaca rumiante.

Cuando Watanabe no estaba apaleando prisioneros, los obligaba a ser sus amigos. Despertaba a un cautivo por la noche y lo invitaba a departir con él en su habitación, comiendo galletitas y hablando de literatura. A veces se acercaba a cualquiera en el campo que supiera tocar un instrumento o cantar, lo llevaba a su cuarto y se daba un concierto. Esperaba que estos hombres le respondieran como si lo adoraran y, en ocasiones, parecía creer genuinamente que se había ganado su cariño.

Quizás organizaba estas reuniones porque dejaban a los prisioneros sintiendo mayor tensión que si los trataba con hostilidad constante. O tal vez se sentía solo. Entre los japoneses de Omori, Watanabe era despreciado por su arrogancia, por presumir su riqueza y por su rudeza. Solía hacer grandes desplantes para demostrar su educación, abundando en el nihilismo y dando pomposas conferencias sobre literatura francesa en las reuniones. Ninguno de sus colegas lo escuchaba. No era que les molestara el tema; lo detestaban simplemente.

Tal vez por esto trataba de obtener la amistad de los prisioneros. Cuando organizaba sus fiestas de té, escribió Derek Clarke, eran "reuniones tensas en las que uno se sentía como sentado al borde del cráter de un volcán". Cualquier error, cualquier palabra mal entendida podía encender a Watanabe, dejando tras su reacción teteras rotas, mesas volteadas y huéspedes golpeados hasta la inconsciencia. Cuando los prisioneros se iban, Watanabe parecía sentirse humillado por tener que procurarse compañía entre gente de baja calaña. Al día siguiente, azotaba a sus compañeros de la noche anterior.

Como cualquier abusivo, tenía una predilección por cierto tipo de víctima. Los de bajo rango solían recibir bofetadas ocasionales; a los oficiales los trataba con crueldad extrema. Entre ellos. algunos lo atraían especialmente. Los había con alto estatus, como médicos, capellanes, comandantes de barraca o quienes habían sido altamente exitosos en la vida civil. A otros les tenía resentimiento porque no se arrastraban ante él. Y precisamente a estos prisioneros los identificaba y perseguía con odio ilimitado.

Desde el momento en que Watanabe vio a Louis Zamperini —oficial, famoso corredor olímpico y hombre desafiante—, se convirtió en su obsesión principal.

VEINTICUATRO
★ ★ ★

Cazados

Después de pasar un día temblando en el área de cuarentena de Omori, Louie fue llevado a la zona principal del campo, un complejo enorme en que se amontonaban unos 900 prisioneros. Vagó por una larga fila de barracas hasta que encontró la que le habían asignado. Al entrar, los prisioneros de guerra se apresuraron a saludarlo. Uno de ellos deslizó una taza de té caliente en sus manos heladas. Un escocés se aproximó llevando una cuchara y un calcetín hinchado. Metió la cuchara en el calcetín y sacó dos cucharaditas que puso en el té de Louie. Para cualquier prisionero de guerra, el azúcar era un tesoro de valor incalculable, y Louie no lograba entender cómo este hombre se había procurado un calcetín entero lleno de azúcar.

Mientras sorbía el té, Louie fue presentado con dos comandantes de barraca, el teniente británico Tom Wade y el teniente norteamericano Bob Martindale, quien comenzó a ponerlo al día sobre los usos y costumbres de Omori. Hablaron del cabo que lo había atacado en la reja. Su nombre era Watanabe, dijeron, pero Louie nunca debía referirse a él por su nombre verdadero. La paranoia de Watanabe era tan grande, que solía esconderse detrás de las barracas, tratando de atrapar a los hombres que hablaban de él para golpearlos por hacerlo. Los hombres se referían a él con varios sobrenombres, incluyendo el de Animal, la Gran Bandera, el Pequeño Napoleón y, el más común, el Ave, un apodo elegido porque no tenía connotaciones negativas que pudieran llevar a una paliza para los prisioneros.

El pasatiempo favorito del Ave era enviar guardias a irrumpir en las barracas antes de su llegada, gritando *¡Keirei!* Luego corría y elegía a su víctima. De nada valía sentarse alejado de la puerta, pues el Ave amaba saltar a través de las ventanas abiertas. Se advertía a los hombres que siempre debían estar atentos, debían hablar de él en susurros únicamente, y debían preparar un tema al cual cambiar si de pronto entraba el Ave demandando saber de qué estaban hablando. A los hombres se les aconsejaba decir que estaban hablando de sexo, porque el tema le interesaba y lo distraía.

Las barracas de Omori estaban dispuestas en dos líneas separadas por una avenida central. En un extremo de la avenida estaba la oficina del Ave, ubicada de modo que el cabo pudiera verla toda a través de su gran ventana frontal. Para ir a cualquier sitio del campo, a excepción de los *benjos* que estaban detrás de las barracas, los prisioneros debían pasar ante la mirada vigilante del Ave. Una de sus exigencias consistía en que los hombres no sólo debían saludarlo a él, sino también a su ventana. Muchas veces dejaba su oficina vacía y se escondía cerca, bate de beisbol en mano, listo para golpear con él a quien omitiera saludar a la ventana.

Entre los prisioneros existía un elaborado sistema de centinelas que monitoreaban los movimientos del Ave. Cuando estaba en su oficina, los hombres decían: "El Animal está en su jaula". Cuando salía, decían: "El Animal ha salido a cazar". "¡Bandera en alto!", significaba que el Ave estaba en camino. Los hombres estaban tan sintonizados con su presencia que instantáneamente reconocían el sonido de su calzado sobre la arena. El sonido provocaba verdaderas estampidas a los *benjos*, que el Ave visitaba pocas veces.

Mientras asimilaba los consejos sobre cómo habérselas con el Ave, Louie se enteró de otra cosa que, seguramente, entristeció su corazón. Había pensado que, dado que se encontraba en un campo de prisioneros de guerra, podría escribir a casa para informar a sus familiares de que estaba con vida. Antes se permitía a los prisioneros de Omori escribir cartas, pero ya no era el caso. El Ave no lo permitía.

Cuando llegaban nuevos prisioneros a Omori, eran registrados en la Cruz Roja, con lo que llegaban a los gobiernos las noticias de sus paraderos, y luego alcanzaban a las familias. Pero los oficiales de Omori no registraron a Louie. Tenían planes especiales para él y aparentemente lo estaban escondiendo. Al no estar el nombre de Louie en la lista de la Cruz Roja, el gobierno norteamericano no tenía motivos para creer que él estaba vivo, y nada se dijo a la familia de Louie.

En su caso, todos los consejos recibidos para sobrellevar al Ave fueron en balde. En cuanto Louie puso pie en el campo, el Ave lo encontró, lo acusó de una infracción imaginaria y lo atacó con furia salvaje. Al día siguiente le dio otra golpiza, y al siguiente, otra. Aunque había cientos de prisioneros en el campo, este iracundo cabo tenía una fijación por Louie, y cazaba al antiguo corredor olímpico, a quien llamaba "el prisionero número uno". Louie trataba de ocultarse entre grupos de hombres, pero el Ave siempre lo encontraba. "Pasados los primeros pocos días en el campo, dijo Louie, me cuidaba de él como si fuera un león suelto en la jungla".

Cuando Louie despertaba cada mañana, su primer pensamiento estaba dedicado al Ave. Buscaba al cabo durante el *tenko* matutino, al pasar lista, al pedorrearse para el emperador y al forzarse a tragar las raciones con que lo alimentaban. Después del desayuno, los hombres enlistados eran organizados en grupos de trabajo y se marchaban. Con la población del campo drásticamente disminuida por el éxodo de trabajadores, Louie carecía de grupos en los cuales tratar de perderse. El Ave le caía encima inmediatamente.

Lo único bueno de ser oficial en Omori era que se estaba exento de trabajar como esclavo, aunque el costo era una dolorosa disminución a la mitad de la ración alimenticia. Pero poco después de la llegada de Louie, el Ave llamó a los oficiales y les informó que, desde ese momento, trabajarían en el campo junto con los hombres enlistados. Cuando uno protestó diciendo que eso violaba la ley internacional, el Ave lanzó su palo kendo directo a la cabeza del hombre. Luego se aproximó al siguiente, quien también dijo que no trabajaría. El palo de kendo volvió a golpear. Louie era el tercero. Con el fin de que no le partieran la cabeza, intentó hacerse servicial diciendo que le encantaría trabajar en el campo para hacerlo un lugar mejor.

El Ave hizo una pausa. Parecía sentir que mientras obligara a los oficiales a trabajar, estaba ganando. Los mandó a una choza y los puso a coser bolsas de cuero para municiones, mochilas para llevar a la espalda y cubiertas para el equipo de los militares japoneses. Louie y otros hombres fueron mantenidos ahí ocho horas al día, pero trabajaban únicamente cuando el Ave estaba en los alrededores, e incluso en esos momentos, cosían mal el cuero de forma liberada.

El siguiente movimiento del Ave fue anunciar que, a partir de ese momento, los oficiales vaciarían los *benjos*. Los ocho existentes no podían dar servicio a 900 hombres que padecían disentería, y era muy importante evitar que la porquería se desbordara. Louie y los demás oficiales usaban "cucharones de miel" —cucharones gigantes— para sacar desperdicios y ponerlos en cubetas que luego se lanzaban a un pozo negro fuera del campo. El trabajo era nauseabundo, degradante y, cuando llegaban las lluvias más abundantes, la porquería salía del pozo negro y volvía al campo. Para privar al Ave del placer de verlos en esa situación, los hombres decidieron comportarse alegremente. Martindale creó la "Real Orden del *Benjo*". "El lema", escribió, "era impublicable".

Cuando los oficiales terminaban cada día de abuso, de cuchareo y de costura errante, los esclavos enrolados eran conducidos de nuevo al campo. La primera vez que Louie los vio regresar, supo de dónde había provenido ese calcetín lleno a más no poder de azúcar.

En los campos de trabajo, los prisioneros de guerra de Omori libraban una guerra de guerrillas. En las instalaciones ferroviarias y en los muelles, cambiaban las etiquetas de envío, reescribían direcciones y modificaban el etiquetado en los furgones, enviando toneladas de bienes a destinos equivocados. Arrojaban puñados de tierra en los tanques de gasolina y descomponían cualquier mecanismo que pasara por sus manos. Forzado a construir bloques de motor, el estadounidense Milton McMullen hacía que los exteriores se vieran lo suficientemente bien para pasar una inspección, pero se aseguraba de que las partes internas del motor no funcionaran. Los prisioneros de guerra que cargaban en los muelles, tiraban "accidentalmente" los artículos delicados, incluyendo un gran cargamento de vino y muebles destinados a un embajador nazi. (Los muebles rotos siguieron su ruta; el vino fue decantado hasta llegar a las cantimploras de los prisioneros.) Al encontrar las maletas del enviado alemán, los prisioneros rasgaron las ropas y las empaparon en lodo y aceite, reempacándolas después con notas amigables firmadas por "Winston Churchill". Tomaban enormes cantidades de té, y orinaban profusamente en casi todo costal de arroz que cargaban. En un incidente muy celebrado, los prisioneros de guerra que cargaban objetos pesados en una barca, lanzaron el material con tanta fuerza que hundieron la barca y, al traer una nueva, los prisioneros volvieron a hundirla.

Alentado por la idea de que probablemente moriría en Japón y, siendo así, no tenía nada que perder, McMullen se unió a muchos otros prisioneros para cometer un acto que era potencialmente suicida. Al ser esclavizados en la instalación ferroviaria, notaron que un grupo de trabajadores habían omitido guardar sus herramientas. Cuando su guardia se distrajo para tratar de ligar a una chica guapa, los prisioneros corrieron a toda velocidad desde sus estaciones, tomaron las herramientas, se lanzaron a una sección de la vía, quitaron los clavos, los tornillos y las tuercas, y regresaron de prisa a sus trabajos. El guardia seguía hablando con la muchacha sin percatarse de nada. Y entonces llegó una locomotora jalando varios furgones. La máquina llegó al punto saboteado, los rieles se zafaron bajo la locomotora y el tren entero se volteó. Nadie resultó lastimado, pero los japoneses estaban furiosos. Miraban a los prisioneros de guerra que no paraban de trabajar con el rostro inexpresivo. Los japoneses comenzaron a lanzarse acusaciones entre sí.

Con todo lo peligroso que esos actos podían ser, resultaban verdaderos vehículos de transformación para los prisioneros. Al arriesgar el pellejo para sabotear al enemigo, ya no eran cautivos pasivos. Eran soldados de nuevo.

Los prisioneros robaban lo que no podían sabotear. Abrían los contenedores, robaban botellas, sacaban de sus goznes las puertas de las bodegas, invadían las bodegas de los barcos y demás. Unos prisioneros escoceses que trabajaban en la bodega de alimentos de Mitsubishi realizaron la operación más sofisticada. Cuando los japoneses les solicitaron dar la talla de las botas que usarían para trabajar, los prisioneros dieron tallas mayores de las reales. Cosieron unos "calcetines" especiales, algunos de cerca de 1.20 metros de largo y se consiguieron unas varas de bambú huecas. Cuando estaban en su lugar de trabajo, se recargaban casualmente en los costales, los navajeaban, clavaban el bambú y permitían que el azúcar saliera por la oquedad y se depositara en esos calcetines hasta que se llenaban. Otros usaban el dobladillo de sus pantalones o de la cintura, y los llenaban de azúcar. Cada carga era depositada en un compartimiento secreto en la letrina, que se recuperaba al final del día.

Cada noche, Louie veía a los esclavos caminando pesadamente de regreso, con las ropas llenas de azúcar. El momento crítico llegaba cuando se llamaba a inspección. Los hombres pasaban contrabando hábilmente o a los hombres que lo traían durante las búsquedas, aprovechando los instantes en que los guardias daban la espalda. McMullen escondía pescado en sus mangas; cuando le hacían revisión corporal, levantaba los brazos y se aseguraba de sostener los pescados por la cola para que no resbalaran. El truco más grande era esconder a los prisioneros que llegaban borrachos hasta la inconsciencia después de tomarse cualquier licor que encontraban. Los borrachos eran puestos en el centro de la formación y mantenidos en pie entre los hombros de dos prisioneros sobrios, procurando que el borracho no diera nunca el frente de su rostro a la vista de los guardias.

Cuando los hombres estaban seguros en la barracas, Louie los veía desempacarse. Bajo sus ropas colgaban calcetines llenos de azúcar desde sus cuellos y brazos, escondidos en las axilas, en los pantalones, en los suéteres de cuello de tortuga, en falsos bolsillos, bajo sombreros. Un salmón de 60 centímetros emergía de las camisas. Una vez vio a uno sacar tres latas de ostras de una sola bota. Se envolvían las piernas en hojas de tabaco. Un norteamericano construyó un compartimiento secreto en su cantimplora, llenándolo con alcohol robado mientras la parte visible sometida a revisión sólo contenía agua.

Los hombres eran sorprendidos todo el tiempo y, cuando esto sucedía, todos los integrantes del grupo de trabajo eran golpeados a puñetazos, batazos y culatazos de rifle. Pero los hombres eran tan mal alimentados y trabajaban tan duro que sus robos estaban justificados para sobrevivir. Organizaron una "Universidad del Robo" en que los "profesores" —los mejores ladrones— enseñaban el arte del hurto. El examen final era un robo. Los prisioneros sugirieron que, cuando los prisioneros de guerra fueran atrapados robando, se les destinara a sitios de trabajo donde no hubiera comida. Los japoneses estuvieron de acuerdo, y los oficiales remplazaban ladrones ineptos atrapados por alumnos de la Universidad del Robo.

Aunque Louie, siendo oficial, no tenía oportunidad de robar, pronto se integró al sistema de robos, enrollando hojas de tabaco para secarlas antes de ponerlas a curar en "paredes secretas". Cuando las hojas estaban debidamente curadas, Louie las desgarraba hasta formar hebras fumables.

Gracias a los robos, en el campo floreció un mercado negro con admirable diversidad de bienes. Un grupo robaba todos los ingredientes necesarios para hacer un pastel, sólo para descubrir al hornearlo que la supuesta harina era en realidad cemento. Puesto que eran tantos los internos de este centro, no había un exceso de abasto y todos se beneficiaban de algún modo. Cuando los ladrones tenían algo extra, se lo daban a Louie, quien aún no lograba aumentar de peso. Algunas veces, contrabandeaban incluso ostras ahumadas para él. Louie las devoraba y caminaba sigiloso hasta la barda para arrojar las latas vacías a la bahía de Tokio.

La comida robada, especialmente el azúcar de los escoceses, era moneda corriente en el campo, y los "barones del azúcar" se convirtieron en los ricos de Omori, incluso contratando asistentes para que les lavaran la ropa. Los escoceses eran negociantes bastante duros, pero donaban una cuarta parte de lo obtenido para los prisioneros enfermos. Una noche en que Louie encontró a Frank Tinker enfermo de muerte, esperó a que los guardias pasaran, se escurrió hasta las barracas de los escoceses y les dijo que Tinker estaba en problemas. Ellos mandaron a Louie de regreso con un cargamento de azúcar libre de costo. Tinker diría más tarde que ese cargamento que Louie consiguiera le había "salvado el alma". De acuerdo con Martindale, Tinker no fue el único en ser salvado. Las muertes por enfermedad y desnutrición habían sido un lugar común en el campo, pero tras la creación de la escuela de pillaje, sólo dos prisioneros de guerra murieron, uno de ellos por peritonitis. Además, en un lugar destinado a la degradación, robar del enemigo era recuperar la dignidad.

Pasaron las semanas y el Ave no dejaba de atacar a Louie. Todos los días, el cabo saltaba encima de él intempestivamente y le golpeaba el rostro y la cabeza. Cualquier resistencia de Louie, incluso el protegerse el rostro, inspiraba mayor violencia y él no podía hacer otra cosa que pararse ahí tambaleante mientras el Ave lo golpeaba. No podía comprender la fijación del cabo con él y estaba desesperado porque alguien lo salvara de esta situación.

Durante uno de los ataques del Ave, Louie vio al comandante del campo, Kaname Sakaba, saliendo de su oficina para mirarlo. Sintió alivio al pensar que si el jefe había atestiguado ese abuso sobre un prisionero de guerra por parte de un cabo, haría lo necesario para que esto no se repitiera. Pero Sakaba miró indiferente y volvió a meterse a la oficina. Lo mismo sucedió durante las golpizas a otros. Los oficiales japoneses observaban, algunos con expresiones de aprobación, y otros consternados. A veces, cuando dictaban órdenes, permitían que el Ave, un simple cabo, los desobedeciera en su propia cara.

De acuerdo con el contador del campo, Yuichi Hatto, esa extraña situación era resultado de un problema de rango. Sakaba estaba ansioso porque la apariencia de orden en su campo se correspondiera con la productividad de sus esclavos para abonar así sus intereses; y la brutalidad de Watanabe era su instrumento. Aunque no se sabe si Sakaba ordenaba abusar de los prisioneros de guerra, era obvio que aprobaba la conducta del cabo. Según Hatto, algunos empleados del campo se ofendían al atestiguar el tratamiento que Watanabe daba a los presos, pero dado que esos actos eran agradables a Sakaba, el Ave resultaba intocable, incluso por quienes tenían un rango superior a él. En consecuencia, ejercía a plenitud su impunidad y prácticamente dirigía el campo. Veía a los prisioneros de guerra como si fueran sus posesiones, y a veces atacaba a los japoneses que interactuaban con ellos. Watanabe era, según Hatto, "no sólo un mero guardia, sino un monarca absoluto de los prisioneros de guerra en Omori".

Algunos japoneses, incluido Hatto, trataba de ayudar a los prisioneros a espaldas de Watanabe. Nadie hizo más que el sargento Yukichi Kano, el intérprete del campo. Cuando los enfermos eran relevados de sus trabajos, perdiendo con ello la mitad de sus raciones, Kano les conseguía trabajos sencillos para mantenerlos oficialmente "empleados", de manera que pudieran comer bien. Cuando veía que violaban las reglas al comer vegetales en el área del jardín, o al embolsarse moluscos con la marea baja fuera del campo, hablaba con los guardias para distraerlos. En invierno, colgaba sábanas en las paredes de la enfermería y conseguía carbón para calentar los cuartos. Quitaba a los enfermos al sádico médico japonés y los ponía en manos de un cautivo que era médico. "Había un hombre mucho más valiente que yo", escribió el prisionero de guerra Pappy Boyington, ganador de la medalla de honor. "El corazón de Kano se compadecía la mayor parte del tiempo, con una combinación de lástima por la ignorancia y la brutalidad de algunos de sus paisanos y una completa comprensión del sufrimiento de los prisioneros". No obstante, Kano no podía hacer nada por Louie, el principal objetivo del Ave.

Cuando Louie vio a los oficiales de la Cruz Roja guiados en una visita al campo cuidadosamente escenificada, pensó que finalmente había llegado la ayuda. Pero para su desilusión, el Ave se mantuvo cerca de los oficiales y escuchaba cuidadosamente cuando los prisioneros respondían preguntas relativas a la vida en el campo. Ningún preso era tan tonto para responder la verdad, sabiendo muy bien la retribución que dicha conducta acarrearía. Louie no tuvo otra opción que mantener la boca cerrada.

Louie estaba solo. Mientras los ataques continuaban, se tornó cada vez más irritable. Se repetía la experiencia de la infancia en que los grandulones lo mandaban a casa sangrando todos los días. Su ser interno estaba incendiado de ira y no podía ocultarlo.

Cada vez que el Ave lo buscaba, Louie descubría que sus manos se cerraban en puño. Conforme le daba cada golpe, se imaginaba estrangulando al Ave. Exigía que Louie lo mirara al rostro; Louie no lo hacía. El Ave trataba de noquearlo; se tambaleaba pero no caía. Con la visión periférica, Louie captaba que el Ave miraba furiosamente sus puños cerrados. Otros prisioneros le decían que debía mostrar deferencia ante el Ave, o que éste jamás se detendría. Louie no podía hacerlo. Cuando levantaba la mirada, todo lo que sus ojos mostraban era odio. Siendo que la vida de Watanabe era consumida tratando de someter a los hombres, el desafío de Louie era una ofensa personal e intolerable.

Los presos escuchaban cada vez con mayor frecuencia las sirenas de bombardeo aéreo sonando en Tokio, al otro lado de la bahía. Se trataba de falsas alarmas, pero elevaban la esperanza de los prisioneros. Louie buscó en el cielo vacío y esperó que los bombarderos llegaran antes de que el Ave acabara con él.

A las seis y media, hora del meridiano de Greenwich, del miércoles 18 de octubre de 1944, un programa llamado *Postman Calls*, *(Llama el cartero)* comenzó su emisión nocturna en Radio Tokio. Se trataba de uno de los doce programas de propaganda conducidos en inglés y transmitidos a las tropas aliadas. Los locutores eran prisioneros de guerra conocidos como "prisioneros de propaganda", quienes solían trabajar bajo amenaza de ejecución o de ser golpeados.

La noche que nos ocupa se hizo un anuncio en el programa: "He aquí al cartero llamando a California y a la señora Louise Zamperini, del 2028 de la calle Gramercy, en Torrance, California. Aquí tiene un mensaje de su hijo, el teniente primero Louis Silvie Zamperini, ahora internado en un campo de Tokio. 'Mi querida familia, estoy incólume y con buena salud. Los extraño tremendamente y sueño con ustedes a menudo. Rezo porque todos estén bien de salud y espero volver a verlos algún día. Mando mi amor a los parientes y a los amigos. Conserven por mí mi dinero y mis pertenencias. Los quiero. Louis'".

A unos cuantos kilómetros, en Omori, Louie nada sabía de esta transmisión. Los japoneses la habían escrito o habían obligado a que lo hiciera un prisionero de propaganda.

La transmisión no pasó al aire en Estados Unidos, pero en el pueblo de Claremont, Sudáfrica, un hombre llamado E. H. Stephan captó la señal en un radio de onda corta o recibió un reporte de dicha transmisión. Stephan trabajaba para un servicio que monitoreaba y enviaba noticias de los prisioneros de guerra a sus familiares. Louie, según decía la tarjeta, era un prisionero de guerra en el campo Axis.

Stephan engrapó una transcripción del mensaje de radio a la tarjeta. Escribió la dirección usando la de contacto que constaba en el mensaje, pero se equivocó al hacerlo y escribió: Louise

Vancerini, 2028 Brammersee Street, Terence, California. Echó la tarjeta en el buzón de correo.

Gracias a la dirección equivocada y a los muchos retrasos del correo en tiempos de guerra, la tarjeta recorrería el mundo por meses. En enero de 1945, llegó a Trona, una encrucijada en el desierto californiano. Había llegado ya el final de enero, casi tres meses y medio después de la transmisión, cuando alguien en Trona tomó la carta, garabateó "intentar en Torrance" en el sobre, y la echó al correo.

VEINTICINCO

★ ★ ★

B-29

En uno de los últimos días de octubre de 1944, Louie empujó una carretilla sobre el puente Omori, cruzó la aldea al final del puente y entró a Tokio. Con él estaban otro prisionero de guerra y un guardia; tenían orden de recoger la dotación de carne para los prisioneros. Louie había estado en Japón durante trece meses, pero ésta era la primera vez que veían si vendajes en los ojos a esa sociedad que lo mantenía cautivo.

Tokio parecía desecado. No había jóvenes por ninguna parte. La guerra había causado escasez de comida y bienes en general, por lo que mercados y restaurantes estaban cerrados. Los civiles lucían desaliñados y sucios. Todos sabían que los norteamericanos estaban en camino y la ciudad parecía contener el aliento. Grupos de niños y adolescentes cavaban trincheras y tiraban construcciones para hacer zanjas contra el fuego.

Louie, el otro prisionero y el guardia llegaron al matadero y su carretilla fue llenada con carne de caballo. Mientras la empujaban de regreso a Omori, Louie vio un edificio y descubrió un grafiti pintado en uno de sus muros. Decía *B Niju Ku*. El primer caracter era suficientemente simple, siendo la letra B. Louie sabía que *niju* significaba veinte y *ku* nueve, aunque no sabía que *ku* asimismo significaba dolor, calamidad, aflicción. Louie caminó con la carretilla internándose en Omori y preguntándose a qué se refería eso de "B 29", y por qué alguien lo escribiría en la pared.

Faltando diez minutos para las seis de la mañana del 1 de noviembre de 1944, un maravilloso avión despegó de una pista en Saipan. Su tamaño superaba a la imaginación: 33 metros de largo, 47 de punta a punta de las alas y casi diez de altura en la cola; con un peso de 60 toneladas y más estando cargado, este avión hacía lucir pequeño al ya de por sí grande B-24. Dotado con cuatro motores de 2200 caballos de fuerza cada uno —cada motor era dos veces más poderoso que los del B-24— podía cruzar el cielo a una velocidad de 580 kilómetros por hora llevando gigantescos cargamentos de bombas. Ni por casualidad un B-24 lograría llegar desde Saipan a las islas japonesas y de regreso. Este avión podía hacerlo. Era la superfortaleza B-29 y lograría vencer a Japón.

El bombardero, que pronto sería conocido como *La Rosa de Tokio* en un sarcástico homenaje a la mujer que transmitía la propaganda japonesa, era piloteado por el capitán Ralph Steakley. Esa mañana, voló su avión al norte, que partió el aire a casi nueve y medio kilómetros de altura. Por encima del aparato, el cielo mostraba un azul intenso; abajo, surgiendo en el horizonte, estaba Japón.

Los B-29 habían sido utilizados algunas veces sobre Japón, en bombardeos lanzados desde China, comenzando cuatro meses atrás. Las misiones habían sido poco eficientes debido a la gran dificultad que suponía abastecer las bases chinas y volar desde ellas hasta Japón. No obstante, para los japoneses esos leviatanes eran aterradores, e inspiraban el grafiti que Louie había visto. Tres meses después del primer bombardeo dirigido desde China, Saipan había sido capturado, y los planes estadounidenses habían cambiado teniendo ahora el objetivo de lanzar ataques de los B-29 desde Saipan. El viaje de Steakley era la primera corrida de Saipan a Tokio, ciudad que no había visto un avión norteamericano desde el bombardeo de Doolittle en 1942. Su avión no llevaba bombas, sino cámaras: Steakley estaba trazando un mapa para que otros B-29 siguieran su ruta. Al mediodía, el avión llegó a la ciudad.

Louie estaba parado con un grupo de prisioneros haciendo calistenia por orden de los guardias, cuando una sirena comenzó a sonar. Los guardias, como era usual durante las alertas, metían a los hombres a las barracas. Los prisioneros estaban acostumbrados a las sirenas, que hasta entonces siempre habían sido falsas alarmas, de manera que la alerta causó poca preocupación.

En las barracas, los hombres espiaban por las ventanas. Algo era diferente; los guardias miraban el cielo como si "estuvieran buscando al mesías", escribió Bob Martindale. Entonces hubo un gran destello en lo alto, un dedo que señalaba urgentemente, y una andanada de prisioneros de guerra se apretujaron tratando de alcanzar la puerta. Corriendo por el complejo con el rostro mirando a lo alto, Louie vio un haz de luz blanca y radiante en las alturas, sobre Tokio, con una estela que se retorcía detrás. "¡Oh, Dios, Dios, un avión norteamericano!", gritó alguien. Los guardias lucían sorprendidos. Martindale los escuchó hablando entre sí con gran agitación. Una frase sobresalía: *B niju ku.*

Louie, al igual que todos los prisioneros, no tenía idea de qué tipo de avión era éste. Entonces, un preso que había sido capturado recientemente dijo que se trataba de un nuevo bombardero norteamericano llamado B-29. Hubo un grito de júbilo. Los hombres comenzaron a corear "¡B-29! ¡B-29!" El bombardero era la cosa más bella que Louie había visto en su vida.

Al otro lado de la bahía, masas de civiles se detuvieron en las calles para mirar al cielo. Cuando el avión pasaba a plena vista de los civiles, Frank Tinker escuchó que la gente gritaba, y los sonidos se confundían hasta conformar un rugido. Louie echó un vistazo al costado sur del campo. El Ave estaba de pie justo afuera de su oficina, sin moverse, inexpresivo, mirando el avión.

"No era su mesías, escribió Martindale, sino el nuestro".

El bombardero volaba con perfecta libertad. Steakley lo condujo de manera que pasara una y otra vez en línea recta sobre la ciudad, mientras sus compañeros de tripulación tomaban fotografías. Abajo, los guardias comenzaron a perseguir a los emocionados prisioneros y trataron de forzarlos a regresar a sus barracas. Los hombres se callaban unos a otros temiendo ser golpeados por celebrar. El clamor cedió. Louie se quedó de pie junto con los demás hombres y observó el bombardero, cambiando ocasionalmente de barraca para evitar a los guardias.

Steakley voló sobre Tokio durante más de una hora. No hubo ataque o fuego antiaéreo japonés contra él. Finalmente, cuando daba la vuelta para regresar a Saipan, un Zero se acercó a la cola del B-29, lo siguió brevemente, luego dio la vuelta y se fue.

Era relativamente fácil obtener periódicos en Omori. Los trabajadores esclavos los metían de contrabando. Cada día, en su lugar de trabajo, Milton McMullen dio a un chofer de camión coreano una bolsa de arroz robado a cambio de un pequeño periódico en inglés, que McMullen metía al campo escondido en su bota. Para los prisioneros de guerra, los periódicos eran infinitamente divertidos. A pesar de que la prensa japonesa cubría el escenario europeo con fidelidad, era notoria la distorsión de noticias de la guerra del Pacífico, llegando a veces al absurdo. Louie leyó una vez la historia de un piloto japonés que se quedó sin municiones en una pelea uno contra uno y había hecho caer a su oponente con una bola de arroz.

El día posterior al sobrevuelo del B-29, la cobertura tuvo un tono similar. "El diario dice: '¿Un solitario B-29 enemigo visita el área de Tokio?'", escribió el cautivo Ernest Norquist en su diario. "Decía que el avión venía del archipiélago de las Marianas, volando sobre la ciudad y luego había sido "desviado" [*sic*] sin soltar una sola bomba. Me reí cuando leí la palabra "desviado", puesto que ni el fuego antiaéreo ni los Zeros se habían acercado a ese gran pájaro hermoso". Louie vio el encabezado de otro diario en que se decía que el bombardero había "huido consternado".

El avión simplemente cruzó sobre Tokio, pero todos en Japón, libres o cautivos, sabían lo que significaba. Cada mañana, al reunirse los prisioneros de guerra de Omori, se les ordenaba decir sus números de identificación en japonés. Después del primero de noviembre de 1944, el hombre al que habían asignado el número 29 cantaba "*¡Niju ku!*" a todo pulmón. Ni siquiera los pinchazos de las bayonetas, escribió Wade, podían borrar ahora la sonrisa del rostro de los prisioneros".

Louie no sonrió por mucho tiempo. El B-29 y lo que representaba encendieron la hostilidad del Ave. Un día, Louie estaba en su barraca sentado con unos amigos al fondo. No era posible verlo desde la puerta si entraba el Ave. Cuando los hombres pasaban un cigarrillo liado con papel de baño, dos guardias entraron dando golpes y gritando "*¡Kerei!*" Louie se paró al mismo tiempo que todos los demás. Luego entró el Ave.

Durante varios segundos, miró en derredor. Dio unos cuantos pasos por la barraca y entonces Louie entró en su campo de visión. El cabo recorrió velozmente la barraca y se detuvo frente a Louie. Usaba el cinturón tejido que le había visto en su primer día en Omori. La hebilla era muy grande y estaba hecha con pesado bronce. Parado ante Louie, el Ave se sacó el cinturón de la cintura y tomó un extremo con ambas manos.

"¡Fuiste el último en dejarte ver!"

El Ave hizo el cinturón para atrás dejando la hebilla libre para golpear con ella, y luego lo enredó en sí mismo y hacia adelante, como si estuviera realizando un lanzamiento de martillo. La hebilla dio en la sien izquierda y en el oído de Louie.

Sintió que le habían dado un tiro en la cabeza. Aunque había decidido nunca dejarse tirar por el Ave, el poder del golpe y el dolor explosivo que siguió intimidó todo en él. Sus piernas parecieron licuarse y cayó. El cuarto dio vueltas.

Louie estaba tirado en el suelo, mareado y con la cabeza doliéndole mucho mientras sangraba de la sien. Cuando volvió en sí, el Ave estaba sobre él emitiendo un sonido simpático, casi maternal, una suerte de *Awwwww*. Sacó papel de baño de su bolsillo y lo puso gentilmente en la mano de Louie, que sostuvo el papel sobre su sien.

"Oh. ¿Ya se detuvo, eh?", dijo el Ave en voz muy suave.

Louie se recompuso. El Ave esperó a que Louie lo hiciera. La voz suave y la oferta del papel para su herida fueron reveladoras: había compasión en este hombre. La sensación de alivio comenzaba a entrar en su mente cuando la hebilla golpeó la cabeza de nuevo, exactamente en el mismo lugar. Louie sintió dolor en todo el cráneo; su cuerpo volvió a tornarse líquido. Cayó al suelo.

Durante varias semanas, Louie quedó sordo del oído izquierdo. El Ave siguió pegándole todos los días. Cuando su atacante lo golpeaba, Louie aguantaba con los puños cerrados y los ojos llameantes, pero los asaltos lo estaban acabando. Comenzó a regodearse en su vida de ensueño. Louie pasó hora tras hora en oración pidiendo a Dios que lo salvara. Se perdía en fantasías referentes a correr en un estadio olímpico, subir a un podio, etcétera. Y pensaba también en su casa, atormentado por los pensamientos respecto a lo que su ausencia podía haber causado a su madre. Deseaba escribirle, pero no tenía sentido. Una vez, un oficial japonés había anunciado que los prisioneros podían escribir a casa, y todos en el campo escribieron cartas para sus padres, esposas, hijos y novias. Cuando el Ave se enteró, llamó al comandante Maher, le dio las cartas y lo obligó a quemarlas.

Un día a mediados de noviembre, Louie estaba sentado en las barracas cuando el Ave entró y se acercó acompañado de dos japoneses desconocidos. Esperaba una golpiza, pero en lugar de ello los extraños fueron amigables. Le dijeron a Louie que eran productores de Radio Tokio y tenían algo que le gustaría ver. Le dieron un pedazo de papel. Louie lo miró: era una transcripción de la estación radiofónica de la NBC en la que se anunciaba su muerte. La transcripción era real. La declaración de muerte de Louie, expedida en junio, había llegado a los medios norteamericanos el 12 de noviembre, esa misma semana.

Los hombres de radio Tokio querían que Louie fuera a su estudio para anunciar que estaba vivo en el *show* llamado *Llama el cartero*. Querían que hiciera esto por su bien y para paliar el sufrimiento de su familia, o al menos eso decían. Era libre de escribir su propio mensaje. Louie no confiaba en ellos, y no les dio respuesta. Le dijeron que se tomara un día para pensar el asunto. Consultó a Martindale, quien le dijo que varios prisioneros de guerra habían hecho transmisiones como esa, y mientras no leyera propaganda, no había nada que perder al aceptar.

De manera que Louie dijo que sí. Los hombres de Radio Tokio le dieron pluma y papel y él se puso a trabajar. Sabía que su familia sospecharía si realmente se trataba de él, por lo que añadió detalles que, esperaba, los convencieran. Para asegurarse de que el mensaje les llegara con claridad, decidió hablar positivamente de sus captores. Incluyó los nombres de otros prisioneros de guerra que sospechaban que sus familias los creían muertos, y también mencionó a Bill Harris, a quien había visto un mes y medio antes, en Ofuna. Optó por no mencionar a Phil. No había visto al piloto durante ocho meses y no sabía si aún estaba vivo.

Louie fue llevado al estudio de Radio Tokio. Los productores lo saludaron como si fuera un amigo querido. Leyeron su discurso y lo aprobaron de principio a fin. La grabación sería transmitida dos días más tarde. Los productores planeaban usarlo en la emisión de esa noche para tentar al auditorio, y luego esperarían para transmitir su voz al mundo, prueba de que estaban diciendo la verdad.

Llevaron a Louie hasta el micrófono y le dieron la señal. Leyó su mensaje para beneplácito de los productores. Cuando los oficiales se preparaban para llevarlo de regreso a Omori, Louie se acercó a un productor que se había mostrado especialmente amable. Le dijo que en el campo había un hombre llamado Watanabe que golpeaba a los prisioneros de guerra. El productor pareció preocupado y le dijo a Louie que vería qué podía hacer.

A las dos y media de la mañana del 18 de noviembre de 1944, en San Francisco, una joven llamada Lynn Moody estaba sola en la Oficina de Información de Guerra trabajando en el turno de la noche. Al otro lado del salón, en la estación de la Comisión Federal de Comunicaciones, uno de sus colegas escuchaba la radio japonesa y mecanografiaba las transmisiones para la revisión de los analistas de propaganda. Moody estaba aburrida, de modo que cruzó el lugar para saludar a su colega. Ella pidió a Moody que la remplazara mientras tomaba un descanso.

Moody se colocó los audífonos y comenzó a mecanografiar. El programa que estaba al aire era *Llama el cartero*. Al escribir, Moody quedó sorprendida al escuchar un nombre que conocía bien: Louis Zamperini. Moody era miembro de la generación de la USC de 1940, y Louie era un viejo amigo. El anunciador hablaba del mensaje del 18 de octubre que había transmitido, supuestamente de Louie, pero en realidad escrito sin que él lo supiera. Emocionada, Moody tecleó poniendo las palabras poco claras entre paréntesis:

Hace exactamente un mes, transmitimos un mensaje. Este mensaje fue transmitido por la misma estación, en el mismo programa, *Llama el cartero*, y es un mensaje del teniente primero Louis (Silvie) Zamperini, de las Fuerzas Aéreas del Ejército de los Estados Unidos. Recientemente han traído un reporte noticioso que llamó nuestra atención. En él, se decía que el teniente primero Louis Zamperini había sido dado por muerto por el Departamento de Guerra de los Estados Unidos. De acuerdo con este reporte, el teniente Zamperini fue reportado como desaparecido en acción en el Pacífico sur, en mayo de 1943. La fuente de esta información aparentemente errónea es una estación de California que cita al Departamento de Guerra de los Estados Unidos de América. Esperamos poder rectificar este error de otros al decir que Louis Zamperini está vivo y bien, siendo prisionero de guerra aquí en Tokio.

Este es uno de los muchos ejemplos de hombres que son reportados como desaparecidos en acción, para luego dar lugar a desmentidos. La última guerra estuvo llena de casos como éste, y mucho dolor y sufrimiento se hubiera evitado si se transmitiera información fidedigna a las partes involucradas respecto de la localización de hombres (en casos así). Es uno de los propósitos de este programa aliviar este mal y proveer un servicio de comunicación rápido, confiable y auténtico para los parientes y amigos de los hombres internados en los campos de concentración para prisioneros de guerra de todo

Japón. Sinceramente esperamos que la madre de Louis esté escuchando esta noche o sea informada de lo que estamos diciendo.

El nombre de Louis Zamperini quedará por mucho tiempo en nuestra memoria. Aquellos de nosotros que somos de la región del sur de California recordamos bien los días en que Zamperini batía todos los récords en la carrera de la milla. Su récord nacional interescolar de la milla, aún vigente, es un reto para los aspirantes de la (Ginger Cup). Seguimos de cerca los esfuerzos de Zamperini en los juegos olímpicos de Berlín, Alemania, en 1936. Sus oponentes y algunos de los mejores corredores del país hablan muy bien de él. Ha corrido contra hombres de la talla de (Bensig) y Cunningham. La misma personalidad que tan cara nos resulta al correr contra el reloj de las principales pistas del mundo no está muerta sino viva, muy viva y permanece con nosotros. Lamentamos la tristeza que debe haber provocado el reporte de su muerte, pero esperamos que los esfuerzos de sus compañeros prisioneros de guerra en *Llama el cartero* logren redimir en alguna medida el error.

Así que levante la barbilla, señora Louise Zamperini de (Torrance) California, Louis está aquí; el mismo viejo Louis, alegre, atlético, ese ídolo de los fanáticos del sur de California y de sus graduados. Puede circular la noticia, señora Zamperini, porque sabemos que los amantes del deporte de los (zapatos con tachones) estarán contentos de escuchar esto. Louis ya no está en la pista y por eso [*sic*] lo sentimos. Será extrañado ahí. Louis ni está extraviado ni está muerto como se ha reportado y por eso estamos más que contentos. En verdad nos hace muy felices haber realizado este servicio en pro de los prisioneros y parientes y es nuestro más fuerte deseo el que no sucedan malentendidos informativos como este. Esperamos que este pequeño grupo de prisioneros relacionados con *Llama el cartero* puedan volver a ser útiles en el futuro. Para eso estamos aquí, así que no deje de escucharnos, señora Zamperini, y no, ni lo diga; el placer ha sido nuestro.

Moody tecleaba tan rápido como podía, cometiendo errores por la emoción. Cerca de una hora más tarde, la mujer de la Comisión de Comunicaciones regresó. "Prácticamente bailé por el cuarto mientras le contaba lo sucedido", escribió después Moody.

Costa abajo, en Torrance, los Zamperini estaban lidiando aún con las consecuencias del anuncio público de la muerte de Louie. Después de llegar un paquete conteniendo el Corazón Morado de Louie, llegó una carta relativa al pago de su seguro de vida por un monto de diez mil dólares. Louise depositó el dinero en el banco pero no gastó un solo centavo. Cuando Louie llegara a casa, declaró, sería suyo el dinero. Tras la noticia de su muerte, el director de cine Cecil B. De Mille se presentó para realizar una entrevista radiofónica con la familia. Sylvia y Louise recibieron guiones en los que se les instaba a hablar como si Louie estuviera muerto. Por mera educación, los Zamperini leyeron los guiones tal y como estaban escritos.

En algún punto de todo esto, un mensajero llegó trayendo un ramo de flores para Sylvia. Era un regalo de aniversario de parte de su esposo, Harvey, quien ahora conducía un tanque en Holanda. Unos días más tarde le llegó un telegrama: Harvey había sido herido. El telegrama no decía nada sobre la gravedad de sus heridas ni de qué tipo eran. Sylvia esperó presa de la ansiedad. Finalmente, llegó una carta compuesta por Harvey y dictada a una enfermera desde su cama de hospital. Le habían dado a su tanque y éste había estallado en llamas. Había escapado, pero tenía quemaduras en las manos y en el rostro. De todos los escenarios terribles que habían pasado por la mente de Sylvia, el fuego era uno de los que no había imaginado. Después de todo, Harvey era un bombero. Exhausta y siendo apenas capaz de comer, Sylvia se las arregló para pasar noviembre, asustada por sus pesadillas y cada vez más demacrada.

El 20 de noviembre, Lynn Moody, aún de muy buen talante a causa de la emisión sobre Louie dos días atrás, estaba cubriendo el turno que va de la medianoche a las ocho de la mañana. A las dos y media de la mañana, una de las transcriptoras de la Comisión Federal de Comunicaciones gritó a otra que se acercara rápido.

Moody entró corriendo, se puso los audífonos y escuchó. Era *Llama el cartero* otra vez. "Hola, América", comenzó el locutor, "éste es el cartero que llama y trae un mensaje especial como lo prometió antes en el programa a la señora Louise Zamperini, del 2028 de la calle Gramercy, Torrance, California. Esperamos que la señora Zamperini esté escuchando esta noche porque tenemos un verdadero regalo para ella. Su hijo ha llegado al estudio especialmente para enviarle este mensaje de reafirmación tras el falso reporte de hace unos días, a cargo del Departamento de Guerra de los Estados Unidos, en el sentido de que su hijo había sido dado por muerto y/o desparecido. Aseguramos a la señora Zamperini que ese no es el caso. La voz que escuchará a continuación es la del teniente primero Louis Helzie *[sic]* Zamperini, de la Fuerza Aérea de los Estados Unidos, ahora internado en un campo de Tokio. Adelante, teniente Zamperini".

La voz de un hombre joven flotó en las ondas radiofónicas. Moody lo reconoció en cuanto lo escuchó: era Louie.

Hola mamá y papá, parientes y amigos. Éste es su Louie al habla. Gracias a las autoridades de aquí, estoy transmitiendo este mensaje personal para ustedes.

Ésta será la primera vez en dos años y medio que escucharás mi voz. Estoy seguro de que te sonará tan familiar como cuando estaba yo en casa.

Estoy ileso y en buenas condiciones de salud y no puedo esperar a que llegue el día en que podamos volver a estar juntos. Al no saber de ti desde mi muy abrupta partida, he estado algo preocupado por las condiciones de la familia, en lo que se refiere a la salud. Espero que este mensaje los encuentre a todos en el mejor estado de salud y de buen talante.

Ahora estoy internado en el campo para prisioneros de Tokio, y estoy siendo tratado tan bien como puede esperarse en estado de guerra. Las autoridades del campo son buenas conmigo y no estoy siendo amedrentado.

Por favor escriban tanto como puedan, y al hacerlo manden fotos de todos. En mis horas de soledad, nada puede ser más precioso que mirar las fotografías de la familia.

Antes de que lo olvide, papá, me daría mucho gusto si pudieras mantener mis rifles en buenas condiciones para ir de cacería cuando retorne a casa.

Mamá, Sylvia y Virginia, espero que mantengan sus maravillosos talentos culinarios. Suelo imaginar esos maravillosos pays y pasteles que hacen.

¿Todavía puede Pete visitarte semanalmente desde San Diego? Espero que aún esté cerca de casa.

Dale mis mejores deseos a Gorton, Harvey, Eldon y Henry, y diles que se cuiden mucho. Le mando mi más hondo amor a Sylvia, a Virginia y a Pete, y espero que estén disfrutando su trabajo en el presente. Los extraño mucho.

Desde que estoy en Japón me he encontrado con algunos viejos conocidos. Probablemente recordarán a algunos de ellos.

El alto marino William Harris, de Kentucky está aquí y disfruta de buena salud. Lorren Stoddard Stanley Maneivve y Peter Hryskanich están en las mismas condiciones. ¿Recuerdan a William Hasty de Bishopville? Hemos estado juntos durante los últimos dos meses. Se ve bien.

Sé que te has ocupado de mis pertenencias y ahorros desde hace tiempo. Sin duda te han enviado el resto de mis pertenencias desde el ejército.

Saluda a Bob Lewellyn y a todos mis amigos de mi pueblo natal. Antes de terminar, quiero desearles una feliz Navidad y un Feliz Año Nuevo.

Tu hijo que te adora, Louie

Más tarde ese día, el teléfono sonó en casa de los Zamperini. Llamaba una mujer del cercano suburbio de San Marino. Dijo que había estado escuchando su radio cuando la estación había difundido una transmisión interceptada de un prisionero de guerra hablando en la radio japonesa. La transmisión había tenido mucha estática y demás, pero estaba segura de que había escuchado bien el nombre. El prisionero de guerra al que ella había escuchado, dijo, era Louie.

Los Zamperini estaban en *shock* y se mostraron cautelosos. La mujer era una extraña y tenían miedo de que se tratara de una bromista. Sylvia y Louise preguntaron por su dirección y manejaron hasta su casa. La mujer les dijo todo lo que había escuchado. Sylvia y Louise le dieron las gracias y se fueron. Le creyeron a la mujer, pero no sabían si podían creer a la transmisión . Fácilmente podrían haberlo fingido. "Yo pensaba: '¿Será verdad? ¿Será verdad?'", recuerda Sylvia.

Después de que Sylvia y Louise regresaron a casa, llegó un telegrama de Western Union de parte del Director Alguacil General. Decía: "La siguiente información de propaganda de Japón ha sido interceptada". Luego seguían las palabras de Louie, según las había mecanografiado Woody. El telegrama terminaba con una nota de advertencia: "Pendiente de confirmación, este reporte no establece su estatus como prisionero de guerra".

Comenzaron a llegar mensajes de amigos y extraños de todo el país avisando a los Zamperini de la transmisión, que había sido interceptada y retransmitida en varias estaciones. Y el tío de Louie, Gildo Dossi, llamó de Wilmington, Iowa. Había encendido su radio y escuchado una voz que, estaba seguro, era la de su sobrino.

Los mensajes relativos al contenido de la transmisión eran variados, pero en algunas de estas versiones había un común denominador: una petición de cuidar los rifles de Louie. Había crecido cazando, disparando a los conejos en los campos situados alrededor de Torrance y en la reservación india de Cahuilla, y era especialmente cuidadoso con sus armas. Para los Zamperini, ésta era la huella digital, el detalle que los japoneses no podían haber conocido. Louise y Sylvia se deshicieron en lágrimas y luego gritaron de alegría.

Pete levantó el teléfono, marcó el número de Payton Jordan, y gritó tres palabras a la bocina:

"¡Payt! *¡Está vivo!*"

VEINTISÉIS

★ ★ ★

Locura

Los hombres de Radio Tokio estaban de vuelta en Omori. Sonreían. Qué voz tan hermosa tenía Louie, qué buen trabajo había realizado. ¿Qué tal otra transmisión?

Siempre y cuando él escribiera lo que leía, no había razón para negarse. Compuso otro mensaje para su familia y regresó a Tokio. Cuando llegó al estudio, los productores anunciaron un cambio de planes. No necesitaban el mensaje que había escrito; ya tenían uno. Dieron a Louie una hoja de papel. Esto es lo que decía, exactamente como lo decía:

Bien, créanlo o no... Supongo que soy uno de esos "tipos con suerte", o tal vez. No sé, tal vez en realidad soy desafortunado... Como sea... aquí estoy, Louis Zamperini, edad: veintisiete años, originario de Los Ángeles, California, hablan nuestros queridos Estados Unidos de América. Lo que quiero decir al afirmar que tengo suerte es que aún estoy vivo y sano... Sí, y es algo chistoso... He escuchado y también visto con mis propios ojos que me habían borrado es decir que me habían reportado como muerto en el combate... Sí, uno de esos que mueren con galantería [sic] luchando por la causa... Creo que el reporte oficial decía algo así... "Teniente primero Louis

S. Zamperini, detentor del récord escolástico en la carrera de la milla, está en la lista de los muertos del Departamento de Guerra... El ex corredor de la milla de la Universidad del Sur de California fue reportado como desaparecido en acción en el Pacífico sur en mayo de 1943"... Bien, ¿qué saben ustedes?... Hombre... eso es riqueza... Aquí estoy tan vivo como es posible... al diablo con eso de que estoy muerto... Sí, y eso me recuerda a otro tipo que estaba en el mismo bote que yo o al menos lo estaba... De cualquier manera me dijo que estaba reportado oficialmente como "muerto en acción" pero en realidad era un prisionero de guerra... Después de varios meses recibió una carta de su esposa en la que le decía que se había vuelto a casar pues creía que estaba muerto... Por supuesto, ella estaba sorprendida de escuchar que estaba a salvo e internado en un campo... Ella de todas formas se consoló diciendo que quería divorciarse de nuevo y casarse con él otra vez cuando regrese a casa... Hombre, en verdad que siento lástima por un tipo al que le sucede eso, y la culpa la tiene el oficial que permite rportes [sic] tan poco fiables... Después de todo lo menos que pueden hacer es dejar que los que están en casa sepan en dónde están su hijo [sic]...

Como sea eso no me preocupa pero espero que mi familia en casa sea propiamente notificada del hecho de que estoy vivo y que pretendo seguir estándolo... Ciertamente estamos en un mundo triste cuando existe un tipo al que no se le permite vivir, quiero decir, lo que sucede cuando un tipo es muerto por un así llamado "reporte oficial"... ¿Qué me dicen?...

Louie estaba atónito. Se había preguntado durante largo tiempo por qué le habían perdonado la ejecución en Kwajalein, siendo que ya habían matado a nueve marinos antes; también se preguntaba por qué había sido sometido a un trato tan debilitante de la voluntad en Ofuna sin ser interrogado cuando todos los demás fueron cuestionados. Los japoneses al fin habían hecho claras sus intenciones. En Kwajalein, después de que se hubiera ordenado la ejecución de Louie, un oficial persuadió a sus superiores de que lo mantuvieran con vida para convertirlo en una herramienta de la propaganda. Un famoso competidor olímpico norteamericano, razonó, sería especialmente valioso.[28] Es muy probable que los japoneses hubieran enviado a Louie a sufrir a Ofuna, para luego ser trasladado a Omori con el Ave, haciendo así su vida insoportable, de manera que estuviera dispuesto a hacer cualquier cosa, incluyendo traicionar a su país, con tal de escapar al suplicio. Lo habían escondido del mundo sacando su nombre de las listas de la Cruz Roja, y habían esperado hasta que el gobierno declarara su muerte antes de anunciar que estaba vivo. Al hacerlo, esperaban avergonzar a los Estados Unidos y minar la fe de los soldados norteamericanos en su gobierno.

Louie se rehusó a leer la declaración. Aún sonrientes, los productores le pidieron que los acompañara a un pequeño paseo. Lo llevaron a una cafetería y le sirvieron una comida deliciosa estilo estadounidense, para luego llevarlo a una zona de descanso con camas, colchones y sábanas. Si Louie hacía la transmisión, dijeron los productores, podía vivir allí y nunca tendría que ver Omori de nuevo. Finalmente, Louie fue presentado a un grupo de hombres australianos y norteamericanos. Esos hombres, dijeron los productores, los ayudaban a hacer las transmisiones. Cuando Louie extendió su mano, los prisioneros de propaganda bajaron los ojos al suelo. Sus rostros lo decían todo; si Louie aceptaba realizar esta emisión, sería obligado a vivir como propagandista de sus enemigos.

---

[28] Phil no tenía ese potencial utilitario, pero se perdonó su ejecución porque de no hacerlo, Louie hubiera sido menos cooperativo.

Louie fue llevado de vuelta al estudio y se le commpelió a leer el mensaje. Se rehusó. Las sonrisas se evaporaron; los rostros se endurecieron. Los productores le ordenaron hacerlo. Dijo que no. Los productores salieron del cuarto para reunirse en privado.

Louie estaba solo en el estudio. Frente a él había varias copias del mensaje que querían obligarlo a leer. Tomó una de las copias y la metió a su abrigo con toda discreción. Los productores regresaron.

"Bien", dijo uno de ellos. "Creo que debes ir a un campo de castigo".

Omori era llamado "campo de castigo", pero era claro que los productores se referían a otro lugar. Para Louie, cualquier otro sitio debía ser mejor que Omori por el simple hecho de que el Ave no estaría ahí. Los productores le dieron una última oportunidad para cambiar de opinión. No lo hizo.

Louie fue devuelto a Omori. El Ave lo esperaba con odio renovado. Sus golpizas volvieron a comenzar con vigor intensificado. Tal vez Louie estuviera siendo castigado por negarse a hacer la transmisión, o tal vez el productor al que Louie había instruido respecto de los actos del Ave lo había acusado con Watanabe. Louie se mantuvo en su decisión; aceptó las golpizas con una sensación de rebeldía que bullía en él. Esperaba ser enviado al "campo de castigo". Y al igual que todos los demás prisioneros de guerra, observaba el cielo rezando por que la promesa de aquel primer B-29 fuera cumplida.

Temprano por la tarde del viernes 24 de noviembre, las sirenas de Tokio comenzaron a aullar. Del cielo provino un sonido fortísimo que cimbraba todo. Los prisioneros alzaron la mirada. Ahí en lo alto, tanto que apenas parecían brillos espontáneos en el cielo, había hectáreas y hectáreas de B-29's, 111 para ser exactos, todos volando hacia una fábrica de aviones en las afueras de la ciudad. Habiendo caído en lo que después se conoció como corriente de chorro, los aviones viajaban a velocidades que se aproximaban a los 710 kilómetros por hora, casi 160 más de lo que podían resistir según los cálculos de construcción. Los norteamericanos habían llegado.

"Era una tarde fría, clara y soleada", escribió el prisionero de guerra Johan Arthur Johansen, quien era esclavo en el lugar en aquel momento. "Los aviones brillaban como la plata a la luz del sol, en contraste con el azul del cielo... era una visión hermosa que elevó nuestro espíritu hasta el cielo". Los hombres comenzaron a gritar: "¡Tiren las bombas!", "¡Feliz aterrizaje!" y "¡Bienvenidos!" Los guardias miraban al cielo; estaban tan absortos en los aviones que ni siquiera parecían escuchar lo que los hombres gritaban.

Un B-29 volando sobre Japón. *Associated Press*

En Omori, el contador del campo, Yuichi Hatto, estaba parado con algunos prisioneros de guerra. Mientras observaban, un solitario avión japonés se acercó a los aviones, para después lanzarse abruptamente contra un bombardero, provocando que el más pequeño de los aviones, el japonés, se destruyera sobre la bahía de Tokio. El bombardero comenzó a caer lanzando humo blanco. Un solo paracaídas fue lanzado por un costado, y uno de los prisioneros gritó: "¡A salvo! ¡A salvo!" La palabra en inglés fue memorizada por Hatto; sólo la había escuchado en los juegos de beisbol. El bombardero chocó con el agua matando a los tripulantes. El único sobreviviente voló gentilmente sobre Tokio como si fuera una semilla de diente de león. Cuando el hombre se hundió en la ciudad, Hatto tuvo una sensación desagradable al pensar en lo que sucedería al hombre cuando tocara tierra. Los otros bombarderos siguieron su camino. Unos cuantos minutos después, se escucharon explosiones a la distancia.

Conforme pasaba el otoño, la presencia de los B-29 aumentó hasta cruzar sobre Omori casi todos los días. A veces se trataba de un solo avión y otras eran vastos contingentes de naves. En los días soleados, los hombres salían y los miraban; en días nublados, sólo escuchaban un gruñido arriba, en el cielo gris. En Tokio, las sirenas cantaban tan incesantemente que los prisioneros ya ni siquiera se despertaban cuando comenzaban a aullar.

Ochenta y un bombarderos sobrevolaron el 27 de noviembre. En la lluviosa noche del 29 al 30 de noviembre, los prisioneros se despertaron debido a dos bombardeos incendiarios en las zonas industriales de Tokio. Las explosiones fueron escuchadas a gran distancia, y los prisioneros podían ver parte del fuego producido en tierra. Esa noche se quemaron 2773 estructuras. Los civiles comenzaron a salir de sus casas para cruzar el puente y acampar fuera de los muros de Omori, con la esperanza de escapar de las bombas.

Un día de ese otoño, Louie estaba de pie afuera mirando a los combatientes japoneses que circundaban a un grupo de B-29's. La batalla se realizaba a tanta altura que solamente se veían los bombarderos; los aviones japoneses, diminutos en comparación, se veían según les diera la luz del sol. Cada determinado tiempo, se presentaba un destello breve en el costado de algún bombardero. Para Louie, se veían como fuegos artificiales. Se trataba de los aviones japoneses que explotaban tras ser ametrallados por los B-29. Los bombarderos continuaban su vuelo arrogante. El Ave observaba la escena con rostro preocupado. "*Hikoki dame*", dijo. "*Hikoki dame*". Los aviones de Japón, se lamentaba, no eran buenos.

Cada B-29 que cruzaba el cielo de Tokio hería al Ave. Acosaba a los prisioneros con inspecciones infinitas, prohibió fumar, cantar y jugar cartas, e impidió los servicios religiosos. Abofeteó a un oficial en el rostro durante cinco minutos; lo hizo permanecer en posición de firmes, desabrigado, durante cuatro horas en el frío y luego le ordenó limpiar los *benjos* por dos horas diarias durante dos semanas. Golpeó a un trabajador de la cocina con una cuchara del tamaño de un remo. Husmeaba en las pertenencias de los hombres y confiscaba papeles personales y fotografías de seres queridos por considerarlos "sospechosos", para luego destruir todo. Era presa de la paranoia. "¡Si ganan la guerra, harán que todos los japoneses sean como esclavos negros!", gritaba a un prisionero de guerra. Llevó a rastras a Martindale a su oficina, lo acusó de conspirar para quemar las barracas, y lo golpeó tan fuerte con los puños y el palo de kendo que volcó todos los muebles.

El B-29, la Superfortaleza. *Associated Press.*

En diciembre, el Ave dejó el campo por varios días. Omori gozó de un breve período de paz. Pero la noche anterior al regreso del Ave, los prisioneros fueron despertados en medio de una tormenta al escucharlo gritar que había un incendio. Cuando los bomberos designados se reunieron bajo el helado chaparrón, el Ave golpeó a varios de ellos en el rostro, corrió por las barracas gritando y golpeando a otros hombres y ordenó que todos los prisioneros se reunieran afuera. Cuando Louie y los demás obedecieron, el Ave sacó su espada, la agitó por todas partes y gritó órdenes e insultos. Durante dos horas, el Ave obligó a los hombres a apagar fuegos imaginarios, golpear con escobas llamaradas fantasmales y correr dentro y fuera de los edificios "rescatando" comida y documentos.

Con el paso del mes de diciembre, la manía del Ave se hizo más profunda. Rodeaba a los oficiales y los llevaba con maltratos hasta Tokio, con la supuesta pretensión de recuperar madera para fogatas de las casas bombardeadas. En las calles se habían instalado piletas para apagar incendios y, cuando los hombres marchaban, el Ave subió a una, sacó su espada y gritó "*¡Keirei!*" Los hombres lo saludaron y él, perdido en su fantasía, permaneció allí parado en una posición exagerada, como si pasara revista a las tropas, que recordaba a Mussolini, según Tom Wade. Los civiles se detuvieron alrededor y comenzaron a alentarlo. Cuando ya habían pasado los prisioneros de guerra, el Ave saltó bajando de la pileta, corrió al frente y se paró en otra pileta, gritando, adoptando su postura y exigiendo saludos. Una y otra vez repitió la farsa, haciendo caminar a los hombres varios kilómetros.

Cuando las bombas caían, el Ave perdía la razón. Corría por todo el campo agitando en el aire su espada desenvainada y gritando a los hombres. Se le formaba espuma en las comisuras y sus labios se torcían en un rictus que descubría los dientes al tiempo que entrecerraba los ojos; el rostro se le ponía morado. Durante al menos dos bombardeos, impidió que los prisioneros se protegieran en las trincheras. En una ocasión, hizo salir corriendo a los prisioneros para formarlos en posición de firmes y ordenó a sus guardias que les apuntaran con los rifles. Con las bombas estallando, el Ave recorría la formación de principio a fin, amenazando a los prisioneros al tiempo que blandía la espada sobre sus cabezas.

Cuando la intensidad del bombardeo crecía, se incrementaba también la intensidad de los ataques a Louie. Corría furibundo por todo el campo buscando al estadounidense. Él se escondía, pero el Ave siempre lo encontraba. Tres o cuatro veces a la semana, se abalanzaba sobre Louie en lo que Frank Tinker llamaría su "arremetida mortal", dándole puñetazos en el rostro y la cabeza. Louie salía mareado y sangrante de estos lances. Cada vez estaba más convencido de que Watanabe no se detendría hasta matarlo.

Louie comenzó a ceder. Por las noches, el Ave amenazaba sus sueños gritando, acechando, haciendo volar la hebilla del cinturón sobre su cabeza. En los sueños, la rabia controlada de Louie vencía al Ave, y de pronto se encontraba triunfante sobre el monstruo, con las manos apretando el cuello del cabo hasta arrancarle la vida.

Louie padeció todo el mes de diciembre. Entretanto, a casi 500 kilómetros de distancia, su antiguo piloto se pudría en una sucia barraca sin calefacción del campo para prisioneros de Zentsuji. Phil había sido transferido a Zentsuji el mes de agosto, uniéndose al famoso cojo Fred Garrett, quien había sido transferido desde Ofuna.

Aunque los interrogadores de Ofuna habían hablado de Zentsuji como si se tratara de una "lujosa" recompensa, la realidad distaba mucho de ser así. La dieta de los prisioneros era tan pobre que los hombres deambulaban por el campo arrancando hierbas y comiéndolas. La única fuente de agua potable era una reserva alimentada por agua que escurría desde los arrozales, por lo que tenía excremento humano utilizado como fertilizante. Para evitar morir de sed, los prisioneros tenían que beberla, dejando al 90 por ciento de la población con disentería. En una de las barracas, los hombres perdieron un promedio de 27 kilos en dieciocho meses. Un oficial estimó que veinte hombres se desmayaban diario. Casi todos tenían beriberi, y algunos prisioneros habían enceguecido por la mala nutrición. El último día de noviembre, enterraron a un norteamericano que había muerto de hambre.

Zentsuji tenía una sola ventaja. Se permitía a Phil enviar breves mensajes en postales. Escribía uno tras otro. Las tarjetas eran enviadas al correo pero luego se extraviaban en el sistema o las confiscaban. Pasó el otoño y se acercaba otra Navidad. La familia de Phil no recibía ninguna de las postales.

Un año y medio había pasado desde la desaparición de Phil. Su familia permanecía en un limbo, pues nada sabían de él desde la caída del avión. En noviembre, se habían enterado de la transmisión de Louie. Las noticias fueron alentadoras en principio, pero terminaron siendo frustrantes. Louie había mencionado a otros reclutas que estaban con él, pero los nombres habían sido oscurecidos por la estática, y la transcripción no aportaba certidumbre alguna. ¿Había mencionado Louie a Allen?

En una noche de viernes del mes de diciembre de 1944, sonó el teléfono en casa de Kelsey Phillips. Llamaba un mayor perteneciente a la oficina general adjunta del Departamento de Guerra. El departamento había recibido noticias de Zentsuji, probablemente a través de la Cruz Roja. Allen estaba vivo.

Kelsey estaba llena de júbilo. Pidió al mayor que enviara un telegrama a su marido y a la prometida de su hijo, de manera que Cecy recibió en Washington las noticias que había esperado durante tanto tiempo. La adivina había dicho que Allen sería encontrado antes de Navidad. Era el 8 de diciembre. Sobrepasada por la emoción, Cecy llamó a su hermano, le comunicó la noticia a gritos, renunció a su empleo, fue a su apartamento para echar sus pertenencias y las fotos de Allen en una maleta y se montó en un avión para regresar a Indiana para esperar el regreso casa de su prometido.

Cuatro días antes de Navidad, finalmente llegó a casa una tarjeta de Allen escrita en octubre. "Queridos amigos: espero que todos estén bien. Yo ansío estar en casa con ustedes. Papá: espero que podamos ir a cazar conejos antes de que termine la temporada. Den mi amor a Cecy, a Martha y a Dick. Feliz cumpleaños, papá". Kelsey leyó una y otra vez el precioso pedazo de papel, siendo confortada por la escritura familiar de su hijo. El capellán Phillips, ahora estacionado en Francia, recibió la noticia la noche de Navidad. "Las palabras no pueden describir mi sentir", escribió a su hija: "Ahora vivo en un mundo completamente distinto. No puedo imaginar nada más maravilloso. Es una verdadera prueba de todo lo que significa la existencia del cielo".

En una carta en que se confirmaba oficialmente el estatus de prisionero de guerra de Allen, se pidió a los Phillips que no hablaran públicamente sobre el hecho de que su hijo estaba vivo. A partir de la llegada de la carta, Kelsey acataría la sugerencia, pero le había llegado demasiado tarde; en la mañana siguiente a la llamada del Departamento de Guerra, la noticia ya había corrido por toda la ciudad, y las historias sobre la supervivencia de Allen ya estaban en los periódicos locales. A los Zamperini, quienes habían recibido una carta similar diciendo que el Departamento de Guerra creía que la transmisión de Louie era real, también se les pidió no hablar del hecho públicamente. Quizá el Departamento de Guerra no quería que se supiera que habían declarado muertos erróneamente a dos hombres, especialmente si los japoneses explotaban el hecho.

A Kelsey se le permitió enviar un telegrama a su hijo, y pasó el resto de los días escribiéndole cartas. El 14 de diciembre, escribió a Louise Zamperini. Con todo el alivio que sentía al conocer el paradero de Allen, algo entristecía su corazón. De todos los hombres que tripulaban el *Avispón Verde*, sólo habían encontrado a Louie y a Allen. La madre de Hugh Cuppernell estaba tan desmoralizada que no podía ya escribirse con las demás madres. Sadie Glassman, madre del artillero ventral Frank Glassman, había escrito a Louise preguntando si había escuchado algo sobre Frank. "Aunque nosotros no hemos sabido nada", escribió, "el hecho de que usted pueda saber algo nos hace sentir como si existiera un poco de esperanza".

"Es difícil regocijarse ostensiblemente (aunque lo hago en mi corazón) cuando pienso en las otras madres, a quienes he aprendido a querer; es difícil darse cuenta de lo mucho que sienten esa pérdida suya", escribió Kelsey a Louise. "Mi corazón está con ellas y pronto les escribiré".

Conforme la Navidad se acercaba, Louie desfallecía. El hambre lo consumía. Los regalos ocasionales de los ladrones ayudaban, pero no lo suficiente. Lo más enloquecedor era que la comida estaba cerca. Dos veces durante ese otoño, la Cruz Roja entregó paquetes de asistencia a los prisioneros de guerra, pero en lugar de distribuirlos, los oficiales del campo los habían guardado y comenzaban a tomar de ellos lo que se les antojaba.[29] Ni siquiera se esforzaban por ocultar los robos. "Podíamos ver cómo desechaban envolturas inconfundibles, o cómo trasladaban platos enteros de cocoa y azúcar entre las edificaciones, o incluso cómo trataban de lavar la ropa con piezas de queso amarillo creyendo que eran jabón", escribió

---

[29] Después de la guerra, el jefe de los campos del área de Tokio admitiría que había ordenado la distribución de los paquetes de asistencia entre el personal japonés.

Tom Wade. El Ave era quien más ofensas graves cometía, pues fumaba cigarrillos Lucky Strike y conservaba abiertamente comida proveniente de los paquetes de la Cruz Roja en su oficina. De una entrega de 240 cajas de la Cruz Roja, el Ave robó 46, más de 250 kilos de provisiones.

A fines de diciembre, el Ave ordenó que todos los hombres permanecieran en el complejo, donde habían encontrado un camión rebosante de manzanas y naranjas. En todo el tiempo que había pasado como prisionero de guerra, Louie había visto sólo una pieza de fruta, la mandarina que Sasaki le regaló. Se dijo a los hombres que les estaba permitido tomar dos piezas cada uno. Cuando los hambreados rodearon la pila, los fotógrafos japoneses sacaron muchas fotos. Luego, cuando los hombres estaban listos para devorar la fruta, se dio la orden de devolverla. Todo había sido una escenificación para la propaganda.

La noche de Navidad, se repartieron por fin algunos paquetes de la Cruz Roja. Louie escribió triunfante sobre este hecho en su diario. Su caja, que pesaba cerca de cinco kilos, contenía carne de ternera, queso, paté salmón, mantequilla, jamón, chocolate, leche, ciruelas y cuatro cajetillas de cigarrillos Chesterfield. Durante toda la noche, los hombres de Omori intercambiaron bienes, fumaron y se dieron un atracón.

Esa noche, tuvo lugar otro suceso especial, y ocurrió como resultado de varios hechos curiosos. Entre los prisioneros de guerra, había uno ingenioso que siempre estaba sucio; probablemente era también cleptómano. Su nombre era Mansfield. Poco antes de Navidad, irrumpió en la bodega —escurriéndose entre siete guardias— y se apropió de varios paquetes de la Cruz Roja, los que enterró en el suelo de su barraca. Al descubrir el hurto, los guardias lo encerraron en una celda. Mansfield se escapó, robó dieciséis paquetes más y volvió a meterlos a su celda. Escondió el contenido de los paquetes en un compartimiento por él construido, escribiendo en la puerta un mensaje para otros prisioneros: *Comida, sírvase usted mismo, levante aquí.* Volvieron a descubrirlo. Esta vez lo amarraron a un árbol, bajo la nieve, sin comida ni agua, usando únicamente ropa de dormir y, por supuesto, fue golpeado. Según una versión, lo dejaron ahí durante diez días. Una noche, cuando Louie caminaba de vuelta del *benjo*, vio al intérprete del campo, Yukichi Kano, arrodillado junto a Mansfield al tiempo que lo cubría con una sábana. A la mañana siguiente, la sábana se había esfumado, siendo recuperada justo antes de que el Ave pudiera verla. Después Mansfield fue desatado y llevado a una prisión para civiles, donde mejoró mucho su situación.

La única consecuencia positiva de este suceso fue que en la bodega Mansfield descubrió un baúl lleno de artículos teatrales que la Cruz Roja había enviado. Comentó el asunto con otros prisioneros, y esto dio a los hombres la idea de elevar la moral escenificando una obra navideña. Se aseguraron de contar con la aprobación del Ave aprovechándose de su ego, pues lo nombraron "maestro de ceremonias" y le dieron un trono al frente del "teatro": el baño. El escenario se improvisó con tablones puestos sobre tinas. Los hombres decidieron montar la producción de Cenicienta, reescrita con ciertas libertades creativas por un prisionero británico. Frank Tinker mostró sus habilidades histriónicas al representar al príncipe Leander de Pantoland. El hada-madrina fue representada por un montañés británico vestido con medias y tutú. Los personajes incluían a Lady Dia Riere y a Lady Gonna Riere.[30] Louie consideró que era lo más gracioso que había visto en su vida. El sargento Kano tradujo para los guardias, quienes se sentaron atrás, riendo y aplaudiendo. El Ave gozó las deferencias otorgadas y, por esa noche, dejó en paz a Louie y a los demás.

---

[30] Juego de palabras entre Dia Riere (diarrea) y Gonna Riere (gonorrea) [N. del T.]

En Zentsuji, la Navidad llegó también para Phil y Fred Garrett. Algunos prisioneros consiguieron instrumentos musicales e hicieron un ensamble en el campo. Ante 700 hambrientos, tocaron música animada mientras los hombres cantaban. Terminaron interpretando los himnos nacionales de Inglaterra, Holanda y Estados Unidos. Los prisioneros de Zentsuji prestaron en silencio respetuosa atención y pensaron en casa.

Después de Navidad, el Ave, repentinamente, dejó de atacar a los prisioneros de guerra, incluso a Louie. Caminaba por el campo melancólico. Los hombres lo miraban y se preguntaban qué sucedía.

Ese año, un dignatario llamado príncipe Yoshimoto Tokugawa visitó el campo varias veces. Siendo un hombre influyente que decía ser descendiente del primer shogun, Tokugawa visitaba los campos en representación de la Cruz Roja japonesa. En Omori, conoció al prisionero de guerra Lewis Bush, quien le habló de la crueldad del Ave.

El Ave se mostraba suspicaz. Después de la primera visita de Tokugawa, el Ave prohibió que volviera a hablar con él en otra ocasión. Cuando el príncipe regresó, Bush desafió al Ave, quien lo golpeó salvajemente en cuanto el dignatario se marchó. Tokugawa siguió visitando el campo y Bush siguió reuniéndose con él. El Ave golpeó y pateó a Bush, pero Bush resistió sus embates. Muy molesto por lo que escuchaba, Tokugawa fue a la oficina de guerra y a la Cruz Roja y presionó para que se hiciera algo respecto de Watanabe. Le dijo a Bush que estaba encontrando resistencia. Luego, justo antes del Año Nuevo, el príncipe logró su cometido. Se ordenó que el Ave se fuera de Omori.

La victoria de Tokugawa fue hueca. Los oficiales no hicieron esfuerzo alguno para evitar el contacto entre el Ave y los prisioneros de guerra. Simplemente ordenaron su traslado a un campo lejano y aislado en que se comportaba exactamente de la misma manera con los cautivos, lejos de la mirada del príncipe y de la Cruz Roja. Para asegurarse de que no se censurara a Watanabe, el coronel Sakaba lo promovió a sargento.

El Ave se organizó una fiesta de despedida y ordenó que asistieran algunos de los prisioneros. Los oficiales recorrieron el campo en busca de pedazos de mierda de los pacientes más enfermos de disentería, los mezclaron hasta formar una salsa furiosa y la vertieron sobre unos pasteles de arroz. Cuando llegaron a la fiesta, presentaron los pasteles al Ave como testimonio de su afecto. Mientras los hombres lamentaban con Watanabe su partida, el Ave comió gustoso. Parecía muy triste de tener que irse.

Más tarde ese mismo día, Louie se asomó por la ventana de la barraca y vio que el Ave estaba de pie cerca de la reja con un grupo de personas. Le estrechaban la mano. Todos los prisioneros estaban en un estado de agitación máxima. Louie preguntó qué sucedía y alguien le dijo que el Ave se marchaba para siempre. Louie se sintió pletórico de alegría.

Si los pasteles de arroz surtieron el efecto deseado, no lo hicieron con la velocidad indicada. El Ave cruzó el puente hasta llegar a tierra firme luciendo bastante bien. En Omori, el reino del terror había terminado.

VEINTISIETE
★ ★ ★

La caída

En Omori, la vida mejoró de manera notable. El sargento Kano tomó el mando tranquilamente y trabajaba con el sustituto de Watanabe, el sargento Oguri, un hombre justo y humano. Se abolieron las reglas del Ave. Alguien entró a su oficina y encontró una pila de correo enviado a los prisioneros por sus familias. Algunas cartas habían estado guardadas·en la oficina por nueve meses. Se entregaron y por fin se permitió que los prisioneros escribieran a casa. "Confío en que todos gocen de buena salud y tengan el espíritu en alto", escribió Louie en una carta a su familia. "Dile a Pete", escribió en otra, "que cuando cumpla cincuenta años tendré en la cabeza más cabello del que tenía él a los veinte". Las cartas, al igual que muchas otras, languidecieron en el deficiente sistema postal y llegarían a América cuando la guerra ya había terminado mucho tiempo atrás.

En las primeras dos semanas de 1945, un grupo de hombres andrajosos y contrahechos atravesaron el puente de bambú y llegaron a Omori. Louie conocía sus rostros: eran hombres de Ofuna. El comandante Fitzgerald estaba entre ellos. Los prisioneros de Omori le dijeron que era el hombre más afortunado de Japón. Un tipo cruel y vicioso, conocido como el Ave, acababa de irse.

Entre los nuevos prisioneros, Louie reconoció a Bill Harris y el corazón se le hundió en el pecho. Harris era un despojo humano.

Cuando Louie lo saludó, su viejo amigo lo miró vagamente. Estaba distante, obnubilado. Su mente luchaba por ordenar los pensamientos.

La golpiza que Matasanos le había dado en septiembre de 1944, no había sido la última. El 6 de noviembre, aparentemente cuando Harris fue sorprendido hablando, Matasanos lo había hecho de nuevo, haciendo que varios guardias se unieran para apalearlo hasta dejarlo inconsciente. Dos meses más tarde, Harris fue golpeado una vez más por robar clavos para reparar sus zapatos rotos, que necesitaba para soportar el crudo invierno. Solicitó a los japoneses que le dieran unos, pero se rehusaron.

El médico de los prisioneros de Omori examinó a Harris con gravedad. Le dijo a Louie que el marino estaba muriendo.

Ese mismo día, Oguri abrió la bodega y repartió las cajas de la Cruz Roja. Dar su caja a Harris fue, según afirmaría Louie, la cosa más difícil y fácil a la vez que había hecho en su vida. Harris mejoró significativamente.

Desde que se rehusó a ser prisionero propagandista, Louie había esperado ser enviado a un campo de castigo. Mientras el Ave lo atacaba, había aguardado su destino con ecuanimidad. Ahora que éste ya no estaba, y estando Harris con él y sus amigos, Louie se quería quedar. Cada día se levantaba temiendo ser transferido.

Los B-29 seguían sobrevolando. Las sirenas sonaban varias veces al día. Había muchos rumores circulando por el campo: Manila había sido arrebatada a los japoneses, Alemania había caído y los norteamericanos estaban a punto de conquistar las playas japonesas. Louie, al igual que muchos prisioneros, estaba preocupado. Asustados por los bombardeos, los guardias estaban extraordinariamente sensibles y agresivos. Incluso los que se habían mostrado amigables eran ahora hostiles, agrediendo sin razón alguna. Conforme los asaltos a Japón se intensificaban y la probabilidad de una invasión aumentaba, los japoneses comenzaron a ver a los prisioneros como una amenaza.

Entre las fuerzas estadounidenses había surgido una horrenda noticia. Ciento cincuenta prisioneros de guerra norteamericanos habían sido cautivos en la isla de Palawa, en las Filipinas, donde habían sido utilizados como esclavos para construir una pista de aterrizaje. En diciembre, después de que los norteamericanos habían bombardeado, se ordenó a los prisioneros cavar refugios. Se les indicó que la entrada no debía ser más ancha que un hombre.

El 14 de diciembre, un convoy norteamericano fue detectado cerca de Palawan. El comandante de la segunda división aérea de Japón estaba aparentemente seguro de que los estadounidenses planeaban invadir. Era justo el escenario para el que se había instaurado la orden de "mata-todos". Esa noche, el comandante mandó un mensaje de radio a Palawan: "Aniquilen a los 150 prisioneros".

Un B-29 sobre el campo para prisioneros de guerra de Omori.
Raymond Halloran.

El 15 de diciembre, en Palawan, los guardias empezaron a gritar de pronto que llegaban los aviones enemigos. Los prisioneros se arrastraron para entrar a los refugios y, estando sentados ahí, no escucharon aviones. Empezó a lloverles líquido. Era gasolina. Los guardias arrojaron antorchas y luego granadas de mano. Los refugios fueron quemados con los hombres dentro.

Mientras los guardias celebraban, los hombres luchaban por escapar. Algunos se habían arrancado las yemas de los dedos al tratar de excavar. Prácticamente todos los que lograron salir fueron asesinados con bayonetas, ametralladoras y golpeados hasta la muerte. Sólo once hombres escaparon. Nadaron para cruzar a una bahía cercana y fueron descubiertos por los internos de una colonia penal. Los internos los entregaron a la guerrilla filipina, quien los llevó con las fuerzas norteamericanas.

Esa noche, los japoneses ofrecieron una fiesta para celebrar la masacre. Su anticipación al desembarco estadounidense resultó equivocada.

El aguanieve caía sobre Omori en el amanecer del 16 de febrero. A las 7:15 a.m. Louie y otros prisioneros terminaron un desayuno de cebada y sopa cuando las sirenas se encendieron. El comandante Fitzgerald miró a sus amigos. Sabía que en esta ocasión probablemente no se tratara de los B-29, que deberían haber volado toda la noche para llegar a Japón tan temprano. Lo más lógico era suponer que se trataba de una nave de carga. La marina estaba cerca. Unos segundos después, el cuarto se estremecía. Los hombres se dirigieron a las puertas como de rayo.

Louie se encontró con un mundo que se derrumbaba. El cielo entero estaba cubierto por cientos de combatientes, norteamericanos y japoneses, que subían y bajaban ametrallándose mutuamente. Los bombarderos se precipitaban sobre Tokio como las olas se precipitan contra la costa, dejando caer sus bombas en instalaciones aeronáuticas y en el aeropuerto. Al levantar el vuelo después de cumplir, se veían las llamas que sus lanzamientos provocaban. Louie estaba parado justo bajo la batalla aérea más grande que se haya suscitado sobre Japón.

Los guardias dispusieron sus bayonetas y ordenaron a los prisioneros que se metieran a sus barracas. Louie y los otros entraron en fila, esperaron a que los guardias reprendieran a alguien más, y luego se escabulleron otra vez. Corrieron atrás de las barracas, treparon la cerca del campo y permanecieron allí, descansando los codos sobre la parte superior de la cerca. La vista era electrizante. Los aviones volaban por cada rincón del cielo y los combatientes caían al agua por todas partes.

Una pelea en particular llamó la atención de Louie. Un Hellcat norteamericano se lió con un caza japonés y comenzó a perseguirlo. El caza japonés dio la vuelta hacia la ciudad e inició un vuelo raso sobre la bahía. El Hellcat lo seguía muy de cerca. Los dos aviones pasaron rasantes sobre el campo, con el caza japonés en desbandada y las ametralladoras del Hellcat disparando. Varios cientos de prisioneros de guerra miraban desde la barda del campo; sus ojos veían por cualquier grieta o resquicio, sus cabezas asomaban cuanto podían con el corazón saltándoles en el pecho y con los oídos llenos de rugidos. Los combatientes estaban tan cerca que Louie podía ver las caras de los pilotos. El caza japonés cruzó la costa y el Hellcat se fue.

En total, 1500 aviones norteamericanos y varios cientos japoneses volaron ese día sobre los prisioneros de guerra. Esa noche, la ciudad fue azotada por fuegos rojos. Al día siguiente, los aviones volvieron. Al término del 17 de febrero, se habían perdido más de 500 aviones japoneses, tanto en tierra como en aire; las instalaciones aeronáuticas japonesas habían sido destruidas. Los norteamericanos perdieron 80 aviones.

Siete días más tarde, el martillo cayó. A las siete de la mañana, durante una fuerte tormenta de nieve, 1600 aviones de carga volaron sobre Omori y bombardearon Tokio. Luego vinieron 229 B-29 cargados con bombas incendiarias. Al encontrar apenas resistencia, aceleraron para llegar cuanto antes al distrito industrial y dejaron caer sus bombas. Los prisioneros pudieron ver el fuego danzando en el horizonte.

En la última noche de febrero, Louie y los otros oficiales fueron llamados al complejo. Se mencionaron los nombres de quince personas que debían acudir, entre ellas, Zamperini, Wade, Tinker, Mead y Fitzgerald. Se les dijo que serían transferidos al campo llamado 4B, también conocido como Naoetsu. Louie afrontó la noticia con buen talante. Adonde fuera, estaría casi con todos sus amigos.

En la noche del 1 de marzo, los hombres elegidos reunieron sus pertenencias y se pusieron los gabanes que les habían repartido el día anterior. Louie se despidió de Harris. Nunca volvería a verlo.

Los hombres destinados a Naoetsu se subieron a un camión que los llevó hasta Tokio. Ver la batalla aérea sobre la ciudad había sido una experiencia regocijante, pero cuando los hombres vieron las consecuencias, quedaron estupefactos. Barrios enteros habían sido reducidos a cenizas; fila tras fila de casas eran ahora sólo esqueletos chamuscados. Louie notó algo que brillaba bajo las ruinas. Entre los restos de muchas casas, había máquinas industriales grandes. Lo que Louie estaba viendo era una pequeña parte de la industria casera de la producción de guerra, que entonces se realizaba en innumerables casas particulares, escuelas y pequeñas fábricas clandestinas.

Louie y los demás prisioneros fueron conducidos a la estación del ferrocarril y los pusieron en un tren. Viajaron toda la noche en dirección oeste, adentrándose en un paisaje nevado. Conforme avanzaban, la nieve se acumulaba.

Aproximadamente a las nueve de la mañana del 2 de marzo, el tren llegó a Naoetsu, aldea costeña ubicada en el litoral occidental de Japón. Los prisioneros fueron conducidos a la parte frontal de la estación y abrieron los ojos sorprendidos: la nieve se elevaba hasta unos cinco metros de altura. Al ascender por una escalera improvisada en esa montaña de nieve, se encontraron en un mundo enceguecedoramente blanco; estaban en la cima de una montaña de nieve en la que se enterraba la aldea entera. "Era como si el pueblo fuera un gran pastel congelado", escribió Wade. La nieve era tan honda que los residentes habían cavado túneles verticales para entrar y salir de sus casas. El contraste con la ciudad de Tokio calcinada era brutal.

Los prisioneros comenzaron su caminata de dos kilómetros hasta el campo jalando sus pertenencias en trineos. Había viento y el frío era muy intenso. Fitzgerald, quien tenía un pie severamente infectado, era quien peor la estaba pasando. Sus muletas se enterraban hondo en la nieve y no soportaban su peso.

Los prisioneros cruzaron un puente y vieron el Mar de Japón. Muy cerca de éste, arrinconado contra los ríos Ara y Hokura, estaba el campo para prisioneros de guerra de Naoetsu, casi todo cubierto por la nieve. Louie y los otros entraron penosamente al complejo y se detuvieron frente a una choza. Les dijeron que mantuvieran la posición de firmes. Esperaron algún tiempo. El viento les agitaba la ropa.

Al fin se abrió una puerta. Un hombre salió apurado e hizo un alto repentino gritando: "*¡Keirei!*"

Era el Ave.

A Louie se le doblaron las piernas. Cayó en la nieve.

VEINTIOCHO

★ ★ ★

Esclavizados

Louie recordaría el momento en que vio al Ave como el más oscuro de su vida. Para éste, el momento fue distinto. Lucía radiante, como niño en su cumpleaños. Estaba seguro de que los prisioneros de guerra estaban estremecidos al verlo.

Fitzgerald se adelantó y asumió las obligaciones de prisionero de más edad. El Ave anunció que, al igual que en Omori, estaba al mando, y que los hombres debían obedecer. Dijo que llevaría este campo de la misma manera en que había conducido Omori.

Sacudido por la impresión, Louie se recompuso y caminó por la nieve hasta las barracas, un edificio de dos pisos en el borde de un pequeño acantilado que caía hasta el congelado río Hokura. Los 300 residentes, en su mayor parte australianos, se habían consumido hasta ser virtualmente figuras enfermas. La mayor parte de ellos seguía vistiendo las mismas ropas caqui tropicales que usaban cuando habían sido capturados, ropas que, debido a años de uso ininterrumpido, estaban tan rotas que un civil las había comparado con algas. El viento proveniente del mar silbaba al pasar por las grietas de las paredes, y había tantos agujeros en el techo que nevaba dentro. Todo el edificio estaba visiblemente con pulgas y piojos, y las ratas deambulaban libremente por los cuartos. Las camas eran tablones claveteados en las paredes; los colchones eran mera paja de arroz suelta. Por todas partes había grandes agujeros en el suelo; los prisioneros de guerra habían levantado el piso de madera y lo habían quemado intentando sobrevivir bajo temperaturas que llegaban a ser muy inferiores a cero.

En una pared había docenas de pequeñas cajas; algunas de ellas se habían abierto derramando ceniza gris en el piso. Eran los restos incinerados de 60 prisioneros de guerra australianos —uno de cada cinco prisioneros— muertos en ese campo en 1943 y 1944: sucumbieron a la neumonía, al beriberi, a la desnutrición, a la colitis o a una combinación de todas las enfermedades. Un abuso físico indiscriminado había acelerado la mayor parte de las muertes. En toda la red de campos para prisioneros de guerra resonaba la palabra Naoetsu como ejemplo de crueldad suprema. Naoetsu había ganado un lugar especial como uno de los episodios más oscuros del imperio japonés. Este lugar sería el peor de los muchos infiernos que Louie conocería en esta guerra.

Se recostó en su tablón y trató de prepararse para lo que Naoetsu traería. Esa noche, cuando empezaba a quedarse dormido, al otro lado del planeta los mejores corredores del mundo se reunían para una competencia de atletismo en el Madison Square Garden. Los promotores habían renombrado la competencia principal en honor a Louie, quien aún era tenido por muerto por prácticamente todos, excepto su familia. Cuando los Zamperini se enteraron, estaban tristes: la carrera se llamaría Milla Memorial Louis S. Zamperini. Por respeto a la familia, se cambió el nombre a Carrera por Invitación Louis S. Zamperini, pero ese título no elevaba los ánimos de quienes estaban involucrados. Marty Glickman, integrante del equipo olímpico de 1936 con Louie, miraba la carrera con lágrimas que bajaban por su rostro.

Prisioneros de guerra en Naoetsu.
Memorial de Guerra Australiano, número de negativo 6033201.

La carrera fue ganada por Jim Rafferty, el mejor corredor de la Milla en Estados Unidos. Su tiempo fue de 4:16.4, cuatro segundos abajo del tiempo que Louie había cronometrado en la arena de Oahu justo antes de subirse al *Avispón Verde*.

Las primeras semanas que pasó Louie en Naoetsu fueron casi letalmente frías. Cada noche temblando en su cama de paja, terminaba abruptamente cuando se le ordenaba a gritos que despertara para luego obligarlo a ir al *tenko* con nieve, viento ululante y oscuridad. Durante el día, se pegaba a Tinker, Wade y otros amigos en pequeños sitios soleados tratando en vano de calentarse. Pronto comenzó a padecer tos, fiebre y síntomas muy similares a los del resfriado, y las condiciones de Naoetsu en nada ayudaron a que su cuerpo se recuperara. Las raciones, divididas a la mitad para el caso de los oficiales, rara vez variaban y consistían en mijo, cebada, algas hervidas y algunos pedazos de vegetales. El agua potable tenía que ser acarreada en trineos; era de color amarillo y apestaba. Al ver que los guardias fumaban cigarrillos estadounidenses, los prisioneros de guerra supieron que la Cruz Roja había estado enviando paquetes de asistencia que no llegaban a los prisioneros.

Watanabe era el mismo tipo de enemigo que había sido en Omori. Le gustaba que los australianos le llamaran "Qué bastardo". Tenía un rango mucho más bajo que el comandante de Naoetsu, un hombre con aspecto de duende que usaba un bigotillo en aparente homenaje a Hitler, pero el comandante terminaba haciendo la voluntad del Ave, igual que había sucedido con los oficiales de Omori. En este campo, el Ave había reclutado a un esbirro con forma de berenjena llamado Hiroaki Kono, quien seguía a Watanabe por todo el campo asaltando a los hombres con la intensidad "de un animal hitleriano", escribió Wade.

La transferencia de Louie a Naoetsu, y con ello a las garras del Ave, no había sido coincidencia. Watanabe lo había elegido personalmente, igual que a los otros, para venir al campo pues estaban cortos de oficiales. Según Wade, cada uno de los elegidos tenía una habilidad o historia que lo hacía útil. Al Mead, quien ayudó a que Louie no muriera de hambre en Ofuna, había trabajado como cabeza de la cocina de Omori; Fitzgerald había sido un oficial de rango; Wade, comandante de barraca, etcétera. El único hombre que no tenía un historial semejante era Louie. En opinión de Wade, el Ave lo había escogido simplemente para atormentarlo.

Wade tenía razón. Casi desde el momento mismo en que Louie pisó el campo, el Ave estaba ya sobre él abofeteándolo, golpeándolo y denigrándolo. Los demás prisioneros quedaron muy impresionados por el encono con que perseguía a Louie, atacándolo "nada más porque sí", recuerda un prisionero. Él recibió las golpizas tan desafiante como siempre, provocando que los ataques del Ave fueran más violentos que nunca. Una vez más, Louie descendió hasta padecer un estado de profundo estrés provocado por su verdugo.

Y aún así, en virtud de su rango, bien podía considerarse que Louie era afortunado. Naoetsu era una fábrica-aldea que generaba productos muy importantes para la empresa bélica; todos los trabajadores jóvenes del lugar habían ido a la guerra, de manera que los prisioneros estaban ahí para tomar su lugar. Todos los días, los cautivos enrolados caminaban por la nieve para trabajar en un molino de acero, en una fábrica de productos químicos, en las barcas de carbón y sal del puerto, o en un sitio en el que se quebraban piedras para extraer minerales. El trabajo era extraordinariamente arduo y muchas veces peligroso. Se trabajaba de día y de noche, y las jornadas llegaban a ser de dieciocho horas. Durante las caminatas de vuelta a las barracas, muchos hombres no lograban mantenerse en pie y quedaban tirados en la nieve, teniendo que ser arrastrados después por sus compañeros.

Cada mañana y cada noche, Louie miraba la partida y la llegada de los hombres con su trabajo de esclavos. Algunos llegaban completamente ennegrecidos por el polvillo de carbón, mientras otros estaban tan cansados que era necesario cargarlos hasta las barracas. En Naoetsu, los japoneses hacían trabajar a los hombres literalmente hasta la muerte. Louie tenía mucho que soportar, pero al menos no debía enfrentar esto.

El invierno menguaba. El hielo del río dio paso al agua corriente y surgieron casas donde antes sólo había nieve. Cuando los túmulos se derritieron, apareció milagrosamente un cerdito. Durante todo el invierno había vivido en una caverna bajo los prisioneros y se mantuvo gracias a los pedazos de alimento que le arrojaba un australiano. Louie miró al animal maravillado. Su piel se había vuelto translúcida.

Cuando el suelo se desheló, el Ave anunció que enviaría a los oficiales a laborar en las granjas. Aunque esto violaba la Convención de Ginebra, Fitzgerald ya tenía una idea clara de lo que significaba la vida en el campo con el Ave. El trabajo en las granjas libraría a los oficiales del Ave durante varias horas cada día, y no podía tratarse de algo tan agotador como el tipo de trabajo que realizaban los enlistados. Fitzgerald no protestó.

Cada mañana, Louie y el resto de la partida de trabajadores de granja se preparaban delante de las barracas, siendo atendidos por un guardia civil de nombre Ogawa. Cargaban una carretilla con desperdicio del *benjo* —para ser usado como fertilizante, según costumbre en Japón—, luego se ataban a la carretilla como bueyes de tiro y la jalaban desde y hacia la granja. Al recorrer el camino, algunos se atrevían a robar algún vegetal del campo cuando Ogawa les daba la espalda; los campesinos japoneses salían de sus casas para mirarlos, siendo muy probablemente los primeros occidentales que veían en su vida. Louie miraba a esos hombres y mujeres demacrados y encorvados. Las crueldades de la guerra se evidenciaban en sus rostros inexpresivos y en los cuerpos rotos por falta de alimento. Unos cuantos niños correteaban por ahí alzando sus brazos para imitar la rendición de los prisioneros. No había jóvenes.

El camino hasta la granja constaba de unos diez kilómetros de ida y otro tanto de vuelta. Era cansado recorrerlo, pero el trabajo propiamente dicho plantando y cosechando papas era relativamente fácil. Ogawa era un hombre tranquilo que no solía usar su macana, a pesar de llevarla consigo todo el tiempo. El lugar disponía de agua limpia de pozo, lo cual era un alivio después de tolerar el agua apestosa del campo; Ogawa dejaba que los hombres tomaran toda la que quisieran. Y dado que ahora trabajaban fuera del campo, se les proporcionaba a los oficiales la ración completa.

Aunque esas raciones se reducían en la misma medida en que se apagaba la estrella japonesa, un tazón entero de algas marinas era mejor que medio tazón.

El 13 de abril fue un día luminoso. La tierra estaba bañada de sol y el cielo lucía ancho y claro. Louie y los demás oficiales estaban trabajando distribuidos en la plantación de papas cuando, de pronto, el campo entero se quedó en silencio; los hombres levantaron la mirada al cielo. En ese momento, el trabajo en todo Naoetsu se interrumpió, pues los prisioneros que estaban en el exterior y hasta los guardias levantaban la cara para observar. En lo alto, algo resplandecía; detrás del objeto había como listones blancos que parecían desenrollarse detrás de éste. Era un B-29.

Se trataba de la primera Superfortaleza que cruzaba el cielo de Naoetsu. Los oficiales de Omori habían visto cientos de B-29 sobre Tokio, pero para los australianos escondidos en esta aldea desde 1942, esa fue la primera vez que pudieron observar el bombardero.

Seguido por una gran cantidad de miradas, unas esperanzadas y otras horrorizadas, el B-29 trazó con su vuelo un arco desde un horizonte hasta el otro, siguiendo la costa. Ningún arma le disparó; no lo persiguieron los cazas ni lanzó bombas, se limitó a sobrevolar pacíficamente. Su aparición era una señal inequívoca de lo lejos que se aventuraban ya los norteamericanos en territorio japonés y de la poca resistencia que los nipones oponían. Todo Naoetsu miraba cuando el avión se perdió de vista esfumando también sus estelas.

Los prisioneros de guerra estaban eufóricos; los japoneses permanecieron impávidos. En los campos de trabajo, los prisioneros escondieron su alegría tras rostros neutrales para evitar provocar a los guardias, quienes se mostraban inusualmente tensos y hostiles. Al caminar de vuelta al campo esa noche, los prisioneros recibieron algunos golpes de tolete, pero seguían estando contentos. Cuando llegaron a la cerca, el Ave los estaba esperando.

Roosevelt, dijo, había muerto.

Los presos se desanimaron inmediatamente. El Ave los envió a las barracas.

Unos días después, Ogawa le jugó una bromita al Ave, molestándolo al señalarle que todos sus oficiales eran flojos. Ogawa no tenía mala intención, pero el comentario provocó la furia del Ave. Gritó a los trabajadores de la granja que se formaran frente a él y luego comenzó a reprenderlos por su indolencia. Lucía completamente fuera de sí; se le formaba espuma en las comisuras al hablar.

Finalmente, pronunció el castigo a gritos: de ahora en adelante, todos los oficiales realizarían trabajos forzados, cargando las barcas de carbón. Si se rehusaban, los ejecutaría uno a uno. Con solo mirar al Ave, Fitzgerald supo que estaba ante una orden que no debía desobedecer.

Temprano a la mañana siguiente, mientras los oficiales marchaban de camino a su trabajo, el Ave miraba su paso. Sonreía.

El camino hasta la esclavitud era corto. Los oficiales eran conducidos a la ribera para ser apretujados en una barca repleta de carbón para el funcionamiento del molino de acero. Repartieron palas a seis hombres; a Louie y a los demás les dieron canastas muy grandes que, según les ordenaron, debían ajustarse a la espalda. Luego, tras la orden de los guardias, los paleadores comenzaban a llenar de carbón las canastas. Dado que un pie cúbico de carbón puede pesar hasta 27 kilos, los cargadores pronto estaban tambaleantes. Una vez que las canastas estaban llenas, se ordenaba a los estibadores que sacaran la carga de la barca para llevarla a un furgón de ferrocarril estacionado costa arriba. Llegados al furgón, subían por una rampa inclinada y estrecha, tiraban el carbón en el contenedor y regresaban para que sus canastas fueran reabastecidas.

Los hombres paleaban y acarreaban durante todo el día. Los guardias procuraban que los de las canastas trabajaran a un ritmo rápido. Cuando llegaba el momento en que los guardias les permitían detenerse, los hombres estaban exhaustos; según estimación de Wade, en el curso de un día común, cada canastero habría acarreado unas cuatro toneladas de carbón.

Así empezaba la rutina diaria. Cada vez que los hombres terminaban de descargar alguna barca, llegaba otra y la labor volvía a comenzar; así continuamente, mientras se castigaban sus cuerpos y se entumecía su mente. En algún momento, mientras él y los demás se doblaban bajo las pesadas cargas, Tom Wade comenzó a recitar poesía y discursos. Louie y los demás paleaban y cargaban al ritmo de los soliloquios de Shakespeare; juraban con Churchill combatir en los campos, en las calles y en las colinas. Lincoln representaba el máximo grado de devoción.

Poco a poco las barcazas quedaban vacías, pero la vida de esclavos de los oficiales apenas comenzaba. Louie fue conducido a una de las barcazas junto con muchos otros cautivos. Luego, fue remolcada hasta el mar de Japón. Pasado cerca de un kilómetro, la barca se alineó con un barco transportador de carbón anclado y se detuvo. El mar agitaba la barca bajo el agua y salpicaba la cubierta. Un guardia se colocó frente a los prisioneros e hizo señas en dirección a una red colgada al costado del barco. Salten de la barca a la red, dijo, y luego trepen hasta alcanzar la cubierta del barco.

Los prisioneros se quedaron estupefactos. En ese mar embravecido, ambas barcas subían y bajaban, acercándose hasta chocar para luego separarse y así continuamente. La red era un objetivo bastante elusivo. Si los hombres calculaban mal, quedarían atrapados entre los cascos de las naves o de plano caerían al agua si las naves se apartaban. Los hombres se negaron, pero los guardias comenzaron a obligarlos y los prisioneros de guerra obedecieron. Louie, tan temeroso como cualquiera, lo intentó con éxito.

Lo llevaron a la bodega del barco. Ante él estaba una gigantesca montaña de carbón y, a un lado de ésta, una gran red colgada. Le dieron una pala. Los guardias rodearon a Louie y le gritaron que trabajara. Louie clavó su pala en el carbón y comenzó a arrojarlo a la red.

Hora tras hora, Louie se encorvó sobre su pala entre una negra nube de carbón que él mismo levantaba. Los guardias los circundaban gritando y golpeándolos con garrotes y palos de kendo. Hacían que los cautivos trabajaran a un ritmo tal, que los trabajadores nunca tenían un momento para estirar la espalda. Maltratado y acosado, Louie paleaba tan frenéticamente que quienes estaban junto a él le pidieron que disminuyera el ritmo. Al fin, ya por la noche, la jornada terminó. Los prisioneros fueron devueltos a la costa; estaban tan cubiertos de carbón que era difícil distinguirlos en la noche.

Cada mañana, los hombres eran enviados a tomar sus palas una vez más. Cada noche, se arrastraban de regreso al campo convertidos en una larga fila de fantasmas ennegrecidos que deambulaban por las barracas y caían en sus tablones, cansados hasta los huesos y lanzando escupitajos negros. Sólo existía una tina en el campo, y casi nunca le cambiaban el agua. El único otro sitio para bañarse era una tinaja que estaba en el molino de acero, pero los guardias sólo llevaban allí a los presos a bañarse una vez cada diez días. Al no querer bañarse en la sucia agua del campo, los trabajadores del carbón vivían cubiertos de hollín, esperando el momento de bañarse en el molino. Llegó el momento en que Wade se sintió tan sucio que pidió a alguien que rapara esa combinación de pelo con carbón que le cubría la cabeza. "Fue un acto de expiación", escribió.

Día tras día, Louie paleó. Ocasionalmente, lo cambiaban del carbón a la sal industrial; el trabajo era igualmente terrible, pues la sal se derretía con el sudor y les corría por la piel causando fisuras ardientes en la piel. Fitzgerald laboraba junto a sus hombres y se embrollaba con los capataces para protegerlos. En una ocasión, durante un turno de catorce horas corridas, ordenó a sus prisioneros de guerra que detuvieran los trabajos y dijo al capataz que no dejaría trabajar a sus hombres hasta que se les alimentara correctamente. Después de mucho discutir, los capataces trajeron a los hombres una sola bola grande de arroz y los pusieron a trabajar de nuevo.

La tragedia era inevitable y Louie estuvo allí cuando ésta tuvo lugar. Estaba de pie en la barca esperando su turno para saltar al barco, cuando el hombre delante de él calculó mal el salto, y se precipitó justo cuando la barcaza se pegaba contra el casco del barco. Aplastado entre las naves, el pobre apenas logró arrastrarse al barco y quedar ahí tirado. Los guardias hicieron una pausa mínima y presionaron a Louie para que saltara. El herido quedó en el suelo mientras todos los demás cautivos pasaban a un lado. Louie nunca supo si el hombre sobrevivió.

El trabajo esclavo en Naoetsu era del tipo que solía tragarse el alma de los hombres, pero los prisioneros se las ingeniaban para anotarse pequeñas victorias esenciales para su supervivencia física y emocional. La mayoría de los campos de trabajo tenían muy poco que sabotear, pero el robo era una práctica endémica. En las barcas, los hombres esperaban hasta que el operador descendiera para luego correr hacia la cocina y llenar sus ropas con cuanta comida pudieran encontrar. Las cajas de comida de los guardias civiles desaparecían; el paquete de cigarrillos de un capataz desaparecía tan pronto como éste le quitaba la vista de encima. Los prisioneros se apoderaban de lo que podían, incluso de artículos que no necesitaban; se arriesgaban a ser golpeados o cosas peores como represalia a actos tan inútiles como robar una caja de lápices vacía. La caja en sí ninguna importancia tenía; el robo lo era todo.

Debido a que la dieta de los cautivos era tremendamente deficitaria en sodio, dejando a muchos hombres aquejados de constantes calambres y demás dolencias, los presos desarrollaron un sistema para robar y procesar sal. Al trabajar, los hombres de las barcas metían puñados de sal en sus bolsillos de manera clandestina. En su forma natural, la sal no era comestible, de modo que los trabajadores la llevaban al campo y la entregaban a los trabajadores del molino de acero. Estos hombres ocultaban la sal en sus ropas, la llevaban al molino, esperaban a que el guardia se descuidara y dejaban caer piedras de sal en las cantimploras llenas de agua. Al final del día, colgaban las cantimploras junto a un tambo lleno de carbón encendido. Llegada la mañana, el agua se había evaporado dejando como residuo sal comestible, un tesoro que no tenía precio.

Un día, estando en el *benjo*, Louie miró a través de un nudo en la madera y se dio cuenta de que un saco de grano estaba recargado en él. Se trataba de una bodega contigua al *benjo*. Recordó las técnicas de robo de los escoceses de Omori, salió del *benjo*, buscó por todo el campo y encontró una pila de basura compuesta por carrizos de bambú huecos. Tomó uno y, cuando los guardias no miraban, afiló un extremo. Esa noche, se puso los pijamas del campo, que tenían amarras alrededor de los tobillos. Metió su carrizo de bambú al bolsillo, ató los cordeles de los tobillos tan fuertemente como pudo y se dirigió al *benjo*. Una vez dentro, insertó con fuerza un extremo del carrizo en el agujero de la madera y logró perforar el saco de granos que estaba del otro lado; luego insertó el otro extremo del bambú en la bragueta de su pijama. El grano —arroz— salió del saco para ir a parar al pijama de Louie. Cuando tuvo unos 2.5 kilos en cada pierna, extrajo el bambú.

Louie salió del *benjo* moviéndose con toda la naturalidad que le permitían los cinco kilos de arroz contenidos en su pijama. Pasó junto a los guardias de las barracas, subió la escalera que llevaba al segundo piso. Ahí lo esperaba el comandante Fitzgerald con una sábana extendida frente a él. Louie se paró sobre la sábana, desató las cuerdas de los tobillos del pijama y permitió que el arroz saliera antes de apresurarse a ir a su litera. Fitzgerald dobló la sábana rápidamente y después escondió el arroz en calcetines y en compartimientos secretos que habían dispuesto bajo los paneles de la pared. Tras memorizar las rutinas de los guardias, Louie y Fitzgerald esperaban un rato hasta que salían del edificio, sacaban el arroz, se apresuraban a ir hasta un fogón, lo hervían en agua y lo metían en sus bocas tan rápidamente como podían, compartiéndolo con algunos prisioneros. Nunca podían comer más de una cucharada de arroz por persona, pero el logro de vencer en ingenio a sus captores era ya un suceso extremadamente nutricio.

En la pequeña insurgencia de Naoetsu, un logro especial quizá fue realizado por Ken Marvin, marino amigo de Louie atrapado en el atolón de Wake. En su lugar de trabajo, Marvin era supervisado por un guardia civil tuerto apodado Mal Ojo. Cuando pidió a Marvin que le enseñara inglés, éste encontró la oportunidad que estaba buscando. Con secreto deleite, comenzó a enseñar a Mal Ojo un inglés catastrófico. A partir de entonces, cuando se le preguntaba "¿Cómo estás?", Mal Ojo contestaba sonriente: "¿Qué carajos te importa?"

El desastre golpeó a Louie un día de esa primavera, a la orilla del río. Lo habían puesto de nuevo a cargar y estaba bajo una de esas tremendas canastas que debía trasladar desde la barca al furgón. Llevó su carga por la ribera y luego comenzó el peligroso recorrido por la rampa que conducía al furgón. Mientras ascendía, un guardia comenzó a descender. Al pasar, el guardia tiró un codazo y Louie cayó de lado con la carga encima. Se las arregló para que sus piernas amortiguaran la caída, de un metro y medio de altura, más o menos. Una pierna cayó antes que la otra, Louie sintió un desgarre y luego un dolor insoportable en el tobillo y la rodilla.

No podía soportar peso alguno en esa pierna. Dos prisioneros lo ayudaron a regresar al campo saltando. Lo relevaron de las labores de carga y descarga, pero esto representó apenas un beneficio. Ahora sería el único oficial atrapado en compañía del Ave en todo el campo y sus raciones serían reducidas a la mitad.

Louie permanecía en su barraca hambriento. Su disentería aumentaba en severidad y las fiebres empeoraban, llegando en ocasiones hasta los 40 grados. Con tal de que sus raciones fueran completadas, debía encontrar un trabajo que pudiera realizar con una sola pierna. Descubrió una máquina de coser arrumbada en un cobertizo y se ofreció como voluntario para reparar las ropas de los guardias a cambio de raciones completas. Esto ayudó durante un tiempo, pero pronto se agotaron los clientes a quienes remendar la ropa, así que sus raciones volvieron a ser disminuidas. Su desesperación era tal que fue a ver al Ave para rogarle por un trabajo.

El Ave se saboreó al escuchar la petición. De ahora en adelante, dijo, Louie sería responsable del cerdo en el complejo. El trabajo le haría merecedor de raciones completas, pero había gato encerrado: estaba prohibido que Louie usara cualquier tipo de herramienta para limpiar la pocilga. Tendría que valerse únicamente de sus manos.

Toda su vida, Louie había sido más que quisquilloso con la limpieza, tanto que en la universidad llevaba Listerine en la guantera para enjuagarse la boca después de besar a las chicas. Ahora había sido condenado a arrastrarse en la porquería, recogiendo las heces a mano y metiéndose puñados de la comida del animal en la boca para no morir de hambre. De todo el abuso y la violencia que el Ave regaló a Louie, nada logró horrorizarlo y desmoralizarlo más que esto. *Si algo puede quebrarme*, pensó Louie, *es esto*. Enfermo, muerto de hambre y con la dignidad pendiendo de un frágil hilo, Louie sólo podía aferrarse a la esperanza de que la guerra terminara pronto para ser rescatado.

VEINTINUEVE

★ ★ ★

Doscientos veinte golpes

A las once y media de la mañana del 5 de mayo de 1945, el sonido de cuatro motores enormes rompió el silencio que reinaba sobre Naoetsu. Un B-29 volaba en círculos sobre la aldea. Las sirenas chillaban, pero en el molino de acero el capataz las ignoraba y los presos continuaban trabajando en los hornos. Entonces se produjo un repentino y fuertísimo choque, tanto que comenzó a nevar pesadamente dentro del molino.

No se trataba de nieve, sino de una tremenda cantidad de polvo que caía del techo y las vigas. Algo había cimbrado violentamente al molino. El capataz anunció que el sonido había sido producido por la explosión de un transformador y que los hombres debían continuar con su trabajo normal.

Un momento después, un trabajador entró corriendo y dijo algo aparentemente urgente al capataz. Los japoneses botaron todo y salieron corriendo abandonando a los prisioneros de guerra conforme trataban de llegar a los refugios antiaéreos en la playa. Pensando que solo un B-29 haría correr así al capataz, los apanicados prisioneros de guerra se apretujaron en un pequeño cuarto rezando para no ser heridos.

Y no lo fueron. Las bombas del B-29 fallaron en darle a la planta, haciendo, eso sí, grandes agujeros en un campo aledaño. Se requirió de una hora para que, tanto los cautivos como sus guardias, lograran recuperar la calma. Éstos hicieron todo lo posible para alardear sobre la incompetencia de los aviadores norteamericanos. Los llevaron en un recorrido de cráteres para demostrar el mal tino que había tenido el bombardero, pero lejos de impresionarse por eso, pensaron en otras opciones. Este bombardeo era mucho más que un par de agujeros en el plantío de un campesino y todos lo sabían. Para los prisioneros de guerra, a quienes mantenían ignorantes sobre el desarrollo de la guerra en el frente del Pacífico, este bombardeo y el creciente número de B-29 avistados sobre la aldea, suscitaban posibilidades interesantes. Si los estadounidenses dirigían sus esfuerzos a destruir un solitario molino de acero ubicado en un sitio tan oscuro como Naoetsu, ¿no significaría esto que los muchachos y sus B-29 ya habían destruido las grandes ciudades clave?

La respuesta a esta interrogante llegó diez días más tarde. Cuatrocientos nuevos prisioneros cruzaron la reja y atiborraron el complejo. El Ave consiguió una percha y desde ahí les dirigió su arenga de bienvenida:

"¡Deben permanecer sobrios! ¡Deben ser sinceros! ¡Deben trabajar seriamente! ¡Deben obedecer! He hablado".

"¿Quién carajos es Ernest?", murmuró un cautivo.

Cuando el Ave terminó, los 400 recién llegados se sumaron en las barracas a los 300 que ya estaban ahí. Los *benjos* se desbordaban. Los nuevos internos relataron que provenían de campos para esclavos situados en las grandes ciudades de Kobe, una de las matrices de la producción bélica, y de Osaka, el puerto más grande de Japón. Semanas antes, los B-29 habían barrido esas ciudades con un enjambre de 300 B-29 que les arrojaron una lluvia de fuego. Grandes zonas de Kobe y Osaka se habían quemado hasta los cimientos. Puesto que los prisioneros no eran útiles a Japón en ciudades arrasadas, los esclavos habían sido reasignados para el bien del imperio. Los nuevos prisioneros tenían otra gran noticia: Alemania había caído. Todo el peso de los aliados se dirigía ahora hacia Japón.

Durante ese mes, la presencia del Ave en Naoetsu fue esporádica. Además de sus labores en ese lugar, había sido nombrado oficial disciplinario en Mitsushima, un campo en las montañas. Llegó ahí con su ya tradicional estilo y gritando "¡*Nanda!*" a un grupo de oficiales prisioneros de guerra que se quedaron estupefactos al verlo. El Ave exigió saber qué estaban haciendo. De inmediato se puso a golpearlos día y noche. En ese lugar, los prisioneros lo llamaban "la Perilla".[31]

El Ave era tan perverso en Mitsushima que los oficiales prisioneros pronto determinaron que tenían que matarlo para salvarse ellos mismos. Los conspiradores formaron "escuadrones de asesinato" dispuestos a ahogar al Ave o arrojarlo en un precipicio. Siempre que el Ave estaba en el campo, lo vigilaban, pero él parecía saberlo y solía pasearse en compañía de guardias armados. Entretanto, dos cautivos médicos, Richard Whitfield y Alfred Weinstein, diseñaron un plan para envenenar al Ave con dosis masivas de atropina y morfina. Una vez más, el Ave los eludió: el día después de que los médicos tramaran su plan, el Ave hizo que pusieran cerradura al gabinete de los medicamentos.

Whitfield urdió un nuevo plan. Preparó una botella de solución salina y glucosa para usarla como medio de cultivo, mezcló excrementos de dos pacientes aquejados con disentería amebiana y bacilar, metió tres moscas y elevó la temperatura del caldo de

---

[31] *The Knob*, en el original. El término tiene múltiples sentidos que van desde "perilla" hasta "jefe" o "promontorio", con lo cual quedaba satisfecha la necesidad de referirse al monstruo Watanabe con un término lo suficientemente vago como para que los cautivos pudieran alegar inocencia en caso de ser interrogados por él. [N. del T.]

cultivo al mantener la botella pegada a su piel durante varios días para incubar los patógenos. Él y Weinstein dieron el compuesto al cocinero cautivo, quien lo vertió en el arroz del Ave durante cerca de una semana. Cuál no sería su sorpresa al constatar que el Ave no enfermaba, de manera que los médicos se dieron a preparar una nueva combinación usando excrementos de seis prisioneros enfermos. Esta vez dieron en el blanco.

En dos días, el Ave estaba violentamente enfermo, por completo incapacitado por la diarrea explosiva y una fiebre de más de 40 grados. Weinstein lo encontró llorando en su habitación. "Sollozaba como un niño". El Ave ordenó a Weinstein que lo curara. Le dio unas píldoras y dijo que se trataba de sulfas. Suspicaz, el Ave hizo que Weinstein tomara las píldoras. Él lo hizo con toda tranquilidad pues sabía que dentro de las cápsulas sólo había aspirina y bicarbonato de sodio. El Ave perdió casi ocho kilos en una semana. Weinstein lo conminó a comer su arroz.

Con el Ave fuera de combate, los hombres e incluso los guardias se mostraban, escribió Weinstein, "casi histéricamente infantiles" de alegría. Sin embargo, parecía imposible asesinarlo. Después de diez días, se le quitó la fiebre. Regresó a Naoetsu para desquitar su ira con los oficiales y con Louie.

Para el mes de junio, la pierna de Louie había sanado lo suficiente para sostener su peso y lo enviaron a palear carbón y sal. Enfermaba cada vez más y su disentería nunca paraba. Cuando pidió un descanso por arder en fiebre, el Ave se lo negó. Su temperatura era de sólo 39.5 grados, dijo. Ve a trabajar. Y Louie obedeció.

Un día de ese mismo mes, Louie, Tinker y Wade estaban paleando en una barca cuando el capataz descubrió que alguien había robado pescado de la cocina. Anunció que, si los responsables no se entregaban, reportaría el hurto al Ave. A la hora del almuerzo, un inocente convenció a los culpables de que confesaran. Al llegar al campo esa noche, el capataz de cualquier modo relató lo sucedido al Ave, pues sospechaba que había más involucrados en el robo.

El Ave llamó al grupo de trabajo y pidió que se alineara ante él. Después, solicitó a los ladrones que dieran un paso al frente. Luego recorrió la formación jalando a Wade, a Tinker, a Louie y a otros dos oficiales y los obligó a pararse con los ladrones. Anunció que esos oficiales eran responsables de la conducta de los ladrones. Su castigo: cada interno enlistado golpearía a cada oficial y a cada ladrón en el rostro, tan fuerte como fuera posible.

Los castigados miraron a los enlistados con terror: había unos 100 de ellos. Cualquiera que se negara a cumplir la orden, dijo el Ave, enfrentaría el mismo destino que los oficiales y los ladrones. Ordenó a los guardias que dieran de macanazos a quienes no golpearan a los elegidos con fuerza máxima.

Los enlistados no tenían opción. Al principio trataron de golpear con suavidad, pero el Ave estudiaba cada golpe. Cuando alguien no golpeaba lo suficientemente fuerte, el Ave comenzaba a chillar y le pegaba de porrazos con los otros guardias. Luego se obligaba a que el infractor pegara de manera correcta a la víctima hasta que el Ave estuviera satisfecho. Louie comenzó a murmurar a cada hombre que lo hiciera bien y rápido desde la primera vez. Algunos británicos susurraron un "lo siento, señor" antes de golpear a Wade.

Durante los primeros golpes, Louie permaneció en pie, pero sus piernas pronto comenzaron a doblarse y cayó. Logró incorporarse pero cayó de nuevo al siguiente golpe, y luego al siguiente. Poco después se desmayó. Cuando despertó, el Ave obligó a que los hombres continuaran con la golpiza gritando: "*¡El que sigue! ¡El que sigue! ¡El que sigue!*" En la mente confundida de Louie, la voz comenzó a sonar como ruido de pasos.

El sol se hundió. La golpiza continuó durante dos horas mientras el Ave miraba con fiereza no exenta de placer erótico. Cuando todos los enlistados habían dado su golpe, el Ave ordenó a los guardias que pegaran dos veces a cada uno en la cabeza con un palo de kendo.

Las víctimas tuvieron que ser cargadas hasta las barracas. El rostro de Louie estaba tan inflamado que, durante varios días, apenas pudo abrir la boca. Según estimaciones de Wade, cada hombre había sido golpeado en el rostro unas 220 veces.

El mes de junio de 1945 se convirtió en julio. Cada día, un solo B-29 sobrevolaba Naoetsu, tan alto, que únicamente era delatado por las estelas. Los hombres lo llamaban "El Llanero Solitario". Cada noche, pasaban bombarderos haciendo demostraciones de fuerza; muchísimos aviones volaban sobre la aldea. Para los prisioneros, constituían un hermoso paisaje "iluminado, como si fueran de paseo". Durante todo el día y la noche, las sirenas antiaéreas siguieron ululando. A veces, durante la noche, los hombres podían escuchar ecos de bombardeos lejanos en la oscuridad.

Louie estaba enfermo y desmoralizado. Se acostaba en su tablón soñando despierto con las olimpiadas. Los juegos eran para él como una especie de promesa brillante, un futuro por el que valía la pena aguantar el presente. Oraba incesantemente pidiendo rescate. Las pesadillas en que luchaba con el Ave eran infernales, intolerables. Su esperanza disminuía. En las barracas, un día llegó un trabajador arrastrándose por el cansancio y luciendo exhausto. Se acostó, pidió que lo despertaran para la cena y se quedó quieto. A la hora indicada, Louie le dio una patadita en el pie. El hombre permaneció inmóvil. Estaba muerto. Era joven como todos los demás y ni siquiera parecía enfermo.

El problema de la comida era más grave cada vez. En la primavera, con la "importación" de los prisioneros de Kobe y Osaka se había más que duplicado la población del campo, pero no sucedió lo mismo con las raciones alimentarias. Ahora eran aún más pequeñas, consistiendo por lo regular en puras algas. Cuando un prisionero famélico trataba de obtener comida de los civiles, el Ave le rompía la mandíbula. Varios oficiales prisioneros solicitaron carne a las autoridades; retenerla, decían, violaba la ley internacional. Tras esta apelación, dos guardias se ausentaron del campo para regresar acompañados por un perro, supuestamente el último que quedaba en Naoetsu. A la mañana siguiente, sonó un timbre y Louie entró al complejo. Allí, empalada delante de los prisioneros de guerra, estaba la cabeza desollada del perro. Unos minutos después, sirvieron el desayuno a los hombres. En los platos estaban los restos del perro.

Conforme el verano transcurría y las raciones disminuían, Louie y los demás cautivos comenzaron a pensar en el invierno con terror. Les dijeron que tanto las raciones como la gasolina para calentar las barracas disminuirían aún más. Y quizás suspenderían de plano los repartos. Muchos de los hombres estaban ya tan delgados y enfermos que, según escribió uno de ellos, "la iban pasando de día en día". Pocos prisioneros, en Naoetsu o en cualquier otro sitio, pensaban que vivirían para ver otra primavera. En Omori, alguien inventó un eslogan: "Si no nos salvan en el 45, tiesos nos encontrarán en el 46".

Existía una preocupación aún más acuciante. Incluso estando en el aislado pueblo de Naoetsu, resultaba obvio a los prisioneros que el imperio japonés se desmoronaba. Al mirar a los B-29 pasando sin oposición por el cielo, supieron que las defensas aéreas japonesas habían sido arruinadas y que los norteamericanos se encontraban muy cerca. Los civiles que veían estaban en condiciones deplorables: las extremidades de los adultos estaban grotescamente hinchadas a causa del beriberi; los niños, demacrados. Los prisioneros quedaron tan impactados por la evidente hambruna que había entre los civiles, que dejaron de robar en sus sitios de trabajo. Para ellos quedaba claro que Japón había perdido esta guerra desde tiempo atrás.

No obstante lo anterior, Japón estaba lejos de rendirse. Si una guerra aérea muy destructiva no había llevado a su rendición, una invasión parecía ser la única opción viable. Los prisioneros de guerra de todo el país observaron actos que los dejaban preocupados: vieron que las mujeres sostenían lanzas y practicaban enterrándolas en pacas; a los niños se les formaba delante de las escuelas y se les daban pistolas de madera falsas para hacer prácticas. Japón, cuya población consideraba vergonzosa la derrota, parecía dispuesto a luchar hasta con el último hombre, mujer o niño.

La invasión parecía inevitable e inminente, tanto para los cautivos como para los japoneses. Habiendo sido advertidos sobre la orden de "mata-todos", los cautivos estaban aterrados. Los aliados rodeaban todos los días el campo de concentración para prisioneros de guerra de Borneo, de nombre Batu Lintang, en donde mantenían capturados a unos dos mil prisioneros y civiles. Uno de éstos advirtió al prisionero G. W. Pringle que "los japoneses tienen órdenes en el sentido de que las fuerzas aliadas no pueden recapturar a ningún prisionero. Todos deben morir". Los aldeanos dijeron haber visto cientos de cadáveres de prisioneros de guerra en la jungla. "Es un adelanto del destino que nos espera", escribió Pringle en su diario. Un oficial del campo notoriamente sádico, comenzó a hablar de simpatía por los prisioneros de guerra y de los muchos campos que se estaban preparando con abundante comida, cuidado médico y sin trabajos forzados. Los cautivos sabían que se trataba de una mentira pensada seguramente para hacer que obedecieran la orden de seguir marchando, la cual, según Pringle, "daba a los japoneses una maravillosa oportunidad de cumplir la orden mata-todos de su gobierno".

Pringle tenía razón. En la oficina del campo había órdenes escritas, redactadas por el comandante y aprobadas por las autoridades centrales militares, en el sentido de que todos los cautivos fueran liquidados el 15 de septiembre. Las mujeres y los niños serían envenenados; los civiles abatidos a tiros; los enfermos y los discapacitados con bayonetas. Los 500 prisioneros de guerra marcharían 33 kilómetros jungla adentro para después recibir disparos y ser incinerados.

En Omori, los trabajadores japoneses de la cocina, al igual que los soldados, dijeron a los prisioneros de guerra que ya estaban listos los planes para destruirlos. Se liberaría a los presos con la excusa de que se requerían los guardias para defender Japón y, cuando los hombres estuvieran en el puente, los guardias cortarían las amarras con sus ametralladoras. Los oficiales prisioneros se reunieron para discutir la situación, pero no hallaron la manera de prevenir el hecho o de defenderse ellos mismos.

En los campos de todo Japón, las cosas parecían igualmente ominosas. Se compraron ametralladoras y barriles de acelerador para el fuego. Se confiscaron las placas de metal que algunos de los perros de guerra portaban, supuestamente para cumplir con las estipulaciones en el sentido de que "no debían dejarse rastros" al ejecutar a los prisioneros. Se ordenó a los presos cavar túneles y cavernas y, en cierto número de campos, los guardias advirtieron a los cautivos que las minas, zanjas y túneles serían sus cámaras mortuorias.

Ese verano en Zentsuji, el campo en que estaban Phil y Fred Garrett, los oficiales anunciaron repentinamente que separarían a los estadounidenses de los otros prisioneros. Los oficiales comentaron que los norteamericanos se mudarían a un agradable campo nuevo, por su seguridad. Los hombres fueron puestos en trenes y llevados a todo lo largo de Japón, siendo testigos de las enormes y tristes filas de refugiados. A su paso, pudieron ver ciudades arrasadas. El aire olía a cuerpos quemados.

Tras el atardecer, llegaron a una zona remota. Se ordenó a los hombres caminar por un sendero casi intransitable que se internaba en las alturas de una montaña. Se abatió sobre ellos una tormenta; escalaron durante horas cruzando el bosque, escalando rocas y atravesando barrancos. Escalaron tanto que las montañas circundantes estaban todas nevadas y era verano. Garrett aún no había sanado de su muñón y luchaba con las muletas. Los japoneses no permitían que recibiera ayuda. Los hombres comenzaron a desmayarse por el cansancio, pero los japoneses no permitían que el grupo realizara pausas para descansar. Empapados hasta los huesos, los prisioneros ascendieron cerca de dieciocho kilómetros, dejando a su paso un rastro de objetos que desechaban para aligerar la carga.

A las dos de la mañana, en lo alto de la montaña, Phil, Garrett y los otros prisioneros llegaron a un grupo de chozas de madera situadas en un claro rocoso. Los hombres se colapsaron pues estaban demasiado agotados para mantener la formación. Se les dijo que era su nuevo campo, Rokuroshi. Nadie explicó por qué los presos habían sido llevados tan lejos de todo y de todos, a un lugar en apariencia inhabitable. El médico de los prisioneros, Hubert Van Peenen, valoró la situación y llegó a una conclusión: *Éste es el lugar de nuestro exterminio.*

Ese verano, en Naoetsu, los oficiales del campo hablaron de su preocupación por el hecho de que los presos pudieran ser heridos en un bombardeo. Dijeron que por esta razón los prisioneros serían llevados pronto a las montañas, en donde estarían seguros.

Cuando los oficiales se marcharon, los guardias cambiaban de versión, diciendo a los cautivos que el ejército había dado órdenes de matarlos a todos en agosto. Tal vez en ese momento se consideró el comentario una mentira, pero ese mes de julio un trabajador civil conocido por su actitud positiva hacia los prisioneros, advirtió a uno de ellos que la fecha había sido fijada: mencionó la misma que se había comentado a los prisioneros en al menos dos campos más.

Todos los prisioneros de guerra de Naoetsu, dijo el civil, serían ejecutados el 22 de agosto.

TREINTA

★ ★ ★

La ciudad hirviente

Nadie dormía en Naoetsu. Los B-29 cruzaban cada noche y las sirenas antiaéreas chillaban horas enteras compitiendo con el rugido de los aviones. Su sonido y el espectáculo de miles de bombarderos cruzando sin oposición el cielo de Japón, hundieron más aún al Ave en la locura.

Durante los bombardeos, se ordenó a los prisioneros permanecer en las barracas con las luces apagadas. Una vez que los aviones habían pasado, el Ave ordenaba que los norteamericanos salieran. Él y su esbirro, Kono, caminaban de ida y vuelta frente a ellos, gritando y blandiendo garrotes, palos de kendo o rifles. En algunas noches, el Ave hacía que los presos formaran dos filas a empujones. Una miraba de frente a la otra, y el Ave les ordenaba abofetearse mutuamente. En ocasiones, él y Kono los obligaban a ponerse de pie con los brazos extendidos sobre sus cabezas durante dos o tres horas seguidas, o los obligaba a realizar la postura de Ofuna, pegándoles cuando fracasaban. Durante una sesión, Louie fue golpeado en el tobillo ya lastimado y que apenas lo dejaba caminar. En al menos una de esas noches, el Ave lo golpeó hasta dejarlo inconsciente.

Louie terminó el trabajo como custodio del cerdo. También se habían cancelado las actividades de carga y descarga de las barcazas; los aviones aliados habían hundido tantos barcos japoneses que ninguno volvió a ir o venir desde Naoetsu. Louie volvía a estar sometido a una dieta de media ración. Cojeando, enfermo y hambriento, rogó al Ave que le diera trabajo para obtener raciones completas otra vez. El Ave le trajo un chivo flaquísimo que parecía estar al borde de la muerte.

"Si chivo muere, tú mueres", dijo el Ave.

Louie no tenía siquiera dónde guardar al chivo. Su amigo Ken Marvin robó una soga de su trabajo y se la trajo. Louie amarró al animal a un poste y empezó a cuidarlo dándole agua y granos. Por la noche lo amarraba en un depósito de arroz. El chivo enfermaba más cada día.

Una mañana, el Ave ordenó a Louie que se presentara ante él. Dijo que el animal se había soltado y luego se metió a un depósito de granos para darse un atracón. El chivo estaba enfermo de muerte y todo era culpa de Louie. Sabía que había amarrado bien al chivo. Si éste se soltó, alguien había deshecho el nudo. El chivo murió.

Aterrado por el castigo que sobrevendría, Louie intentó esconderse del Ave, pero su disentería se estaba convirtiendo en algo bastante serio. Asumió el riesgo de ser visto por el Ave y fue con el médico del campo para conseguir medicamento. El Ave corrió a él de inmediato y demandó saber si Louie había recibido permiso para acercarse al médico. Louie dijo que no.

El Ave se llevó a Louie de la choza del médico, pasaron junto a Tinker y a Wade, a quienes se les había ordenado trabajar afuera. En el complejo, el Ave hizo una pausa. En el suelo, frente a él, había una gruesa viga de madera de unos dos metros de largo. Levántala, dijo el Ave. Louie logró levantarla con un poco de esfuerzo y entonces Watanabe le ordenó sostener la viga exactamente sobre su cabeza. Louie alzó la viga. El Ave llamó a un guardia y le dijo que si el prisionero bajaba los brazos lo golpeara con su pistola. El Ave caminó hasta una casucha cercana, se subió al techo y se dispuso a observar.

Louie estuvo parado bajo el sol sosteniendo la viga. El Ave se estiraba sobre el techo como si fuera un gato satisfecho. Llamaba a los japoneses que caminaban por ahí, señalaba a Louie y se reía. Louie clavó la mirada en los ojos del Ave. Irradiaba odio.

Pasaron varios minutos. Louie se mantuvo de pie con la mirada puesta en el Ave. La viga se sentía cada vez más pesada y el dolor era más intenso. El Ave observó a Louie y, divertido por su sufrimiento, se burló de él. Wade y Tinker siguieron adelante con su trabajo, mirando ansiosamente y con sigilo lo que sucedía al otro lado del complejo. Wade miró el reloj del campo cuando levantó la viga. Estaba cada vez más consciente del mucho tiempo que transcurría. Pasaron cinco minutos más, luego diez. Los brazos de Louie flaqueaban y se adormecían. Le temblaba el cuerpo. Parecía que la viga se inclinaba. El guardia lo golpeaba entonces con su pistola y Louie se endereaba. Cada vez le llegaba menos sangre al cerebro por lo que empezó a sentirse confundido; sus pensamientos no eran claros y el campo comenzó a dar de vueltas. Sintió que se le escapaba la conciencia. Su mente perdía coherencia hasta que sólo tuvo un pensamiento: *No puedo romperme.* Al otro lado del complejo, el Ave paraba de reír.

El tiempo seguía su marcha y Louie seguía en la misma posición, consciente y al mismo tiempo sin sentir la viga sobre su cabeza, con la mirada clavada en el rostro del Ave, resistiendo mucho más de lo que sus fuerzas permitían. "Algo sucedió en mi interior", dijo después. "No sé qué fue".

Percibió mucha agitación frente a él. El Ave saltaba desde el techo para después atacarlo furiosamente. El puño de Watanabe dio contra el estómago de Louie y él se dobló en agonía. La viga golpeó su cabeza y él cayó al suelo.

Al despertar, no sabía dónde estaba ni qué había sucedido. Vio a Wade y a otros cautivos que, con algunos guardias, se acuclillaban a su alrededor. El Ave se había ido. Louie no recordaba los últimos minutos y no tenía idea de cuánto tiempo había resistido allí de pie. Sin embargo, Wade sí había visto el reloj en el momento de la caída de Louie.

Louie había sostenido en alto la viga durante 37 minutos.

En la noche del 1 de agosto, las sirenas sonaron y la aldea se cimbró. En las barracas, los prisioneros de guerra se asomaron y vieron ola tras ola de Superfortalezas. Esa noche, en los cielos de Japón se montaba el ataque aéreo más grande, por mucho, de toda la Segunda Guerra Mundial: 836 B-29, llevando más de 6100 toneladas de bombas, tanto incendiarias como minas. Los prisioneros que laboraban el turno de la noche en la fábrica corrieron a los refugios de la playa, pero los aviones habían pasado de largo sobre Naoetsu. En Nagaoka, a 65 kilómetros de distancia, los civiles miraron al cielo y pensaron que estaba lloviendo. La lluvia era napalm.

Con los bombarderos sobrevolando, el Ave entró a las barracas y gritó que todos los estadounidenses debían salir. Cuando los hombres se formaban en el complejo, el Ave y Kono tomaron sus palos de kendo, caminaron entre los prisioneros y comenzaron a golpearlos en la cabeza. Los hombres comenzaron a caer. Cuando Louie cayó, el Ave se precipitó sobre él a garrotazos. Confuso y mareado, Louie se quedó allí tirado al tiempo que escuchaba los alaridos del Ave y de las sirenas.

Las sirenas callaron al amanecer. Los prisioneros en la playa salieron de los refugios. En el complejo, el Ave y Kono se quedaron quietos. Louie se tambaleó y miró al noreste. El horizonte del mundo resplandecía: Nagaoka ardía.

Esa misma noche, los B-29 lanzaron folletos en 35 ciudades japonesas advirtiendo a los civiles de futuros bombardeos e instándolos a evacuar. El gobierno japonés ordenó a los civiles devolver los folletos a las autoridades, prohibió compartir o comunicar las advertencias y arrestó a cualquiera que tuviera folletos en su poder. Entre las ciudades mencionadas se incluían Hiroshima y Nagasaki.

Esa noche fue un parteaguas para Louie. A la mañana siguiente, su disentería se agravó en extremo. Estaba peligrosamente deshidratado y comenzaba a tener problemas para comer. Cada día estaba más delgado y más débil.

Día y noche, los B-29 cruzaban el cielo y el Ave se desbordaba por todo el campo. Atacó a Ken Marvin, lo dejó inconsciente, lo despertó echándole una cubetada de agua al rostro, le dijo que cuidara su salud y lo volvió a dejar inconsciente. Mientras Louie se escondía en su litera, escaleras arriba, afiebrado, vio que el Ave y Kono golpearon a dos prisioneros enfermos hasta que acataron su orden: lamer excremento de sus botas. Un día, Louie miró al otro lado del complejo al Ave y a Kono de pie frente a una hilera de prisioneros; sostenía un libro confiscado sobre boxeo y se tomaban turnos para golpear a los cautivos.

Louie caminaba en el complejo cuando el Ave lo tomó del cuello y lo arrastró hasta un depósito desbordante de *benjo*. Después de jalar a varios hombres más, los obligó a acostarse sobre sus vientres en la fosa anegada y les ordenó hacer lagartijas. Louie apenas fue capaz de levantar su cuerpo de la inmundicia. Otros no fueron tan afortunados. Cuando los hombres exhaustos fracasaban al intentar levantarse en todo lo alto, el Ave presionaba con la culata de su rifle las cabezas y empujaba así sus rostros contra el desperdicio.

Luego llegó el día que Louie temía. Estaba parado llenando una tina con agua cuando el Ave ladró la orden de que se acercara adonde estaba él. Cuando Louie llegó, el Ave lo miró con ira y gesticuló en dirección al agua.

"Mañana voy a ahogarte".

Louie pasó el día dominado por el miedo y atento a su llegada; pensaba en la tina con agua. Cuando el Ave lo encontró, estaba aterrorizado.

"Cambié de parecer", le dijo. Entonces lo empujó y comenzó a pegarle en la cara alternando los puños derecho e izquierdo en un éxtasis violento. El asunto terminó tan abruptamente como había comenzado. De pronto se serenó y dejó marchar a Louie.

"Te ahogaré mañana", dijo.

El Ave se marchó. Su rostro irradiaba la misma languidez que Louie había visto en el rostro de Matasanos cuando golpeó a Harris en Ofuna. Era una expresión de arrobo sexual.

Louie no podía soportar más. Se reunió en secreto con otros doce oficiales. Al término de la reunión, tenían un plan para asesinar al Ave.

El plan era simple. Los hombres saltarían sobre él y lo llevarían hasta el último piso de las barracas, desde donde se veía la caída entera hasta el río Hokura. Lo atarían a una piedra grande y lo arrojarían por la ventana. Al chocar con el agua, la piedra lo hundiría. Jamás respiraría de nuevo.

Los oficiales se repartieron las faenas a realizar para consumar el homicidio. Un grupo de hombres se las arreglaría para someter al Ave, quien era bastante fuerte y no sería fácil dominar. Varios de los prisioneros más fuertes encontrarían una roca pesada pero portátil y, sin que los guardias los vieran, la subirían por las escaleras y la rodarían adentro por la ventana. Louie fue el encargado de robar suficiente soga para amarrar la roca al Ave.

Louie no podía conseguir una cuerda tan larga para amarrar un hombre a una roca. Empezó a robar pedazos más cortos, llevándoselos en secreto para después unir los fragmentos con sus mejores nudos de *boy scout*. Entretanto, los encargados de la piedra encontraron una ideal, lo suficientemente grande para ahogar al Ave y a varios hombres más. Se las arreglaron para meterla al complejo, a las barracas y por la escalera si que nadie los descubriera. La colocaron cerca de la ventana. Cuando Louie finalmente hubo robado suficiente cuerda, conformó una sola larga. Fue amarrada alrededor de la piedra, con el otro extremo listo para ser ajustado al cuerpo del Ave. Louie preparó entonces la segunda fase del plan. Se había ofrecido para ser uno de los captores del Ave, arrastrándolo hasta el piso de arriba y lanzándolo a su muerte.

Cuando los conspiradores afinaban los planes, el Ave entró en la barraca. La roca estaba en su lugar y el Ave no la vio o no supo para qué estaba ahí. Hurgó en las posesiones de los hombres. Bajo el colchón de tipo *tatami* de un oficial inglés, encontró un pedazo de papel en el que estaba escrita una lista de todos los crímenes de cada oficial japonés. Cuando el Ave levantó la vista, advirtió que el inglés lo miraba con desprecio intenso.

El Ave se asustó. Creyó que el prisionero le había dirigido una mirada asesina. Nunca antes lo habían mirado así. Sabía que Japón estaba perdiendo la guerra y que, cuando ésta terminara, los estadounidenses lo juzgarían. Estos prisioneros lo acusarían de crímenes que seguramente lo llevarían a una condena a muerte. Ningún conocido querría defenderlo y ese hecho lo dejó sintiendo pánico e ira. Tendría que adoptar medidas extremas para salvarse.

La piedra seguía en su sitio, esperando bajo la ventana por la que el Ave pasaba todos los días. La caída desde la ventana de las barracas era considerable.

A las 2:45 a.m. del 6 de agosto de 1945, un B-29 despegó de la pista conocida como Runway Able, ubicada en la isla de Tinian. En el bastón de mando estaba el piloto Paul Tibbets, un bombardero veterano. El avión se dirigió al norte, hacia Japón. La misión era tan secreta que Tibbets llevaba cápsulas de cianuro para toda la tripulación. Debían usarlas en caso de ser capturados.

Cuando la primera luz del día asomó por el Pacífico, el avión se elevó hasta treinta mil pies, la altitud de bombardeo. Dos tripulantes subieron a la bahía de lanzamiento. Ahí estaba esa bomba llamada Little Boy, con sus 3.6 metros de largo y 4500 kilos de peso. Los hombres gatearon alrededor de la bomba quitando las clavijas de prueba y conectando las verdaderas. Little Boy estaba armada.

Al cruzar el Mar interior, Tibbets vio una ciudad. Un avión de reconocimiento volaba sobre la ciudad y transmitió un mensaje en clave: el clima era bueno. No tendrían que pasar de largo sobre esta ciudad para llegar a los objetivos alternos. Tibbets habló por el intercomunicador:

"Es Hiroshima".

El avión pasó la costa y cruzó la ciudad. Tibbets dio la vuelta hacia el oeste y luego ordenó a la tripulación colocarse los *goggles* con sombreado especial. Abajo, vio un puente con forma de T: era el objetivo. Tibbets cedió el control del avión al visor Norden y el bombardero se alineó con el puente.

A las 8:15.17 la bomba se deslizó del avión. Tibbets le dio vuelta lo más rápido que pudo y se lanzó en picada para ganar velocidad. Se requerían 43 segundos para que la bomba alcanzara su altitud de explosión, lo que equivalía a una caída de unos dos mil pies. Nadie estaba seguro de que el bombardero pudiera alejarse lo suficiente para sobrevivir a lo que estaba por venir.

Uno de los tripulantes contó los segundos en su cabeza. Cuando llegó al segundo 43, nada sucedió. No sabía que había contado demasiado rápido. Por un instante, pensó que la misión había fallado.

Justo cuando este pensamiento cruzaba su mente, el cielo sobre la ciudad se abrió en una tormenta de fuego, color, sonido y viento que se sentía claramente. Una luz blanca, con una intensidad diez veces superior a la del sol, envolvió el avión. El destello, el sonido y la sacudida producidos lo invadían todo en todas direcciones. El artillero de cola, mirando por la parte trasera del avión a través de sus *goggles*, pensó que la luz lo había dejado ciego. Los dientes de Tibbet comenzaron a castañear y la boca se le llenó con un sabor a plomo. Más tarde se le dijo que se trataba del metal de sus entrañas que resonaba con la radioactividad de la bomba. Miró adelante y vio que el cielo entero giraba en rosas y azules. Junto, el copiloto garabateó dos palabras en su diario. *¡Dios mío!*

Detrás de ellos, el artillero de cola recuperó la visión y vio una forma resplandeciente, combada y terrible que se formaba sobre la ciudad y se acercaba a ellos a una velocidad de mil pies por segundo. "¡Ahí viene!", dijo. La onda de choque golpeó el avión e hizo que los tripulantes volaran para luego caer. En la confusión, alguien gritó: "¡Fuego antiaéreo!" Luego sobrevino una segunda onda de choque, consecuencia de la fuerza de la explosión que chocaba contra la tierra y rebotaba hacia arriba. Los golpeó y el avión volvió a estremecerse.

En el campo para prisioneros de guerra 10-D, en el lado más alejado de las montañas cercanas a Hiroshima, el prisionero Ferron Cummins sintió que una conmoción venía como rodando por las montañas. El aire se calentó extrañamente. Al levantar la vista, vio una fantástica, enorme nube que se movía sobre la ciudad con sus reflejos de color azul grisáceo. Tenía casi cinco kilómetros de altura. Abajo, Hiroshima ardía.

TREINTA Y UNO

★ ★ ★

La estampida desnuda

Los prisioneros de guerra de Naoetsu supieron que algo grande había sucedido. Los guardias iban y venían con rostro de preocupación. Civiles pasaban por el campo con la mirada confundida y las manos cerradas en puño. Un guardia dijo algo que se quedó en la cabeza a Louie: Hiroshima había sido golpeada por el cólera. "La ciudad estaba cerrada, dijo, y nadie podía entrar o salir".

En uno de los sitios de trabajos forzados, un civil contó una historia diferente: una bomba estadounidense había destruido la ciudad entera. Los prisioneros pensaron que se refería a muchas bombas lanzadas en un solo bombardeo, pero el hombre no dejaba de repetir que se había tratado de una. Utilizó una palabra que sonaba como "atómica". La palabra no le era familiar y nadie sabía cómo era posible que una bomba acabara con una ciudad completa. Tom Wade consiguió un periódico. Algo que el periódico llamaba "bomba electrónica" había sido lanzado, y muchas personas habían muerto. Los prisioneros no sabían qué pensar de todo eso.

En Omori, el estremecido comandante del campo reunió a los prisioneros. "Vino un avión, dijo, y una ciudad completa desapareció". Preguntó si alguien sabía qué tipo de arma podía provocar semejante daño. Nadie tenía una respuesta.

El 9 de agosto, Nagasaki, al igual que Hiroshima, desapareció.

Vinieron días difíciles. Todo en Naoetsu parecía seguir igual. Día y noche, los presos aún eran enviados a trabajar en las fábricas de elementos bélicos de Japón. Era claro que algo catastrófico había sucedido, pero Japón no se rendía.

Nagasaki el 9 de agosto de 1945.
Nagasaki Atomic Bomb Museum/epa/Corbis.

Para los presos, el tiempo no se había terminado. Llegaban a mediados de agosto y la política de exterminio seguía amenazándolos. Incluso si Japón se rendía, muchos prisioneros creían que los guardias los matarían de todas formas, ya fuera por venganza o para evitar que testificaran sobre lo que les habían hecho. Y era cierto que un interrogador de Omori había comentado al comandante Fitzgerald que los japoneses planeaban matar a los prisioneros en caso de perder la guerra.

Puesto que los oficiales hablaban de llevarlos a un nuevo campo ubicado en las colinas, los cautivos creían que los japoneses planeaban tirar sus cuerpos en la montaña para que nadie pudiera encontrarlos. Discutieron sobre la manera de defenderse, pero no había nada que hacer contra 25 guardias armados con rifles. La escapatoria era imposible; el campo estaba arrinconado entre el mar y dos ríos y no tenían forma de conseguir botes para 700 prisioneros. La única ruta posible era huir hacia la aldea, pero ahí los hombres enfermizos y débiles serían atrapados fácilmente. Eran como peces en un barril.

Louie se la pasó rezando en su tablón. En sus pesadillas, él y el Ave luchaban a muerte; el Ave trataba de golpearlo hasta morir mientras Louie intentaba arrancarle la vida al ahora sargento por medio de la estrangulación. Se había alejado del Ave tanto como era posible. Watanabe había estado llorando por el campo, pero no por ello dejaba de perseguir a Louie.

Entonces, de repente, la violencia paró. El Ave se había marchado del campo. Los guardias dijeron que se había ido a las montañas para preparar el nuevo campo para los oficiales prisioneros de guerra. La fecha prevista para la matanza general, el 22 de agosto, estaba a una semana de llegar.

El 15 de agosto, Louie se despertó gravemente enfermo. Iba al baño unas veinte veces al día y en ocasiones con sangrados. Después de ser pesado (lo que se hacía mensualmente), no anotó su peso en el diario, pero observó que había perdido unos seis kilos en un cuerpo ya acosado por la inanición. Cuando agarraba su pierna, las marcas de sus dedos quedaban hundidas en la piel por mucho tiempo. Había visto a muchos hombres morir de esta manera sin saber que los había matado el beriberi.

La mañana llegaba a su término. Los trabajadores del turno nocturno habían llegado y los del turno de día se fueron a laborar.

Louie salió de las barracas. Sin el Ave, era más seguro caminar a la intemperie. Al cruzar el complejo, Louie vio a Ogawa, su supervisor en el campo de papas. Ogawa siempre había sido un hombre inocuo, de los pocos japoneses que no daba a Louie razones para temer. Sin embargo, cuando Ogawa lo vio, sacó su macana y le golpeó el rostro. Louie se retiró asombrado y con la mejilla sangrando.

Unos minutos después, al mediodía, el complejo quedó hundido en un tétrico silencio. Todos los japoneses se habían ido. En ese momento, en los comedores de las fábricas, los prisioneros levantaron la vista de sus platos para encontrarse con que los guardias ya no estaban.

Tinker había recorrido el complejo. Al pasar por el cuarto de los guardias, echó un vistazo. Ahí estaban ellos, reunidos alrededor de un radio y prestando atención total. Escuchaban una titubeante vocecilla japonesa. Algo de enorme importancia se estaba comunicando.

En las fábricas, los guardias reaparecieron a la una treinta de la mañana y dijeron a los cautivos que retornaran a sus estaciones. Cuando Ken Martin lo hacía, encontró a uno sentado. Otro de los japoneses le dijo que no había trabajo. Al mirar en derredor, Marvin vio al guardia civil al que había enseñado un inglés incorrecto y le preguntó por qué no había trabajo. Le respondió que no había energía eléctrica. Marvin miró al techo: todos los focos estaban encendidos. Miró confundido al civil y comentó que las luces estaban encendidas. El civil respondió algo en japonés y Marvin no estuvo seguro de haber entendido. Optó por encontrar a algún amigo que hablara japonés con mayor fluidez y lo llevó hasta donde estaba el guardia civil. Pidió que repitiera lo que había dicho.

"La guerra se terminó".

Marvin empezó a llorar. Él y su amigo permanecieron juntos llorando como niños.

Los trabajadores fueron conducidos de nuevo al campo. Marvin y su amigo se apresuraron a comunicar a los demás lo que el civil les había dicho, pero ninguno de los prisioneros les creía. Todos habían escuchado antes ese rumor y siempre había resultado falso. En el campo, no había señales de que algo hubiera cambiado. Los oficiales explicaron que el trabajo se había suspendido por problemas con la energía. Algunos presos celebraron el rumor de paz, pero Louie y muchos otros anticipaban algo muy distinto. Alguien había escuchado que Naoetsu había sido elegido para ser bombardeado esa noche.

Los cautivos no lograron dormir. Marvin se quedó acostado en su tablón diciéndose que si los mandaban a trabajar al día siguiente por la mañana, la historia del guardia civil sería falsa. Si no los enviaban, tal vez la guerra había terminado. Louie se acostó sintiéndose miserablemente enfermo y en espera de los bombardeos.

Ningún B-29 sobrevoló Naoetsu esa noche. Por la mañana, los equipos de trabajo recibieron la noticia de que no habría labores y luego fueron despachados.

En el segundo piso de la barraca, Louie comenzó a vomitar. Mientras padecía las arcadas envuelto en la náusea, alguien llegó a su tablón y le dio cinco cartas. Eran de Pete, de Sylvia y sus padres; todas habían sido escritas meses atrás. Abrió los sobres y salieron las fotografías de su familia. Era la primera vez que sabía algo de ellos en dos años y medio. Se aferró a las cartas y resistió.

Entre los prisioneros había confusión; los guardias no decían nada. Pasó un día entero sin recibir noticia alguna. Al llegar la noche, los hombres miraron el campo para encontrarse con algo nuevo. La aldea estaba iluminada en plena noche; las persianas a prueba de luz habían sido retiradas en todo el pueblo de Naoetsu. Como prueba, algunos de los prisioneros las bajaron de las ventanas de sus barracas. Los guardias les ordenaron subirlas. Si la guerra había terminado, los guardias tomaban muchas providencias para ocultar ese hecho ante los presos. La fecha maldita estaba a cinco días de cumplirse.

Al día siguiente, Louie estaba todavía más enfermo. Examinó su débil cuerpo y garabateó en su diario las siguientes palabras: "Parezco un esqueleto. Me siento débil".

El Ave reapareció. Al parecer había regresado de su quehacer entre los presos de las montañas. Se veía diferente; una sombra de bigote le oscurecía el labio superior. Louie lo vio meterse a su oficina y cerrar la puerta.

El 17 de agosto, sonó el teléfono en el campo de concentración para prisioneros de guerra de Rokuroshi, ubicado en la helada cima de una montaña japonesa.

Phil, Fred Garrett y más de 350 prisioneros de Rokuroshi temblaban en pleno verano dentro de las barracas, tratando de sobrevivir con base en una dieta basada en líquidos. En ese campo extremadamente remoto y silencioso, el solitario teléfono apenas repicaba, de manera que los prisioneros notaron su sonido. Unos minutos más tarde, el comandante japonés se apresuró a salir del campo para luego bajar de la montaña.

Por algún tiempo, los presos de Rokuroshi estuvieron al máximo de tensión. Durante todo el verano, el cielo había sido cruzado por estelas de aviones. En una noche de julio, los hombres se asomaron de las barracas para ver todo el horizonte al sur encendido en tonos rojos. La luz generada era tan brillante que los cautivos podían leer con ella. El 8 de agosto, los guardias comenzaron a cerrar con clavos la puerta de la barraca. Luego, el 15, se tornaron extremadamente brutales, y se intensificó el trabajo forzado rompiendo rocas en la colina.

Tras la partida del comandante, sucedió algo problemático. Los guardias comenzaron a sacar a los prisioneros de las barracas para dividirlos en grupos pequeños. Cuando todos los hombres habían sido reorganizados, los condujeron fuera del campo internándolos en el bosque de la montaña. Parecía que no se dirigían a ninguna parte. Después de pastorear a los hombres entre los árboles por algún tiempo, los guardias los condujeron de regreso a las barracas. Después se repitieron las caminatas. No se les daba ninguna explicación. Los guardias parecían acostumbrar a los hombres a esta rutina en preparación para algo terrible.

El 20 de agosto, un cielo nublado se extendía pesado y amenazador sobre Naoetsu. Alguien gritó en el complejo: todos los prisioneros debían reunirse afuera. Unos 700 hombres salieron de las barracas y formaron filas frente al edificio. El pequeño comandante del campo, enguantado y con la espada al cinto se paró en la plataforma desde la que se observaban los bombardeos y Kono hizo lo propio junto a él. El comandante habló y Kono tradujo.

"La guerra ha llegado a un punto de cese".

Los prisioneros no reaccionaron. Algunos lo creyeron, pero guardaron silencio por temor a ser reprimidos. Otros, sospechando que se trataba de un truco, no le creyeron. El comandante siguió hablando. Sonaba extrañamente solícito. Hablaba como si los cautivos fueran viejos amigos suyos. Así, expresó su deseo de que los prisioneros ayudaran a Japón a luchar contra la "Amenaza Roja": la Unión Soviética, que acababa de arrebatarles las islas Kuriles.

Cuando terminó el discurso del comandante, los prisioneros aguardaron suspicaces en silencio. De pronto, Kono procedió a invitarlos a bañarse en el río Hokura. Esto era más que extraño; rara vez se había permitido a los hombres meterse al río. Los presos rompieron la formación y comenzaron a descender para llegar al agua. Se quitaban la ropa al tiempo que caminaban. Louie se arrastró detrás de ellos, se quitó la ropa y se metió al agua.

Los hombres se dispersaron por el río rozando sus pieles sin saber qué sucedía en realidad. Luego escucharon el ruido.

Se trataba del gruñido del motor de un avión. Se adivinaba que era uno grande volando bajo y muy cerca. Los nadadores miraron al cielo y, en principio, nada vieron a no ser por el cielo encapotado. Después lo vieron saliendo de las nubes: era un torpedero.

Mientras los presos observaban, el bombardero se lanzó en picada, niveló su vuelo y voló rasante sobre el agua. Los prisioneros lo miraban. El bombardero se dirigía a ellos directamente.

Un instante antes de que el avión pasara sobre sus cabezas, los hombres que estaban en el agua pudieron ver la cabina y al piloto de pie. El avión estaba justo sobre ellos. A cada lado del fuselaje y bajo cada ala, había una estrella blanca grande en un círculo azul. El avión no era japonés. Era norteamericano.

La lucecilla roja que se utilizaba para enviar mensajes en clave parpadeó rápidamente. Un radioperador que estaba en el agua cerca de Louie leyó las señales y gritó de pronto:

"¡Oh! ¡La guerra ha terminado!"

En segundos, una masa de hombres desnudos salió en estampida del río para subir la colina. Mientras el avión daba vueltas sobre ellos, el piloto saludaba con los brazos y los prisioneros llegaron al complejo. Estaban fuera de sí por tanta alegría y tanto alivio. Su temor a los guardias y a la matanza que tanto habían anticipado fue dispersado por el rugido y el poder del bombardero. Los prisioneros brincaban, gritaban y sollozaban. Algunos se subieron al techo de los edificios para saludar y cantar su alegría al piloto. Otros se reunieron en la barda del campo para empujarla hasta hacerla caer. Alguien encontró fósforos y pronto toda la barda estaba en llamas. Los japoneses miraban encogidos y guardando prudente distancia.

En medio de la celebración, Louie estaba de pie sobre sus piernas temblorosas. Lucía demacrado, estaba enfermo y escurría agua. Su mente exhausta repetía dos palabras una y otra vez.

¡Soy libre! ¡Soy libre! ¡Soy libre!

Abajo, en la ribera, un maltrecho prisionero australiano de nombre Matt Clift se sentó a la orilla del río. Tenía los ojos puestos en el torpedero, que pasaba rasante sobre su cabeza cruzando alternativamente el río y el campo. Cuando miraba, algo salió de la cabina del avión. Arrastraba en su caída un listón amarillo. El objeto fue derivando al oeste al caer y se dirigió directamente al río. Clift se incorporó, se inclinó hacia el agua y trató de estirarse lo más posible sin caer. El objeto le cayó en las manos. Se trataba de una pequeña caja de madera. Recuperó a duras penas el equilibrio al tiempo que aferraba su tesoro. Entonces, tuvo una idea maravillosa: *¡Chocolate!* Su corazón se inundó de gratitud por "el gran gesto" del piloto.

Clift pasó algún tiempo tratando de abrir el paquete y, para su desilusión, en algún momento se percató de que no era chocolate. Cuando al fin logró abrirlo, encontró un mensaje manuscrito que decía:

NUESTROS TBF [TORPEDEROS] NO HAN PODIDO HACER LAS COSAS HOY. MAÑANA LOS CONDUCIRÉ HASTA AQUÍ CON COMIDA Y PROVISIONES. TENIENTE A. R. HAWKINS. VF-31. FPO BOX 948, LUFKIN, TEXAS.[32]

---

[32] El piloto de torpedero Ray Hawkins era una leyenda. En la Segunda Guerra Mundial derribó catorce aviones japoneses, adquiriendo la categoría de piloto as tres veces y ganando tres cruces de la marina. Siguió volando durante la guerra de Corea, en la que se convirtió en líder de los Ángeles Azules. Fue el primer hombre en ser expulsado de un *jet* a velocidad supersónica. Sobrevivió.

Antes de alejarse, Hopkins arrojó dos regalos: una barra de chocolate mordida y una cajetilla de veinte cigarrillos en la que quedaban diecinueve. Fitzgerald hizo rebanar la barra de chocolate en 700 rajitas; cada hombre ponía su dedo sobre una y luego lo lamía. La porción de Louie era del tamaño de una hormiga. Luego, Fitzgerald hizo que sus compañeros formaran diecinueve círculos para recibir un cigarrillo y cada hombre dio una deliciosa bocanada.

Otro avión norteamericano pasó encima del campo y un hombre cayó de la nave. La caída continuaba y el paracaídas no se abría. Todos contuvieron el aliento. Después se percataron de que no se trataba de un hombre; era un par de pantalones rellenos con algo, pues habían atado la cintura y los extremos de las perneras para que el contenido no se saliera.

Los oficiales recuperaron los pantalones. Louie estuvo de pie junto a éstos cuando la cintura fue abierta. Hasta arriba de una pila de artículos varios, encontraron una revista estadounidense. En la portada, había una fotografía de una nube inconcebiblemente grande producida por una explosión. Los hombres se quedaron callados mientras ataban cabos en relación con los rumores de que una bomba gigante había evaporado Hiroshima, dando así fin abrupto a la guerra.

Bajo la revista, había cartones de cigarrillos y dulces. Pronto el campo estaba lleno de envolturas de dulce y de tipos esqueléticos que fumaban desnudos. En una bolsa, Fitzgerald encontró una carta perteneciente al dueño de los pantalones. El hombre había estado muy ocupado, pues tenía una esposa en California y una novia en Perth.

La roca seguía en su lugar al pie de la ventana de la barraca; todavía tenía la cuerda que Louie le había amarrado. Pero los conspiradores habían llegado demasiado tarde; el Ave había huido. En algún momento de ese día, o quizás el día anterior, se había quitado el uniforme, había tomado un costal de arroz y se había esfumado internándose en la campiña de Naoetsu.

TREINTA Y DOS

★ ★ ★

Cascadas de duraznos rosas

El 22 de agosto, Phil y Fred Garrett estaban sentados en el campo para prisioneros de Rokuroshi. Se preguntaban qué estaría sucediendo. Aislados en su fría montaña, nada habían dicho a los prisioneros sobre los importantes acontecimientos de días pasados. Sólo sabían que el comandante del campo se había ausentado durante cinco días y, en su ausencia, los guardias habían conducido a los presos en tétricas caminatas por el bosque.

Esa tarde, el comandante japonés subió trabajosamente la montaña. Lucía un tanto marchito. Entró a las barracas y se aproximó a un prisionero de rango, el teniente coronel estadounidense Marion Unruh.

"El emperador ha traído la paz al mundo", dijo.

El comandante entregó su espada a Unruh, quien juntó a sus hombres y les comunicó que la guerra había terminado. Los prisioneros se reunieron de inmediato para dar gracias. Se les dijo que no debían buscar venganza; eran oficiales, caballeros y debían comportarse como tales.

Los prisioneros organizaron la fiesta de fiestas. Demolieron la barda del campo y construyeron una gigantesca pila con madera; un prisionero la describió diciendo que tenía casi veinte metros de altura. Preguntaron al intérprete japonés si podía conseguirles algo de *sake* y pronto llegó un tambo lleno. Los hombres lo abrieron para comenzar a beber. Luego prendieron fuego a la pila de madera. Un prisionero originario de Alabama transformó el tambo en tambor y los presos ebrios comenzaron a bailar. Se organizó una fila de prisioneros borrachos que bailaban algo parecido a una conga alrededor del campo y las barracas. Uno de los participantes en la fiesta hizo un *strip tease* para revelar un cuerpo de lo menos atractivo que es posible imaginar. La fiesta duró toda la noche y fue tan salvaje que uno de los hombres se maravilló por el hecho de que todos los cautivos siguieran vivos al salir el sol.

Los prisioneros celebran el fin de la guerra.
Naval History and Heritage Command.

Al día siguiente, los presos bajaron la montaña con resaca hasta llegar a las aldeas más cercanas. Se encontraron en casi todos los casos con pueblos fantasmas. Los civiles habían optado por la huida al ver la hoguera. Los prisioneros regresaron al campo y esperaron a que llegara la ayuda.

En Naoetsu, la mayoría de los guardias permanecieron en el campo. Su naturaleza agresiva fue transformada hasta convertirlos en individuos exageradamente obsequiosos. Casi no había comida ni tabaco. Fitzgerald fue con el comandante japonés tres veces al día para exigirle más comida, y en cada ocasión se la rechazaba. Los prisioneros salieron del campo en busca de algo para comer. Alguien regresó con una vaca. Otro volvió con algunos cerdos. No era suficiente. Fitzgerald escribió al cónsul suizo en Tokio para comunicarle la terrible situación del campo y solicitar ayuda inmediata, pero el comandante japonés se rehusó a enviar el despacho. Enfurecido, Fitzgerald amenazó con informar a las fuerzas estadounidenses respecto de la conducta del comandante, pero ni siquiera así logró que el japonés aceptara.

A las diez de la mañana del 26 de agosto, seis días después de que se anunció el fin de la guerra en Naoetsu, Fitzgerald salía de la oficina del comandante cuando un grupo de cazas norteamericanos que habían despegado del portaviones *Lexington* empezaron a volar en círculos sobre el campo. Los prisioneros salieron en tropel gritando. Rápidamente, limpiaron una zona del campo, cogieron cal y pintaron dos palabras gigantes en el suelo: COMIDA CIGARRILLOS. Desde la cabina de los aviones, cayeron mensajes. Los aviones llevaron provisiones a los campos, pero ya habían agotado sus cargas. Los pilotos prometieron que pronto llegaría la comida.

Incapaces de alimentar a los prisioneros de guerra, los pilotos decidieron hacer algo por ellos: improvisaron un espectáculo aéreo de media hora mientras los presos gritaban felices. Fitzgerald estaba con sus hombres y lo conmovió ver sus alegres rostros mirando al cielo. "¿Maravilloso?", se preguntó J. O. Young en su diario. "Claro que es maravilloso llorar, alentar y saludar con tu sombrero, portándote como un tonto. Nadie que haya pasado dos semanas en esta guerra como prisionero puede saber lo que significa ver al viejo tío Sam zumbando sobre el campo".

Los cazas persuadieron al comandante japonés. Llamó a Fitzgerald y se quejó de que "no se había comportado como un caballero", y lo acusó de blofear cuando lo había amenazado con referir los maltratos a las fuerzas norteamericanas.

"Todo lo que dije fue en serio", respondió Fitzgerald.

Noventa minutos después, camiones japoneses llegaron al campo y con ellos la comida, las galletas y la fruta enlatada.

Por la tarde sobrevolaron más aviones provenientes del *Lexington* y dejaron caer bolsas impermeables por todo el campo. Los prisioneros corrían para salvar su vida. Un hombre que había saltado desde la barda para que no lo golpearan las provisiones, se rompió el tobillo. Una bolsa cayó fuera del campo, en el río. Los prisioneros se aventuraron a salir de las barracas, cogieron las bolsas y repartieron el contenido. Cada hombre recibió una lata de mandarinas, un paquete de galletas, dos cigarrillos y un poco de dulce. Alguien fue al río para coger la bolsa errante y en ella encontró revistas y periódicos. Preocupado porque la comida no era ni remotamente suficiente, Fitzgerald dijo a alguien que escribiera en el suelo con cal las siguientes palabras: SOMOS 700 PRISIONEROS.

Mientras comían, los hombres se pasaban las revistas y hojeaban las páginas mojadas. Según se enteraron, los combates habían terminado desde el 15 de agosto; la vocecita que Wade había escuchado en el radio del cuarto de los guardias había sido la del emperador Hirohito anunciando el cese de hostilidades. Esto significaba que, durante cinco días —siete en el caso de Rokuroshi—, los japoneses habían engañado a los prisioneros para esconder el hecho de que la guerra había terminado. Tomando en cuenta los muchos signos de que se preparaba una masacre, era posible que los comandantes hubieran tenido la instrucción de esperar hasta saber si debían o no continuar con los planes, y querían que los hombres se mostraran dóciles por si acaso les llegaba una respuesta afirmativa.

Tres días después del espectáculo de los cazas, los estadounidenses enviaron al equipo pesado: seis B-29. En la parte inferior de las alas de uno, se leía *Comida para los prisioneros*. Se abrieron las compuertas de la bahía de lanzamiento de bombas y cayeron paquetes atados a paracaídas de color rojo, blanco y azul. La primera remesa cayó en el complejo. Otras cayeron en los arrozales y fueron perseguidas por cientos de jubilosos esqueletos vivientes. Un paquete tenía una inscripción escrita en gis: *Arrojé una bomba aquí en mayo de 1945 —siento haber fallado. Billy the Kid. Rhode Island, Nueva York*. Las cajas caían por todas partes. Algunos civiles las metieron en sus casas para esconderlas. Otros, con grandes trabajos, las arrastraron hasta el campamento.

Las cajas se abrían al chocar con el suelo. Cascadas de duraznos rosas rodaban en la campiña. Una caja con vegetales explotó y comenzaron a llover chícharos del cielo. Otra cayó sobre los cables de luz y dejó sin energía eléctrica a Naoetsu. Una más se desplomó en el cuarto de guardias. Louie y Tinker se salvaron apenas de ser aplastados por un tambo gigante lleno de zapatos que no habían visto venir. El tambo atravesó el techo del *benjo* para aterrizar sobre un infortunado australiano que se rompió la pierna, y sobre un estadounidense de Idaho, quien resultó con el cráneo fracturado en un incidente no fatal. El prisionero de Idaho se había mantenido en ayunas todo el día en espera de poder comer lo que los norteamericanos lanzaran en lugar de algas. Para prevenir mayores desastres, alguien corrió al camino y escribió en el suelo las palabras *lanzar aquí*.

Comenzó una orgía de comida y cigarrillos. Los hombres comieron hasta hartarse. Luego esperaron un poco y volvieron a comer dos y hasta tres veces. Louie abrió una lata de sopa de chícharos concentrada y la devoró; tenía demasiada hambre para agregarle agua. J. O. Young y dos amigos bebieron ocho litros de cocoa. La comida seguía cayendo del cielo. Caía tanta, que Fitzgerald pidió a un hombre que fuera al camino a asegurarse de que el letrero dijera "700 prisioneros" y no siete mil.

Al anochecer, dejaron de comer. Los hombres fueron a dormir con el estómago repleto, sin bombardeos aéreos, ni *tenkos* ni Ave. Louie estaba entre ellos envuelto en el paracaídas que había caído en el arrozal.

"Son cerca de las seis de la tarde y me encuentro aquí inmerso en una bendita miseria. Al igual que todos los prisioneros, he soñado con esta comida durante todo este internamiento. En pocas palabras, me siento tan lleno que hasta me cuesta trabajo respirar", escribió en su diario J. O. Young. "Después de ser prisionero cuatro años, no existe eso de quedar satisfecho al terminar de comer. O sigues con hambre o estás tan completamente lleno que vuelves a la miseria".

"Sólo me queda una cosa por decir antes de dar por terminado el día", continuó. "Es hermoso ser norteamericano y ser libre, y cuesta muchísimo trabajo convencerse de que somos hombres libres".

Por la mañana del 2 de septiembre, un B-29 conocido como *Nave Fantasma* recorrió un largo trecho de playa para confirmar el trazo de la costa occidental de Japón. El avión se había ganado su apodo cuando un controlador de tráfico aéreo no logró ver al pequeño piloto de la nave, Byron Kinney, con su 1.70 de estatura dentro de la cabina. El controlador exclamó: "¡No hay nadie en ese avión! ¡Debe tratarse de una nave fantasma!" En una nota entregada en Guam la tarde anterior, habían informado a Kinney que llevaría provisiones a un remoto campo para prisioneros de guerra llamado Naoetsu.

Louie estaba solo en el complejo cuando la *Nave Fantasma* salió de entre las nubes, voló rasante sobre el arrozal, soltó la primera carga y comenzó a dar una gran vuelta para realizar el segundo lanzamiento. Al escuchar al bombardero, los hombres adormilados salieron rápidamente de las barracas y corrieron hasta el lugar marcado con la inscripción *Lanzar aquí*. Louie supo que el avión retornaba y trató de advertir a los hombres. Cuando el avión descendía, Kinney vio a los prisioneros diseminados por el arrozal luciendo "sucios, harapientos y demacrados", y a un hombre tratando de alejarlos. Abortó el lanzamiento y dio otra vuelta. Para cuando regresó, Louie había limpiado la zona. El segundo cargamento fue lanzado.

Kinney dio la vuelta una vez más, descendió mucho y voló casi al ras del agua. Louie estaba parado entre varios prisioneros que agitaban sus camisas para saludar. Kinney volaba tan bajo que tanto él como Louie vieron sus respectivos rostros. "Casi podíamos escuchar sus gritos de alegría cuando sobrevolamos por última vez", escribió Kinney. "Se veían felices. Me llegaron al corazón. Sentí que quizás nosotros éramos la mano de la providencia que se estiraba para alcanzar a esos hombres. Me sentí muy agradecido de tener la oportunidad de ir".

El piloto del B-29 Byron Kinney tomó esta fotografía en su vuelta final sobre Naoetsu, el 2 de septiembre de 1945. El campo para prisioneros de guerra de Naoetsu está en la parte superior, la más lejana del puente. Las grandes barracas de las que Louie y los otros oficiales pensaban arrojar al Ave son apenas visibles en la confluencia de ambos ríos. *Byron Kinney*

Cuando la *Nave Fantasma* se alejó, uno de los tripulantes de Kinney puso el radio en el intercomunicador. Se escuchó la voz del general Douglas MacArthur, quien transmitía desde la cubierta del *USS Missouri*, estacionado en la bahía de Tokio. De pie junto a MacArthur estaba Bill Harris. Había sido rescatado de Omori y llevado al barco para ocupar un sitio de honor. Junto a los norteamericanos estaban los oficiales japoneses listos para firmar los documentos de la rendición.

En sus correrías por el oriente, Japón había llevado la atrocidad y la muerte a una escala que desafía la imaginación. En medio de todo eso estaban los prisioneros de guerra. Japón mantenía unos 132 000 cautivos provenientes de Estados Unidos, Gran Bretaña, Canadá, Nueva Zelanda, Holanda y Australia. De esos prisioneros,

36 000 habían muerto, más de uno de cada cuatro.[33] A los estadounidenses les fue particularmente mal: de los 34 648 apresados
por los japoneses, 12 935 —más de 37 por ciento— murieron.[34] En
comparación, sólo uno por ciento de los norteamericanos presos de
los nazis y los italianos murieron. Japón masacró a miles de prisioneros e hizo que miles más trabajaran hasta morir en la esclavitud,
incluyendo a dieciséis mil prisioneros de guerra que murieron junto a cien mil trabajadores asiáticos obligados a construir el ferrocarril de la ruta Burma-Siam. Miles fueron quemados, acuchillados,
golpeados hasta morir, decapitados, balaceados, asesinados en experimentos médicos o comidos vivos en actos rituales de canibalismo. Como resultado de la pésima alimentación y de los alimentos y
bebidas en estado de descomposición, miles más murieron de hambre y de enfermedades fácilmente prevenibles. De los 2500 prisioneros internos en el campo Sandakan, en Borneo, sólo seis llegaron
vivos a septiembre de 1945, y todos ellos sobrevivieron escapando.
Fuera de estas aterradoras estadísticas, queda un número incierto
de hombres capturados y muertos de inmediato en el lugar de los
hechos, y otros llevados a sitios como Kwajalein para ser asesinados
sin que el mundo se enterara de su cruel destino.

Al cumplir con la orden de matar a todos llegado el momento
oportuno, los japoneses masacraron a cinco mil coreanos que tenían cautivos en Tinian, a todos los que estaban en Ballale, Wake
y Tarawa, y a todos menos once de los prisioneros de Palawan. Evi-
dentemente, estaban a punto de asesinar a todos los prisioneros y a

---

[33] Japón también tenía más de 215 000 prisioneros de otros países y miles de
esclavos-trabajadores de los que poco se sabe. Sus tasas de mortalidad son desconocidas.
[34] Ha existido confusión en lo referente a las estadísticas de los prisioneros de
guerra norteamericanos. Los números citados arriba, compilados por el doctor
Charles Stenger en un estudio realizado para la Administración de Veteranos,
parecen ser definitivos.

los internos civiles que estaban bajo su custodia cuando la bomba atómica derribó su imperio.

Por la mañana del 2 de septiembre de 1945, Japón firmó su rendición formal. La Segunda Guerra Mundial había terminado.

Para Louie, esos fueron días de felicidad beatífica. Aunque todavía estaba enfermo, desgastado y débil, resplandecía por una euforia que jamás había experimentado. La ira contra sus captores se había esfumado. Al igual que todos los hombres que estaban con él, se sintió inundado de amor por todos y por todo.

Sólo al pensar en el Ave salía de ese estado momentáneamente. Unos días antes, Louie lo habría inmovilizado y asesinado sin remordimientos. Ahora, esa urgencia vengadora no era tan firme. El Ave se había ido. Su capacidad para llegar a Louie —al menos físicamente— se había extinguido. En ese momento, Louie sólo sentía éxtasis.

El perdón invadió a todos los hombres de Naoetsu. Los prisioneros compartían provisiones con los civiles y permitían que los rodearan los chiquillos para darles chocolate. Louie y otros prisioneros llevaron ropa y comida a los guardias y les pidieron que las llevaran a casa para sus familias. Hasta Kono fue perdonado. Al ordenársele permanecer en su oficina, se encerró por once días; así de temeroso se sentía ante una venganza que nunca llegó. Cuando algún preso abría la puerta de su oficina, Kono corría hasta una esquina. Unos cuantos días antes, tal vez se hubiera enfrentado al resentimiento, pero en ese día no existía tal intención. Los prisioneros lo dejaron solo.[35]

---

[35] Kono se vistió de civil, escapó del campo, escribió a su madre para decirle que se suicidaría, adoptó un nombre falso y se mudó a Niigata. Un año más tarde, fue reconocido gracias a un cartel de "se busca" y arrestado. Se le condenó por abusar de los prisioneros de guerra y fue sentenciado a una vida de trabajos forzados.

Sólo hubo un acto de venganza en el campo. Cuando un guardia particularmente odiado apareció en la cocina, un preso lo tomó del cuello de la camisa y del cinturón arrojándolo de la cocina con tal fuerza que fue a caer hasta el río Hokura. Los presos no volvieron a verlo.

Las provisiones no dejaban de caer. Pasados unos días desde la primera visita de los aviones, la comida, las medicinas y la ropa abundaban por doquier. Los oficiales distribuyeron la ropa tan pronto como caía al suelo, y cada hombre tuvo provisiones más que suficientes. En cierto momento alguien subió al techo y escribió: *No más. Gracias. ¿Hay noticias?*

Los atracones tuvieron consecuencias. Los sistemas digestivos se habían acostumbrado a comer una, dos o tres tazas de algas por día, pero al cambiar las cosas llegaron los problemas. Naoetsu se convirtió en un festival de diarrea explosiva. Las filas para el *benjo* eran largas, y dado que los hombres a veces ni siquiera lograban bajarse los pantalones antes de defecar, comenzaron a fertilizar Japón en donde les sorprendían las ganas de hacerlo. Luego volvían a su feliz celebración.

Los B-29 siguieron lanzando comida para los presos por todo Japón. Más de cien mil aviones saturaron el paisaje con cerca de 4 500 toneladas de carne enlatada, coctel de frutas, sopas, chocolate, medicinas, ropa y miles de tesoros más. En Omori, Bob Martindale se había apoderado de la odiada y pequeña oficina del Ave. Ahí estaba cuando una caja enorme cayó junto a la ventana y explotó provocando un cataclismo de cocoa norteamericana en polvo. Martindale salió tambaleante. Estaba cubierto de cocoa de los pies a la cabeza. Salió ileso del percance.

Todos en el campo estaban ansiosos por volver a casa, pero los mensajes de radio que enviaban las fuerzas de ocupación ordenaban a los prisioneros permanecer en los campos por el momento.

A Fitzgerald le dijeron que un equipo de evacuación llegaría a Naoetsu el 4 de septiembre para supervisar el transporte de los prisioneros a Yokohama, y de ese sitio a casa. De modo que los prisioneros se sentaron a esperar comiendo, fumando, descansando, comiendo, celebrando, nadando y comiendo más. Louie comió vorazmente, se fortaleció y aumentó de peso exponencialmente. Su rostro y su cuerpo estaban hinchados por la retención de agua.

Louie hizo su mejor esfuerzo por acicalarse, y comenzó por la camisa de muselina que había usado desde la mañana en que había subido al *Avispón Verde*. Adorada por Louie, la prenda estaba desgarrada, descolorida y manchada con polvo de carbón. Ya no se distinguía el nombre de Louie, escrito a mano, en el bolsillo del pecho. Hirvió la prenda para matar piojos y pulgas y luego la restregó para quitar el carbón.

Los prisioneros salieron a pasear al campo. Llevaban las provisiones al pueblo y ahí conocieron a varios civiles cautelosamente amigables con los que intercambiaron alimentos por rasuradas, cortes de cabello y recuerdos. Llamaban a las puertas ofreciendo intercambiar comida y tabaco por alimentos frescos. Dentro de las casas había grandes máquinas industriales, justo como las que Louie había visto en Tokio. Tinker halló un tocadiscos en el campo y luego fue al pueblo a comprar un regalo para Louie: una grabación de Gustave Charpentier llamada *Impressions d' Italie*. Los prisioneros irrumpieron en la bodega para encontrar unas quince cajas de la Cruz Roja. Varios hombres descubrieron un burdel y volvieron al campo con sonrisas pecaminosas. Ken Marvin y un amigo pidieron prestadas las bicicletas de dos chicos y pedalearon por los caminos descubriendo la belleza del lugar en que habían estado todo ese tiempo. Al llegar a un baño público lleno de civiles, Marvin se unió a ellos inmediatamente. Se talló bien por vez primera desde su última ducha en el atolón de Wake, en diciembre de 1941. "¡Dios mío!", recuerda. "¡Fue todo un placer!"

Llegó el 4 de septiembre. El equipo de evacuación nunca se presentó. Habían pasado más de dos semanas desde que el torpedero había sobrevolado el río transmitiendo el mensaje de que la guerra había terminado. El comandante Fitzgerald, al igual que todos los hombres del campo, estaba harto de esperar. Pidió a Marvin y a otro hombre que se pusieran placas de policías militares y caminaran con ellas hasta la estación de trenes. Cuando llegaron, Fitzgerald pidió al jefe de la estación que arreglara las cosas para que, al día siguiente, estuviera ahí una máquina con diez vagones. El oficial rehusó y se mostró bastante odioso.

El comandante John Fitzgerald había estado en custodia de los japoneses desde abril de 1943. Durante dos años y medio, fue forzado a arrastrarse ante sádicos e imbéciles cuando trataba de proteger a sus hombres. Había sido hambreado, golpeado y esclavizado; le habían hecho la cura del agua además de arrancarle las uñas. Estaba harto de negociar. Tomó impulso y dio un puñetazo al oficial de la estación para deleite de Ken Marvin. A la mañana siguiente, el tren estaba ahí justo a tiempo.

Temprano por la mañana del 5 de septiembre, Louie empacó su diario, el disco que Tinker le regalara, las cartas de casa y bajó por última vez las escaleras de las barracas. En el complejo, los prisioneros se reunían emocionados y alegres. Todos llevaban consigo sus escasas pertenencias; los soldados de la Mancomunidad Británica se llevaban las cajas blancas con los restos de los 60 soldados australianos muertos en el campo. Determinados a salir de ese lugar indecente con dignidad, se reunieron detrás de banderas de sus naciones. Luego, pasaron juntos a través de la puerta del campo y marcharon por el camino en busca de sus esposas, novias, hijos, madres, padres y hogares.

Cuando se dirigía a casa caminando sobre el puente, Louie miró atrás. Algunos de los guardias y los oficiales del campo estaban de pie en el complejo mirándolos marchar. Algunos de los cautivos más enfermos quedaron ahí esperando el transporte del día siguiente. Fitzgerald se quedó con ellos negándose a irse hasta que el último de sus hombres fuera liberado.[36] Louie levantó el brazo y se despidió de la guerra. Cruzó el puente y el campo se perdió de vista.

La última estampa de Naoetsu que vieron los prisioneros cuando el tren arrancaba en su viaje a Yokohama, consistió en una hilera de japoneses mezclados con los pocos guardias civiles y trabajadores del campo que habían sido buenos con ellos. Ahí estaban todos de pie junto a las vías. Alzaron la mano en despedida.

---

[36] Cuando Fitzgerald llegó a casa, fue honrado con la cruz de la marina y la estrella de plata, por su heroísmo en combate y en el campo de concentración para prisioneros de guerra.

TREINTA Y TRES

★ ★ ★

El día de las madres

Los prisioneros de Naoetsu tenían control del tren. Éste frenaba abruptamente en cada poblado de la ruta, por lo que los hombres se mecían amontonados en los vagones y alegres por el *sake* y todo lo demás que habían robado. El viaje continuó y el *sake* siguió entrando en esos cuerpos esqueléticos, convirtiendo a sus dueños en tipos bulliciosos y hasta pendencieros. Un teniente se puso de pie y, con gran solemnidad, advirtió a los hombres que debían comportarse. No quería que nadie cayera del tren, dijo.

Cerca de las tres de la tarde, el tren se detuvo y comenzó a andar en reversa. Tal y como el teniente temiera, un hombre había caído. Cuando se pudo distinguir de quién se trataba, se sorprendieron al saber que era el teniente mismo. Tuvo suerte. Durante toda la tarde, prisioneros ebrios cayeron del tren pero éste no paró para esperarlos. Tuvieron que arreglárselas solos.

A todo lo largo y ancho de Japón, los trenes repletos de prisioneros se dirigían a Yokohama. Los hombres apoyaban el rostro contra las ventanas para darse una primera idea de lo que habían provocado esos B-29. Ciudades que alguna vez habían sido grandes, yacían ahora derruidas, dejando sólo manchas negras en el suelo y una red de caminos ennegrecidos que a nadie llevaban a ninguna parte.

La primera vez que advirtieron la destrucción entre las fuerzas enemigas, los prisioneros ovacionaron. Sin embargo, después de la primera ciudad vino otra, y luego otra. Prácticamente todas habían sido arrasadas; sus habitantes deambulaban buscando entre los escombros como si se tratara de espectros. Las ovaciones terminaron. En el vagón de Louie, el silencio llegó cuando atravesaban Tokio. Una semana después de que Louie dejara Omori, 42 kilómetros cuadrados y decenas de miles de almas habían desaparecido por obra de los B-29.

Algunos trenes pasaron cerca de Hiroshima. Prácticamente todos los prisioneros consideraban que la destrucción de esta ciudad los había salvado de ser ejecutados. John Falconer, sobreviviente de la Marcha de la Muerte de Bataan, miraba por la ventana mientras el tren se aproximaba a Hiroshima. "Primero había árboles", comentó al historiador Donald Knox. "Luego faltaban las hojas. Conforme te acercabas, faltaban además las ramas. Al acercarse aún más, los troncos habían sido arrancados y luego, al llegar a la ciudad, no había nada. ¡Nada! Era hermoso. Me di cuenta de que eso era lo que había dado fin a la guerra. Significaba que ya no padeceríamos hambre y tampoco careceríamos más de tratamiento médico. Yo me mostraba insensible ante las necesidades humanas y el sufrimiento de los demás. Sé que no está bien decir que era bello, porque no lo era en realidad, pero creo que, probablemente, el fin justificó los medios".

A las siete de la noche, el tren proveniente de Naoetsu entró a la bombardeada Yokohama y se detuvo en la estación.

"Bienvenidos de regreso, muchachos".

"Ante mí, vestida con un uniforme caqui inmaculado, estaba una chica norteamericana con una sonrisa como de portada de revista, con un maquillaje perfecto y el cabello rubio de peróxido", escribió Tom Wade. "¡Después de tres años y medio en el campo de concentración, había sido liberado por una gran rubia estadounidense!"

Los prisioneros fueron acogidos maravillosamente por las enfermeras de la Cruz Roja, algunas de las cuales lloraron al verlos. Quizás no todas las mujeres eran bellas, pero a Ken Marvin le parecieron tan bonitas como diosas.

Alguien descubrió un comedor y los hombres se lanzaron a la carga. En ese lugar estaba el periodista Robert Trumbull. Preguntó en voz alta si alguien tenía una historia que contar. Al pasar, Frank Tinker le dijo que hablara con Louie Zamperini y señaló a su amigo.

"Zamperini está muerto", dijo Trumbull, quien pensó que el hombre en cuestión ni siquiera se parecía al famoso corredor. Preguntó a Louie si podía probar su identidad. Él sacó su cartera. Los japoneses habían extraído las principales identificaciones, pero en un compartimiento oculto de su cartera, él había retacado ocho dólares, la caricatura culpable de que Phil y él fueran golpeados, y un pase para el campo de futbol de la USC expedido a su nombre.

Trumbull estaba asombrado. Llevó a Louie a un costado y empezó a hacerle preguntas. Louie le contó su odisea. Omitió un detalle: por el bien de Mac y su familia, no dijo nada sobre cómo se perdieron los chocolates. Phil haría lo mismo, diciendo que habían caído al mar. Cuando Louie terminó, Trumbull le pidió que resumiera lo que tuvo que resistir y él permaneció en silencio.

"Si supiera que debo pasar de nuevo por esas experiencias, dijo finalmente, me mataría".

A la mañana siguiente, Louie fue llevado a un campo aéreo para volar a Okinawa, donde se estaban concentrando muchos prisioneros antes de enviarlos a casa. Al ver una mesa abastecida con cereales, comenzó a meterse las cajitas bajo la camisa sin hacer caso de la empleada que le aseguraba que ya no tenía que atesorar provisiones, puesto que nadie lo iba a hambrear ya. Louie abordó el avión con el aspecto de una mujer embarazada.

En algún momento del bullicio, se había separado de sus amigos. No se habían despedido. Al dar las siete de la mañana, Louie volaba ya dejando atrás Japón para siempre, o al menos, eso esperaba.

En Okinawa, un sargento llamado Frank Rosynek estaba parado cerca de la pista observando el aterrizaje de los aviones de pasajeros. Vestía un uniforme igual al viejo del undécimo grupo de bombarderos que Louie luciera. El grupo estaba ahora estacionado en Okinawa, y Rosynek había ido al campo aéreo para dar la bienvenida a los prisioneros. "Se veían patéticos: eran casi puro hueso y piel; vestían harapos y su calzado estaba reparado improvisadamente. Se veían nerviosos", escribió. Caminó entre ellos escuchando sus historias y se maravilló ante lo mucho que saboreaban las viandas del comedor. Muchos lloraban viendo fotografías de sus esposas y prometidas: rogaban que no los hubieran dado por muertos.[37]

El jefe de Rosynek le pidió que asistiera al interrogatorio de un prisionero de guerra del undécimo grupo. Cuando Rosynek llegó, vio a tres oficiales sentados frente a un prisionero de guerra sin rasurar y con la ropa desteñida por el sol. Los oficiales miraban al prisionero como si estuvieran en estado de *shock*. El coronel dijo a Rosynek que el hombre era Louis Zamperini, había desaparecido unos dos años y medio antes. Todos en el grupo de bombarderos pensaron que estaba muerto. Rosynek se mostraba incrédulo. Su trabajo había consistido en escribir cartas a los familiares cerca-

---

[37] La peor pesadilla de uno de los prisioneros se hizo realidad. Tras ser liberado, un reportero le dijo que su esposa, creyéndolo muerto, acababa de casarse con su tío. Cuando ella se enteró de que su primer marido estaba vivo, anuló su nuevo matrimonio e hizo que la Associated Press le diera el siguiente mensaje a su recién hallado esposo: "Te amo sólo a ti, Gene. Por favor perdóname".

nos de los perdidos, y probablemente había escrito a la madre de Zamperini, pero ya no lo recordaba con claridad. Habían enviado tantas de esas cartas. Hasta ahora, ninguno de esos hombres había aparecido vivo.

Fue probablemente más tarde ese mismo día cuando el muerto viviente entró a los cuarteles del undécimo grupo de bombarderos. Jack Krey, quien había empacado las pertenencias de Louie en Oahu, captó la reacción ante la noticia de la reaparición de Louie: "No lo puedo creer".

No se trató del tipo de reunión que Louie había anticipado. La mayoría de esos hombres eran extraños para él. Se enteró de que muchos amigos suyos estaban muertos. Doscientos cincuenta y cinco hombres del undécimo habían desaparecido y se presumían muertos, incluyendo a 26 del Escuadrón 42 de Louie. Muchos más habían muerto en acción. De los dieciséis oficiales libertinos que compartieron el palacio de la pornografía en Oahu, sólo cuatro —Louie, Phil, Jesse Stay y Joe Deasy— seguían con vida. Louie y Phil se habían desvanecido en el Pacífico. Deasy había regresado a casa con tuberculosis. Sólo Stay había completado las cuarenta misiones obligatorias en servicio. Había sido testigo de cómo derribaban cinco aviones en los que toda la tripulación había fallecido. Sin embargo, las naves en las que él voló sólo resultaron con un agujero de bala. Se había marchado a casa en marzo.

Alguien trajo a Louie un ejemplar del *Minneapolis Star-Journal*, en su edición del 15 de agosto. Cerca del final aparecía un artículo titulado: "No olvidemos", en el que se discutía el tema de los atletas muertos en la guerra. Más de 400 aficionados, profesionales y colegiales habían fallecido, incluyendo a diecinueve jugadores de futbol americano profesional, cinco beisbolistas de la Liga Americana, once golfistas profesionales y el velocista olímpico Charlie Paddock, campeón en los juegos de 1920 y conocido de Louie. En

la misma página, Louie vio su fotografía y las palabras "gran corredor de la milla... muerto en acción en el Pacífico sur".

El comedor de Okinawa se mantenía abierto para los prisioneros las 24 horas del día. Muchos no podían dejar de comer. Louie
se dirigió al comedor inmediatamente, pero lo detuvieron en la
puerta. Debido a que los japoneses no lo habían incluido en el registro de la Cruz Roja, su nombre no estaba en la lista. El caso era
que, para los empleados del comedor, Louie no era un prisionero
de guerra. Se topó con el mismo problema cuando trató de obtener
un nuevo uniforme para remplazar los pantalones y la camisa que
había usado a diario desde el 27 de mayo de 1943. Hasta que se
aclaró este error, tuvo que subsistir con barras de caramelo que las
enfermeras de la Cruz Roja le dieron.

Louie en Okinawa. En la mano derecha tiene el anillo de graduación de la
USC, que se atoró cuando su avión accidentado se hundía.
Cortesía de Louis Zamperini.

Poco después de la llegada de Louie, fue enviado a un hospital para
someterse a exámenes. Al igual que la mayoría de los prisioneros
que comían hasta hartarse día y noche, Louie ganó peso con ra-

pidez extrema; ahora pesaba 65 kilos, sólo ocho menos de su peso antes del choque. Pero esta ganancia se debía principalmente a una dramática retención de líquidos y no a la masa muscular, por lo que estaba hinchado del rostro. Aún padecía disentería y estaba débil como una hoja de pasto. Tenía solamente veintiocho años, pero su cuerpo, externa e internamente, había sufrido los estragos de abusos y privaciones durante 27 meses. Los médicos que sabían quién había sido Louie alguna vez, se sentaron con él para conversar seriamente. Después de hablar con los médicos, un reportero le preguntó por su carrera atlética.

"Se acabó", dijo contundente. "Nunca correré de nuevo".

Los Zamperini estaban en ascuas. Desde el accidente de Louie, el único mensaje llegado a América había sido la transmisión de radio, acaecida diez meses antes. Las cartas escritas después de que el Ave se fuera de Omori no habían llegado a su destino. Además de la confirmación de diciembre del Departamento de Guerra, en el sentido de que Louie era formalmente un prisionero de guerra, no habían tenido noticias de él. Los periódicos estaban llenos de historias sobre prisioneros asesinados y familias que no podían tener paz. Los Zamperini establecieron comunicación con el Departamento de Guerra, pero éste no tenía nada que comunicarles. Sylvia seguía escribiendo a Louie contándole todo lo que harían a su regreso. "Querido: te cuidaremos mejor que nadie", escribió. "Serás nuestro Rey —tendrás todo lo que tu corazón pueda desear— (sí, incluyendo pelirrojas y todo)." Pero ella, igual que el resto de la familia, estaba asustada. Pete, que seguía viviendo en los cuarteles de San Diego, no paraba de llamar para saber si tenían noticias. La respuesta era siempre negativa.

Por la mañana del 9 de septiembre, Pete fue despertado por una mano que le sacudió el hombro vigorosamente. Abrió los ojos para ver a uno de sus amigos inclinarse sobre él con una gran sonrisa en el rostro. La historia de Trumbull había aparecido en *Los Angeles Times*. El encabezado lo decía todo: "Zamperini vuelve de entre los muertos".

Pete se levantó instantáneamente y se vistió de inmediato. Corrió al teléfono más cercano y marcó el número de sus padres. Sylvia contestó. Pete preguntó si se había enterado de la noticia.

"¿Te enteraste de la noticia?", repitió ella. "¡Claro que me enteré!" Pete pidió hablar con su madre, pero estaba demasiado emocionada para hablar.

Louise y Virginia corrieron a la iglesia a dar gracias y luego apuraron el regreso para preparar la casa. Cuando estaba de pie en el cuarto de Louie sacudiendo sus trofeos de atletismo, Louise lloró al tiempo que cantaba: "Ya viene a casa. Ya viene a casa".

"De ahora en adelante", dijo ella, "el 9 de septiembre será el día de las madres para mí, porque ese día me enteré de que mi niño vendría a casa para quedarse".

"¿Qué piensas, pá?", preguntó alguien al padre de Louie.

"Esos japoneses no pudieron romperlo", dijo Anthony. "¿Sabes? Mi muchacho es bastante fuerte".

Phil y Fred esperaron bastante para ser liberados de Rokuroshi. Tras el anuncio del fin de la guerra, emitido el 22 de agosto, los prisioneros permanecieron ahí sentados, esperando que alguien fuera por ellos. Se apoderaron de un radio y con el aparato escuchaban conversaciones de hombres que liberaban a prisioneros de otros campos. Comenzaron a preguntarse si alguien sabía que estaban allí. No fue sino hasta el 2 de septiembre que los B-29 sobrevolaron Rokuroshi, arrojando cajas que se estrellaban contra los arrozales, con tal fuerza, que los hombres debieron excavar para llevárselas. Los prisioneros comieron a lo tonto. Un hombre consumió diez kilos de comida en un solo día. Increíble, pero ni siquiera enfermó.

Esa tarde, un marino norteamericano buscó entre sus pertenencias y sacó su posesión más preciada y secreta. Era una bandera estadounidense que había llegado a sus manos de modo extraordinario. En 1941, antes de que Singapur cayera en poder de los japoneses, una misionera de su país había dado la bandera a un prisionero británico, quien fue obligado a abordar un barco que se hundió. Dos días después, otro prisionero británico rescató la bandera y se la dio a escondidas al marino norteamericano, quien la tuvo durante toda la guerra, logrando de algún modo esconderla de los japoneses todo ese tiempo. Los prisioneros de guerra bajaron la bandera japonesa del asta e izaron la de las barras y las estrellas, que ondeó sobre Rokuroshi. Los hombres se mantuvieron de pie frente a ella saludándola respetuosamente. Las lágrimas bajaban por sus rostros.

El 9 de septiembre, Phil, Fred y los demás prisioneros fueron sacados finalmente de las montañas en camiones. Al llegar a Yokohama, fueron recibidos con pasteles, una banda de música que tocaba "California, ahí voy", y un general que rompió en sollozos cuando los vio. Los hombres fueron escoltados hasta un barco para ducharse y comer más. El 11 de septiembre, el barco zarpó en dirección a casa.

Cuando la noticia de la historia de Trumbull llegó a Indiana, el teléfono de Kelsey Phillips comenzó a repicar. Amigos y reporteros se fueron reuniendo en la entrada de la casa. Al recordar la petición del Departamento de Guerra en el sentido de que no mencionara que su hijo vivía, Kelsey guardó silencio, sonrió y esperó a que notificaran oficialmente acerca de la liberación de Allen del campo para prisioneros de guerra. Hasta el 16 de septiembre llegó el telegrama que anunciaba esa liberación. Luego llamó su hermana, quien le dio un mensaje enviado por él, de persona en persona, desde Rokuroshi hasta Indiana, pasando por Yokohama, San Francisco y Nueva Jersey: era libre. Los amigos de Allen fueron al centro, compraron periódicos, los extendieron en el piso de una habitación y pasaron la mañana leyendo y llorando.

Mientras celebraba, Kelsey pensó en lo que Allen le había escrito en una carta. "Daría cualquier cosa por estar en casa con todos ustedes", decía, "espero con ansias el día sin importar cuándo llegue".

"Ese día llegó", se dijo Kelsey con regocijo.

En Okinawa, Louie estaba pasándola de maravilla. Comía, bebía y andaba de fiesta. Cuando se le ordenó volar a casa, rogó al médico que lo ayudara a quedarse un poco más con el pretexto de que no quería que su madre lo viera flaco. El médico no sólo estuvo de acuerdo en "hospitalizar" a Louie, sino que le organizó una fiesta de "bienvenida del mundo de los muertos" con todo y una dotación de veinte litros de "bourbon": alcohol mezclado con jarabe concentrado de refresco de cola, agua destilada y cualquier otra cosa que estuviera a mano.

Pasó más de una semana. Los bombarderos abandonaban Japón con su carga de prisioneros y Louie seguía en Okinawa. Las enfermeras le organizaron otra fiesta. El sustituto de bourbon funcionó de maravilla, tanto que hasta hubo un paseo en *jeep* con una chica hermosa.

Louie descubrió el lado amable y divertido de ser tenido por muerto: podía espantar a la gente. Al enterarse de que un reclutador de la USC estaba en la isla, pidió a un amigo le dijera que tenía un extraordinario prospecto para el atletismo, que podía correr la milla en poco más de cuatro minutos. El reclutador pidió conocer al corredor de inmediato. Cuando Louie apareció, se fue de espaldas en la silla.

El 17 de septiembre, un tifón golpeó Okinawa. Louie estaba en una tienda cuando la naturaleza se desbordó, por lo que fue obligado a hallar el camino a la letrina bajo la tormenta. Estaba sentado en la taza con los pantalones abajo cuando una ráfaga proyectó la letrina sobre un terraplén con Louie dentro. Metido en el lodo y bañado en porquería, Louie se puso de pie, se subió los pantalones, fue revolcado por otra ráfaga y cayó. Gateó en el lodo saliendo del aprieto "como si fuera una lagartija". Tuvo que llamar largo rato a la puerta del hospital antes de que alguien lo escuchara.

A la mañana siguiente, se encontraron con aviones volcados, barcos hundidos y tiendas colapsadas. Louie finalmente estaba dispuesto a dejar Okinawa. Pidió a un compañero lo ayudara para darse un baño y se fue al campo aéreo. Cuando vio el avión en el que regresaría, sintió que se le revolvía el estómago. Era un B-24.

La primera escala en el viaje de regreso fue en la ciudad filipina de Laoag. El recorrido se había llevado a cabo sin incidentes. Luego voló a Manila. El avión estaba tan cargado de ex prisioneros que casi cae tras el despegue. Le costó tanto trabajo que la nave llegó a rozar el agua. Los pasajeros sintieron que entraba agua por las junturas de la bahía de lanzamiento.[38] A fin de cuentas, el bombardero llegó a Manila, donde Louie abordó otro avión. Se sentó en la cabina y contó toda su historia al piloto. Mientras Louie hablaba, el piloto descendió, se acercó a una isla y aterrizó. Le preguntó si había visto antes ese lugar. Louie miró a su alrededor: sólo había un terreno achicharrado que no reconoció.

"Estamos en Kwajalein", dijo el piloto.

---

[38] Louie no tuvo idea de la mucha suerte con la que corrió. Otro avión se estrelló al despegar, en parte porque varios holandeses lo habían sobrecargado llevando en él una dotación de zapatos para vender en casa. Todos murieron. Otro transporte de prisioneros se perdió sobre el mar.

Eso *no podía* ser Kwajalein, pensó Louie. Durante su cautiverio, había visto mucho verdor en torno a través de resquicios de la venda que llevaba en los ojos. También lo había visto cuando lo llevaban al sitio en que experimentaron con él los médicos. Ahora, no había un solo árbol. En la lucha por este lugar, le habían arrancado la jungla a la isla. Louie se preguntó durante mucho tiempo si el amable Kawamura habría muerto ahí.

Alguien le comentó que sí, de hecho, quedaba un solo árbol en pie. Consiguieron prestado un *jeep* y manejaron hasta él. Al mirar el último árbol de Kwajalein con el estómago lleno, sin vendas en los ojos y nadie que lo golpeara, sintió como si estuviera inmerso en el más dulce de los sueños.

Siguió su camino a Hawái. Al ver las condiciones de los prisioneros de guerra, las autoridades estadounidenses decidieron hospitalizar a prácticamente todos. Louie fue ingresado en un hospital de Honolulu. Quiso la fortuna que compartiera habitación con Fred Garrett. Era la primera vez que Louie dormía en un colchón con sábanas desde los primeros días de su cautiverio. Se le dio un nuevo uniforme y barras de capitán, pues había sido promovido durante su aprisionamiento, al igual que la mayor parte de los prisioneros de guerra. Al probarse la ropa nueva, se quitó su amada camisa de muselina, la puso a un lado y no volvió a pensar en ella. Fue al centro y entonces recordó que había dejado la camisa. Regresó por ella, pero ya la habían tirado a la basura. Sintió que se le rompía el corazón.

Louie y Fred tomaron Honolulu por asalto. Aparentemente, todas las personas que encontraban querían invitarlos a alguna parte, alimentarlos o invitarles tragos. Hicieron el ridículo en una playa cuando Fred, incomodado por la piedad que inspiraba su pierna faltante, arrojó sus muletas, se arrojó sobre Louie y lo derribó jugando. El encuentro de lucha hizo que se formara un corro de observadores indignados: ¿Cómo era posible que un soldado en buenas condiciones peleara contra un indefenso amputado? Louie paseó, se emborrachó y peleó en Hawái. Nunca se permitió pensar en la guerra. "Sólo me decía que antes estaba vacío y ahora estaba lleno", dijo después. "Sólo quería seguir estando lleno".

Ese mes de octubre, Tom Wade desembarcó en Victoria, Canadá. Junto con una multitud de prisioneros de guerra, comenzó el viaje transcontinental en tren. Ese recorrido se convirtió en una fiesta continua que incluyó hasta ocho matrimonios improvisados. "Debo haber besado a mil chicas mientras cruzaba el continente", escribió Wade a Louie, "y cuando pasaba por los vagones lleno de lápiz labial, me convertí en el oficial más popular del tren". En Nueva York, abordó el *Queen Elizabeth* para navegar hasta Inglaterra. Se coló a las entrañas del barco para besuquearse con una chica de la Cruz Roja, y regresó a la cubierta habiéndose robado una caja de chocolates Hershey's. Cuando llegó a Inglaterra, descubrió que las mujeres locales preferían a los soldados norteamericanos y canadienses sobre los británicos. "Decidí hacer algo al respecto", escribió. "Cosí unos parches y remendé mi uniforme para dar ternura y arrasé con ellas. Me fue muy bien".

El 16 de octubre, Russell Allen Phillips descendió de un tren en Indiana. Usaba su uniforme de gala y barras de capitán. Se había ausentado por cuatro años. Su madre, su hermana y un montón de amigos lo esperaban. Su padre, quien estaba cerca de regresar a Estados Unidos, había mandado un telegrama que decía: "Gracias a Dios que este gran día ha llegado. Bienvenido a casa, hijo mío". También lo esperaba la mujer cuya imagen lo había sostenido. Por fin Cecy estaba en sus brazos.

En la casa de Kelsey, en Princeton, sentaron a Allen en los escalones para tomarle una foto sonriente. Cuando la revelaron, alguien escribió en la foto "¡Hogar!"

Cuatro semanas después, en una ceremonia oficiada por el reverendo Phillips en casa de los padres de Cecy, el héroe finalmente se quedó con la chica. Allen no tenía coche, así que pidió prestado el suyo a un amigo. Luego cumplió la promesa que había hecho por carta mucho tiempo atrás: se llevó a Cecy a un lugar en que nadie podría encontrarlos.

Russell Allen Phillips llega a casa de su madre. Al reverso de esta foto alguien escribió: "¡Hogar!" *Cortesía de Karen Loomis.*

Pete estaba tan ansioso de ver a Louie que apenas podía esperar. Las hostilidades habían terminado a mediados de agosto; ahora corría el mes de octubre y Louie seguía de hospital en hospital y lejos de casa. Luego Pete se enteró de que Louie sería transferido finalmente de Hawái a San Francisco, para ser internado en el Hospital General Letterman. En cuanto lo supo, consiguió un permiso y viajó gratis a San Francisco en un avión de la marina. Llegó al Letterman y entró. Llamó a la habitación de Louie desde la recepción. Un minuto más tarde, Louie apareció en el *lobby*.

Se sorprendieron mutuamente al verse. Pete esperaba que Louie estuviera demacrado, y se sorprendió al encontrarlo casi gordo. Louie se sorprendió al constatar cómo los años de preocupaciones habían acabado a su hermano. Pete, demacrado, se estaba quedando calvo. Los hermanos se abrazaron con los ojos brillosos.

Pete y Louise pasaron varios días juntos en San Francisco mientras los médicos curaban finalmente a Louie de su disentería. Después de leer el artículo de Trumbull, a Pete le preocupaba que su hermano hubiera quedado severamente traumatizado, pero mientras ambos reían y jugaban, los temores desaparecieron. Louie se mostraba tan alegre y charlatán como siempre. En una ocasión, cuando un grupo de reporteros luchaban por entrevistar a Louie, todos rodearon a Pete asumiendo que él debía ser el prisionero de guerra.

En un lluvioso día de octubre, el ejército envió un vapuleado B-25 para llevar a Louie desde San Francisco a su casa. Pete, todavía de permiso, viajó con su hermano. El avión despegó y remontó las nubes para llegar a un cielo azul y despejado. Asustado de muerte al volar, Pete trató de distraerse mirando una alfombra de nubes blancas, la parte superior de una tormenta. Sintió como si pudiera bajar del avión para caminar sobre las nubes.

Al llegar a Long Beach, volvieron a internarse en las nubes y aterrizaron. Ahí estaban su madre, su padre, Sylvia y Virginia saliendo de autos del ejército. En cuanto el avión se detuvo, Louie bajó de un salto, corrió hasta su madre sollozante y la envolvió en sus brazos.

"*Cara mamma mia*", susurró. Pasó mucho tiempo antes de que se soltaran.

La bienvenida de Louie en el aeropuerto de Long Beach. Al fondo, de izquierda a derecha: Virginia, Sylvia, Louise y Louie. *Cortesía de Louie Zamperini.*

QUINTA
PARTE

TREINTA Y CUATRO
★ ★ ★

La chica reluciente

En una tarde de octubre, Louie bajó de un auto del ejército y se paró en el césped frente al 2028 de la avenida Gramercy. Miraba la casa de sus padres por vez primera en más de tres años.

"Esta pequeña casa...", dijo. "Todo valió la pena".

Conforme sus padres y hermanos llegaban, Louie hizo una pausa al sentirse dominado por una extraño desasosiego. Tuvo que obligarse a subir los escalones de la entrada.

La casa estaba lista de cabo a rabo para recibirlo. La mesa del comedor era insuficiente para tantos platos. Tenían preparada una cantidad de regalos que bastaba para tres navidades y tres cumpleaños. Estaban allí listos para ser abiertos. Había un pastel con la inscripción *Bienvenido a casa Louie*. En la cochera estaba el Plymouth convertible *beige* de Louie; seguía justo como lo había dejado.

La familia lo rodeó hablándole, mirándolo, tocándolo. Anthony y Louise sonrieron, pero había en su mirada cierta tensión que no estaba antes allí. Louie no advirtió la erupción que había afectado las manos de su madre. En cuanto ella se enteró de que su hijo vendría a casa, la erupción desapareció. No quedó nada, ni un rasguño. Nunca le hablaría a Louie del mal que la había aquejado.

Después del postre, la familia se sentó a conversar. Hablaron con soltura, como siempre lo habían hecho. Nadie preguntó por el campo para prisioneros. Louie comentó algo sobre el tema voluntariamente y, para alivio de todos, el asunto no afectó sus emociones en gran medida. Parecía que iba a estar del todo bien.

Sylvia tenía una sorpresa para Louie. Lynn Moody, la mujer que había transcrito la transmisión de Louie, había dispuesto todo para que se enviara a los Zamperini una grabación de ésta. La familia atesoraba el disco pues les había dado pruebas de que estaba vivo. Sin saber nada sobre las condiciones en que la transmisión se había realizado, Sylvia estaba ansiosa por compartirla con Louie. Mientras él se sentaba cómodamente, relajado y alegre, ella puso el disco en el tornamesa. La transmisión comenzó a sonar.

De pronto Louie estaba gritando. Sylvia se volvió para encontrarlo temblando violentamente mientras exclamaba: "¡Quítenlo! ¡Quítenlo! ¡No puedo soportarlo!" Cuando Sylvia se incorporó, Louie insultó a la voz que habían escuchado y gritó algo sobre los prisioneros propagandistas. Sylvia quitó el disco del tornamesa y Louie gritó que lo rompiera. Ella lo hizo añicos y tiró los pedazos a la basura.

Guardó silencio. Temblaba. Su familia lo miraba horrorizada.

Subió al segundo piso y se acostó en su vieja cama. Cuando finalmente se durmió, el Ave lo persiguió en sueños.

Ese otoño, el mismo hombre invadió muchas otras mentes. En los barcos estacionados en Yokohama, en las tiendas de campaña en Manila, en los hospitales del estado y en muchos otros sitios, los ex prisioneros de guerra contaban sus historias. Los investigadores que buscaban información sobre los criminales de guerra escucharon muy atentos el relato de abusos y atrocidades que desafiaban los límites de lo creíble. Conforme las historias iban siendo corroboradas una y otra vez, quedó claro que esos sucesos habían sido un lugar común en los campos de todo el imperio japonés. En las entrevistas a los ex prisioneros se mencionaba constantemente el mismo nombre: Mutsuhiro Watanabe. Cuando Wade escribió ese nombre en su declaración, su entrevistador exclamó: "¡No puede ser el mismo Watanabe! ¡Tenemos suficientes elementos como para colgarlo seis veces!"

"Por favor, siéntese y póngase cómodo", replicó Wade. "Falta mucho por contar".

El 11 de septiembre, el general MacArthur, ahora comandante supremo de los poderes aliados en el Japón ocupado, ordenó el arresto de 40 sospechosos de crímenes de guerra. Aunque después se perseguiría a miles de hombres, esa lista preliminar estaba compuesta por personas acusadas de los peores crímenes, incluyendo al número uno de la lista, Hideki Tojo,[39] el cerebro detrás del ataque a Pearl Harbor y el oficial bajo cuyas órdenes se mató de hambre y se esclavizó a muchísimos prisioneros de guerra. También figuraba Masaharu Homma, el responsable de las atrocidades cometidas en la Marcha de la Muerte de Batán. En la misma lista aparecía Mutsuhiro Watanabe.

El Ave se fue de Naoetsu presa del pánico y sin tener un plan concreto. De acuerdo con los recuentos de la familia de Watanabe, huyó a la villa de Kusakabe, donde vivían su madre y otros parientes. Una semana y media después de su llegada, una tía lo encontró bebiendo y le dijo que acababa de escuchar su nombre en el radio

---

[39] Tojo fue encontrado en su casa ese mismo día, sentado en una silla mientras la sangre le salía por una herida de bala que él mismo se había provocado en el pecho. Murmuró *"¡Banzai!"* y después dijo que prefería morir que ser llevado a juicio. A Tojo se le hizo una transfusión de medio litro de sangre norteamericana y se le condujo a un hospital. Cuando se recuperó, fue hecho prisionero en Omori, durmiendo en el tablón de Bob Martindale. Se quejó por las chinches y los piojos. Fue enjuiciado, sentenciado a muerte y colgado en 1948. Él y otros 1068 criminales de guerra convictos fueron después honrados en el Santuario Yasukuni, un monumento construido para honrar a los japoneses que habían muerto sirviendo al emperador.

como sospechoso de crímenes de guerra. Mutsuhiro decidió huir. Aparentemente dijo a su madre que iba a visitar la tumba de un amigo, luego llevó aparte a su hermana menor y le dijo que tenía que escapar, pero no debía decir nada a su madre. Cuando Mutsuhiro se preparaba para partir, su hermanita le dio un mazo de cartas para ser utilizadas con fines adivinatorios.

Usando su uniforme con la insignia arrancada, Mutsuhiro empacó un baúl con comida y ropa y lo metió a un auto. Manejó hasta la estación de ferrocarril y se metió al primer tren que vio sin siquiera saber a dónde se dirigía. Esperaba que el tren lo llevara a un sitio distante y oscuro, pero el tren llegó al término de su recorrido dos poblados adelante, en la metrópolis de Kofu. Se bajó, vagó por la estación, se recostó y se durmió.

En la mañana, deambuló por Kofu. En algún momento, pasó junto a un radio y escuchó su nombre entre quienes eran buscados por cometer crímenes de guerra. El que lo buscaran no le causó mayor sorpresa, pero sí escuchar su nombre junto al de Tojo. Si su caso se consideraba comparable al de Tojo, pensó, el ser arrestado significaba ser ejecutado.

Juró que a toda costa evitaría caer en manos de los norteamericanos. Decidió desaparecer para siempre.

Mientras Mutsuhiro escapaba, comenzó su cacería. Aunque ahora operaban bajo las órdenes de sus anteriores enemigos, la policía japonesa trabajó rápida y enérgicamente para atrapar a los sospechosos de crímenes de guerra. El caso Watanabe no fue la excepción. Al no encontrar nada en la última dirección registrada por Mutsuhiro, la policía llamó a la puerta de su madre en Kusakabe. Shizuka Watanabe les dijo que su hijo había estado ahí, pero se había marchado. Les llevaba tres días de ventaja. Shizuka sugirió que podría buscar refugio con su hermana Michiko, quien vivía en Tokio. Ella visitaría en poco tiempo a Michiko, y si encontraba que Mutsuhiro estaba con ella, trataría de convencerlo de entregarse.

La policía siguió esa pista. Shizuka les dio la dirección de Michiko y fueron. No sólo no había ninguna Michiko allí, no había casa. Todas las del vecindario se habían quemado años atrás, en el bombardeo con incendiarias.

Shizuka se volvió sospechosa. En sus visitas regulares a Tokio, siempre se quedaba con Michiko, y dado que estaba programado que ella viajara esa misma semana, seguramente sabía que la casa de su hija se había quemado. La pista falsa que Shizuka dio a los detectives, bien pudo haber sido un error honesto —Michiko se había mudado a una casa en la misma calle, así que el único cambio de dirección era el número exterior—, pero la policía comenzó a sospechar que ella sabía dónde estaba su hijo. El 24 de septiembre, la policía la arrestó. Si sabía algo, no permitió que se notara. La liberaron.

La policía estaba lejos de darse por vencida. Dos detectives comenzaron a seguir a Shizuka y solían interrogarla con regularidad. Sus transacciones monetarias fueron monitoreadas y su casero fue cuestionado varias veces. Se investigó a los otros parientes de Mutsuhiro, se les interrogó y en ocasiones se catearon propiedades. La policía interceptó todo el correo entrante y saliente. Incluso hicieron que un desconocido entregara una carta falsa, supuestamente obra de Mutsuhiro, con la esperanza de que la familia delatara su paradero.

Con el fin de ampliar la búsqueda, la policía investigó a los antiguos compañeros de cuarto de Mutsuhiro en el ejército. La casa de su comandante en Omori fue cateada y puesta bajo vigilancia. La fotografía de Mutsuhiro se distribuyó entre los policías del área metropolitana de Tokio y cuatro prefecturas más. Todas las estaciones de policía de la prefectura de Nagano, ciudad en la que se localizaba una mina de la familia Watanabe, realizaron cateos especiales. Los detectives analizaron los registros académicos de Mutsuhiro y buscaron a los profesores y compañeros de clase, llegando hasta los de su infancia. Incluso se apoderaron de una carta de amor de una chica que le preguntaba a Mutsuhiro si se casaría con ella.

Sólo encontraron dos pistas. Un antiguo soldado les dijo que Mutsuhiro había hablado de su intención de escapar a la prefectura de Fukuoka para convertirse en granjero. El soldado pensaba que Mutsuhiro se escondería con un amigo llamado Yo. La policía encontró a Yo, lo interrogó, investigó, y cuestionó a la gente del vecindario. Ahí murió la pista. Entretanto, un detective en Mitsushima encontró a un hombre que había visto a Mutsuhiro en agosto. El hombre dijo éste se había ido diciendo que se dirigía a Tokio al terminar la guerra. Pero Mutsuhiro había ido a Kusakabe; no tenían evidencias de que hubiera estado en Tokio. Posiblemente dio información falsa a estos conocidos para desviar la atención de sus perseguidores.

Existía otra pista posible. El hombre de Mitsushima mencionó algo que había escuchado decir a Mutsuhiro: se mataría antes de permitir su captura. No parecía ser un comentario huero; ese otoño, durante una serie de operativos realizados para encontrar a varios sospechosos de crímenes de guerra, se presentó una ola de suicidios entre los acosados. Tal vez el Ave ya estuviera muerto.

Mientras los investigadores peinaban Japón en busca de Mutsuhiro, los fiscales eran inundados con unas 250 declaraciones juramentadas relativas a sus actos en los campos. Éstas derivarían en 84 acusaciones. Incluso si cada una se relataba con máxima brevedad, a espacio sencillo, el documento ocupaba una tira de papel de más de 25 metros de largo. Aun así, el documento solamente incluiría una parte mínima de los crímenes que los prisioneros atribuían a Watanabe; las acusaciones de Louie consistían en un sinfín de ataques que únicamente contarían como una acusación. Los investigadores creían tener más evidencias de las que necesitaban para que Watanabe fuera condenado a muerte, pero nada podía avanzar. El Ave estaba libre.

Mientras su verdugo desaparecía en la oscuridad, Louie era llevado a una luz cegadora. Con su odisea relatada en periódicos, revistas y programas de radio, era toda una sensación a nivel nacional. Dos mil personas le escribieron cartas. Los fotógrafos de la prensa lo seguían. Sus intentos por conciliar el sueño terminaban siendo interrumpidos por el timbre de un teléfono. Los extraños pululaban a su alrededor y lo presionaban para que les dijera qué haría a continuación. Todos querían que él contara su historia. El Departamento de Guerra lo contrató para hacer una gira de conferencias, y le llegaban invitaciones para hablar que por lo regular venían acompañadas de un premio o reconocimiento, por lo que era imposible negarse. Durante las primeras semanas en casa de sus padres, dio 95 discursos e hizo innumerables apariciones en radio. Cuando iba a cenar a los restaurantes, los gerentes le pedían que hiciera un relato a sus clientes. A Louie, toda esa atención le afectaba; era demasiado ruido, algo sobrecogedor.

Cuando Payton Jordan volvió a ver a Louie por primera vez, fue convencido de que las cosas estaban bien por la sonrisa familiar y por la cadencia de su discurso. Pero cuando Louie hablaba de la guerra, Jordan sentía que algo sucedía a su mirada; era una especie de emoción clamorosa que se concentraba en un sitio pequeño. No hablaba con ira o angustia, sino ofuscado. A veces hacía una pausa y se perdía con un gesto de preocupación. "Era como si lo golpearan en verdad fuerte", recuerda Jordan, "y él tratara de sacudirse el golpe."

Louie estaba luchando más de lo que Jordan o cualquier otra persona pudieran imaginar. Estaba comenzando a presentar ataques de ansiedad sofocante. Cada vez que le pedían se presentara frente a una multitud y hablara de su horror personal, se le hacía un nudo en el estómago. Cada noche, en sus sueños, se conformaba una aparición. Era el rostro del Ave gritando: "*¡El que sigue! ¡El que sigue! ¡El que sigue!*"

Una mañana, muy temprano, Louie salió de puntitas de su cuarto sin decirle a nadie a dónde iba, se metió en su Plymouth, presionó el acelerador y no se detuvo hasta llegar a las montañas. Pasó el día caminando entre los árboles pensando en sus amigos muertos y en su propia supervivencia. Obtenía de la naturaleza esa paz que le había dado desde ese verano pasado en la reservación de Cahuilla, cuando niño. En cuanto volvió a dirigirse a la carretera, el remolino comenzó otra vez.

Poco después de regresar a casa, Louie se encontró sentado entre el público que asistía a una gala celebrada por *Los Angeles Times*, diario que esa noche le otorgó un premio. Louie cenó, esperó a que anunciaran su nombre preocupado por tener que pasar la prueba ante toda esa gente. Le pusieron bebidas enfrente, dio un sorbo y se tranquilizó. Llegado el momento de su discurso, se sentía obnubilado y divagó demasiado. Experimentó alivio al regresar a su asiento. El alcohol le había proporcionado un agradable entumecimiento emocional.

No mucho después, mientras desayunaba inquieto por el hecho de tener que dar otro discurso ese día, sacó una botella de whiskey Canadian Club y echó un chorro en su café. Eso le dio una sensación de calidez, de manera que tomó una segunda dosis. Y bien podía tomarse una tercera. El whiskey también fue su guía en ese discurso, y así dio comenzó una rutina. La botella furtiva que cabía en el saco se convirtió en su constante compañera, haciendo apariciones rápidas en estacionamientos y corredores de los auditorios. Cuando llegaba la dura presión de un recuerdo, acudir a su botella se volvió tan sencillo como matar una mosca.

Una tarde, a mediados de marzo de 1946, Louie estaba en un bar en el Club Deauville en Miami Beach. Hablaba con una azafata. Acababa de completar la última de muchas experiencias surrealistas de liberación: había viajado a Nueva York para dar la señal de salida en la Milla Zamperini por Invitación, en el Madison Square Garden. Se trataba de la carrera organizada en su honor cuando casi todos pensaban que estaba muerto. Después, viajó a Miami Beach y estuvo ahí las dos semanas que le permitía su estatus de militar en retorno. Un compañero de la USC, Harry Read, lo acompañaba.

Una puerta se abrió al otro lado de la habitación. Louie levantó la vista. Una joven hermosa y atractiva entró al club con cierta prisa. Su cabello era una cascada rubia y su cuerpo era tan grácil como el de un venado. Quienes la conocían hablaban de un brillo que ella parecía irradiar, una incandescencia. Louie la miró largamente y, según dijo a Sylvia después, tuvo el inesperado pensamiento de que debía casarse con esa mujer.

Al día siguiente, Louie y Harry regresaron al club, saltaron la reja que rodeaba la playa privada y extendieron sus toallas al lado de dos mujeres que tomaban el sol. Cuando una de las chicas se volvió, Louie vio que se trataba de la belleza que había visto en el bar. Dudaba en hablarle temiendo que ella lo considerara un seductor, pero Harry acudió en su ayuda al contar a la mujer la historia de Louie. Cuando Harry mencionó el campeonato de la NCAA de 1938, en el que los rivales habían lastimado a Louie con los tachones de sus zapatos, la hermosa mujer pidió que detuviera su relato. Dijo que, cuando tenía doce años, su madre la había llevado a un cine para ver a Errol Flynn en *Robin Hood*, y en esa función había visto unos cortos mostrando al ganador de la milla del campeonato de la NCAA, con las piernas vendadas por las heridas. La escena se había quedado en su mente.

Su nombre era Cynthia Applewhite y habían pasado pocas semanas desde su vigésimo cumpleaños. Louie habló con ella durante un rato y ambos descubrieron que tenían algo en común desde el punto de vista geográfico; siendo niña, había vivido cerca de Torrance. Ella parecía gustar de Louie, y él la consideró brillante, vivaz y muy hermosa. Cuando se despidieron, Louie gruñó algo en el sentido de que seguramente ella no querría volver a verlo. "Tal vez quiera verte de nuevo", dijo ella en tono juguetón.

Louie no era el primer hombre en ser atraído por los encantos de Cynthia. Muchos habían abierto la boca al verla pasar. En ese tiempo, salía con dos chicos a la vez, ambos se llamaban Mac, y cada Mac trataba de superar al otro. Dado que los Mac tenían a Cynthia copada durante las noches de toda la semana, Louie le pidió una cita en el día para ir de pesca. Llegó vestida con pantalones de mezclilla subidos hasta las rodillas, tomó una caña, sonrió alegremente para las fotografías y enfrentó el mareo de buen talante. Cuando Louie le preguntó si podía volver a invitarla a salir, ella dijo que sí.

Cynthia Applewhite, un día después de que Louie la conoció.
Cortesía de Louis Zamperini.

Parecían ser una pareja dispareja. Cynthia era rica y de familia de abolengo; había sido educada en escuelas privadas, lo que entonces sólo podía permitirse un pequeño grupo de privilegiados. Sin embargo, a pesar de todo el lustre con que vivía, no era una chica estirada. Un amigo la recordaría como "diferente", apasionada e impulsiva. A los trece años, cuando su familia vivía en el estado de Nueva York, ella desarrolló tal fanatismo por Lawrence Olivier que, sin que sus padres lo supieran, se subió a un tren en dirección a Manhattan para verlo en *Wuthering Heights*. A los dieciséis años ya bebía ginebra. Se vestía con ropa de estilo bohemio, escribía novelas, pintaba y deseaba visitar los rincones olvidados del mundo. Normalmente era desafiante y no temía a nada; cuando se sentía controlada, lo que pasaba a menudo, podía ser irresistiblemente caprichosa. Le aburrían los niños bonitos que solían rodearla y tampoco le hacía mucha gracia el pesado ambiente de Miami Beach.

Y entonces llegó Louie, quien era una persona hasta cierto punto exótica que satisfacía su deseo de aventura. Él comprendía a las mil maravillas su personalidad denodadamente independiente y no provenía de ningún sitio cercano a Miami Beach. Ella quedó impresionada con ese hombre mayor; solía presentarlo diciendo su nombre completo, como si se tratara de un dignatario. En una de sus primeras citas, a él se le ocurrió soltar rollos de papel de baño desde arriba para dejar el hotel adornado con tiras de papel, lo que encantó a Cynthia y molestó sobremanera al gerente del hotel. Ella se olvidó de los Mac y comenzó a recorrer Miami en compañía de Louie.

A fines de marzo, cuando Louie estaba a punto de comenzar su gira de conferencias, llevó a Cynthia a una playa y le confesó que estaba enamorado de ella. Ella respondió que creía estar enamorada de él pero no estaba segura. Louie no se sintió desilusionado. Antes de terminar el paseo, le habló de matrimonio. Se habían tratado menos de dos semanas.

Tras la partida de Louie, Cynthia dio la noticia a sus padres. Los Applewhite quedaron alarmados al enterarse de que su hija pensaba casarse con un soldado de veintinueve años al que acababa de conocer unos días atrás. Ella no se amilanó, de modo que su madre le negó dinero para volar a California y casarse. Cynthia juró que conseguiría el dinero de algún modo, ya fuera pidiendo prestado u obteniendo un empleo, lo que resultaba aún más desafiante para su madre.

Louie escribió a Cynthia casi todos los días y cada mañana, a las diez y media, esperaba que el cartero le trajera un sobre rosa de Cynthia. A pesar de que las cartas de ambos eran bastante románticas, revelan bien el hecho de lo muy poco que ambos se conocían. Cynthia no tenía idea de que Louie estaba perdiendo el equilibrio emocional. Gracias a Harry, sabía algo de su experiencia como prisionero de guerra, pero él no le había comentado casi nada. En sus cartas, lo más cercano a contarle lo ocurrido fue una broma en la que le pedía no le diera demasiado arroz o cebada para comer. En una de sus citas, Louie se había puesto muy borracho, pero se disculpó y trató de controlarse. Puede que la manera de beber de Louie le haya parecido inofensiva a Cynthia, pero en realidad se trataba de un problema que crecía. En más de un sentido, ella estaba comprometida con un extraño.

Louie parecía estar al tanto de que, al casarse con él, las responsabilidades serían mucho mayores de lo que ella pensaba, y frecuentemente le advertía sobre el compromiso que se estaba echando a cuestas. Aun así, quería casarse tan pronto como fuera posible. "Debemos establecer una fecha a principios de junio", escribió a mediados de abril, "o de plano me volveré loco". Poco después escribió diciendo que deberían casarse en mayo. Ella le dijo que le ayudaría a olvidar el pasado y él asumió esta promesa como si fuera un salvavidas. "Si me amas lo suficiente", escribió de vuelta, "tendré que olvidar el pasado. ¿Cuánto puedes amarme?"

Mientras Cynthia buscaba convencer a sus padres, Louie entró en una especie de obsesión matrimonial. Buscó lugares para la recepción, invitaciones, servicios de banquetes y un joyero. Encontró la Iglesia de Nuestro Salvador, el templo al que Cynthia había asistido siendo niña. Compró un Chevy convertible usado y lo puso a punto para impresionar a Sylvia. Tratando de hacer de sí mismo un hombre nuevo, dejó de beber y de fumar. Decidió separarse de la fuerza aérea, lo que significaba que había terminado el servicio activo, pero que aún utilizaría el uniforme y recibiría pago hasta el mes de agosto; llegado ese momento, se convertiría en capitán de la reserva de la fuerza aérea. Aceptó un trabajo con bajo sueldo en los estudios Warner Brothers: enseñaba a los actores a montar a caballo.

No tenía un lugar apropiado para vivir. Dado que Los Ángeles estaba lleno de soldados repatriados, era muy difícil encontrar vivienda de precio módico, así que seguía viviendo con sus padres. Cynthia escribió diciendo lo mucho que deseaba tener casa propia, pero Louie, algo preocupado, escribió diciendo que no tenían el dinero. Lo más que podía hacer era mudarse a la casa que Harry Read compartía con su madre, y prometer a Cynthia que haría todo lo posible para ganar dinero suficiente para una casa. Compró un colchón de aire para ella; él dormiría en el suelo. Después de vivir en un campo de concentración para prisioneros de guerra, no le importaba dormir en el suelo.

La oposición de los Applewhite al matrimonio, la presión por dar una buena vida a Cynthia, y los recuerdos, hicieron que Louie fuera presa del estrés. Tenía poco apetito. Salía de una época en que las únicas constantes habían sido la violencia y la pérdida, y sus cartas muestran lo mucho que temía que algo terrible le sucediera a Cynthia. Pensaba en ella como si, en cualquier momento, se la fueran a arrancar de las manos.

Le preocupaba especialmente la opinión que de él tenían los padres de Cynthia. Sentía que lo rechazaban por encontrar repelente su origen italiano y su condición de clase media. Escribió cartas serias al padre de ella tratando de ganárselo. Cuando vio que un auto estaba siempre estacionado cerca de casa de Harry Read, se convenció de que se trataba de un detective contratado por el padre de Cynthia. De acuerdo con el hermano de Cynthia, Ric, sus padres no objetaban a Louie en sí mismo, sino sólo la decisión apresurada de casarse. En cuanto a espiarlo, Ric afirmó que ese tipo de cosas no iban con su pacífico padre y que no tendría sentido, puesto que al señor Applewhite le agradaba Louie. Cierto o falso, las sospechas de Louie dejan claro cuán indigno se sentía de ser marido de Cynthia. Tal vez no trataba en realidad de convencer a los Applewhite, sino de convencerse a sí mismo.

Seis meses después de haber retornado de Japón, Louie comenzó a sentir una atracción conocida. Recién habían anunciado que volverían los juegos olímpicos de verano, que no se celebraban desde 1936. Se realizarían en Londres, en julio de 1948. La pierna mala de Louie parecía estar bastante bien ya, y finalmente se sentía sano. Comenzó a probarse al realizar caminatas extensas, pidiendo incluso un perro en préstamo para que lo acompañara. Sintió bien la pierna y el cuerpo fuerte. Julio de 1948 estaba a dos años. Louie comenzó a entrenar.

En mayo, Cynthia y sus padres hicieron un trato. Cynthia podía visitar a Louie con la condición de que no se casaran antes del otoño, en una ceremonia realizada en la mansión Applewhite. Cynthia echó ropa en un maleta y salió para el aeropuerto. Cuando se iba, su hermano Ric sintió un dejo de preocupación. Temía que su pequeña hermana estuviera cometiendo un error enorme al lanzarse a los brazos de un hombre que apenas conocía.

El 17 de mayo, un avión se detuvo en la pista del aeropuerto de Burbank. La escalera se desdobló y Louie remontó los escalones para abrazar a Cynthia y luego llevarla a presentar con su familia. Los Zamperini fueron conquistados por ella, al igual que lo había sido Louie.

Después de la visita, mientras iban en el auto, Louie sintió que Cynthia se mostraba reservada. Probablemente durante la visita había visto o escuchado algo que no sabía, o tal vez las decisiones impulsivas tomadas en medio de la neblina amorosa se tornaban demasiado reales. En cualquier caso, Louie pensó que la perdía. Descontrolado, dijo abruptamente que quizás deberían cancelar la boda. Cynthia entró en pánico y discutieron con vehemencia. Al calmarse, tomaron una decisión.

El sábado 25 de mayo, el mismo día en que los periódicos publicaron que Louie había dicho que se casaría a fines del verano, Louie y Cynthia fueron hasta la Iglesia de Nuestro Salvador, en donde los Zamperini esperaban. Él llevaba puesto su uniforme de gala; ella vestía un traje blanco sencillo. Uno de los amigos de la universidad de Louie condujo a Cynthia por el pasillo, y ambos hicieron sus juramentos. No habían tenido tiempo de cocinar un pastel de bodas, de modo que el pastel de cumpleaños de Pete, que Sylvia cocinó el día anterior, permitió celebrar el matrimonio.

Al sospechar que los amigos de Louie podían jugarles bromas durante la noche de bodas, los recién casados optaron por alojarse en un oscuro hotel. Cynthia llamó a casa. Su anuncio produjo una explosión. Se la pasó en el teléfono toda la noche llorando, en tanto su madre, quien se había esforzado muchísimo planeando la boda a celebrarse en otoño, le gritaba. Louie se sentó ahí escuchando cómo regañaban a su esposa por haberse casado con él. Trató en vano de hacer que colgara. Luego tomó una botella de champaña, la destapó, la bebió toda y se fue a dormir solo.

TREINTA Y CINCO

★ ★ ★

El derrumbe

Desde el otro lado de la habitación, parecían tres hombres comunes y corrientes. Corría una noche del segundo semestre de 1946 y Louie estaba sentado a una mesa de Florentine Gardens, un restaurante en Hollywood. Cynthia estaba sentada cerca de él. Phil y Cecy habían viajado desde Indiana para visitarlos y Fred Garrett había cruzado la ciudad para cenar con ellos. Phil y Louie no dejaban de sonreír. Estuvieron juntos por última vez en marzo de 1944, cuando Phil era sacado de Ofuna y ninguno de los dos sabían si vivirían para volver a verse.

Los hombres sonrieron y conversaron. Fred, quien pronto se convertiría en controlador de tráfico aéreo, tenía una nueva prótesis en la pierna. Con ánimo festivo, entró a la pista de baile para demostrar que podía bailar muy bien. Phil y Cecy estaban a punto de mudarse a Nuevo México, donde él abriría un negocio de plásticos. Louie y Cynthia estaban resplandecientes tras su luna de miel, que pasaron compartiendo una bolsa para dormir en las amadas montañas de Louie. Él corría de nuevo con la soltura y velocidad que mostraba antes de la guerra. Tenía grandes planes. Cuando los tres se juntaron para una fotografía, pareció que todo lo pasado había sido olvidado.

En algún momento de la conversación, un mesero puso un plato frente a Fred. En él, junto a la entrada, le habían servido una porción de arroz blanco. Y eso bastó. De pronto, se tornó agresivo, furibundo e histérico; regañaba al mesero y gritaba con tal fuerza que el rostro se le puso morado. Louie trataba de calmarlo, pero Fred estaba más allá del consuelo. Se había derrumbado.

El mesero se llevó el arroz de inmediato y Fred recobró la compostura, pero la magia se había roto. Para estos hombres, nada volvería a ser igual.

Al final de la Segunda Guerra Mundial, miles de ex prisioneros de los japoneses, conocidos como los reclusos de la guerra del Pacífico, comenzaron a vivir sus vidas de posguerra. Casi todos estaban físicamente devastados. El prisionero del Pacífico había bajado en promedio 28 kilos en el cautiverio, estadística reveladora si se considera que cerca de tres cuartas partes de los soldados pesaban 72 kilos o menos al momento de enlistarse: tuberculosis, malaria, disentería, desnutrición, anemia, padecimientos visuales y heridas infectadas, eran cosa de todos los días. En una cadena de hospitales, los médicos se encontraron con porcentajes de beriberi húmedo cercanos a 77 por ciento; la mitad de la población de esos hospitales padecía beriberi seco. Entre los prisioneros canadienses, 84 por ciento tenía daño neurológico. Abundaban los problemas respiratorios debido a las infecciones y al aire insalubre de fábricas y minas. Muchos quedaron desfigurados o inválidos por fracturas no tratadas, y se les habían arruinado los dientes por las golpizas y por masticar comida con arena constantemente. Otros habían quedado ciegos por la desnutrición. Muchísimos hombres estaban tan enfermos que debieron cargarlos desde los campos. Era muy común que los presos pasaran varios meses internados en el hospital tras su liberación. Algunos no pudieron ser salvados.

Las heridas físicas eran duraderas, debilitantes y, en ocasiones, mortales. Un estudio realizado en 1954 demostró que, en los dos años siguientes al fin de la guerra, los ex prisioneros del Pacífico fallecieron en un porcentaje cuatro veces superior al registrado por los hombres de edad semejante; continuaron muriendo en número inusualmente alto durante varios años más. Las repercusiones en la salud solían durar años; un estudio de seguimiento encontró que, 22 años después de la guerra, los ex prisioneros del Pacífico presentaban tasas de hospitalización entre dos y ocho veces mayores que las de prisioneros europeos.

Por malas que fueran las consecuencias físicas del cautiverio, las heridas emocionales eran mucho más insidiosas, duraderas y difundidas. Durante los primeros seis años de posguerra, uno de los diagnósticos más comunes en los prisioneros del Pacífico fue la psiconeurosis. Cerca de 40 años después de la guerra, más de 85 por ciento de los ex prisioneros del Pacífico sufrieron de estrés postraumático (EPT), caracterizado en parte por recuerdos vívidos, ansiedad y pesadillas. En un estudio realizado en 1987, se encontró que ocho de cada diez ex prisioneros del Pacífico padecían "males psiquiátricos incapacitantes", seis de cada diez desórdenes relacionados con la ansiedad, más de veinticinco por ciento había sufrido EPT y cerca de veinte por ciento estaba deprimido. Para unos, sólo existía una salida: un estudio realizado en 1970 reportó que la tasa de suicidios entre los ex prisioneros del Pacífico superaba en 30 por ciento la tasa de los grupos bajo control.

Todos estos males físicos y emocionales tuvieron enormes costos. A los veteranos se les otorgaba compensación de entre diez y cien por ciento, de acuerdo con su grado de incapacidad. En enero de 1953, ocho años después del fin de la guerra, una tercera parte de los ex prisioneros del Pacífico fueron calificados con un nivel de incapacidad de entre 50 y 100 por ciento.

Estas estadísticas derivaban en vidas atormentadas y, a veces, arruinadas. No era extraño que los hombres revivieran sus escenas traumáticas siendo incapaces de distinguir entre lo imaginario y la realidad. Las pesadillas intensas eran prácticamente ubicuas. Los ex prisioneros padecían accesos de sonambulismo en los que representaban escenas sucedidas en los campos, para después despertar gritando, sollozando o lanzando golpes. Algunos dormían en el suelo porque no soportaban dormir en colchones; otros se ocultaban aterrorizados al paso de un avión o acumulaban comida. Un hombre tenía una alucinación recurrente durante la cual veía a todos sus compañeros muertos caminando como si estuviesen vivos. Otro era incapaz de recordar la guerra. Milton McMullen no podía dejar de utilizar términos japoneses, un hábito inculcado a golpes. El doctor Alfred Weinstein, quien había infectado al Ave con disentería en Mitsushima, padecía deseos incontrolables de rebuscar en los botes de basura.[40] Muchísimos hombres escaparon a sus dolencias por medio del alcohol. En un estudio realizado entre ex prisioneros del Pacífico, se descubrió que más de una cuarta parte había sido diagnosticada con alcoholismo.

Raymond "Hap" Halloran, navegador que se había lanzado en paracaídas sobre Tokio cuando su B-29 fue derribado, una vez

---

[40] Al regresar a casa y encontrarse con la escasez de vivienda de la posguerra, Weinstein obtuvo un préstamo de 600 000 dólares, construyó un complejo departamental en Atlanta, y ofreció las 140 viviendas a veteranos, cobrando una renta promedio de 50 dólares al mes. Su publicidad decía: "Prioridades: 1) ex prisioneros de guerra; 2) veteranos a los que les haya sido entregada la condecoración del corazón morado; 3) veteranos de ultramar; 4) veteranos, y 5) civiles. Preferimos ex militares y ex marinos y personal enlistado en la marina. Los miembros de las fuerzas aéreas pueden ser considerados siempre y cuando prometan dejar de decirnos que ellos ganaron la guerra". También añadió un requisito que consistía en prohibir la renta a miembros del Ku Klux Klan, lo que le valió un buen número de amenazas telefónicas. "Les proporcionaba mi dirección de la oficina y de la casa, no sin antes informarles de que aún conservaba la pistola de 45 milímetros con la que había matado búfalos de agua", dijo Weinstein.

en tierra fue golpeado por una turba de civiles y luego capturado por las autoridades japonesas; lo torturaron y encerraron en una jaula para cerdos y luego en una caballeriza en llamas durante los bombardeos. Lo desnudaron y pusieron en exhibición en el zoológico Ueno, de Tokio; lo amarraron de pie en una jaula para tigres vacía, a fin de que los visitantes pudieran asquearse al ver su sucio cuerpo herido. Se le hambreó tanto que perdió cerca de 45 kilos.

Tras la liberación y luego de ocho meses internado en un hospital, Halloran fue a casa en Cincinnati. "No era yo el mismo Raymond de diecinueve años que se había despedido de su madre con un beso, una mañana de otoño de 1942", escribió. Se sentía extremadamente nervioso y preocupado ante cualquier ser humano o cosa que se le acercara por la espalda. No podía dormir con los brazos tapados, pues quería tener los brazos listos para defenderse de un posible ataque nocturno. Tenía horrendas pesadillas y en ocasiones despertaba corriendo por el patio pidiendo ayuda. Evitaba hospedarse en hoteles, pues sus gritos molestaban a los demás huéspedes. Pasados más de 60 años del final de la guerra, seguía aquejado por el llamado "mal del inventario deficiente", pues tenía ocho almohadas y seis relojes en su recámara, compraba mucha más ropa y artículos de los que necesitaba y acumulaba alimentos. Y aun así, bien podemos considerar que Halloran era afortunado. De los cinco supervivientes de su tripulación, dos bebieron hasta matarse.[41]

Algunos prisioneros enfurecían como si fueran salvajes. Muchos hombres se echaban a temblar, lloraban, tenían accesos de furia o entraban en un *flashback* frenético al ver a un asiático o escuchar una palabra japonesa. Un ex prisionero que normalmente

---

[41] Cuando Halloran se lanzó en paracaídas sobre Tokio, el Zero que lo había derribado descendió rápidamente hacia él, por lo que estaba seguro de que sería ametrallado, lo que sucedía a muchos aviadores. Pero en lugar de dispararle, el piloto lo saludó. Después de la guerra, Halloran y ese piloto, Isamu Kashiide, se hicieron muy buenos amigos.

era tranquilo y callado, escupía a todos los asiáticos que encontraba. En el Hospital General Letterman, justo después de la guerra, cuatro ex prisioneros de guerra trataron de atacar a un trabajador que tenía antepasados japoneses, sin saber que era un veterano estadounidense.

Los prisioneros con problemas solían estar en callejones sin salida. McMullen salió de Japón atormentado por pesadillas y tan nervioso que apenas lograba hablar coherentemente. Cuando contó su historia a su familia, su padre lo acusó de mentir y le prohibió hablar de la guerra. Destrozado y profundamente deprimido, McMullen no podía comer y su peso volvió a caer hasta los 40 kilos. Acudió a un hospital para veteranos de guerra, pero los médicos se limitaron a recetarle inyecciones de complejo B12. Cuando relataba sus experiencias a un oficial militar, éste tomó el teléfono y se puso a hablar con otra persona. Después de dos años, McMullen se reencontró consigo mismo, pero nunca logró recobrarse del todo. Sesenta años después de terminada la guerra, sus sueños todavía lo conducían a los campos. Relatar sus experiencias de guerra era tan doloroso que podía dejarlo fuera de sí durante semanas.

Los prisioneros de guerra del Pacífico que regresaron a casa en 1945 eran hombres rotos. Tenían una íntima comprensión de la capacidad que el hombre tiene para resistir el sufrimiento, pero también conocían la vasta capacidad, el deseo que muchos hombres mostraban por infligir sufrimiento. Llevaban consigo indecibles recuerdos de tortura y humillación, y un agudo sentido de la vulnerabilidad que no dejaba de recordarles cuán rápido puede ser un hombre desarmado y deshumanizado. Muchos se sentían solos y aislados, pues habían padecido abusos que la gente normal no logra comprender. Su dignidad había sido cercenada y remplazada por una sensación de vergüenza e indignidad. Y sabían que muy poco podían ayudarlos para superar su tragedia. El regreso a casa fue una experiencia de profunda y peligrosa soledad.

Para estos hombres, el principal objetivo de su vida de posguerra consistía en recuperar la dignidad y hallar la manera de ver el mundo desde una perspectiva que no fuera negra. No había un modo correcto de acercarse a la paz; cada hombre debía hallar su propio camino, de acuerdo con su historia personal. Unos tuvieron éxito. Para otros, la guerra no terminaría nunca. Unos se aislaron o se perdieron en salidas falsas. En otros casos, los años de ira, terror y humillación contenida, derivaron en lo que el sobreviviente del holocausto Jean Améry llamaría "una sed tremenda de venganza purificadora".

La luna de miel en las montañas había sido idea de Cynthia. Louie la amaba por ser aficionada a los deportes y por elegir un escenario tan querido para su corazón. "Debes mirar a tu alrededor para recordar cómo lucen los árboles, las colinas, los arroyos, los lagos", escribió a ella antes de su boda. "Te veré entre ellos durante el resto de mi vida". Al dormir cada noche junto a ella, seguía acechado por el Ave, pero el sargento parecía contenerse como si estuviera acobardado o se dedicara a esperar. Eso era lo más parecido a la paz que Louie había conocido desde que el *Avispón Verde* chocara con el agua.

El camino de regreso a Los Ángeles los llevó de la libertad de las montañas a los estrechos confines de la casa de la madre de Harry Read. Cynthia se sentía muy incómoda viviendo allí y Louie deseaba darle la casa que tanto quería. Necesitaba encontrar una profesión, pero no estaba listo para hacerlo. Habiendo salido de la USC con unos pocos créditos por cubrir, no contaba con grado universitario, problema grave cuando se trataba de encontrar trabajo compitiendo con veteranos y ex trabajadores de la industria bélica. Al igual que muchos otros atletas de alto rendimiento, se había concentrado en su deporte durante los años de escuela, sin contemplar seriamente el asunto de la vida después de las carreras. Ahora se aproximaba a los treinta años y no tenía idea de qué hacer para ganarse la vida.

Cynthia Zamperini en su luna de miel.
Cortesía de Louie Zamperini.

No se esforzó por forjarse una verdadera carrera ni por encontrar un trabajo asalariado en el que laborara de nueve de la mañana a cinco de la tarde. Su celebridad atraía gente a su órbita y muchos de ellos le ofrecían negocios en los cuales invertir el dinero que su seguro de vida había pagado y le habían permitido conservar. Fue a una venta de saldos del ejército, e hizo negocio comprando y revendiendo estructuras prefabricadas a los estudios cinematográficos. Hizo lo mismo con hieleras y luego invirtió en tecnología telefónica. Obtuvo ganancias respetables, pero pronto se le terminaban. Sin embargo, el ingreso que obtenía era más o menos estable, por lo que pudo rentar un departamento para él y Cynthia. Se trataba de un lugar diminuto situado en una zona barata de Hollywood, pero Cynthia hizo su mejor esfuerzo para darle un toque hogareño.

Al término de su primer día en el nuevo apartamento, Louie se metió a la cama, cerró los ojos y soñó. Como siempre, el Ave estaba ahí, pero ya no esperaba o dudaba. El sargento se aproximaba a Louie sosteniendo un cinturón en la mano y golpeándole el rostro. El Ave regresaba cada noche y él volvía a sentirse indefenso, incapaz de huir o de alejarlo.

Louie se entregó al entrenamiento. Sus largas caminatas se convirtieron en carreras. Recuperaba la fuerza y su pierna lastimada no le dolía. Lo tomó con calma, pensando siempre en la competencia de Londres, en 1948. Su objetivo era participar en los 1500 metros, pero tenía muy claro que de no serle posible competir en esta prueba, regresaría a los cinco mil metros, o incluso a las carreras con obstáculos. Sin probarse a fondo, comenzó a cronometrar millas en 4:18, dos segundos más lento que el ganador del torneo Zamperini por Invitación que había visto en marzo. Estaba de regreso.

Pero el atletismo no era igual que antes. Lo sentía forzado y no liberador como en un principio. No sentía alegría alguna al correr, pero hacerlo era la única respuesta que Louie podía dar a su confusión interna. Redobló esfuerzos y su cuerpo respondió.

Un día en que Cynthia le tomaba tiempo cronometro en mano, Louie se propuso ver cuánto requería para correr las dos millas. Muy al principio de la carrera, sintió una punzada en el tobillo izquierdo, justo donde se había lastimado estando en Naoetsu. Sabía que no debía forzarlo, pero aún así siguió adelante. Al completar la primera milla, el dolor era ya muy intenso. Siguió corriendo en pos de Londres.

Al final de la última vuelta, tuvo la sensación de que el tobillo se le partía. Llegó saltando a la meta y cayó. Su tiempo era el más rápido de 1946 para una carrera de dos millas en la costa del Pacífico, pero eso no importaba. No pudo caminar durante una semana y cojearía por semanas. Un médico confirmó que había empeorado drásticamente su lesión de guerra. Todo había terminado.

Louie estaba abatido. Lo que lo había salvado siendo niño ya no era opción para él. La última de sus defensas cayó. Durante el día, no podía dejar de pensar en el Ave. Por las noches, el sargento lo atacaba, feroz e insaciable. Mientras el cinturón lo golpeaba, Louie luchaba hasta que sus manos llegaban a la garganta del atacante y se cerraban. Por muy fuerte que apretara, esos ojos todavía danzaban frente a él. Normalmente, Louie se despertaba gritando y bañado en sudor. Tenía miedo de dormir.

Comenzó a fumar de nuevo. No parecía haber motivo para no beber, de modo que cada noche se servía vino cuando cocinaba, lo cual hacía que Cynthia terminara cenando con un marido un poco bebido. Las invitaciones para salir a los clubes no dejaban de llegarles, y no parecía problemático aceptar los tragos gratuitos que siempre les ofrecían. Al principio sólo tomaba cerveza; luego dio el paso a licores más fuertes. Si se emborrachaba lo suficiente, podía olvidar un rato la guerra. Pronto comenzó a beber tanto que se quedaba inconsciente, pero no le desagradaba la idea. Es más, le gustaba. Al quedar inconsciente no temía ir a la cama al encuentro con su monstruo. Incapaz de lograr que Louie dejara de beber, Cynthia dejó de acompañarlo. Él salía cada noche a olvidar la guerra la dejaba sola.

La ira comenzó a consumirlo. Una vez reclamó a un hombre por cruzar demasiado lento frente a su auto y el otro terminó por escupirle. Louie subió el coche a la banqueta, salió y golpeó al hombre hasta dejarlo tirado mientras Cynthia le gritaba que se detuviera. En otra ocasión, cuando un hombre dejó que la puerta de un bar se abatiera sobre él sin querer, Louie provocó al hombre hasta protagonizar un penoso incidente en que restregó el rostro del supuesto infractor contra la tierra.

Su mente comenzaba a descarrilarse. Una vez estaba sentado en un bar y escuchó un sonido repentino y fuerte, quizás el escape de un auto mal afinado. Sin darse cuenta cómo, se encontró de pronto tirado en el suelo arrastrándose de miedo mientras la concurrencia del bar y sus dueños lo miraban en silencio. Otra noche, estaba bebiendo y su mente cavilaba cuando alguien en las inmediaciones gritó algo bromeando con sus amigos. En la mente de Louie, la persona había gritado "*¡Keirei!*" Entonces se puso de pie rápidamente con la espalda muy recta, la cabeza echada atrás y el corazón saltándole en el pecho, en espera de la hebilla que habría de golpearlo. Un momento más tarde, la ilusión se esfumó y se dio cuenta de que, de nuevo, las personas del bar lo observaban. Se sintió tonto y humillado.

Un día, lo invadió un sentimiento extraño e inexplicable. Un momento después, la guerra lo rodeaba una vez más; no se trataba sólo de su recuerdo sino de su recreación: sintió el áspero, agresivo terror de la guerra. De nuevo, un momento después logró salir de la alucinación confundido y atemorizado. Fue su primer *flashback*. Después de esta experiencia, bastaba con que viera de reojo algo de sangre o se suscitara una pelea en el bar, para que todo volviera a ser como en el campo de concentración para prisioneros de guerra; sus sentimientos, la luz, los sonidos y hasta su propio cuerpo, eran idénticos a como los experimentaba en el pasado. Parecía incapaz de escapar a estas sensaciones. En determinado momento sentía que le caminaban por la piel piojos y pulgas, siendo que nada había allí. Todo esto hizo que Louie bebiera todavía más.

Cynthia le insistía en que pidiera ayuda, de manera que acudió, no de muy buena gana, a ver a un consejero que laboraba en un hospital para veteranos. Le habló de la guerra y de las pesadillas, y regresó a casa sintiendo la misma turbulencia que sentía antes de ir a solicitar ayuda. Después de dos o tres sesiones, dejó de asistir.

Un día abrió el periódico y vio una historia que le llamó la atención. Un ex prisionero entró a una tienda encontrándose con uno de sus captores en tiempos de guerra. El prisionero había llamado a la policía, que arrestó al supuesto criminal de guerra. Conforme Louie leía la historia, toda su furia se concentraba. Se vio a sí mismo encontrando al Ave, venciéndolo; primero le golpeaba el rostro hasta hacerlo sangrar y después sus manos apretaban el cuello del infeliz. En la fantasía, mataba al Ave lentamente, saboreando el sufrimiento que causaba y haciendo que su verdugo esperimentara todo el dolor, el terror y la impotencia que él había sentido. Las venas le latían con una urgencia casi eléctrica.

Louie no tenía idea de qué había sido del Ave, pero estaba seguro de que si lograba volver a Japón, podía darle caza. Esta resultó ser su reacción ante el constante esfuerzo del Ave por extinguir su humanidad: *todavía soy un hombre*. No podía concebir otra manera de salvarse.

Había encontrado un objetivo que remplazaba a los juegos olímpicos perdidos. Mataría al Ave.

TREINTA Y SEIS

★ ★ ★

El cuerpo en la montaña

Transcurría el primer invierno desde el fin de la guerra. Un viejo oficial de policía caminaba por una aldea situada en lo alto de las montañas de la prefectura de Nagano, en Japón. Tocaba puertas, hacía preguntas y seguía su camino. El Ministerio del Interior, frustrado por el fracaso que había representado no encontrar a Mutsuhiro Watanabe, decidió renovar esfuerzos enviando fotografías y reportes del fugitivo a cada jefe de policía de Japón. Tenían órdenes de reportar los avances en sus investigaciones dos veces al mes. Los oficiales hacían cateos e interrogatorios prácticamente todos los días. Sólo en una prefectura, 9100 oficiales estaban involucrados en su búsqueda. El oficial de Nagano formaba parte de este esfuerzo.

Era cerca del mediodía cuando llegó a la casa más grande de la aldea, hogar de un campesino y su familia. Alguien acudió al llamado y, pensando que se trataba de un empleado del censo, lo invitó a pasar. Adentro, el policía encontró a un campesino gordo y viejo, a su esposa y al trabajador doméstico que vivía allí. Mientras el trabajador preparaba un plato de pepinillos y una taza de té, lo que tradicionalmente se ofrece a las visitas, el oficial sacó una foto de Watanabe vestido con su uniforme de sargento. ¿Reconocían al hombre? Nadie lo reconoció.

El oficial recomenzó la búsqueda en casa de un vecino. No tenía idea de que el fugitivo que buscaba había estado de pie frente a él sosteniendo una bandeja con pepinillos.

El Ave había llegado a la prefectura de Nagano en septiembre del año anterior, después de huir de casa de su hermano y luego de Kofu. Al llegar a la comunidad de aguas termales de Manza Spa, se registró en un hotel. Escogió el alias de Saburo Ohta, nombre común que no llamaría la atención ni tendía a permanecer en la memoria de nadie. Usaba bigote desde los últimos días de la guerra. Decía a las personas que era un refugiado de Tokio cuya parentela entera había fallecido, historia que en el Japón de la posguerra era tan común como el arroz blanco. Juró vivir siendo fiel a dos principios: el silencio y la paciencia.

Manza era una buena elección, pues era visitada por multitudes entre las que Watanabe podía perderse. Mas pronto comenzó a pensar que sería mejor esconderse en las lejanas regiones montañosas. Conoció al viejo campesino y se ofreció como trabajador a cambio de techo y comida. El viejo lo llevó a su aldea rural y Watanabe se instaló como su ayudante.

Cada noche, tirado en el piso del campesino sobre un tapete de paja, Watanabe tenía grandes problemas para conciliar el sueño. Habían atrapado a todos los sospechosos de crímenes de guerra a lo largo y ancho de Japón; ahora estaban en prisión aguardando el juicio. Había conocido a algunos de esos hombres. Serían juzgados, sentenciados y algunos ejecutados. Él estaba libre. En las páginas en las que vertió las emociones relativas a su huida, Watanabe escribió que sentía culpa cuando pensaba en los soldados capturados. También reflexionaba sobre su manera de comportarse con los prisioneros, describiéndose como "poderoso" y "estricto al vigilar que [los prisioneros] obedecieran las reglas". "¿Soy culpable?", escribió. No respondió a su propia pregunta, pero tampoco expresó remordimiento. Incluso cuando escribió sobre la gratitud que le inspiraba el granjero que lo había aceptado en su casa, no logró percibir el paralelo entre él y los hombres indefensos que habían caído en sus manos.

La radio en casa del campesino estaba casi siempre encendida, y cada día Watanabe escuchaba reportes sobre los sospechosos de crímenes de guerra. Se fijaba en el rostro de sus patrones cuando las historias pasaban al aire, preocupado porque pudieran sospechar de él. Los periódicos también estaban llenos de artículos sobre estos fugitivos, descritos como "enemigos de los seres humanos". Los pronunciamientos herían los sentimientos de Watanabe. Le parecía escandaloso que los aliados, que no habían perdonado, condujeran los juicios de japoneses. Sólo Dios, creía, estaba calificado para juzgarlo. "¡Quería gritar que no era justo!", escribió.

La tensión de vivir de incógnito tuvo sus consecuencias. Sospechaba especialmente de la esposa del campesino, en cuya mirada parecía hallar suspicacia. El sueño llegaba con tanta dificultad que necesitaba trabajar hasta desfallecer para dormirse. Meditó la posibilidad de entregarse.

Una noche, cuando el fuego moría en la hoguera, Watanabe fue a donde estaba el campesino y le dijo quién era. El campesino escuchó con los ojos puestos en el fuego mientras su lengua chasqueaba contra su dentadura postiza.

"La gente dice que uno debe controlar la lengua si no quiere atraer al mal", dijo el campesino. "Debes cuidar lo que dices".

No dijo nada más. Se dio la vuelta y se fue.

Mientras el Ave se escondía, otros torturadores de los prisioneros de guerra eran arrestados, conducidos a la prisión de Sugamo, en Tokio, y juzgados por crímenes de guerra. Cerca de 5 400 japoneses fueron juzgados por los Estados Unidos y otras naciones; unos 4400 fueron convictos, incluyendo 984 que recibieron condenas de muerte y 475 sentenciados a cadena perpetua.[42] Más de 30 integrantes del personal de Ofuna fueron convictos y sentenciados a un total de cerca de 350 años de prisión. El cocinero ladrón, Tatsumi "Curley" Hata, fue sentenciado a veinte años. Masajiro "Cabeza de Mierda" Hirayabashi, quien golpeo a innumerables prisioneros y mató al pato Gaga, fue castigado con cuatro años de prisión. El comandante Kakuzo Iida, "la Momia", fue sentenciado a muerte por participar en el fallecimiento de cinco cautivos. También se condenó a Sueharu Kitamura —"Matasanos"—, quien había mutilado a sus pacientes, cortándole la pierna a Harris y contribuyendo a la muerte de cuatro cautivos, incluyendo uno que fue sacado de Ofuna al final de la guerra, a horas de morir, y que gritaba "*Matasanos*" repetidamente. Kitamura fue sentenciado a la horca.

Kaname Sakaba, el comandante de Omori, fue condenado a cadena perpetua. De los hombres de Naoetsu, se juzgó, condenó y colgó a seis guardias civiles. Siete soldados japoneses también fueron condenados: dos fueron colgados y cuatro recibieron sentencia de trabajos forzados de por vida. A otro le dieron veinte años de prisión.

La policía encontró a Jimmie Sasaki trabajando como enlace entre la marina japonesa y las fuerzas de ocupación. Mentiroso como siempre, dijo a los investigadores que los interrogadores de Ofuna siempre "eran amables con los prisioneros", nunca había visto que se abusara de un prisionero y éstos rara vez se quejaban. Al interrogarlo, la verdad sobre su posición en Ofuna salió al fin a la luz. No era el interrogador en jefe ni tenía rango equivalente al de almirante como pretendía. Era sólo un intérprete de poca mon-

---

[42] Algunas sentencias de muerte fueron conmutadas más tarde; 920 hombres serían ejecutados.

ta. Este hombre de lealtades siempre efímeras trató de cambiarlas de nuevo: se puso a hablar de su deuda con América y preguntó si alguien podía conseguirle un trabajo en el ejército estadounidense. En vez de trabajo, fue acusado de ordenar el trato abusivo de varios prisioneros, incluyendo uno que había sido hambreado y torturado hasta la muerte. A pesar de que durante el juicio los testimonios trajeron numerosas dudas respecto de su culpabilidad, Sasaki fue condenado y sentenciado a seis años de trabajos forzados.

Y así terminó el extraño y retorcido viaje por la guerra del amigo de Louie: en la prisión de Sugamo, donde resultó ser un preso modelo que atendía un huerto de vegetales y una arboleda. La verdadera identidad de Jimmie Sasaki.

¿Espía?, ¿instrumento de la maquinaria de violencia de Japón a algo más inocente?, sigue siendo un misterio.

Entre las historias de posguerra de los hombres que manejaban los campos en que estuvo Louie, la de Yukichi Kano fue la más triste. Nos referimos al sargento que arriesgaba todo para proteger a los prisioneros de guerra y probablemente salvó la vida de varios. En cuanto fue anunciado el fin de la guerra, Kano se encontró con un grupo de guardias borrachos que se dirigían a las barracas determinados a matar a golpes a unos cautivos que habían sido tripulantes de un B-29. Kano y otro hombre los enfrentaron para evitar que lo hicieran y, tras una breve escaramuza, lograron su cometido. Kano era un héroe, pero cuando los norteamericanos liberaron el campo, dos de ellos trataron de arrancar las insignias de su uniforme. Bob Martindale intervino y los regañó fuertemente. Temiendo que Kano pudiera ser injustamente acusado de crímenes de guerra, Martindale y muchos otros oficiales prisioneros escribieron una carta de recomendación para él antes de marcharse a casa.

No sirvió de nada. Kano fue arrestado y encarcelado como sospechoso de crímenes de guerra. La razón de su arresto sigue siendo poco clara. Se le mencionó en las declaraciones juradas de muchos prisioneros de guerra y, en todos los casos, se aludió a su bondad. Quizás la explicación tenga que ver con que su apellido era muy similar al de dos hombres malignos: Tetsutaro Kato, oficial de Omori que se dice pateó a un prisionero hasta casi matarlo, e Hiroaki Kono, asistente del Ave en Naoetsu. Pasaron los meses y Kano languidecía en prisión, atemorizado y humillado. No le fincaban cargos ni lo cuestionaban. Escribió una triste carta en la que pedía a las autoridades que lo investigaran para que su nombre pudiera ser limpiado. "Juro con la mano en el pecho que no he hecho nada malo", escribió.

En el invierno de 1946, se retiraron finalmente los cargos a Kano y MacArthur ordenó su liberación. Kano se mudó a Yokohama y trabajó para un negocio de importaciones y exportaciones. Extrañaba a sus amigos prisioneros, pero durante años evitó entrar en contacto con ellos. "Pensé que debía evitar escribirles", apuntó en un comunicado a Martindale en 1955, "puesto que mi carta podía recordarles los duros días de Omori que, estoy seguro, quieren olvidar". Murió de cáncer tiempo después.

En la aldea de la montaña en que era conocido como Saburo Ohta, Watanabe esperaba un amargo invierno. La visita del oficial lo había estremecido. Tras la partida del policía, Watanabe advirtió que la esposa del campesino lo reconocía, o eso creyó. Cuando llegó la noche, se mantuvo despierto reflexionando sobre su posible captura y ejecución.

Al llegar el verano, le pidieron que acompañara al hijo del campesino en un recorrido por el país vendiendo correas de cuero. El viaje los llevaría por ciudades principales en las que Watanabe, de seguro, era buscado; pero vivía gracias a la buena voluntad del campesino, de modo que se vio obligado a aceptar. Se puso lentes para disimular sus facciones y partió lleno de inquietudes.

Fueron a los ajetreados puertos comerciales de Akita y Niigata. Nadie se fijó en Watanabe. Conforme se fue disipando su temor de ser reconocido, comenzó a disfrutar el viaje. La conversación en las ciudades estaba dominada por el tema de la guerra, y todos tenían una opinión sobre la conducta de los soldados japoneses, especialmente de los acusados de crímenes de guerra. La gente hablaba de cómo se conducía la persecución de los sospechosos. Watanabe escuchaba atentamente.

Al estar cerca de la sociedad, sintió deseos de ver a su familia. Pensó que su madre estaría ahora en Tokio, en su acostumbrada visita veraniega a casa de su hermana Michiko. El deseo era muy intenso. Watanabe tomó las cartas para adivinar el futuro que su hermanita le había dado y se leyó la suerte. Descubrió que si iba a ver a su familia estaría seguro. En un sofocante día del verano de 1946, abordó un tren con dirección a Tokio.

El momento elegido para ese viaje no pudo ser peor. Las investigaciones realizadas durante el invierno para dar con Watanabe no habían producido pistas y la policía redoblaba esfuerzos. Se había copiado y distribuido una nueva fotografía de Watanabe junto con un reporte que lo describía como "un hombre conocido por sus perversiones", que podría encontrase "en cualquier sitio donde hubiera mujeres solas". Dado que los ciudadanos japoneses tenían la obligación de registrar los cambios de domicilio, se ordenó a la policía que revisara los registros en busca de hombres que viajaran solos. Se les instruyó para que monitorearan las transacciones en comedores públicos, oficinas de correo, estaciones de tren, camiones, taxis, embarcaderos de transbordadores, minas, centros de comercialización del mercado negro, hoteles de poca monta, casas de huéspedes y cualquier otro negocio que pudiera atraer a un hombre que hablaba francés con fluidez. Inspirados probablemente por la posibilidad de que Watanabe se hubiera suicidado, la policía investigó todas las muertes no naturales e inusuales acaecidas desde noviembre de 1945, especialmente aquellas en que el fallecido no hubiera sido identificado. Al salir de su escondite y viajar a Tokio, Watanabe se metía en la boca del lobo.

Shizuka Watanabe estaba sentada en casa de Michiko con dos de sus otros hijos cuando Mutsuhiro entró. La habitación quedó en silencio mientras los sorprendidos miembros de la familia lo miraban primero a él y luego entre ellos. Mutsuhiro estaba muy emocionado y eso, junto con el calor, lo hizo temer un desmayo. Michiko entró y vio a su hermano. La familia comenzó una celebración.

Por dos horas, Mutsuhiro se sentó sorbiendo bebidas refrescantes y escuchando cómo sus familiares habían sido arrestados, interrogados, seguidos y cateados. No mencionó nada respecto de dónde había estado, pues creyó que sus parientes estarían mejor si no lo sabían. Conforme el tiempo pasaba, ellos se iban poniendo nerviosos, pues temían que los detectives los descubrieran. Los habían visitado sólo dos días antes. A las dos de la tarde, Shizuka advirtió a Mutsuhiro que a esa hora los detectives solían revisar la casa. Mutsuhiro les aseguró que se había echado las cartas y le habían dicho que todo estaría bien.

Hubo ruido afuera. Los detectives habían llegado. Los Watanabe se pararon como impulsados por un resorte. Alguien arrojó las pertenencias de Mutsuhiro a un armario. Otro llevó las tazas al fregadero. Mutsuhiro corrió al salón de té y cerró la puerta. Pudo escuchar pisadas de varios detectives que entraban en la habitación donde habían estado. Escuchó que interrogaban a su madre y hermana. Les dijeron que, en caso de atrapar a Mutsuhiro, sería bien tratado.

Los detectives estaban a metros de distancia, al otro lado de la puerta. Con el corazón palpitante, Mutsuhiro pensó si debía escapar u ocultarse en ese sitio. La habitación era muy pequeña, llena de cojines distribuidos en el piso, pero había un armario. Con toda lentitud, caminó hacia él centímetro a centímetro, deslizó la puerta corrediza y se metió como pudo. Optó por no cerrarla temiendo hacer ruido. Ahí esperó, con la mano puesta sobre su boca y nariz para amortiguar aún más el ya débil sonido de su respiración.

La puerta de la habitación se abrió. Un detective miró dentro. "Es un lugar muy espacioso", dijo a la familia. Hubo una pausa mientras el detective miraba en derredor. Si el detective dirigía la mirada hacia el armario, vería a Mutsuhiro. "Vaya que está todo ordenado", dijo el detective. La puerta se cerró. Los detectives se fueron.

Mutsuhiro hubiera querido pasar la noche allí, pero ese episodio, en que tan cerca habían estado de apresarlo, lo hizo cambiar de opinión. Dijo a su madre que trataría de volver a verla en dos años. Después se fue de vuelta "al mundo solitario", según escribió.

Regresó a la aldea. El hijo del campesino no había logrado que las ventas de sus correas prosperaran, de manera que abrió una cafetería en la aldea, donde Watanabe se convirtió en su mesero.

El campesino le hizo una propuesta. El matrimonio arreglado era una práctica muy común en Japón, y el campesino había encontrado muy buena pareja para él. Watanabe se sintió tentado; estaba solo, se sentía infeliz y le gustaba la idea de casarse, pero hacerlo en la situación en que se encontraba parecía imposible. Dijo que no.

La joven se acercó a ellos. Cuando el hijo del campesino se sintió enfermo, ella fue a visitarlo y Watanabe, curioso, acudió a la habitación del enfermo para verla. Sacó a colación el tema de la novela que el hijo estaba leyendo, pensando que "si a ella le gustan los libros, debe comprender lo dura que llega a ser la vida". En sus notas en relación con el encuentro, no dice si ella poseía esa comprensión, pero le gustó que pareciera ser "una buena ama de casa". Parte de él quería enamorarse de ella, pues creía que el amor "podía salvar mi vida diaria".

La mujer fue llevada con el atractivo mesero y comenzó a frecuentar la cafetería para estar cerca. Él mantuvo en secreto su identidad. Ella comenzó a hablar a sus padres de lo mucho que le gustaría obtener su bendición para la boda. Después de darle alas, Watanabe decidió que debía terminar la relación. Sólo dijo que "una carga suya la haría infeliz".

Con ello terminó con las pocas relaciones que tenía en la aldea. Dejó su trabajo y se marchó. Vagó por los pastizales de Nagano y siguió la orilla del río Chikuma. Luego aceptó un trabajo como pastor de vacas. Su incapacidad para controlar a los testarudos animales lo exasperaba. Se sentía abatido. Al atardecer, elevó la mirada hasta fijarla en el majestuoso volcán Asama; una delgada columna de humo surgía de la cima. El ganado pastaba en las faldas del gigante.

En las cumbres de Okuchichibu se encuentra la montaña sagrada de Mitsumine; las faldas de ella están cubiertas de bosque y en la cima hay una antigua capilla. El otoño de 1946, dos cuerpos fueron descubiertos entre las barrancas de la montaña. Una pistola estaba al lado de los cuerpos. Se trataba de un hombre y de una mujer. Nadie sabía quiénes eran.

La policía fue con Shizuka Watanabe y le pidió que ella y su familia los acompañaran a la montaña. Los Watanabe fueron conducidos a la parte alta de Mitsumine y, con la ayuda de guías, fueron llevados a los cuerpos. Shizuka miró la masa inerte de lo que había sido un hombre joven.

Los diarios japoneses publicaron la sensacional historia: Mutsuhiro Watanabe, uno de los criminales más buscados de Japón, estaba muerto. Él y una mujer, probablemente su amante, se habían suicidado.

TREINTA Y SIETE

★ ★ ★

Cuerdas torcidas

Louie no se enteró de la muerte del Ave. Cuando se encontraron los cuerpos en el Monte Misumine, él estaba autodestruyéndose en Hollywood. Bebía mucho, entraba y salía de los *flashbacks*, gritaba y manoteaba durante sus pesadillas y padecía accesos de furia que sobrevenían en cualquier momento. Asesinar al Ave se había convertido en su secreto, en una obsesión febril, y entregaba su vida a ello. En un gimnasio cercano a su apartamento, pasaba horas desahogando su ira contra un costal de boxeo y así se preparaba para la confrontación que, creía, sería su salvación. Pasaba todos los días pensando en matar.

Durante 1947 y 1948, Louie pasó de un empleo a otro para obtener dinero y regresar a Japón. Cuando Ric, el hermano de Cynthia, los visitó, encontró a Louie rodeado de vivales que trataban de explotarlo. Uno de ellos le propuso que invirtiera siete mil dólares en la compraventa de equipo de excavación en Filipinas. Le prometía duplicar su dinero. Louie firmó el cheque y no volvió a ver al inversionista ni al dinero. En una sociedad, creó una compañía marítima de transporte de pasajeros en Tahití, pero los acreedores terminaron quedándose con el barco. El trato para fundar una productora de cine en Egipto tuvo un final semejante. Llegó incluso a considerar trabajar como bombardero mercenario en un intento de golpe de estado en un pequeño país caribeño, y seguía pensándolo cuando se suspendió la intentona golpista. Él y un socio hicieron un acuerdo verbal con oficiales mexicanos, dándoles autorización para ser los únicos que pudieran expedir licencias de pesca a los norte-americanos. Cuando su socio conducía para firmar el trato, chocó de frente con un camión y el trato murió con él. Cada vez que Louie reunía algo de dinero, lo perdía en otra aventura fallida, por lo que su retorno a Japón tuvo que ser pospuesto una y otra vez.

La bebida le garantizaba momentos en que podía olvidarse de todo. Lenta e inexorablemente pasó de beber porque lo deseaba a beber porque lo necesitaba. Durante el día, se mantenía sobrio, pero por las noches, la idea de dormir y enfrentar las pesadillas lo amenazaba. Su adicción fue pronto tan fuerte que, cuando fue con Cynthia a Florida a visitar a su familia, él insistió en llevar de regreso a casa tanto licor que tuvo que quitar el asiento trasero de su Chevy para que la bebida cupiera.

Se había convertido en alguien que no reconocía a nadie. Una noche, en un bar de Sunset Boulevard, se sentó en un taburete, bebió toda la noche y terminó ahogado de borracho. Un hombre pasó junto a él y aconsejó a su pareja que pasara rápido. Louie se volteó y palmeó el trasero de la mujer. A continuación, Louie se descubrió de pie en el estacionamiento, medio cargado por un amigo. La mandíbula le dolía bastante. Poco a poco comprendió que el novio de la mujer lo había dejado inconsciente de un golpe.

Otra noche, dejó a Cynthia en casa y fue a un restaurante en Hollywood con dos amigos de la época en que practicaba atletismo. En algún momento, temprano por la noche, después de beber lo que él recordaría como una sola cerveza, se sintió extrañamente ligero y se excusó para salir un momento. Entonces el tiempo se rompió en segmentos inconexos. Estaba en su auto conduciendo, sin tener idea de cómo había llegado ahí. Avanzó por las calles desorientado hasta un vecindario con mansiones y jardines hermosos. La cabeza le daba vueltas. Detuvo el auto y salió. Había un árbol frente a él. Orinó allí.

Cuando se volvió para regresar al coche, no pudo encontrarlo. Deambuló por allí inmerso en una neblina mental, buscando en vano algo familiar, un punto de referencia. Caminó toda la noche asustado, perdido y tratando en vano de recuperar la lucidez.

Cuando el amanecer comenzó a iluminar el entorno, se dio cuenta de que estaba parado frente a su edificio. Abrió la puerta y vio a Cynthia preocupadísima por él. Se dejó caer en la cama. Cuando despertó y se vistió, no recordaba nada de la noche anterior y no lograba entender por qué estaban desgastados los tacones de sus zapatos nuevos. Salió a buscar su auto y, al no encontrarlo, llamó a la policía y lo reportó como robado. Dos días más tarde, la policía le informó que habían encontrado su auto en un vecindario rico en las colinas de Hollywood. Fue al lugar en que lo habían encontrado y entonces comenzó a recordar lo sucedido como si se tratara de una pesadilla.

Cynthia rogaba a Louie que no bebiera, pero de nada servía.

Cynthia Zamperini. *Cortesía de Frank Tinker.*

Mientras más caía Louie, menos podía ocultarlo. Ric Applewhite advirtió que era un germanófobo maniático que se lavaba las manos una y otra vez y, siempre que lo hacía, lavaba el grifo y las perillas del lavabo. Algunos de sus amigos le hablaron de su manera de beber, pero las palabras no tenían impacto alguno. Cuando Payton Jordan vio a Louie, se percató de inmediato de que su amigo estaba en problemas, pero no logró que él hablara del asunto. Pete también estaba preocupado, pero sabía únicamente de sus problemas financieros. No tenía idea de que Louie había caído en el alcoholismo, o de que se había obsesionado planeando el homicidio de un hombre.

Cynthia estaba desconsolada al ver al hombre en que su marido se había convertido. En público, su conducta daba miedo y era vergonzosa. En privado, solía mostrarse susceptible y duro con ella. Hizo su mejor esfuerzo por consolarlo pero nada funcionaba. En una ocasión, Louie estaba fuera de casa y ella se puso a pintar elaboradas ilustraciones de hojas de vid y animales para alegrar su triste cocina y darle una sorpresa. Él ni siquiera las advirtió.

Herida y preocupada, Cynthia no lograba recuperar a Louie. Su dolor se convirtió en ira, y tuvieron amargas peleas. Lo abofeteó y le aventó platos; él la aferró con tal fuerza que la dejó lastimada. Una vez llegó a casa y se encontró con que ella había estrellado todo lo que se podía romper contra el piso. Cuando Cynthia cocinaba la cena durante una fiesta en el yate anclado de un amigo, Louie se mostró tan sarcástico con ella frente a todos los amigos, que se fue del bote. Él la persiguió y la tomó por el cuello. Ella lo abofeteó y la dejó ir. Se fue a casa de sus padres y él volvió solo a casa.

Poco después regresó y los dos lucharon juntos. El dinero de Louie había desaparecido, por lo que pidió mil dólares a un amigo, ofreciendo su Chevy convertible como garantía. El dinero se terminó, otra inversión falló, el préstamo se venció y Louie tuvo que dar las llaves de su auto.

Cuando era niño, se había caído de las escaleras mientras se apuraba para llegar a la escuela. Se levantó sólo para tropezar y caer de nuevo. Luego lo hizo por tercera vez. Se convenció de que Dios lo estaba haciendo tropezar. Ahora volvía a tener el mismo pensamiento. Dios estaba jugando con él. Cuando escuchaba predicadores en la radio, la apagaba enojado. Prohibió que Cynthia asistiera a misa.

En la primavera de 1948, Cynthia le dijo que estaba embarazada. Louie se emocionó, pero la idea de tener más responsabilidades lo llenaba de culpa y desesperación. Ese verano, en Londres, el sueco Henry Eriksson ganó el oro olímpico en la prueba de 1 500 metros. En Hollywood, Louie bebía aún más.

Nadie podía acercársele porque en realidad nunca había regresado a casa. En la prisión, había sido golpeado hasta caer en una obediencia deshumanizante, en un mundo gobernado absolutamente por el Ave, y Louie seguía viviendo en ese mundo. El verdugo se había llevado su dignidad, dejándolo humillado, avergonzado e impotente. Así, Louie creía que sólo el Ave podía restaurarlo si sufría y moría en sus manos. El hombre que una vez había estado lleno de ganas de vivir y de esperanza, creía que su única salida estaba en el homicidio.

La paradoja de la venganza es que hace a los hombres dependientes de quienes les han causado daño. Las víctimas creen que su dolor sólo llegará a su fin cuando logren que sus verdugos sufran. Al buscar la muerte del Ave para liberarse a sí mismo, Louie se había encadenado, una vez más, a su tirano. Durante la guerra no le había permitido escapar de sus manos; tras la guerra, era Louie quien no podía soltar al Ave.

Louie después de la guerra. *Cortesía de Frank Tinker.*

Una noche a fines de 1948, Louie estaba acostado en la cama al lado de Cynthia. Cayó en un sueño y el Ave reapareció. El cinturón se desenrolló y la hebilla se estrelló contra su rostro. El dolor fue intenso, como si un rayo se le clavara en la sien. Una y otra vez el cinturón golpeaba la cabeza de Louie. Alzó las manos en busca del cuello del Ave y las cerró alrededor de éste. Ahora Louie estaba encima del Ave y ambos luchaban.

Hubo un grito, tal vez de Louie, quizás del Ave. Él siguió intentando arrancar la vida al Ave. Luego todo comenzó a alterarse. Louie, de rodillas y sentado sobre su rival, miró abajo. La forma del Ave comenzó a cambiar: estaba sobre el pecho de Cynthia con las manos aferrando su cuello. Ella gritaba con la garganta casi cerrada. Louie estrangulaba a su esposa embarazada.

La soltó y se quitó de encima. Ella retrocedió jalando aire y llorando. Él se sentó en la oscuridad junto a ella, horrorizado, con la ropa de dormir empapada en sudor. Las sábanas estaba torcidas y formaban una especie de cuerda a su alrededor.

La pequeña Cynthia Zamperini, a quien apodaban Cissy, nació dos semanas después de Navidad. Louie estaba tan emocionado que no dejaba que nadie más la cargara y cambiaba todos los pañales personalmente. Pero ni eso lo alejaba a del alcohol o de su obsesión homicida. Durante las noches de poco dormir, Louie y Cynthia peleaban constante y furiosamente. Cuando la mamá de ella se presentó para ayudar, lloró al ver el apartamento. Louie bebía sin parar.

Un día ella llegó a casa para encontrarse con que Louie cargaba a Cissy mientras la niña lloraba. La estaba sacudiendo. Le quitó a la niña de las manos con un grito. Horrorizado consigo mismo, Louie se fue de juerga una y otra vez. Cynthia estaba harta. Llamó a su padre y le mandó dinero para regresar a Miami Beach. Ella decidió pedir el divorcio a Louie.

Cynthia empacó sus cosas, tomó a la bebé y se marchó. Louie estaba solo. Le quedaban su alcohol y su resentimiento, una emoción que "nos clava a cada uno de nosotros en la cruz del pasado arruinado", según escribió Jean Améry.

Al otro lado del mundo, temprano por la noche en un día postrero de 1948, Shizuka Watanabe estaba sentada en la planta baja de un restaurante de dos pisos en el distrito Shinjuku de Tokio. Afuera, la calle estaba llena de compradores y paseantes. Shizuka miraba los rostros borrosos que pasaban por la puerta.

Entonces lo vio justo al otro lado de la puerta, mirándola entre los demás viandantes. Era su hijo muerto.

TREINTA Y OCHO

★ ★ ★

Un silbato para llamar la atención

Para Shizuka Watanabe, el momento en que vio a su hijo pudo haber sido la respuesta a una ilusión desesperada. Dos años antes, la habían llevado a la montaña a ver a un muerto que se parecía a Mutsuhiro. Todos, incluyendo a los demás parientes, creyeron que se trataba de él. Además, los periódicos habían anunciado el suicidio de Mutsuhiro. No obstante, Shizuka había conservado la duda. Quizás le sucedió lo mismo que a Louise Zamperini cuando le dijeron que su hijo estaba desaparecido. El caso es que un murmullo maternal le dijo que su hijo seguía vivo. Aparentemente no comentó sus dudas en público, pero en secreto se aferraba a la promesa que Mutsuhiro le había hecho en su último encuentro, en Tokio, durante el verano de 1946: el 1 de octubre de 1948, a las siete de la noche, él trataría de encontrarse con ella en un restaurante del distrito Shinjuku de Tokio.

Mientras esperaba la llegada de esa fecha, otros comenzaron a preguntarse si Mutsuhiro estaba muerto en realidad. Alguien buscó el número de serie de su arma de cargo en las fuerzas armadas y descubrió que era distinto al de la pistola encontrada junto al cadáver. Mutsuhiro podría haber usado otra arma, pero un examen del cuerpo también halló diferencias con las características de Mutsuhiro. Los detectives no podían afirmar que el cuerpo no fuera de Watanabe, pero tampoco asegurar que se tratara de él. Su búsqueda volvió a comenzar y la policía visitó otra vez a sus familiares.

Shizuka soportó un escrutinio constante durante dos años. La seguían a todo lugar, su correo era revisado y se interrogaba a familiares y amigos. Cuando al fin llegó el 1 de octubre de 1948, fue al restaurante eludiendo aparentemente a sus perseguidores. Ahí estaba su hijo: un fantasma viviente.

Verlo le produjo temor y alegría en la misma medida. Sabía que al aparecer en público, frente a multitudes que seguramente sabían de la búsqueda, estaba asumiendo un gran riesgo. Habló con él unos minutos, parándose muy cerca y tratando de controlar la emoción en su voz. Mutsuhiro, serio, la interrogó sobre la estrategia de la policía. No le dijo nada respecto de dónde vivía o qué hacía. Preocupado de que fueran a llamar la atención, madre e hijo decidieron separarse. Mutsuhiro dijo que volvería a verla en dos años y salió por la puerta.

Nada supo la policía sobre este encuentro. Continuaron vigilando a Shizuka y sus hijos. Toda persona que los visitaba era seguida e investigada. Cada vez que ella salía a atender cualquier asunto, los detectives la seguían. Cuando visitaba las tiendas, los detectives interrogaban a quienes habían tenido trato con ella. Shizuka era interrogada frecuentemente, pero respondía a las preguntas sobre el paradero de su hijo haciendo alusión a los suicidios del Monte Mitsumine.

Pasó más de un año. Shizuka no supo nada de su hijo y los detectives tampoco. Por todas partes circulaban rumores sobre su destino. Según uno de ellos, había cruzado el mar de China y desaparecido en Manchuria. Otro que le habían disparado militares estadounidenses. Uno más que había muerto al pasarle un tren encima después de que un soldado norteamericano lo amarrara a las vías. No obstante, las historias más persistentes terminaban con su suicidio, a disparos, por medio del *hara-kiri* frente al palacio del emperador y hasta saltando al cráter de un volcán. Para casi todos los conocidos de Watanabe, sólo podía haber una conclusión plausible tras el fracaso de la búsqueda masiva.

No se sabe si Shizuka creía estos rumores, pero en su último encuentro con ella, Mutsuhiro le había dado qué pensar: "Me encontraré contigo en dos años, *si es que sigo vivo*", había dicho.

En la segunda semana de septiembre de 1949, un joven se apeó de un tren en la ciudad de Los Ángeles tras un viaje transcontinental. Era inusualmente alto y rubio. Tenía la mirada penetrante, la quijada cuadrada y un acento sureño adquirido al pasar la infancia en una granja lechera de Carolina del Norte. Su nombre era Billy Graham.

A los treinta y uno años, era el rector de academia más joven en Estados Unidos. Dirigía las Escuelas del Noroeste, un pequeño centro de enseñanza bíblica, un colegio de artes liberales y un seminario en Minneapolis. También era el vicepresidente de Youth for Christ International, organización evangélica. Había viajado por el mundo durante años predicando su fe. Los resultados habían sido inciertos. En su última campaña, en la ciudad de Altoona, Pennsylvania, se había topado con poco público y bastante frío, además de un loco miembro del coro que debió ser sacado del sitio, al que regresó una y otra vez cual si fuera mosca tras mermelada.

Ese mes de septiembre, en un estacionamiento vacío ubicado en la esquina del boulevard Washington y la calle Hill, en Los Ángeles, Graham y su pequeño equipo armaron una carpa de circo de 146 metros de largo, dispusieron 6500 sillas plegables, aserraron y martillaron hasta armar un escenario del tamaño de un patio trasero espacioso y montaron una réplica enorme de una biblia abierta frente a él. Dieron una conferencia de prensa para anunciar una campaña de tres semanas con el objetivo de que los angelinos se acercaran a Cristo. Ningún periódico publicó nada sobre el acontecimiento o intenciones.

Al principio, Graham predicaba ante una carpa semivacía, pero sus discursos terminantes y enfáticos dieron de qué hablar a la gente. Para el 16 de octubre, el día en que se habían propuesto cerrar la campaña, la asistencia era alta y aumentaba. Graham y su equipo decidieron seguir adelante. Entonces, se dice que el magnate de los medios impresos, William Randolph Hearst, dio una orden de tres palabras a sus editores: "Apoyen a Graham". De la noche a la mañana, tuvo una impresionante cobertura en los medios y hasta diez mil personas se apretujaban bajo la carpa cada noche. Los organizadores aumentaron su tamaño y metieron algunos miles de sillas más, pero seguían teniendo tal asistencia que cientos de personas se quedaban sin entrar tratando de escuchar a Graham a pesar del ruido del tránsito. Los grandes jefes del mundo del cine vieron que era un potencial buen negocio y le ofrecieron un contrato cinematográfico. Rompió a reír y les dijo que no lo haría ni por un millón de dólares al mes. En una ciudad que no se tentaba el corazón para pecar, había encendido la mecha de un resurgimiento religioso.

Nada sabía Louie de Graham. Habían pasado cuatro años desde su regreso de la guerra y seguía viviendo en el apartamento de Hollywood, perdido en el alcohol y en sus planes de asesinar al Ave. Cynthia había vuelto de Florida, pero sólo mientras arreglaba el divorcio. La pareja tenía una pobre convivencia. Ninguno parecía tener respuestas para su situación.

Un día de ese mismo mes de octubre, Cynthia y Louie estaban caminando por un pasillo de su edificio cuando un nuevo inquilino y su pareja salieron de su apartamento. Las parejas comenzaron a conversar y, en principio, la conversación fue bastante agradable. Luego el hombre mencionó que un evangelista llamado Billy Graham estaba predicando en la ciudad. Louie les dio la espalda abruptamente y se alejó.

Cynthia permaneció en el pasillo escuchando al vecino. Cuando regresó al departamento, le dijo a Louie que quería que la llevara a escuchar un discurso de Graham. Louie se negó.

Ella fue sola. Regresó a casa sintiéndose iluminada. Se encontró con Louie y le dijo que no se divorciaría de él. La noticia lo llenó de alivio, pero cuando Cynthia le dijo que había experimentado un despertar religioso, él se sintió horrorizado.

Ambos fueron a cenar a Casa de Sylvia y Harvey. Después de la cena, en la cocina, Cynthia habló de su experiencia en la carpa de Graham y manifestó su deseo de que Louie lo escuchara hablar. Él dijo que de ninguna manera iría. La discusión continuó durante toda la noche y hasta el día siguiente. Cynthia recurrió al nuevo vecino y los dos insistían ante Louie. Por muchos días, se negó. Procuró evitar a su mujer y al vecino hasta que Graham se fue de la ciudad. Luego resultó que su estadía en Los Ángeles se extendería, por lo que Cynthia decidió hacer un poco de trampa. A Louie le fascinaba la ciencia, de manera que ella le dijo que Graham tocaba el tema de la ciencia extensamente durante sus sermones. Con eso bastó para que la balanza se inclinara en favor de Cynthia. Louie cedió.

Billy Graham se estaba desgastando. Durante muchas horas los siete días de la semana, predicaba a grandes multitudes, y cada sermón era tan agotador como una rutina de ejercicios, pues hablaba con voz estentórea que puntuaba por medio de grandes gestos realizados con los brazos y el cuerpo entero. Se levantaba a las cinco de la mañana y permanecía en la carpa hasta bien entrada la noche, aconsejando almas en problemas.

Bajaba de peso y tenía ojeras muy oscuras alrededor de los ojos. A veces sentía que, si dejaba de moverse, las piernas se le doblarían, de modo que caminaba por todo el púlpito para no caer. En una ocasión, alguien le llevó un bebé y preguntó de quién era. Había estado lejos de casa tanto tiempo que no reconoció a su propia hija. Deseaba ardientemente terminar la campaña, pero el éxito de la misma le dio la seguridad de que la Providencia tenía otros designios.

Cuando Louie y Cynthia entraron a la carpa, él se negó a sentarse en las filas del frente. Tomaron asiento en las últimas. Esperaría hasta que el sermón fuera pronunciado y luego se iría a casa dando por terminado el asunto.

La concurrencia estaba en silencio. Desde el exterior les llegó un sonido fuerte que Louie conocía bien desde la infancia, cuando estaba recostado a un lado de Pete pensando en escapar. Se trataba del silbato de un tren.

Cuando Graham apareció, Louie quedó sorprendido. Esperaba ver al clásico charlatán, como los que había visto predicar cerca de Torrance cuando era niño. En lugar de ello, se encontró con un enérgico y arreglado hombre dos años menor que él. Aunque tenía dolor de garganta y pidió que aumentaran el volumen del amplificador para no tener que forzar la voz, Graham no presentaba otros signos de fatiga. Pidió a los asistentes que abrieran sus biblias en el octavo capítulo del libro de Juan:

> Jesús se fue al monte de los Olivos. Y por la mañana volvió al templo, y todo el pueblo vino a él; y sentado él, les enseñaba. Entonces los escribas y los fariseos le trajeron una mujer sorprendida en adulterio; y poniéndola en medio, le dijeron: Maestro, esta mujer ha sido sorprendida en el acto mismo de

adulterio. Y en la ley nos mandó Moisés apedrear a tales mujeres. Tú, pues, ¿qué dices? Mas esto decían tentándole, para poder acusarlo. Pero Jesús, inclinado hacia el suelo, escribía en la tierra con el dedo. Y como insistieran en preguntarle, se enderezó y les dijo: el que de vosotros esté sin pecado sea el primero en arrojar la piedra contra ella. E inclinándose de nuevo hacia el suelo, siguió escribiendo en la tierra. Pero ellos, al oír esto, acusados por su conciencia, salían uno a uno, comenzando desde los más viejos hasta los postreros; y quedó solo Jesús, y la mujer que estaba en medio. Enderezándose Jesús, y no viendo a nadie sino a la mujer, le dijo: mujer, ¿dónde están los que te acusaban? ¿Ninguno te condenó? Ella dijo: ninguno, Señor. Entonces Jesús le dijo: ni yo te condeno; vete, y no peques más.

Louie se sintió repentinamente despierto. Tras describir cómo se levantaba Jesús después de orar hincado, Graham preguntó al auditorio cuánto tiempo había pasado desde la última vez que oraron fervorosamente. Luego se concentró en la imagen de Cristo agachándose, para escribir con el dedo palabras en la arena a los pies de los fariseos. Los hombres se habían retirado por el miedo.

"¿Qué vieron escribir a Jesús?", preguntó Graham. Louie sintió que algo se movía en su interior.

"La oscuridad no esconde de la mirada de Dios", dijo Graham. "Dios conoce tu vida desde el momento en que naciste hasta el momento de tu muerte. Y cuando te presentes delante de Dios el día del gran juicio final, dirás: 'Señor: no he sido tan mala persona', y van a bajar una pantalla en la que proyectarán la película de tu vida, desde la cuna hasta la tumba, y vas a oír cada pensamiento que atravesaba por tu mente cada minuto del día, y escucharás también las palabras que dijiste. Y tus propias palabras, y tus propios pensamientos, y tus propios actos te condenarán cuando estés delante de Dios ese día. Y Dios dirá: 'Aléjate de mí'."[43]

Louie sintió que nacían ira e indignación en él. *Soy un buen hombre*, pensó. *Soy un buen hombre*.

En el momento mismo en que tuvo este pensamiento, se percató de la mentira en que estaba incurriendo. Sabía en qué se había convertido. Bajo su enojo, había una inquietud parecida a la de los tiburones que frotaban su lomo contra la parte inferior de la balsa. He ahí un pensamiento que no debía tener, un recuerdo que no debía ver. Quería correr con la urgencia de un animal desbocado.

Graham miró a su auditorio. "Aquí, esta noche, tenemos a un hombre que se ahoga, a una mujer que se ahoga, a un niño que se ahoga, a una niña que se ahoga y está perdida en el mar de la vida". Habló del infierno, de la salvación, de los hombres salvados y de los perdidos, siempre regresando a la imagen de Jesús inclinado escribiendo sobre la arena. Louie estaba cada vez más enojado y asustado.

"Que toda cabeza se incline y que todos los ojos se cierren", dijo Graham ofreciendo una tradicional invitación al arrepentimiento, una declaración de fe y absolución. Louie tomó el brazo de Cynthia, se puso de pie y salió de la carpa.

En algún lugar de la ciudad una sirena comenzó a sonar. El sonido entró a la carpa y llegó hasta el micrófono que grababa el sermón.

Esa noche, Louie se sintió impotente cuando el cinturón se abatió sobre su cabeza. El cuerpo que estaba sobre él era del Ave. El rostro era el del diablo.

---

[43] Extractos tomados de "El único sermón que Jesús escribió", sermón de Billy Graham ©, 1949, Asociación Evangelista Billy Graham. Usado con permiso, todos los derechos reservados. Transcripción del autor a partir de una grabación de audio.

Louie despertó de sus pesadillas y encontró a Cynthia allí. Toda la mañana del domingo, trató de engatusarlo para que fueran a ver a Graham de nuevo. Enojado y amenazado, se negó. Discutieron varias horas. Harto de su insistencia, finalmente aceptó ir con una condición. Cuando Graham dijera: "Que toda cabeza se incline y que todos los ojos se cierren", ellos se irían.

Esa noche, bajo la carpa, Graham habló de cómo el mundo estaba en una etapa de guerra, una etapa definida por la persecución y el sufrimiento. "¿Por qué", se preguntaba, Dios guarda silencio cuando los hombres sufren?". Comenzó su respuesta pidiendo al auditorio que pensara en el cielo nocturno. "Si miran el cielo de esta bella noche californiana, verán las estrellas y las huellas de Dios", dijo. "... Pienso que mi padre, mi padre celestial, las colgó allí con la punta de su dedo todopoderoso y las mantiene con el poder de su mano omnipotente, y él manda en todo el universo, y no por mandar en todo el universo deja de contar los cabellos de mi cabeza ni se pierde la caída de un gorrión, porque Dios está interesado en mí... Dios habló al crear".[44]

Louie se sentía tenso. Recordó el día en que él y Phil estaban muriendo en la balsa y entraron en una calma total. Arriba, el cielo era un remolino de luz; abajo, las aguas quietas reflejaban el cielo, cuya claridad sólo era rota por algún pez que saltaba. Embelesado por el silencio, olvidando sed, hambre y que estaba muriendo, Louie había sentido sólo gratitud. Ese día, había creído que todo lo que le rodeaba era obra de un ser infinitamente grande que, con sus manos benévolas, les daba el regalo de la compasión. Esa idea parecía haberse extraviado en los años transcurridos a partir de ese momento.

---

[44] Extractos tomados de "Por qué Dios permite que los cristianos sufran" y "Por qué Dios permite que el comunismo florezca", sermones de Billy Graham © 1949, Asociación Evangelista Billy Graham. Usado con permiso. Todos los derechos reservados, (transcripción del autor a partir de grabaciones de audio).

Graham siguió. Habló de Dios tendiendo la mano al mundo al realizar milagros, y de las bendiciones intangibles que dan a los hombres fuerza para superar sus dolores. "Dios obra un milagro tras otro", dijo. "... Dios dice: 'Si sufres, te otorgaré la gracia de seguir adelante'."

Louie se descubrió pensando en el momento en que se había despertado en medio del hundimiento del *Avispón Verde:* los cables que lo habían atrapado momentos antes, inexplicablemente habían desaparecido. Y recordó el ametrallamiento del avión japonés a la balsa, llenándola de agujeros sin que Mac, Phil o Louie recibieran una sola herida. Había caído en mundos insoportablemente crueles, y no obstante los había soportado. Cuando rememoraba esos momentos, la única explicación que encontraba era que lo imposible era posible.

Lo que Dios pide a los hombres, dijo Graham, es fe. Su invisibilidad es la prueba de pruebas de esa fe. Para saber quién lo ve, Dios se hace invisible.

Louie brillaba por el sudor. Se sentía acusado, arrinconado, presionado por las ganas de escapar. Cuando Graham dijo: "Que toda cabeza se incline y que todos los ojos se cierren", Louie se incorporó abruptamente y se dirigió a la calle, arrastrando a Sylvia detrás de él. "Nadie se va", dijo Graham. "Pueden irse cuando estoy predicando, pero no ahora. Todos permanezcan quietos y callados. Que toda cabeza se incline y que todos los ojos se cierren". Pidió a los fervorosos que pasaran al frente.

Louie se abrió camino entre los miembros de la grey que estaban en su fila para alcanzar la salida. Su mente daba tumbos. Se sintió iracundo, violento, a punto de explotar. Quería golpear a alguien.

Al llegar al pasillo, se detuvo. Desaparecieron Cynthia, las filas de cabezas humilladas, el aserrín del piso y la carpa alrededor.

Un recuerdo que ya había sido olvidado, el que había tenido la noche anterior, se le vino encima.

Louie estaba en la balsa. Ahí estaba el buen Phil tirado frente a él, lo mismo que el esqueleto viviente de Mac. El océano se extendía en todas direcciones; el sol los cubría y los tiburones daban vueltas esperando. Él era un cuerpo en la balsa, un cuerpo que moría de sed. Sintió que pronunciaba palabras con los labios hinchados. Era una promesa hecha al cielo, que no había cumplido, que se había permitido olvidar hasta ese instante: *Si me salvas, te serviré por siempre.* Y luego, estando bajo una carpa de circo en una noche despejada en el centro de Los Ángeles, Louie sintió que llovía.

Era el último *flashback* que tendría en su vida. Louie soltó a Sylvia y se volteó para ver a Graham. Se sintió supremamente vivo. Comenzó a caminar.

"Eso es", dijo Graham. "Dios te ha hablado. Ven aquí". Cynthia mantuvo los ojos puestos en Louie durante todo el camino a casa. Cuando entraron al departamento, él fue directamente a su reserva de licores. Era el momento del día en que la necesidad de beber comenzaba a apremiarlo, pero por primera vez en años, no quería beber. Llevó las botellas hasta el fregadero de la cocina, las abrió y echó el contenido al caño. Luego recorrió todo el apartamento reuniendo cajetillas de cigarrillos, un montón de revistas pornográficas y todo lo que formaba parte de sus años de ruina. Tiró todo a la basura.

En la mañana, despertó sintiéndose limpio. Por primera vez en cinco años, el Ave no estuvo presente en sus sueños: nunca volvería.

Louie buscó hasta encontrar la biblia que le habían dado en la fuerza aérea y habían enviado a casa de su madre cuando lo dieron por muerto. Caminó hasta el parque Barnsdall, al que Cynthia y él habían ido en mejores tiempos, el parque al que Sylvia iba cuando Louie estaba fuera de sus cabales. Encontró un buen sitio al pie de un árbol, se sentó y comenzó a leer.

Al descansar en la hierba y la quietud, Louie sintió una paz profunda. Cuando pensó en su historia, lo que resonaba en él no era lo mucho que había sufrido sino el amor divino que consideraba había intervenido para salvarlo. Él no era el hombre inútil, roto y olvidado en que el Ave había querido convertirlo. En un solo momento de silencio, su ira, su temor, su humillación y su impotencia se esfumaron. Esa mañana, creyó haberse convertido en un ser nuevo.

Lloró en silencio.

TREINTA Y NUEVE

★ ★ ★

Amanecer

En una fría mañana de otoño de 1950, Louie caminó en dirección a un conjunto de edificios sencillos. Al aproximarse al arco que servía de entrada, sintió que el cuerpo le hormigueaba. En el arco estaba pintada la inscripción "Prisión Sugamo", y pasando ese letrero estaban los guardias de los campos para prisioneros de guerra. Al fin había regresado a Japón.

Durante el año transcurrido desde que había ido a la carpa de Billy Graham, Louie trabajó para mantener una promesa. Había comenzado una nueva vida como conferenciante cristiano, relatando su historia a toda América. El trabajo le proporcionaba honorarios modestos y ofertas varias, lo suficiente para pagar sus cuentas y comprar un DeSoto usado, remplazando finalmente el auto perdido al darlo como garantía de un préstamo. Había rascado por todas partes hasta reunir lo suficiente para dar el enganche de una casa, pero seguía siendo tan pobre que el único mueble era la cuna de Cissy. Louie cocinaba en una hornilla eléctrica y ambos dormían en una bolsa de dormir cerca de la cuna. Apenas la iban pasando, pero su relación se había renovado y era más profunda que nunca. Se sentían dichosos de estar juntos.

Durante los primeros años después de la guerra, Louie se había obsesionado con viajar a Japón para asesinar al hombre que lo había arruinado. Pero ya no albergaba ningún sentimiento homicida. Había viajado a Japón no para vengarse, sino para responder una pregunta.

Louie (a la derecha) en Sugamo.
Cortesía de Louis Zamperini.

A Louie le dijeron que todos los hombres que lo habían atormentado fueron arrestados, convictos e internados ahí, en Sugamo. Podía pensar en sus otrora captores, incluso en el Ave, sin amargura. Pero una pregunta permanecía en lo más hondo de su mente. Si alguna vez volvía a verlos, ¿seguiría sintiendo la paz que había hallado? Se resolvió de inmediato a ir a Sugamo para enfrentar a esos hombres,

La noche anterior, Louie había escrito a Cynthia para relatarle lo que estaba a punto de hacer. Le pedía que rezara por él.

Los 850 ex guardias estaban sentados con las piernas cruzadas en el suelo de un cuarto grande y convencional. Parado al frente del cuarto, Louie miró esos rostros.

Al principio, no reconoció a ninguno. Luego, en la parte posterior y más lejana, vio un rostro que le resultaba conocido; luego otro y otro: Curley, la Comadreja, Kono, Jimmie Sasaki. Y ahí estaba Matasanos, quien solicitaba que le conmutaran la pena de muerte. Cuando Louie vio a este último hombre, pensó en Bill Harris.

Faltaba un rostro: Louie no encontraba al Ave. Cuando preguntó a su escolta en dónde estaba Watanabe, le dijeron que no estaba en Sugamo. Durante más de cinco años, miles de policías habían peinado Japón en busca de él, pero sin encontrarlo.

Cuando Louie empacaba para viajar a Japón, llegó la fecha que tanto esperaba Shizuka Watanabe: el 1 de octubre de 1950. Su hijo prometió verla entonces si aún estaba vivo. Le había pedido que fuera al distrito Shinjuku de Tokio, para encontrarla en el mismo restaurante de la vez anterior, dos años antes. A las 10:05 a.m., la policía vio a Shizuka subir a un tren que se dirigía al distrito Shinjuku. Parece que Mutsuhiro nunca se presentó en el restaurante.

Shizuka fue a Kofu y se registró en un hotel, alojándose sola y sin permitir visitas. Deambuló por la ciudad durante cuatro días. Luego se fue abruptamente de Kofu, sin pagar siquiera la cuenta del hotel. La policía fue a cuestionar a la encargada, preguntándole si Shizuka había hablado de su hijo. La matrona dijo que sí.

"Mutsuhiro", había dicho Shizuka, "ya estaba muerto".

En un rincón de la sala de estar, en su casa, Shizuka mantenía un pequeño altar para Mutsuhiro, una tradición entre las familias japonesas que soportan un duelo. Cada mañana, ella dejaba una ofrenda en memoria de su hijo.

En Sugamo, Louie preguntó a su escolta qué había sucedido con el Ave. Respondieron lo que se pensaba: el ex sargento perseguido, exiliado y desesperado, se había matado con un arma blanca.

Las palabras se abatieron sobre Louie como una ola. En la prisión, Watanabe lo había obligado a vivir en una degradación y violencia incomprensibles. Al ser privado de su dignidad, Louie había regresado a casa para vivir una vida perdida en la oscuridad, tratando de oponerse a los recuerdos del Ave. Pero en una noche de octubre, en Los Ángeles, Louie encontró lo que Payton Jordan llamó su "amanecer". Esa noche, el sentimiento de vergüenza e impotencia que lo había empujado a odiar al Ave, desapareció. Ya no era su monstruo. Era sólo un hombre.

El la prisión de Sugamo, mientras se le hablaba del destino de Watanabe, Louie sólo pudo pensar en un hombre perdido que vivía una vida más allá de la redención. Sintió algo que jamás había sentido por su captor. Con un escalofrío por la sorpresa, se percató de que sentía compasión.

En ese momento, algo dulce se movió dentro de él. Era el perdón, bello, fácil y completo. Para Louie Zamperini, la guerra había terminado.

Antes de marcharse de Sugamo, el coronel que lo atendía pidió a sus ex guardias que se acercaran. En la parte trasera de la habitación, los prisioneros se pusieron de pie y caminaron por el pasillo. Su movimiento era titubeante y lo miraban con expresión de vergüenza.

Louie se comportó como niño frívolo. Sin darse cuenta de lo que hacía, avanzó por el pasillo. Los hombres que habían abusado de él vieron con sorpresa que se aproximaba a ellos con los brazos abiertos y una sonrisa radiante en el rostro.

EPÍLOGO

★ ★ ★

Un día de junio de 1954, en un camino sinuoso de las montañas de San Gabriel, California, el grupo de muchachos que salió de una camioneta entrecerró los ojos para aguantar la luz del sol. Eran jóvenes bravucones de rostro duro; la mayoría estaba familiarizado con el funcionamiento de los servicios tutelares para menores y con la cárcel. Louie estaba con ellos en ese momento en que sentían la tierra bajo sus pies y no sólo cemento. Se acostumbraban a un espacio sin muros. Él sentía que estaba viviendo su juventud una vez más.

Así se abrió el gran proyecto en la vida de Louie: el Campo Victoria para adolescentes, una organización sin fines de lucro. Empezó el proyecto con una idea y muy poco dinero. Encontró un terreno campestre rentado por muy poco dinero y luego convenció a varios negocios para que donaran materiales de construcción. Pasó dos años manejando retroexcavadoras, moviendo rocas y cavando una piscina. Cuando terminó, tenía un bello campamento.

Campo Victoria se convirtió en una suerte de tónico para muchachos perdidos. Louie aceptaba a cualquiera, incluyendo a un joven tan ingobernable que tuvo que obtener delegación de facultades del alguacil para custodiarlo temporalmente. Los llevaba a pescar, nadar, montar a caballo, acampar y, durante el invierno, incluso a esquiar. Los conducía en caminatas por las montañas, dejaba que hablaran de sus problemas y bajaba a rapel por las paredes de roca junto con ellos. Les proyectaba películas vocacionales; amaba el momento en que un muchacho veía una profesión representada y decía susurrando: "¡Eso es lo que quiero hacer!". Cada noche, Louie se sentaba con los chicos frente a una fogata y les contaba sobre su juventud, sobre la guerra y el camino que lo había conducido a la paz. Era cauto con la inclusión de cuestiones religiosas, pero siempre exponía la cristiandad como una opción de vida. Algunos quedaban convencidos, otros no, pero de cualquier manera los muchachos que llegaban al Campo Victoria siendo rufianes, solían salir de él renovados y reformados.

Louie demuestra a los campistas sus habilidades para rapelear.
Cortesía de Louis Zamperini.

Cuando no estaba con sus campistas, Louie iba por el mundo alegremente relatando su historia a auditorios maravillados. Lo mismo hablaba en salones de clase pequeños que en grandes auditorios o estadios. Lo extraño es que le gustaba especialmente hablar en barcos crucero, donde sobraban invitaciones para beber y demás. Preocupado por el hecho de que aceptar honorarios altos haría que las escuelas y los grupos pequeños tuvieran que privarse de sus conferencias, decidió aceptar solamente honorarios módicos. Ganaba lo suficiente para mantener a Cissy y a su pequeño hermano, Luke. Por otra parte, trabajaba para la Primera Iglesia Presbiteriana de Hollywood, supervisando en centro para ayudar a los ancianos.

Con el paso de los años, recibió un número excesivo de premios y reconocimientos. La pista de aterrizaje de Lomita, nombrada Campo Zamperini mientras él estaba recluido en Naoetsu, fue rededicada a él no una sino dos veces. Una plazoleta de la USC recibió su nombre, al igual que el estadio de la preparatoria de Torrance. En 1980, alguien dio su nombre a un caballo de carreras, aunque como corredor Zamperini distaba mucho de parecerse al Zamperini anterior. La casa de Gramercy se convirtió en un punto histórico para la ciudad. Louie fue elegido para llevar la antorcha en cinco juegos olímpicos. Tantas agrupaciones deseaban concederle premios, que le costaba trabajo aceptarlos todos por tener una agenda saturada.

Louie portando la antorcha olímpica para los Juegos Olímpicos de 1984.
Cortesía de Louis Zamperini.

Su cuerpo resistió el castigo y el paso del tiempo. En su momento, hasta la pierna lastimada se recuperó. Cuando Louie tenía más de sesenta años, seguía escalando el Pico Cahuenga cada semana y corría la milla en menos de seis minutos. A los setenta, descubrió las patinetas. A los ochenta y cinco, regresó a Kwajalein para un proyecto, en última instancia fracasado, que consistía en localizar los cuerpos de los nueve marinos cuyos nombres habían quedado grabados en el techo de su celda. "Les avisaré cuando me haga viejo", dijo al tiempo que lanzaba un balón en la playa de Kwajalein. Cuando ya tenía noventa años, los vecinos alzaban la cabeza para ver cómo Louie estaba en un árbol cortando unas ramas serrucho en mano. "Cuando Dios quiera llevarme, lo hará", dijo a un Pete incrédulo. "¿Por qué diablos se te habrá ocurrido ayudarlo?", respondió su amigo. Ya bien entrado en la décima década de vida, se le podía ver montado en esquíes, descendiendo alegremente por las montañas.

Louie en patineta a los ochenta y un años.
Cortesía de Louie Zamperini.

Continuó siendo contagiosa e incorregiblemente alegre. Una vez dijo a un amigo que la última vez que se había sentido enojado tenía cuatenta años menos. Su convicción de que todo sucedía por una razón, y que con el tiempo todo ocurría para bien, le proporcionó una alegre ecuanimidad, incluso en tiempos difíciles. A fines de 2008, cuando estaba a punto de cumplir noventa y dos años, movía con un carrito una losa de concreto por unas escaleras; las ruedas se rompieron haciendo rodar escaleras abajo a Louie y al concreto. Terminó en el hospital con una fractura menor de cadera y un pulgar lastimado. Cuando su hija caminaba por el corredor del hospital para visitarlo, escuchó gritos de "¡Hey, Louie!"; eran los amigos que su padre había hecho entre los empleados del hospital. "Nunca conocí a nadie", dijo una vez Pete, "que no amara a Louie". Tan pronto como salió del hospital, emprendió una caminata de cinco kilómetros.

Con el fin de la guerra, Phil volvió a ser Allen de nuevo. Después de una breve etapa en que dirigió un negocio de plásticos en Albuquerque, él y Cecy se mudaron a La Porte, Indiana, su ciudad natal. Poco después se empleó en una escuela preparatoria enseñando ciencia, mientras Cecy daba clases de inglés. Pronto fueron padres de una niña y de un niño.

Allen Phillips con sus hijos, Chris y Karen, 1952. *Cortesia de Karen Loomis.*

Allen casi nunca mencionaba la guerra· Sus amigos se guardaban de preguntar temiendo que lo invadieran recuerdos desagradables. A no ser por la cicatriz en la frente debida al accidente en el *Avispón Verde*, sólo sus costumbres demostraban lo que había tenido que soportar. Después de vivir semanas comiendo albatros crudo y otras aves marinas, nunca volvió a comer carne de ave. Tenía una curiosa afinidad por consumir directamente el contenido de latas, sin calentar los alimentos. Y el que había sido piloto estrella de su escuadrón, prefería ahora mantenerse lejos de los aviones. Mientras la era de los aviones se apoderaba del mundo, él optó por viajar en auto. Sólo muchos años más tarde, cuando su hija perdió al marido en un accidente automovilístico, se aventuró a volar para ir a ayudarla.

Nunca regresó a Japón y parecía vivir sin rencores, al menos en lo externo. Lo más cercano a eso era una chispa de resentimiento que se le notaba cuando, casi invariablemente, lo trataban como una nota a pie de página en la historia de Louie. Si el hecho lo molestaba, lo aceptaba graciosamente. En 1954, cuando el programa de televisión *This Is Your Life* celebró a Louie regalándole un reloj de oro, una cámara de video, una camioneta Mercury y miles de dólares, Allen viajó a California para unirse a su familia y amigos en el escenario. Usaba pajarita y miraba al suelo mientras hablaba. Cuando el grupo posó para la foto del recuerdo, Allen se deslizó inadvertidamente al fondo.

Al envejecer, se retiró con Cecy. Le gustaba el beisbol; sus intereses cambiaron de los Medias Rojas a los Cachorros, y pasaba mucho tiempo sentado en silencio. "Mi padre debe haber viajado miles de kilómetros en el pórtico de su casa", dijo su hija, Karen Loomis. "No tengo idea de qué pensaba".

En los años noventa del pasado siglo, la diabetes y los males cardiacos se abatieron sobre él. En 1998, pocos meses antes de morir, fue llevado a un asilo. Cuando los trabajadores se enteraron de su historia, organizaron una reunión para honrarlo. Ésa fue probablemente la primera vez que se reconoció públicamente lo que había hecho durante la guerra, sin ser mera referencia en la historia de Louie, sino el protagonista de un acontecimiento extraordinario. Por única vez en su vida, Allen se convirtió en un libro abierto. La gente lo rodeaba para escuchar su historia. Todos quedaban hechizados. Mientras él narraba, Karen notaba que el rostro de su padre se iluminaba bellamente. "Había en su rostro, dijo ella, una pequeña sonrisa subyacente."

Los hombres que se convirtieron en amigos de Louie durante el cautiverio, volvieron a la vida civil. A algunos les fue de maravilla; otros lucharon por el resto de sus vidas. Hubo una pérdida terrible.

Bill Harris terminó la guerra a lo grande, arrancado de Omori para ser llevado al *Missouri* cuando Japón se rendía. Su singular agudeza intelectual, perdida a consecuencia de las golpizas que Matasanos le había dado, regresó. Fue a casa, se enamoró perdidamente de la hija de un capitán de la marina, se casó con ella y se convirtió en el orgulloso padre de dos niñas. Cuando ya estaba cerca del retiro, optó por quedarse con los marinos y fue ascendido a teniente coronel. Él y Louie se escribieron haciendo planes para volver a verse pronto.

En septiembre de 1950, Harris conducía por una carretera cuando un policía lo detuvo. Lo llamaban para comandar un batallón en Corea y debía partir al día siguiente. Antes de irse, le dijo a su esposa que si tenía mala suerte, no permitiría que lo capturaran otra vez.

Antes del alba del 7 de diciembre de 1950, Harris estaba parado en una montaña coreana congelada con su cansado batallón, que había participado en batallas horrendas, costándole tres cuartas partes de sus integrantes. Esa mañana, servían como retaguardia de un convoy. Cuando éste pasaba por una zona abierta en la oscuridad, una vasta fuerza china atrincherada los emboscó a corta distancia. Lo que Harris hizo a continuación, pasó a formar parte de las leyendas de los Marine Corps. Reunió a sus hombres y, bajo fuego asesino, los condujo de frente hacia el enemigo. Tuvieron muchas bajas, pero contuvieron a los chinos el tiempo suficiente para que el convoy escapara.

Bill Harris con su hija Katey en 1950. Él desapareció pocos meses después.
Cortesía de Katherine H. Meares.

Al llegar el atardecer, nadie encontró a Harris. La última vez que alguien lo vio se dirigía a un camino llevando dos rifles. Sus hombres buscaron pero no encontraron ni rastro de él. Concluyeron que había vuelto a ser capturado.

Por sus acciones esa noche, Harris se hizo acreedor a la Cruz de la Marina, reconocimiento sólo superado en importancia por la Medalla de Honor. El general Clifton Cates mantuvo la medalla en su escritorio con la esperanza de que un día Harris fuera a recibirla. No lo haría. Nunca se volvió a saber de William Harris, quien tenía treinta y dos años. Cuando los prisioneros de la guerra de Corea fueron liberados, ninguno reportó haberlo visto. Sencillamente había desaparecido.

Muchos años después, la familia de Harris recibió una caja con huesos, aparentemente regresados por Corea del Norte. Los huesos, decían, coincidían con los de Harris, pero los reportes eran tan incompletos que la familia nunca estuvo segura de que los restos de Bill fueran los que enterraron en el cementerio de una iglesia en Kentucky. Lo que verdaderamente sucedió esa mañana de 1950, sigue siendo un misterio.

Después de la guerra, Pete se casó con una belleza de Kansas City llamada Doris, tuvo tres hijos y dedicó su vida al trabajo para el que había nacido. Fue entrenador de futbol en la preparatoria de Torrance, ganando el campeonato de liga y luego mudándose a Banning High, en Wilmington, para entrenar atletas y futbolistas. En 30 años de dirigir a los corredores de Banning, sólo tuvo una temporada perdedora. El entrenador Zamperini era tan querido que, en su retiro, en 1977, fue festejado por 800 personas en el *Queen Mary*.

Pete solía decir que él era el retirado y su esposa la cansada.[45] Tanto le gustaba este juego de palabras que lo mandó a imprimir en sus tarjetas de presentación. Pero la verdad era que el retiro nunca se dio plenamente. A los noventa años, entrenaba a los niños más pequeños del vecindario construyendo mancuernas con latas viejas, igual que su padre lo había hecho para Louie. Llevaba a los pequeños a su acera y los alentaba mientras ellos competían en

---

[45] Juego de palabras intraducible entre *"retired"* y *"tired"*. (N. del T.)

carreras. Les regalaba diez centavos por cada carrera corrida y 25 cuando alguien lograba batir su mejor tiempo personal.

Pete tuvo más problemas por la experiencia de guerra de Louie que él mismo. En 1992, fue acompañante de un grupo de estudiantes en un viaje de pesca en alta mar. A pesar de que el navío era nuevo y tenía 90 pies de eslora, la idea de estar en el mar aterraba a Pete. Se presentó con una cantidad ridícula de artículos de seguridad, incluyendo una bolsa de plástico de alta resistencia para ser utilizado como elemento de flotación, una linterna que flotaba, seis pies de cordel, un silbato y una navaja de bolsillo con la que pretendía alejar a los tiburones que trataran de comerlo. Se pasó el viaje mirando muy serio el agua.

Al final de su vida, Pete siguió siendo tan dedicado a Louie como en la infancia. Tenía un álbum lleno de recortes y fotografías de la vida de Louie, y de buena gana habría dedicado sus tardes a hablar de su hermano. Una vez pasó casi tres horas en el teléfono con un reportero sentado en una toalla de playa. A los noventa años, aún recordaba con enorme precisión los tiempos que Louie cronometraba en sus carreras, tres cuartos de siglo después de haberse realizado. Al igual que Payton Jordan, quien asistió como entrenador del equipo olímpico de pista en 1968, Pete nunca dejó de creer que Louie podría haber corrido la milla en cuatro minutos, mucho antes de que Roger Bannister se convirtiera en el primer hombre en lograrlo en 1954. Muchas décadas después de la guerra, Pete seguía sintiendo el peso de lo que su hermano había tenido que soportar. Cuando describía la aventura de Louie a un auditorio reunido para honrar a su hermano, vaciló y rompió en llanto. Pasaron unos minutos antes de que pudiera continuar.

Un día de mayo de 2008, un auto se detuvo frente a la casa de Pete, en San Clemente, y Louie bajó de él. Había ido a despedirse de su hermano; Pete tenía un melanoma que le había llegado al cerebro. Su hermana más joven, Virginia, había muerto semanas antes; Sylvia y Payton Jordan la seguirían con meses de diferencia. Cynthia, tan guapa y enérgica como siempre, había sucumbido por el cáncer en 2001, yéndose de la vida mientras Louie apretaba su rostro contra el de ella murmurando: "Te amo". Louie, quien había sido declarado muerto 60 años antes, sobreviviría a todos ellos.

Pete estaba en su cama con los ojos cerrados. Louie se sentó junto a él y, suavemente, comenzó a hablarle de su vida juntos, repasando el camino recorrido desde que la neumonía los había llevado a California en 1919. Los dos viejos estaban tan unidos como cuando eran niños, recostados lado a lado en la cama y esperando el *Graf Zeppelin*.

Louie habló del muchacho salvaje que había sido alguna vez, y de todo lo que Pete había hecho para rescatarlo. Habló de las cascadas de cosas buenas que seguían a los actos de devoción de Pete, y de las vidas maravillosas que ambos habían tenido al guiar a otros niños. Todos ellos, dijo Louie, "son parte de ti, Pete".

Los ojos de su hermano se abrieron y, con claridad repentina, miraron el rostro de Louie por última vez. No podía hablar, pero estaba radiante.

En el otoño de 1966, en una oficina de la Primera Iglesia Presbiteriana de Hollywood, sonó un teléfono. Louie, quien tenía casi ochenta años, tomó la llamada.

La voz que escuchó pertenecía a Draggan Mihailovich, un productor de la CBS. Los juegos olímpicos de invierno de 1998 se celebrarían en Nagano, y Louie aceptó la invitación de llevar la antorcha a su paso por Naoetsu. Mihailovich filmaba un documental sobre él que se transmitiría durante las olimpiadas y había viajado a Japón para prepararlo. Mientras hablaba con un hombre sobre un plato de fideos, hizo un descubrimiento sorprendente.

Mihailovich le preguntó si estaba sentado. Louie contestó que sí. Mihailovich le dijo que se aferrara a su silla.

"El Ave vive".

Louie por poco se desmaya.

El muerto salió de la oscuridad caminando, tarde esa noche de 1952. Se había ido por cerca de siete años. Bajó de un tren en Kobe, caminó por la ciudad y se detuvo ante una casa con jardín dividido por un camino de piedra. Antes de su desaparición, su madre pasaba parte de cada año en esa casa, pero Watanabe se había marchado tanto tiempo atrás que ni siquiera sabía si ella aún iba a la casa. Caminó por las inmediaciones en busca de alguna clave. Bajo la luz de la entrada, vio su nombre.

Durante todo el tiempo en que se le consideró muerto, Watanabe se ocultó en el campo. Pasó el último verano vendiendo helados entre las aldeas, pedaleando una bicicleta a la que habían adaptado un enfriador; envidiaba a los chicos que eran sus clientes. Al terminar el verano, volvió a su trabajo de campesino para atender los arrozales. Luego, un día de marzo de 1952, mientras leía un periódico, sus ojos descubrieron una historia. Las órdenes de arresto para los sospechosos de crímenes de guerra habían sido suspendidas. Y allí, en esa página, figuraba su nombre.

La cancelación de la orden de arresto fue un final imprevisto de la historia. Inmediatamente después de la guerra, hubo un clamor generalizado por castigar a los japoneses que habían abusado de los prisioneros de guerra, y los juicios comenzaron. Pero nuevas realidades políticas surgieron muy pronto. La guerra fría comenzaba mientras los ocupantes norteamericanos trabajaban para ayudar a que Japón transitara a la democracia y la independencia. Dado que el fantasma del comunismo amenazaba el lejano oriente, los líderes estadounidenses consideraron que una alianza con Japón era de primordial importancia para la seguridad nacional. El punto delicado seguía siendo el asunto de los crímenes de guerra; los juicios fueron muy impopulares en Japón, provocando hasta un movimiento que pretendía la liberación de todos los criminales de guerra convictos. La pretensión de justicia para los prisioneros de guerra entraba de pronto en conflicto con las metas de seguridad de Estados Unidos. Alguien tenía que ceder.

El 24 de diciembre de 1948, cuando la ocupación comenzaba a ser menos activa, el general MacArthur declaró una "amnistía navideña" para los últimos diecisiete hombres que esperaban juicio por crímenes de guerra clase A, la designación para los que habían conducido la guerra. Los acusados fueron liberados y algunos continuarían su vida normal; el una vez acusado Nobusuke Kishi, a quien se le atribuía la esclavización de cientos de miles de chinos y coreanos, se convertiría en primer ministro en 1957. Aunque los oficiales norteamericanos justificaron la liberación diciendo que era difícil que los acusados fueran convictos, la explicación resultaba cuestionable; más de dos docenas de acusados clase A fueron juzgados y en todos los casos se obtuvo la condena. Hasta en Japón consideraban que algunos de los acusados liberados eran culpables.

Diez meses más tarde, los juicios de los acusados clase B y clase C —los acusados de ordenar o ejecutar abusos y atrocidades— terminaron. Un oficial del ejército llamado Osamu Satano resultó el último juzgado por los Estados Unidos. Su castigo estaba de acuerdo con el ánimo de perdón; culpable por decapitar a un aviador, fue sentenciado sólo a cinco años de prisión. A principios de 1950, MacArthur determinó que las sentencias de los criminales de guerra podían reducirse por buena conducta, y quienes tenían condenas de cadena perpetua podían ser elegibles para la libertad condicional pasados quince años. Luego, en 1951, los aliados y Japón firmaron el tratado de paz, que puso fin a la ocupación. El tratado contemplaba la posibilidad de que los prisioneros de guerra y sus familias buscaran la reparación del daño por parte de Japón y de las compañías japonesas que habían ganado dinero esclavizándolos.[46] Finalmente, en marzo de 1952, justo antes de que el tratado tuviera efecto y terminara la ocupación, la orden de arresto para fugitivos sospechosos de crímenes de guerra fue suspendida. Aunque Watanabe estaba en la lista de fugitivos, casi nadie creía que estuviera vivo.

Cuando leyó la historia, Watanabe se mostró precavido. Temeroso de que la policía hubiera difundido la historia para tenderle una trampa, optó por no regresar a casa. Pasó gran parte de la primavera trabajando como pescador mientras se preguntaba si era libre. Por último, decidió ver a su madre furtivamente.

Watanabe tocó la campana pero nadie acudió al llamado. Insistió y entonces escuchó pasos en las piedras del jardín. La reja se abrió y ahí estaba el rostro de su hermano más joven, a quien no había visto desde que era niño. Su hermano le arrojó los brazos al cuello y luego lo metió a la casa cantando: "¡Mu-cchan ha regresado!"

La huida de Mutsuhiro Watanabe llegaba a su término. En su ausencia, muchos compañeros guardias y oficiales fueron condenados por crímenes de guerra. Algunos habían sido ejecutados. Los demás no estarían en prisión mucho tiempo. Para mantener el esfuerzo de reconciliación con Japón, todos los presos, incluyendo a los sometidos a cadena perpetua, entrarían pronto a formar parte

---

[46] Las actas de crímenes de guerra de Estados Unidos de 1948 y 1952 daban a cada ex prisionero de guerra un dólar por cada día de prisión si podía probar que no lo habían alimentado en cantidad y calidad suficientes, de acuerdo con lo mandado por la Convención de Ginebra, y 1.50 dólares por día si podía probar que había sido sometido a trato inhumano y/o trabajos forzados. Esto daba un beneficio máximo de 2.50 dólares por día. Bajo el tratado de paz, se distribuyeron 12.6 millones de dólares a los prisioneros de guerra, pero dado que ya habían recibido los magros pagos del acta de crímenes de Guerra, los bienes se repartieron primero entre los prisioneros de otras nacionalidades.

de los programas de libertad provisional. Parece que hasta Sueharu Kitamura, "Matasanos", fue liberado a pesar de su sentencia de muerte. Para 1958, todos los criminales de guerra no ejecutados estaban libres, y el 30 de diciembre de ese año, se concedería la amnistía general. Sugamo sería derribada, y las experiencias de los prisioneros de guerra en Japón se irían borrando de la memoria mundial.

Watanabe admitiría después que, al principio de su vida como prófugo, consideró si había cometido algún crimen. A fin de cuentas, culpó a la "pecaminosa, absurda e insana guerra". Se tenía por víctima. Si tenía crisis de conciencia respecto de lo que había hecho, se la sacudía asegurándose que la cancelación de su orden de arresto constituía una exoneración personal.

"Sentía una gran alegría, una liberación completa", escribió en 1956, "por no ser culpable".

Watanabe se casó y tuvo dos hijos. Abrió una agencia de seguros en Tokio y, según parece, le fue bastante bien. Vivió en un apartamento de lujo que valía 1.5 millones de dólares y tenía una casa de veraneo en la Costa Dorada de Australia.

Casi todos los que sabían de sus crímenes creían que estaba muerto. Él mismo dijo que visitó Estados Unidos varias veces, pero que aparentemente nunca se había encontrado con ex prisioneros de guerra. Luego, a principios de los ochenta, un oficial militar norteamericano que visitaba Japón oyó que el Ave estaba vivo. En 1991, dijeron a Bob Martindale que los veteranos japoneses habían visto a un hombre que podía ser Watanabe en un encuentro deportivo. Entre los otros prisioneros, pocos o ninguno escucharon nada de eso. Louie seguía ignorando el hecho y estaba convencido de que el Ave se había suicidado décadas antes.

En el verano de 1995, en el cincuenta aniversario de su escape de Naoetsu, Watanabe tenía setenta y cinco años. Su cabello era ahora gris; su arrogante figura se había inclinado. Parecía estar cerca de concluir su vida sin tener que confrontar públicamente su pasado. Pero ese año, al fin estuvo listo para admitir que había abusado de los hombres. Quizás en verdad se sintió culpable. Tal vez, conforme se acercaba a la muerte, sintió que sería recordado como un demonio y quiso disipar esa noción. O tal vez lo motivaba la misma vanidad que lo había consumido en tiempos de guerra, y esperaba usar su vil historia y a sus víctimas, para llamar la atención, incluso inspirando tal vez algo de admiración por su acto de contrición. Ese verano, cuando llamó a su puerta el reportero del Daily Mail, Peter Hadfield, Watanabe lo dejó entrar.

Sentado en su apartamento, sostenía una copa de cristal para vino con esa manaza suya que parecía la pata de una bestia. Finalmente habló sobre los prisioneros de guerra.

"Entiendo esa amargura y quizás se pregunten por qué fui tan severo", dijo. "Pero ahora siento que deseo ofrecer una disculpa. Una disculpa muy, muy honda... Fui severo. Muy severo".

Cerró la mano en puño y la pasó por su barbilla. "Si los ex prisioneros quieren, les ofrezco que vengan aquí y me peguen, que vengan a pegarme".

Alegaba que sólo utilizó sus manos para castigar a los cautivos, una aseveración que habría irritado al hombre que había sido pateado, golpeado con su palo de kendo y con un bate de beisbol, y que fuera azotado en el rostro con su cinturón. Dijo que solamente estaba tratando de enseñar a los prisioneros disciplina militar, y afirmó que cumplía órdenes. "Si hubiera sido menos ignorante durante la guerra, creo que habría sido más amable, más amistoso", dijo. "Pero se me enseñó que los prisioneros se habían rendido y que esto era un acto vergonzoso. No sabía nada sobre la convención de Ginebra. Pregunté a mi comandante qué era eso y me dijo: Esto no es Ginebra, es Japón."

"En mi cuerpo habitaban dos personas", continuó. "Una seguía órdenes militares, y la otra era más humana. En ocasiones sentí que tenía un buen corazón, pero el Japón de aquella época tenía un corazón muy duro. En tiempos normales jamás habría hecho tales cosas".

"La guerra es un crimen contra la humanidad", concluyó. "Me da gusto que nuestro Primer Ministro se disculpara por la guerra, pero no puedo comprender por qué no se disculpa el gobierno como un todo. Tenemos un mal gabinete".

Después de la entrevista, el reportero del *Daily Mail* localizó a Tom Wade y le dijo que Watanabe había pedido perdón. "Acepto su disculpa y le deseo alegría en sus años de vejez", dijo Wade. "No es bueno aferrarse al odio después de tanto tiempo".

Al preguntarle si le gustaría aceptar la oferta de Watanabe de dejarse golpear por los prisioneros de guerra, Wade dijo que no y luego reconsideró.

"Quizás me gustaría darle un muy buen puñetazo", dijo.

Al parecer el artículo del *Daily Mail* sólo se publicó en Inglaterra. No fue sino hasta un año después que Louie se enteró de que Watanabe todavía vivía. Su primera reacción fue decir que quería verlo.

Con el paso de las décadas posteriores a la guerra, el campo abandonado de Naoetsu decayó, y los residentes de la villa no hablaban de lo que había pasado allí. Después se fue perdiendo la memoria de los hechos. Pero en 1978, un ex prisionero de guerra escribió una carta a los maestros de la preparatoria de Naoetsu, comenzando así un diálogo que introdujo a muchos de sus habitantes a la tragedia que había tenido lugar en el pueblo. Diez años después, el ex prisionero Frank Hole viajó a la aldea, que se había unido a otra para formar la ciudad de Joetsu. Plantó tres árboles de eucalipto afuera del palacio municipal y entregó a las autoridades de la ciudad una placa en memoria de los 60 australianos muertos en ese campo.

Conforme fueron escuchando las historias de los prisioneros, los residentes de Joetsu respondieron con simpatía. Integraron un grupo dedicado a construir un parque de la paz para honrar a los prisioneros de guerra muertos y procurar la reconciliación. Entre los miembros fundadores se encontraba Shoichi Ishizuka, veterano hecho prisionero por los nosteamericanos y que fue tratado con tanta amabilidad, que se refería a su experiencia como "la vida afortunada en prisión". Cuando se enteró de lo que sus contrapartes, los aliados, tuvieron que soportar en su propia aldea, estaba horrorizado. Se formó un consejo, comenzaron las labores de recaudación de fondos y se erigieron monumentos en el pueblo. Si el plan funcionaba, Joetsu se convertiría en la primera ciudad de Japón —entre las 91 que albergaron campos— en crear un memorial de los prisioneros de guerra que habían sufrido y muerto allí.

Aunque 85 por ciento de los residentes de Joetsu hicieron donaciones para el fondo del parque, el plan generó candente controversia. Algunos residentes combatieron el proyecto con vehemencia, lanzando amenazas de muerte y jurando tirar el memorial y quemar las casas de los promotores. Para lograr la reconciliación, el consejo del memorial buscó la participación de los parientes de los guardias que habían sido condenados y juzgados, pero las familias se negaron temiendo ser sometidos a ostracismo. Para rendir honores al dolor de las familias en ambos bandos de la guerra, el consejo propuso crear un solo cenotafio para los prisioneros de guerra y para los guardias colgados, pero esto ofendió hondamente a los ex prisioneros. En un momento dado, el plan estuvo a punto de cancelarse.

Pero después el espíritu de conciliación prevaleció. En octubre de 1995, se inauguró el parque de la paz en el sitio donde estuvo el antiguo campo de Naoetsu. El punto focal estaba en dos estatuas de ángeles que volaban sobre el cenotafio, que alojaba la placa de Hole. En otro cenotafio situado a unos metros de distancia, había una placa en memoria de los ocho guardias colgados. Por petición de sus familiares, no se inscribieron nombres en la placa, sino sólo una sencilla frase: *Ocho estrellas en el pacífico cielo.*

A principios de 1997, el periodista televisivo Draggan Mihailovich, de la CBS, llegó a Tokio en busca de Watanabe. Estaba armado con una dirección y un número telefónico. El jefe de la estación japonesa de CBS marcó el número y buscó a la esposa de Watanabe, quien dijo que su esposo no podía hablar con ellos: estaba gravemente enfermo y permanecía en cama. Mihailovich hizo que el jefe de la estación llamara de nuevo para transmitir sus deseos de que Watanabe se recuperara. Esto tuvo el efecto deseado: la señora Watanabe dijo que su esposo había salido del país por negocios y no sabía cuándo regresaría.

Al ver que le estaban sacando la vuelta, Mihailovich se apostó fuera del edificio en que residía Watanabe y de su oficina. Esperó durante horas; Watanabe no apareció. Justo cuando Mihailovich estaba perdiendo las esperanzas, su teléfono celular sonó. Watanabe había regresado la llamada al jefe de la CBS en Japón. Cuando le dijeron que los productores tenían un mensaje de Louis Zamperini, Watanabe aceptó encontrarse con ellos en un hotel de Tokio.

Mihailovich rentó una habitación en el hotel y dispuso un equipo de filmación en el interior. Al dudar de que Watanabe se sentara para dar una entrevista, equipó a su camarógrafo con una pequeñísima cámara colocada en su gorra de beisbol. A la hora señalada, entro el Ave caminando.

Se sentaron en el *lobby*. Watanabe ordenó una cerveza. Mihailovich explicó que estaban filmando un perfil de Louie Zamperini.

Watanabe reconoció el nombre inmediatamente. "Seiscientos prisioneros", dijo. "Zamperini era el número uno".

Bob Simon, el corresponsal de la CBS para la historia, pensó que tal vez esa sería la única oportunidad que tendría para interrogarlo, así que ahí, en el *lobby*, comenzó a preguntarle sobre la manera de tratar a Louie. Watanabe estaba sorprendido. Dijo algo parecido a que Zamperini era un buen hombre, y de lo mucho que él —Watanabe— odiaba la guerra. Dijo que su preocupación principal había sido cuidar a los prisioneros, porque si hubieran escapado, los civiles los habrían matado. Cuando se le preguntó por qué había estado en la lista de los criminales de guerra más buscados, respondió con aparente orgullo. "Soy el número siete", dijo. "Tojo era el número uno". El destierro había sido muy doloroso para él.

Preguntaron a Watanabe si subiría a la habitación para una entrevista frente a las cámaras. Él quiso saber si la entrevista se transmitiría en Japón, y Mihailovich dijo que no. Para su sorpresa, Watanabe aceptó.

Arriba, con las cámaras filmando, le dieron una fotografía de Louie cuando era joven, sonriente en una pista de atletismo. Simon comenzó.

"Zamperini y los otros prisioneros lo recuerdan en particular por ser el más brutal de todos los guardias. ¿Cómo explica eso?"

El párpado derecho de Watanabe comenzó a entrecerrarse. Mihailovich se sintió incómodo.

"No me dieron órdenes militares", dijo, contradiciendo la afirmación hecha en la entrevista de 1995. "Debido a mis sentimientos personales, traté a los prisioneros estrictamente como a enemigos de Japón. A Zamperini lo conocía bien. Si dice que fue golpeado por Watanabe, entonces eso probablemente ocurrió en el campo, si usted toma en cuenta mis sentimientos personales en ese momento".

Alzó la cabeza, sacó la mandíbula y miró seriamente a Simon. Dijo que los prisioneros se quejaban de "fruslerías" y usaban diversos epítetos para referirse a los japoneses. Estas cosas, dijo, lo habían hecho enojar. Con cientos de prisioneros, dijo, él estaba bajo gran presión.

"Los golpes y las patadas son consideradas algo cruel en las sociedades caucásicas. Conductas crueles", dijo hablando muy lentamente. "Como sea, había ocasiones en el campo en que los puñetazos y las patadas eran inevitables".

Al terminar la entrevista, Watanabe parecía estremecido y enojado. Cuando se le dijo que Zamperini visitaría Japón y quería verlo para ofrecerle su perdón, Watanabe respondió que lo vería y se disculparía, en el entendido de que se trataba de una disculpa personal, no de una disculpa ofrecida en nombre de los militares japoneses.

Cuando terminaban, Mihailovich hizo una última petición. ¿Aceptaría ser filmado mientras caminaba por la calle? Esto, según parecía, era para lo que Watanabe había venido. Se puso su gorra, se paró en la banqueta, se volvió y caminó hacia la cámara. Lo hizo justo como lo hacía en los desfiles frente a sus cautivos, con la cabeza en alto, el pecho echado adelante y la mirada arrogante.

Nueve meses después, cuando se preparaba para regresar a Japón y portar la antorcha olímpica, Louie se sentó en su escritorio durante horas pensando. Luego encendió la computadora y comenzó a escribir.

Para Matsuhiro [sic] Watanabe:
Como resultado de mi experiencia como prisionero de guerra bajo su injustificado e irracional castigo, mi vida de posguerra se ha convertido en una pesadilla. No fue tanto debido

al dolor y al sufrimiento, sino por la tensión y la humillación que yo llegué a odiarlo con sed de venganza.

Bajo su férula, mis derechos, no sólo como prisionero de guerra sino como ser humano, me fueron arrancados. Fue difícil mantener la dignidad suficiente y la esperanza para poder vivir hasta el final de la guerra.

Las pesadillas hicieron que mi vida se derrumbara, pero gracias a una encuentro con Dios por medio del evangelista Billy Graham, entregué mi vida a Cristo. El amor remplazó el odio que sentía por usted. Cristo dijo: "Perdona a tus enemigos y ora por ellos".

Como usted probablemente sabe, regresé a Japón en 1952 *[sic]* y se me permitió dirigirme a todos los criminales de guerra en la prisión de Sugamo... Entonces pregunté por usted, y se me dijo que probablemente había cometido el haraquiri, lo que fue muy triste de escuchar. En ese momento, al igual que los demás, también lo perdoné y ahora esperaría que también se convirtiera en cristiano.

Louis Zamperini

Dobló la carta y la llevó consigo a Japón.

El encuentro no se celebraría. La CBS se comunicó con Watanabe y le dijo que Zamperini quería verlo. Watanabe prácticamente escupió su respuesta: la respuesta era no.

Cuando Louie llegó a Joetsu, todavía tenía la carta. Alguien se la quitó prometiendo llevársela a Watanabe. Si la recibió, nunca respondió.

Watanabe murió en abril de 2003.

En la mañana del 22 de enero de 1998, la nieve caía suavemente sobre la aldea que una vez fuera conocida como Naoetsu. Cuatro días antes de cumplir ochenta y un años, Louis Zamperini estaba de pie sobre un torbellino de blancura junto a un camino flanqueado por túmulos brillantes. Su cuerpo estaba desgastado, su piel surcada por líneas que delimitaban el mapa de su vida. Su vieja pelambrera negra era ahora blanquecina y algo translúcida, pero sus ojos azules todavía echaban chispas. En el dedo anular de la mano derecha, aún era visible una cicatriz, la última marca que el *Avispón Verde* había dejado en el mundo.

Al fin había llegado el momento. Louie extendió la mano y se le entregó la antorcha olímpica. Sus piernas no podían correr con la potencia y el alcance que alguna vez tuvieron, pero seguían haciendo su trabajo. Alzó la antorcha, hizo una reverencia y comenzó a correr.

Por todas partes veía rostros japoneses sonrientes. Había niños espiando por las aberturas de sus capuchas, hombres que alguna vez trabajaron junto a los prisioneros-esclavos en el molino de acero, civiles que tomaban fotos, aplausos, saludos, porras, "vamos Louie", y 120 soldados japoneses formados en dos columnas apartándose para dejarlo pasar. Corrió por el lugar en que alguna vez estuvo enjaulado, donde los ojos negros de un hombre se le habían metido al alma. Pero las jaulas hacía tiempo que ya no estaban, y tampoco el Ave. No había restos de ellos aquí, entre las voces, con la nieve cayendo y el viejo y alegre hombre corriendo.

RECONOCIMIENTOS

★ ★ ★

"Seré un tema más sencillo que Seabiscuit", me dijo Louie una vez, "porque puedo hablar".

Cuando terminé de escribir mi primer libro, *Seabiscuit: una leyenda americana*, pensé que nunca encontraría un tema que me fascinara tanto como ese caballo de carreras en la época de la Gran Depresión, y el equipo de hombres que hicieron campaña con él. Cuando tuve mi primera conversación con la efervescencia contagiosa y aparentemente inmortal de Louis Zamperini, cambié de opinión.

Esa conversación comenzó mi viaje de siete años por la improbable vida de Louie. Encontré su historia en los recuerdos escritos por los competidores olímpicos, ex prisioneros de guerra y aviadores, por los veteranos japoneses y la familia y amigos que alguna vez conformaron el frente de casa; en diarios, cartas, ensayos y telegramas, muchos escritos por hombres y mujeres que murieron hace mucho tiempo; en memoriales no publicados enterrados en cajones de escritorio; en altas pilas de fragmentos aislados y expedientes de crímenes de guerra; o en papeles olvidados en archivos ubicados tan lejos como Oslo o Camberra. Al final de mi viaje, la vida de Louie me resultaba tan familiar como la mía. "Cuando quiero saber qué me paso en Japón", dijo Louie una vez a sus amigos, "llamo a Laura".

Al abrirme su mundo, Louie no pudo ser más generoso. Se sentó conmigo para 75 entrevistas, contestando miles de preguntas sin quejarse ni impacientarse. Fue refrescantemente honesto y rápido para confesar sus fracasos y corregir unas cuantas historias embellecidas que los periodistas habían escrito sobre él. Y su memoria era asombrosa; casi siempre que corroboré lo dicho por él con artículos publicados en la prensa, archivos oficiales y otras fuentes, sus recuerdos probaron ser fidedignos hasta el último detalle, incluso cuando los suvesos habían tenido lugar unos 85 años atrás.

Siendo una especie de rata que todo lo guarda, Louie había conservado cada artefacto de su vida, desde el letrero de "No molestar" que quitó de la habitación de Jesse Owens en Berlín, hasta el número de papel que usó para destrozar el récord de la milla en 1934. Uno de sus cuadernos de recortes, que cubre solamente de 1917 a 1938, pesa 28 kilos. Se ofreció a prestarme ese álbum, dándoselo a mi amiga Debie Ginsburg, quien me lo hizo llegar por medio de algún servicio de mensajería. Junto con él, mandó otros álbumes (más pequeños, afortunadamente), cientos de fotografías y cartas, diarios y artículos tan preciosos como el recorte de periódico que llevó en su cartera durante el episodio de la balsa. Todo esto constituía un tesoro para mí, pues relataba su historia con detalles reveladores. Estoy inmensamente agradecida con Louie por confiarme artículos tan queridos y darme la bienvenida a su historia.

Pete Zamperini, Sylvia Zamperini Flammer y Payton Jordan no vivieron para ver completo este álbum de recuerdos, pero tuvieron un papel importantísimo en su creación, pues compartieron una vida de recuerdos y memorabilia. Tuve muchas alegrías al escribir este libro; mis largas conversaciones con Pete, Sylvia y Payton forman parte de ellas. También agradezco a Harvey Flammer, a Cynthia Zamperini Garris, a Ric Applewhite, y a Marge Jordan, por contarme la historia de Louie y Cynthia.

Karen Loomis, la hija de Russell Allen Phillips y su esposa, Cecy, me condujo a través de la historia de su familia y me mandó las cartas de amor que su padre escribió a su madre en la guerra; asimismo, recortes, fotografías y álbumes, además de las memorias de su abuela. Gracias a Karen, me fue posible echar un vistazo en la vida del tranquilo y modesto piloto conocido como Phil, para descubrir al hombre valiente y resistente que estaba detrás. Algún

día podré ir a Georgia para compartir los tan prometidos pastelillos de Karen. Mi agradecimiento también para la hija de Bill
Harris, Katey Meares, quien mandó fotografías familiares y me
habló de un padre que perdió demasiado pronto, recordando cómo
se paraba de cabeza en la cocina para arrancar sonrisas a sus niñas.
También agradezco a Monroe y a Phoebe Bormann, Terry Hoffman y Bill Perry por hablarme de Phil y Cecy.

Para los hombres que padecieron reclusión en campos de
concentración, el relato de su experiencia puede convertirse en
toda una prueba, y por ello estoy tan agradecida con los muchos
ex prisioneros de guerra que compartieron sus recuerdos, a veces en medio de lágrimas. Nunca olvidaré la generosidad de Bob
Martindale, Tom Wade y Frank Tinker, quien pasó muchas horas
haciendo que el campo y el Ave cobraran vida para mí. Milton
McMullen describió Omori, la insurgencia de los prisioneros de
guerra y el día en que descarrilaron el tren. Johan Arthur Johansen
habló de Omori y compartió sus extensos escritos sobre el campo.
Ken Marvin habló de los últimos pastelillos que comió en Wake
antes de que los japoneses llegaran, de Naoetsu bajo la férula del
Ave, y de la enseñanza de un inglés irrisorio y ofensivo a un guardia. Glenn McConnell habló de Ofuna, del pato Gaga y de la golpiza a Bill Harris. John Cook me habló de la esclavitud en Naoetsu y compartió sus memorias no publicadas. También registro
mi agradecimiento a los ex prisioneros Fiske Hanley, Bob Ho-
llingsworth, Raleigh "Dusty" Rhodes, Joe Brown, V. H. Spencer,
Robert Cassidy, Leonard Birchall, Joe Alexander, Minos Miller,
Burn O'Neill, Charles Audet, Robert Heer, Paul Cascio y a los
familiares de los prisioneros, como J. Watt Hinson, Linda West,
Kathleen Birchall, Ruth Decker, Joyce Forth, Marian Tougas, Jan
Richardson, Jennifer Purcell, Karen Heer y Angie Giardina.

Stanley Pillsbury pasó muchas tardes al teléfono conmigo, re-
viviendo los días a bordo de su amado *Súper Man*, el bombardeo a
Wake y el momento en que le disparó a un Zero sobre Naurú. Frank
Rosynek, un narrador nato, me mandó sus memorias no publicadas:

"No todos tenían alas", y me escribió sobre el bombardeo a Funafuti y sobre el milagroso regreso de Louie de entre los muertos en Okinawa. Lester Herman Scearce y los pilotos John Joseph Deasy y Jesse Stay hablaron de Wake, Naurú, Funafuti y de la búsqueda de la tripulación perdida del *Avispón Verde*. Martin Cohn describió la vida del escuadrón en Hawai; John Krey mencionó la desaparición y reaparición de Louie. Byron Kinney describió el día en que voló su B-29 sobre Louie en Naoetsu y cuando escuchó la rendición japonesa mientras volaba de regreso a Guam. John Weller narró el atemorizante y arduo trabajo como navegador del B-24.

Estoy profundamente agradecida con varias personas japonesas que hablaron confiadamente sobre una hora oscura en la historia de su nación. Yuichi Hatto, el contador del campo de Omori y amigo de los prisioneros, fue una fuente indispensable para recrear al Ave, a Omori y la vida de un soldado japonés, contestando mis preguntas por escrito en su segunda lengua cuando no podíamos hablar por teléfono. Yoshi Kondo me habló de la fundación del Parque de la Paz de Joetsu, y Shibui Genzi me escribió sobre la vida japonesa en Naoetsu. Toru Fukubayashi y Taeko Sasamoto, historiadores de la Red de Investigación sobre Prisioneros de Guerra, respondieron mis preguntas y me indicaron fuentes valiosas.

La adorable Virginia "Toots" Bowersox Weitzel, amiga de infancia de Louie, me grabó cintas de audio con las canciones más populares en la preparatoria de Torrance en los años treinta, completándolas con relatos de sus días como porrista escolar. Toots, quien murió justo antes de que este libro entrara a la imprenta, habló de Louie en su cumpleaños número dieciséis, de cómo lo alentaba mientras corría en la pista de Torrance con Pete, y cómo jugaba futbol con él frente al puesto de hamburguesas Kellow, en Long Beach. Fue la única persona que conozco de más de 90 años que estaba obsesionada con *American Idol*. Las competidoras olímpicas Velma Dunn Ploessel e Iris Cummings Critchell, describieron vívidamente sus experiencias a bordo del USS *Manhattan* y en los juegos de Berlín. Draggan Mihailovich me habló de su extraordinario encuentro con el Ave. Georgie Bright Kunkel me escribió sobre su hermano, el gran Norman Bright.

Conforme seguía el camino de Louie en la historia, muchas personas me ayudaron a encontrar información y a darle sentido. El apoyo del ex bombardero de la Fuerza Aérea estadounidense, Robert Grenz, y de William Darron, de la Army Forces Historical Association, fue muy valiosa, pues lograron llevar un visor Norden a mi casa, montándolo en mi comedor y, tras ponerlo bajo una pantalla con Arizona impreso en ella, me enseñaron a "bombardear" Phoenix. Mientras trabajaba en mi libro, Bill siempre se mostró contento de poder responder a mis preguntas. Gary Weaver, de los Disabled American Veterans, se subió a un B-24 para filmar el interior para mí; gracias a Gary Sinise por ponerme en contacto con el señor Weaver. Charlie Tilghman, quien vuela un B-24 restaurado para la Fuerza Aérea Conmemorativa, me enseñó cómo volar al Libertador.

Cuando estaba demasiado enferma para ir a los Archivos Nacionales, Peggy Ann Brown y Molly Brose fueron en mi lugar, luchando contra voluminosos archivos de prisioneros y de crímenes de guerra, trayéndome de regreso parte de mi material más importante. John Brodkin tecleó mis citas para salvarme de mi vértigo y se trepó a la mesa de mi comedor para fotografiar imágenes provenientes del libro de recortes de Louie. Nina B. Smith tradujo documentos de prisioneros escritos en noruego, y Noriko Sanefuji mis cartas enviadas a las fuentes japonesas o recibidas de su parte. Julie Wheelock transcribió muchas de mis entrevistas, luchando por comprender voces de gente mayor captadas por mi vieja grabadora. Gail Morgan, de la Asociación de Alumnos de la Preparatoria Torrance, buscó en los archivos de la escuela hasta dar con fotografías de Louie.

También quiero enviar mi agradecimiento a Draggan Mihailovich, a Christopher Svendsen y a Sean McManus de la CBS, quien amablemente me permitió ver una cinta del programa que todavía no se transmitía sobre la vida de Louie. El Centro de Investigaciones Roger Mansell, y el sitio de Prisioneros Aliados Bajo los Japoneses (http://www.mansell.com/pow-index.html) fueron una fuente muy importante para obtener información sobre los campos de prisioneros; gracias también al historiador Wes Injerd, quien trabaja en el sitio de Mansell. John Hendershott, editor asociado de *Track and Field News*, me ayudó a desentrañar los confusos récords de la milla en 1930. Paul Lombardo, autor de *The One Sure Cure: Eugenics, the Supreme Court and Buck v. Bell*, y Tony Platt, autor de *Bloodlines: Recovering Hitler's Nuremberg Laws*, me enseñaron sobre la eugenesia. Rick Zitarosa, de la Naval Lakehurst Historical Society, respondió mis preguntas sobre el *Graf Zeppelin*. Janet Fisher del Northeast Regional Climate Center, Janet Wall del National Climatic Data Center y el doctor Keith Heidorn de Weather Doctor (http://www.islandnet.com/-see/weather/doctor.htm), respondieron preguntas relativas al clima. El doctor Fred Hill me ayudó a comprender la lesión en la cabeza de Phil. Charles Stenger, PhD, aclaró mi confusión sobre las estadísticas relativas a los prisioneros de guerra.

Mi gratitud a Yvonne Kinkaid y al coronel J. A. Saaverda (en retiro), del Reference Team, división de Análisis y Referencia; al Air Force Historical Research and Analysis, a la Base Bolling de la Fuerza Aérea y al maravillosamente útil teniente coronel Robert Clark, de la Air Force Historical Studies Office, en la base aérea Bolling; a Will Mahoney, Eric Van Slander y Dave Giordano de los National Archives; a Cathy Cox y Barry Spink de la Air Force Historical Research Agency; a la base Maxwell de la Fuerza Aérea; y a Carol Leadenham, archivista asistente para temas de referencia en los Hoover Institution Archives. También agradezco a mi querido amigo, el coronel Michael C. Howard de la USMC (en retiro), quien trabajó con el capitán William Rudich, USN (en retiro); al teniente coronel Todd Holmquist, USMC, al mayor Heather Cotoia, USMCF, al jefe Frank Weber, USN (en retiro) y a Jim Heath, PhD, profesor emérito de la Portland State University, por encontrar información sobre Everett Almond, el navegador que fue muerto por un tiburón mientras trataba de salvarse a sí mismo y a su piloto.

También agradezco a Pete Golkin, de la Oficina de Comunicaciones del National Air and Space Museum; a Midge Fischer, de los EAA Warbirds of America; a Patrick Ranfranz, Greg Babinski y Jim Walsh del 307th Bomb Group Association; al teniente y comandante Ken Snyder, del National Naval Aviation Museum; a Rich Kolb y Mike Meyer de los Veterans of Foreign Wars; a Helen Furu del Norwegian Maritime Museum; a Siri Lawson de WarSailors.com; a Phil Gudenschwager, historiador del Undécimo Grupo de Bombarderos; a Justin Mack, desarrollador web del Undécimo Grupo de Bombarderos; a Bill Barrette, historiador de Sugamo; a Wayne Weber de los archivos del Centro Billy Graham en el Wheaton College; a Melany Etheridge de Larry Ross Communications; a Tess Miller y Heather VanKoughnett de la Billy Graham Evangelistic Association; a Shirley Ito, bibliotecaria de la LA84 Foundation; a Victoria Palmer de la Biblioteca Pública de Georgetown; a Edith Miller, de la preparatoria de Palo Alto; a Wayne Wilson, vicepresidente de la Amateur Athletic Foundation of Los Angeles; a Lauren Walser, de la revista *USC Trojan Family*; a Cheryl Morris, encargada de los registros de alumnos en Princeton; a Parker Bostwick del *Torrance News Torch*; a Eric Spotts de la preparatoria de Torrance.

Entre otras personas, quiero mencionar a mi querido amigo Alan Pocinki, quien me ayudó de tantas amaneras que me es difícil hacer un recuento; asimismo agradezco a Linda Goetz Holmes, autora de *Unjust Enrichment*; a Hampton Sides, autor de *Ghost Soldiers*; a Morton Janklow; David Tooley; Karen y Russ Scholar; William Baker, profesor emérito de la Universidad de Maine; John Powers de NorthChinaMarines.com; Ken Crothers; Christine Hoffman; Bud Ross; John Chapman; Robin Rowland; Ed Hotaling; Morton Cathro; Chris McCarron; Bob Curran; Mike Brown; Richard Glover; Jim Teegarden de pbyrescue.com; Tom Gwynne de *Wingslip*; Cheryl Cerbone, editor de *Ex-POW Bulle-*

tin; Clyde Morgan de Ex American Prisioners of War; Mike Stone de accident-report.com; Dr. Stanley Hoffman; Kathy Hall; Jim Deasy; capitán Bob Rasmussen, USN (en retiro); Thorleif Andreassen; Janet McIlwain; Gary Staffo; Lynn Gamma; Patrick Hoffman y Gene Venske.

Hay muchas personas a quienes debo un agradecimiento especial. Mi hermano John Hillenbrand, piloto privado con gran experiencia, revisó las secciones de mi libro sobre los aviones y la aviación con un cuidado extraordinario, y me ayudó a comprender los detalles arcanos de la aeronáutica. Mi hermana, Susan Avallon, leyó y releyó el manuscrito, ofreció sugerencias invariablemente brillantes y me ayudó con sus palabras en momentos en que todo parecía estancado. Susan y John: tengo tanta suerte de ser su pequeña hermanita. También quiero agradecer a la editora de la revista *EQUUS*, Laurie Prinz y a mi viejo amigo de Kenyon Chris Toft, quien leyó mi manuscrito y me hizo valiosas sugerencias.

El autor del bellamente escrito libro *Finish Forty and Home: The Untold Story of B-24's in the Pacific*, Phil Scearse, conoce el mundo de los aviadores y pilotos de la AAF mejor que cualquier otro historiador. Mientras escribía este libro, Phil fue singularmente generoso, compartiendo conmigo su voluminosa investigación, señalándome fuentes y ayudándome a salir de varios apuros. Estoy en deuda con él por siempre.

Tengo una enorme gratitud para el navegador de B-29 y ex prisionero de guerra, Raymond "Hap" Halloran. Cuando escribía este libro, se convirtió en mi destinatario de correo electrónico casi a diario, ofreciéndome su ayuda en la investigación, compartiendo sus fotografías, hablándome de su experiencia, mandando regalos para alegrar a los hijos de mi hermana tras la muerte de su padre y simplemente por el hecho de ser mi amigo. Muy pocos seres humanos han sido testigos del lado oscuro de la humanidad como lo ha sido Hap, y aun así es optimista y perdona. Su resistente corazón me ha inspirado.

Desde el principio de este proyecto, trabajé con dos traductores en Japón. Hicieron mucho por mí, mucho más que sólo traducir, pues me enseñaron sobre su cultura, ayudándome a comprender la guerra desde una perspectiva japonesa y ofreciendo sus opiniones sobre el manuscrito. Dado que la guerra sigue siendo un tema bastante polémico en Japón, me pidieron que no los identificara, pero nunca olvidaré lo que hicieron por mí y por este libro.

Si tuviera un recién nacido, se lo debería a mi editora, Jennifer Hershey. Fue infinitamente amable y paciente, ofreciéndome consejo inspirado sobre mi manuscrito, haciendo innumerables cambios de agenda para acomodarse a mi pobre estado de salud y apoyándome desde el primero hasta el último borrador. También quiero agradecer a mi muy talentosa agente, Tina Bennett, quien me guía por el mundo de la autoría con mano segura y gran apoyo, y a mi antiguo editor, Jon Karp, quien advirtió el gran valor de esta historia desde el principio. Gracias también a la asistente de Tina, Svetlana Katz, y a la asistente de Jennifer, Courtney Moran.

En los muchos momentos en que estuve insegura de poder llevar a feliz término este libro, mi esposo Borden estuvo ahí para animarme. Pasó largas horas en la mesa de nuestra cocina revisando mi manuscrito y mejorándolo, y, cuando la enfermedad encogió mi mundo limitándolo al piso alto de nuestra casa, llenó mi pequeño mundo de alegría. Gracias, Borden, por tu afecto infinito, por tu sabiduría, por tu fe en mí y por traerme siempre sándwiches.

Finalmente, quiero recordar a los millones de soldados aliados y a los prisioneros de guerra que vivieron la historia de la Segunda Guerra Mundial. Muchos de estos hombres nunca regresaron a casa; muchos otros regresaron con cicatrices físicas y emocionales que permanecerían con ellos el resto de su vida. Me aparto de este libro con el más hondo reconocimiento por lo que estos hombres tuvieron que soportar y por lo que sacrificaron en bien de la humanidad. A ellos dedico este libro.

Laura Hillenbrand
Mayo de 2010

LAURA HILLENBRAND es autora del best seller #1 del New York Times: Seabiscuit. Una leyenda americana, obra finalista del National Book Critics Circle Award; ganó el premio Book Sense Book of the Year y el William Hill Sports Book of the Year. Su libro llegó a los primeros lugares de ventas de más de 15 listas alrededor del mundo e inspiró la película Seabiscuit, que fue nominada a 7 premios de la Academia, incluyendo Mejor Película. En 2004, el artículo de Laura Hillenbrand "A sudden Illness" ganó el National Magazine Award. En dos ocasiones ha ganado el Eclipse Award, el honor más alto en el periodismo de las carreras de caballos pura sangre. Con el actor Gary Sinise, Laura Hillenbrand es co-fundadora de Operation International Children, una organización benéfica que provee útiles escolares a niños de todo el mundo. Actualmente, vive en Washington D.C.

www.unbroken-book.com
www.laurahillenbrandbooks.com